WENLAN TONGSHENGJI

"Chuancheng Yu Chuangxin :

Zhongguo Yuyan Wenxue Xueshu Yantaohui"

(2013)Lunwenji

文澜同声集

『传承与创新：中国语言文学学术研讨会』（2013）论文集

肖瑞峰◎主　编
李剑亮◎副主编

图书在版编目(CIP)数据

文澜同声集/ 肖瑞峰主编. 一杭州:浙江大学出版社,2014.10
ISBN 978-7-308-13679-2

Ⅰ.①文… Ⅱ.①肖… Ⅲ.①语言学一文集 ②文学研究一文集 Ⅳ.①H0一53 ②I0一53

中国版本图书馆 CIP 数据核字(2014)第 185600 号

文澜同声集

肖瑞峰 主编　李剑亮 副主编

责任编辑 宋旭华
文字编辑 周晶晶
封面设计 春天书装
出版发行 浙江大学出版社
(杭州市天目山路 148 号　邮政编码 310007)
(网址:http://www.zjupress.com)
排　　版 浙江时代出版服务有限公司
印　　刷 杭州日报报业集团盛元印务有限公司
开　　本 710mm×1000mm　1/16
印　　张 22
字　　数 408 千
版 印 次 2014 年 10 月第 1 版　2014 年 10 月第 1 次印刷
书　　号 ISBN 978-7-308-13679-2
定　　价 58.00 元

目　　录

第一辑　文化史研究

第二辑　古典文学研究

第三辑　现代文学研究

第四辑　文艺学研究

第一辑　文化史研究

孔子德治思想发微

赖升宏

[摘　要] 孔子的德治思想，内容包括国君本身的道德修养，礼贤举贤为民之表率，由“君子之德风”的影响力以教化民心，此即孔子“克己复礼，天下归仁”之义，故孔子的德治思想，表现儒家由己而人，由个人之修身成德，层层推扩以至于德治天下，即孔子在礼崩乐坏之后，念兹在兹者，正是重建个人道德人格，塑造天下为道德世界。

[关键词] 孔子　成德　德治

孔子向往周文，面对周文礼崩乐坏的危机，孔子提出“仁”是周文礼乐文化背后的本质，孔子试图“以仁代礼”，借由仁心本体树立起个人生命道德价值，更经由仁心的自然感发，由“己欲立而立人，己欲达而达人”自然推扩而出，成为“为政以德”的思想基础，故孔子的德治思想，正是其道德修养的扩大。

一、仁者，己欲立而立人，己欲达而达人

孔子向往周文，面对周文礼崩乐坏的危机，提出“仁”的礼乐精神①，试图“以

① 《论语·八佾》：“子曰：‘人而不仁，如礼何？人而不仁，如乐何？’”台北：艺文印书馆影印清阮元校勘《十三经注疏》本，1976年，第26页。

仁代礼”，重新树立个人的价值观与恢复社会秩序[1]，因此“仁”包括个人道德价值本体的树立，也包括重新维系社会秩序的规范义，此为孔子的德治思想的时代背景。

仁心本体的树立，主要是自我的道德化，“道德化”正面论述是“志于道，据于德，依于仁，游于艺”[2]，反面论述是“德之不修，学之不讲，闻义不能徙，不善不能改”[3]，故其内涵包括个人道德方向的确立，个人道德行为的实践与体会，人心的感发，知识技能的学习，“见贤思齐”与“观过知仁”的内外省察功夫，更包括博施济众的事功建立及人文艺术的涵咏优游。

故仁心本体的树立是自我生命的全幅道德化，“道德化”包含人生价值立基道德方向的坚持，对历史文化的学习，对当代人事物的认知与批判，也包括对自我才能的探索与养成，使自己具备在当世社会成就自我理想所需具备的能力[4]，故对仁心本体的自我道德化的体会与精进，孔子亦称为“德”[5]，对孔子而言，生命道德化的典范，正是周文的代表周文王[6]。

“仁”是自我生命的道德化，分解地说，可分对内自我道德主体的树立与对外仁心的发用，实践地说，内在道德主体与外在仁心发用，实则一体两面，“我欲仁斯仁至矣”[7]，既是内在道德主体的树立，也必具“弟子入则孝，出则悌，谨而信，泛爱众，而亲仁”[8]之表现，故个人生命的道德化，仁德的圆满具足，必兼摄内外人我而为一仁。

“仁德”虽合内外人我为一体，但发用毕竟有亲疏远近之别，所谓“孝悌也者，其为仁之本与”[9]，“能近取譬，可谓仁之方也已”[10]，故孔子从亲情的孝悌指点

---

① 李正治《孔子“以仁贯礼”型的礼乐思索》：“在孔子的分析中，礼坏乐崩显现于两方面的形式化，一是贵族生命腐化，礼乐沦为空文；二是贵族争夺权力，礼乐沦为虚架。如何从空文虚架中，使生活秩序重新出现，孔子认为必须诉诸内在真实生命的自觉，如此礼乐才有其内在实质的意义。故在孔子的礼乐思想中，基本上是仁与礼乐的对扬，但其间不是对反关系，因为孔子肯定礼乐的文化价值，进一步抉发仁为其精神基础。”《鹅湖月刊》第22卷第1期，1996年7月，第19页。

②③ 《论语·述而》，第60页。

④ 《论语·季氏》，第150页。

⑤ 《论语·里仁》：“君子怀德，小人怀土；君子怀刑，小人怀惠。”第37页。

⑥ 《毛诗·周颂》：“维天之命，于穆不已。于乎不显！文王之德之纯。”台北：艺文印书馆影印清阮元校勘《十三经注疏》本，1976年，第708页。

⑦ 《论语·述而》，第64页。

⑧ 《论语·学而》，第7页。

⑨ 《论语·学而》，第5页。

⑩ 《论语·雍也》，第55页。

"仁",透过父子有亲、长幼有序的亲情关爱与对应,再向外推扩及于朋友有信、君臣有义,此即"修己以敬"、"修己以安人"、"修己以安百姓"[①],"修己以敬"是自我仁心本体的树立,"修己以安人"是能近取譬,由亲情孝悌始,推扩及于父子兄弟夫妇朋友之伦,"修己以安百姓"则是发而为政以博施济众于民,此亦大学"修身、齐家、治国、平天下"的规模,此乃道德仁心发用的极致。

故孔子论"仁"必曰"己立立人,己达达人"[②],"己立己达"是个人仁心本体的树立,包括个人的生命方向、知识技能的学习、个人才华的发掘与养成,乃属自我生命价值的追求与表现。"立人达人"则是仁心本体的自然发用,即个人生命价值的表现,是建立在爱家人、爱国人、爱天下人的仁心发用上,也是"老者安之,朋友信之,少者怀之"[③]的实现,此是"仁"的生命价值的最大实现。

故孔子之"仁",它是在追求自我生命的价值,自我价值的实现是建立在家国天下人都能圆满具足的远大目标之下,可谓利己又利人的道德理想。

二、孔子论"为政以德"

孔子论"为政以德"[④],此为人君之德,人君之德与个人之德,本质皆为仁心本体的建立,不同处在两者涵摄的人事范围有小、大之别,个人之德或因才智、或因际遇所限,而仅限于个人修身、齐家,而人君之德则由身、家,扩及于群臣与国人。

(一)政者正也

"政"是管理众人的事,对孔子而言,个人生命的价值在"成德",在树立仁心本体,扩而大之便是希望众人都能"成德",都能树立个人之仁心本体,故为政之道便是建立群体之道德世界,而群体之道德世界的建立,并非徒由外在规范的建立即可达到,它的本质在道德生命的感通与深化,再配合外在合理之规范,始能民德归厚矣,此儒家名之曰"德化",而担负此重任的便是贤君与贤臣。

---

① 《论语·宪问》:"子曰:'修己以敬。'曰:'如斯而已乎?'曰:'修己以安人。'曰:'如斯而已乎?'曰:'修己以安百姓。修己以安百姓,尧、舜其犹病诸!'"第131页。

② 《论语·雍也》,第55页。

③ 《论语·公冶长》,第46页。

④ 《论语·为政》:"子曰:'为政以德,譬如北辰,居其所而众星共之。'"第16页。

故孔子论“政”由君王之修身始，所谓“政者，正也。子帅以正，孰敢不正”[①]，对孔子而言为政是道德的延伸，故正己方能正人，所谓“苟正其身矣，于从政乎何有？不能正其身，如正人何”[②]，君德之典范则以尧、舜、禹最为孔子所称道。[③]

孔子“政者正也”的内涵，乃指君王之正己，即君王在心态上当以天下为怀，以天为则，有天下而不以为己有，此即“天下为公”之胸怀；其次在威仪上，当恭己正南面以庄重之，最后在事功上，当致孝于鬼神、尽力乎沟洫，以为天下人兴利除弊，而不图己之安乐，以养民、护民，此为“为政以德”之内涵。

故“政者，正也”的意义有三：第一，国君个人的道德主体的建立，只有个体生命全幅道德化的领导者，才可能建立一个道德化的人文世界，所谓“苟志于仁矣，无恶也”[④]，故国君本身的修身是孔子德治思想的基础。第二，只有生命全幅道德化的国君，才能给国家带向道德化的方向，此乃“苟正其身矣，于从政乎何有”[⑤]的意义，只有君德立，方能为政以德，只有对个人道德方向清晰明确，才可能对国家的发展清晰明确。第三，道德化的人文世界的建立，是人与人相互间的己立立人、己达达人，是一种生命仁心的真诚感动与唤醒，故一国之君，众望之所归，孔子对其寄以极高之期许，所谓“子帅以正，孰敢不正”、“不能正其身，如正人何”，只有对生命真诚的道德修养，才能真正吸引贤德之人以为辅佐，才能真正感动人民以进德修业，共创一道德的人文世界。学者陈来论云：

“在孔子看来，政治的要点，是执政者发挥其道德表率的作用，以实现和促进整个社会的‘正’。所以在孔子这里，‘正’从单纯的政治规范意义，转为道德德行的意义，既代表社会正当的秩序（包括政治秩序），又代表从天子到士大夫的端正德行。”[⑥]

---

① 《论语·颜渊》：“季康子问政于孔子。孔子对曰：‘政者，正也。子帅以正，孰敢不正？’”第109页。

② 《论语·子路》：“子曰：‘苟正其身矣，于从政乎何有？不能正其身，如正人何！’”第117页。

③ 孔子赞尧、舜之德曰：“大哉！尧之为君也！巍巍乎！唯天为大，唯尧则之！荡荡乎，民无能名焉！巍巍乎！其有成功也！焕乎！其有文章。”“巍巍乎！舜、禹之有天下也，而不与焉。”又赞禹之德曰：“禹，吾无间然矣！非饮食，而致孝乎鬼神；恶衣服，而致美乎黻冕；卑宫室，而尽力乎沟洫。禹，吾无间然矣！”《论语·泰伯》，第73页。

④ 《论语·里仁》，第36页。

⑤ 《论语·子路》，第117页。

⑥ 陈来：《孔夫子与现代世界》，北京：北京大学出版社，2011年，第172页。

(二)君道:君子之德风

上行下效本是人性之自然,韩非从人性总是自利的角度,认为若人君表现自己的好恶,会让群臣投君王之所好而掩其所恶,如此人君将受到群臣的蒙蔽与挟制,因此人君表现在外当无好恶,如此则群臣便无以挟君以蔽主,所谓“去好去恶,群臣见素,群臣见素,则大君不蔽矣”①,人君惟掌握刑德二柄以赏罚,方得以制臣。韩非的君臣关系是上下交相利的互动关系,是人臣之求富贵与人君求富国强兵之间的算计,君臣两者是紧绷的利害关系。

孔子面对上行下效的人性,面对君王众望所归的深远影响力,儒家的德治思想不似法家君臣间是尔虞我诈的利害关系,对孔子而言,君臣、君民之间是一种“见贤思齐,见不贤而内自省”的道德关系。

> 季康子问政于孔子曰:“如杀无道,以就有道,何如?”孔子对曰:“子为政,焉用杀?子欲善,而民善矣!君子之德,风;小人之德,草;草上之风,必偃。”②

“杀无道,以就有道”,此“道”的标准何在?是国家大义抑或只是国君私人之好恶?孔子真可谓大哉问:“为政焉用杀?”为政乃养民、生民,岂是在杀民以夺生?故“治国之道”即国家施政的大方向当在“善”,“善”是建立道德的人文世界,而“善”由何处生?正由君德始。

“君子之德风”乃孔子之善喻,德风之吹拂正如造化一气之流行,此即道德心与道德心间无形而又有感的影响力,子曰:“唯仁者能好人、能恶人。”③故对孔子而言,仁君不必如法家之君主刻意隐藏其好恶,以免为人臣之所蔽,相反,仁君要彰显其好恶,但其好恶非情性声色之好恶,乃是“好仁”、“好善”之道德好恶,故此“为政之道”乃必为道德之方向,配合人性之上行下效,乃使道德感通以及于他人之始为可能,故孔子言:“君子笃于亲,则民兴于仁;故旧不遗,则民不偷。”④故君子以德修身,齐家以德,待故旧以诚,则人民亦当感而向德,和其家人,以诚待友,此乃君民上下之道德感通。

故“君子之德风”其义有二:第一,就仁君而言,道德仁心本体之确立,必然会

---

① (清)王先慎:《韩非子集解》,台北:艺文印书馆,1983年,第88页。

② 《论语·颜渊》,第109页。

③ 《论语·里仁》,第36页。

④ 《论语·泰伯》,第70页。

有“己立立人，己达达人”的感通，即上位者之仁君，不徒独善其身，亦必有道德感通于外，以兼善天下之志，此为“君子之德风”的基本前提。第二，臣民上行下效的人性，国君处于高位，掌国之权柄，臣民必有投其所好、掩其所恶之人性，此亦下对上人性之必然，故仁君以德修身，发善施仁，则民从君之好恶，必能兴善兴仁，使民德归厚矣。

(三)臣道：举直错诸枉，能使枉者直

国君不能以一人治天下，要建立道德化的人文世界，必待群臣之辅政，故孔子论为政，必强调“举贤”之重要。“舜有臣五人而天下治。武王曰：‘予有乱臣十人。’孔子曰：‘才难，不其然乎？唐虞之际，于斯为盛。有妇人焉，九人而已。三分天下有其二，以服事殷。周之德，其可谓至德也已矣。’”[①]言三代之治乃得人臣之力而成，但孔子亦叹“才难”，是能臣之难得。

> 仲弓为季氏宰，问政。子曰：“先有司，赦小过，举贤才。”曰：“焉知贤才而举之？”曰：“举尔所知。尔所不知，人其舍诸？”[②]

何谓“贤才”？贤才不是只有能力。孔子弟子中，颜渊最得赞赏，孔子云：“贤哉！回也。一箪食，一瓢饮，在陋巷。人不堪其忧，回也不改其乐。贤哉！回也。”[③]颜渊之贤不在其多能，而在其“人不堪其忧，回也不改其乐”的安贫乐道，可知“贤者”是不仅有能力，更是具道德内涵的乐道者。孔子在回答季子然有关大臣之问，云：“所谓大臣者：以道事君，不可则止。”[④]颜渊安贫乐道，修德以“道”，是为贤，臣以“道”事君，乃得为“大臣”，是故贤臣乃以“道”为依归，可知人臣的内涵正是“才”与“德”兼备者。

> 樊迟问仁。子曰：“爱人。”问知。子曰：“知人。”樊迟未达。子曰：“举直错诸枉，能使枉者直。”樊迟退，见子夏，曰：“乡也吾见于夫子而问知，子曰：‘举直错诸枉，能使枉者直’，何谓也？”子夏曰：“富哉言乎！舜有天下，选于众，举皋陶，不仁者远矣。汤有天下，选于众，举伊尹，不仁者远矣。”[⑤]

---

① 《论语·泰伯》，第72页。

② 《论语·子路》，第115页。

③ 《论语·雍也》，第53页。

④ 《论语·先进》：“季子然问：‘仲由、冉求可谓大臣与？’子曰：‘吾以子为异之问，曾由与求之问。所谓大臣者：以道事君，不可则止。今由与求也，可谓具臣矣。’曰：‘然则从之者与？’子曰：‘弑父与君，亦不从也。’”第100页。

⑤ 《论语·颜渊》，第110页。

用“举直错诸枉，能使枉者直”说明“举贤才”的内涵，在其“直”而使“不仁者远矣”，仁者爱人是来自道德仁心的自然感通以立己立人，智者知人以推举正直之臣置于邪枉之民上，乃使邪枉之民复其正直之心，故人臣本身亦有其教化之功。孔子称赞郑国能臣子产“有君子之道四焉：其行己也恭，其事上也敬，其养民也惠，其使民也义”①。孔子以君子之道肯定子产，肯定他在修身、事上、养民、使民能循君子之道，此亦可看出孔子德治思想臣道之内容：“行己也恭”乃个人行止仪态之恭顺，亦指个人生命之道德化；“事上也敬”包括对待人君之恭敬，也指对自我工作职务之敬业；“养民也惠”是人臣推己及人，在自己职务上对人民的德惠；“使民也义”指人臣指使人民从事的正当性。

人臣之君子之道即是道德心的感通与发用，故君有君之道德感通与施为，臣亦有臣在职务上之道德感通与施为，君与臣之道德感通施为或有广狭，但两者在道德本体上是同质的，因此孔子对君臣关系的看法是建立在道德的同质性上。《八佾》篇云：“定公问：‘君使臣，臣事君，如之何？’孔子对曰：‘君使臣以礼，臣事君以忠。’”②孔子认为君臣关系是一种相互的对待关系，而非绝对的君臣上下尊卑关系，君以礼敬之态度对臣，臣则以忠于职事的态度对君，这是一种相互尊重与相互负责的君臣关系，君臣是建立在好贤恶恶的道德方向上，君有德而好贤，乃举贤以为臣，故人君当礼敬大臣；臣感君之德，得举而为臣，乃当忠于职事以报君，故人君好贤、尊贤、用贤，人臣亦同样好德、尊德、同德，是君臣关系有共同的本质性，即是好仁义的道德心。如此，则君臣不以利、不以富贵，乃因同德而相亲，是以人君礼敬人臣，乃好其德的敬意；人臣忠于人君，乃忠于其德的回报，此为孔子君臣之道。

（四）道之以德，齐之以礼，有耻且格

> 子曰：“道之以政，齐之以刑，民免而无耻；道之以德，齐之以礼，有耻且格。”③

法治禁令，可一其民，民但求苟免于刑罚，乃以恐惧利诱以一其民，故曰“民免而无耻”，孔子希冀建立的人文世界非使民陷溺于恐惧利诱之中，但求免过而已，孔子乃由道德心之感通发用，但愿“老者安之，少者怀之，朋友信之”，是以己

---

① 《论语·公冶长》，第 44 页。

② 《论语·八佾》，第 30 页。

③ 《论语·为政》，第 16 页。

立而立人的道德世界，故孔子德治理想实较法治理想深刻艰难得多。

“为政以德”的德治思想内涵，包括人君道德主体的建立，以人君作为发动的起点，能近取譬，扩及尊贤、举贤，结合众人道德主体心建立道德化之领导阶层，再透过君臣之身教、施政，影响及于一般人民，由上而下，层层推扩而出，最终建立道德化之理想世界。

君者正己以修身，以善为政之方，正己以举贤，以好仁好善，兴一国之德风，举贤臣以德相勉，用贤臣以施德政，君臣恭己以为民之表，则民之向德如风行草偃，此为孔子论“为政以德”之义，落实在现实人文世界中，便是君、臣、父、子各司其职、各尽其分。

> 齐景公问政于孔子，孔子对曰：“君君、臣臣、父父、子子。”公曰：“善哉！信如君不君、臣不臣、父不父、子不子，虽有粟，吾得而食诸？”①

君当为仁君，近以修身，远以推之家国天下，以举直错诸枉，以博施而济众，故君之德以风行草偃，以感发臣民之仁心，此乃“君君”之义；臣当为贤臣，以修身齐家，为君所举而为臣，事上以恭，执事以敬，养民使民以义，为民之表，此为“臣臣”之义；父当为仁父，以修身齐家，和父子兄弟夫妇，以兴一家之德风，此为“父父”之义；子当为仁子，近以修身，上以致孝悌于父母兄弟，以进德修业，此为“子子”之义。故君君、臣臣、父父、子子，各尽其分，各司其职，是为孔子“为政以德”的德治思想的实现。

君臣以生命道德化的修身作为身教以影响人民的德治模式，重在对方的感通与启发，但道德心的感通与启发，毕竟较为内在潜移默化，道德心的感通与启发也不可能用法治命令以“一其德”，那只是另一种暴力政治的齐一而已，但落实在现实生活中不能不有恰如其分的规范以表现德治思想的特色，于是周文的“礼”，便被孔子吸收而赋予新的时代意义。

> 哀公问政。子曰：“文、武之政，布在方策，其人存，则其政举；其人亡，则其政息。人道敏政，地道敏树。夫政也者，蒲卢也。故为政在人，取人以身，修身以道，修道以仁。仁者人也，亲亲为大；义者宜也，尊贤为大。亲亲之杀，尊贤之等，礼所生也。”②

周代礼乐封建文化是建立在“亲亲”与“尊尊”两大支柱上，“亲亲”是王室宗

---

① 《论语·颜渊》，第108页。

② 《礼记·中庸》，台北：艺文印书馆影印清阮元校勘《十三经注疏》本，1976年，第887页。

亲亲情血缘的远近，“尊尊”是政治上天子与诸侯（公、侯、伯、子、男）的各尽其职，“亲亲”与“尊尊”构成周代封建文化稳固的伦理关系。近代学者王杰以为“宗法制是周人创造的将宗族结构中的血缘统属系统与政权结构中尊卑上下关系相结合的一种制度，是通过这种血缘亲属关系使周天子拥有对天下同姓贵族的至高无上的权力，同时也使各级贵族的等级关系法定化的制度”①。

但随者时代的演变，“亲亲”因宗族血亲的分支而渐疏离，王室的衰弱，也使得“尊尊”的政治秩序日益瓦解，这是春秋礼崩乐坏的时代背景。

孔子此时提“礼”，个人以为不是在恢复周文的封建文化，而是在重建新的礼乐文化，不再以“亲亲”、“尊尊”为内涵，此时“礼”的内涵是“德”，“礼”是对生命道德化的肯定与尊重，此时的君君、臣臣、父父、子子不再是政治位阶上的不同而已，而是在不同位阶上各尽其分、各司其职的道德表现，而“礼”便表现出对各个不同位阶的不同仪式与对待，于是“君使臣以礼，臣事君以忠”②，“其行己也恭，其事上也敬，其养民也惠，其使民也义”③，君以礼待臣，臣以忠报君，使民以义，此皆非因位阶不同而生，皆因各尽其义而来，此为孔子论“道之以德，齐之以礼”的用意。④

（五）克己复礼，天下归仁

> 颜渊问仁。子曰：“克己复礼为仁。一日克己复礼，天下归仁焉。为仁由己，而由人乎哉？”颜渊曰：“请问其目。”子曰：“非礼勿视，非礼勿听，非礼勿言，非礼勿动。”颜渊曰：“回虽不敏，请事斯语矣！”⑤

“复礼”与“克己”、“为仁”同论，可知“复礼”不是要回复周文，而是与建立道德主体之“仁”有关，“克己复礼”是将质朴的生命情性表现为道德化的行为与应对，故颜渊论“仁”，孔子告以视、听、言、动勿非礼，“视听言动”是感官生命直接的

---

① 王杰：《先秦儒家政治思想论稿》，北京：人民出版社，2011 年，第 52 页。

② 《论语・八佾》，第 30 页。

③ 《论语・公冶长》，第 44 页。

④ 徐复观《儒家政治思想与民主自由人权》：“礼的观念，经过春秋时代的发展，它的范围已经包括得很广。在孔子，更解消了贵族社会中的阶级意义，而赋与以纯道德的意义；即是以仁义代替了阶级。且就齐之以礼这句话来说，乃是把人伦之道，实现于日常生活中的一种‘合理的行为方式’；由这种合理的行为方式的积累，而成为社会的善良风俗习惯，此即所谓‘化民成俗’。”台北：学生书局，1988 年，第 107 页。

⑤ 《论语・颜渊》，第 106 页。

情性应对,“非礼勿视听言动”则是对感官情性的节制与三思而后行,“礼”正是对自我情性的节制与位阶职事的合宜应对,即是道德化仁心主体在现实生活中的表现。

故孔子之教,一言以蔽之,可谓“博学于文,约之以礼”①,在诗、书、礼、乐、易、春秋六经之教中启发学子之仁心本体,透过礼、乐、射、御、书、数六艺的陶冶,表现在行止进退之仪节中,以为立身处世之则,故曰“不学礼,无以立”②,故“礼”是个人道德化完成的表现。

“天下归仁”乃孔子建立道德世界的德治理想,而“礼”成为孔子建立道德化世界的具体规范③,故孔子曰“为国以礼”④,其内涵包括“为政以德”的政治方向,“子帅以正”的君德修养,亦有“君子之德风”的无形影响力,更有“博施济众”的德业,故君之德最高,其礼最尊;其次“尊贤、举贤”使贤臣在位,君臣以德,相待以礼,臣事上有礼,敬事而信,养民有惠,以为民之表率,此乃人臣之礼的内涵;民感君臣之德风,上行下效,受君臣之德惠,兴起善心,不为不善,故“有耻且格”,以修身齐家,以成父子夫妇兄弟之德,以配父子夫妇兄弟之礼,此为由上而下之道德感通教化,以成就道德世界,是为“天下归仁”。

子曰:“礼乐不兴,则刑罚不中;刑罚不中,则民无所措手足。”⑤

孔子“天下归仁”的德治理想,是建立在“己立立人,己达达人”的道德主体的建立与对其他个体的道德心的兴发上,透过“礼”的规范,使道德心在现实上的表现更贞定确实,在个人上是“非礼勿视,非礼勿听,非礼勿言,非礼勿动”,在人与人的互动上,是“君君、臣臣、父父、子子”,使君臣有义、父子有亲、夫妇有别、朋友有信,以成就道德世界,以为“天下归仁”,此为孔子德治理想。

但孔子的德治思想,并非徒“以礼为国”而已,所谓“礼乐不兴,则刑罚不中”,可见礼乐兴,则刑罚能中,故孔子亦主刑罚,只是此刑罚的标准何在?非人君个人之好恶,非法家学者主张之国之利害,而是以礼乐的道德标准为依据,所谓“唯

---

① 《论语·雍也》,第55页。

② 《论语·季氏》,第150页。

③ 王杰《先秦儒家政治思想论稿》:“仁、礼之结合是儒家乃至中国政治思想史上的重大转折,它不仅是思想上的一次升华,同时也是政治实践上的一次突破。仁、礼之间天然具有一种内在的关联性、亲和性和整合性,孔子只是试图从血缘亲情关系中找寻问题的答案与突破口,把这两种原本就是合而为一的道德因子重新发掘重新整合而已。”第121页。

④ 《论语·先进》,第101页。

⑤ 《论语·子路》,第115页。

仁者能好人、能恶人”[①]，所谓“恶紫之夺朱也，恶郑声之乱雅乐也，恶利口之覆邦家者”[②]，是孔子以非礼、非道德为刑罚之依据。从这一角度再来论述“道之以政，齐之以刑，民免而无耻；道之以德，齐之以礼，有耻且格”[③]，孔子之深意，非将“道之以政，齐之以刑”与“道之以德，齐之以礼”对举，孔子亦非主张以德以礼取代以政以刑，他只是对当时“以政以刑”的政治现状有更高的理想，应当由“以德以礼”来引导“以政以刑”，“以德以礼”以兴发国之礼乐、民之德风，“以政以刑”使不善改而为善，是两者当并行不辍，以收相辅相成之效。

三、结　论

（一）由亲亲尊尊转向以德以礼

孔子德治思想的历史渊源，笔者以为与周文的礼崩乐坏的时代背景有关，孔子向往周文，周文的礼乐文化是建立在血缘上的“亲亲”与政治上的“尊尊”，但随着王室的衰微，血缘的亲密与政治的尊卑构成的伦理秩序，已不足以维系当时的封建诸国秩序，孔子由周文礼乐文化的反省，提出“仁”的道德价值，并试图赋予周文礼乐文化以新的价值，即将本由亲亲、尊尊发展而出的周文礼乐文化，转向以“仁”为价值核心，以“德”以“礼”为价值内涵的新礼乐文化，以“德”是兴发君、臣、民的道德仁心，以“礼”是将君臣民的道德仁心合宜的表现与肯定，使君君、臣臣、父父、子子更尽其分，试图建构新时代的人伦秩序，此可谓孔子德治思想的历史使命。

（二）由德治以至于王道

孔子的德治思想是以“仁”为核心，由“己立立人，己达达人”之感通为始，由仁君贞定政治以道德为方向，尊贤举贤以为人民之表，以博施济众、发政施仁、养民安民为治，君臣共同组成道德统治阶级，上行下效，以兴一国人民之德风，使人民有耻且格的政治理论，孔子的德治思想可谓《大学》“修身，齐家，治国，平天下”

---

① 《论语·里仁》，第36页。

② 《论语·阳货》，第157页。

③ 《论语·为政》，第16页。

思想之雏形，亦可谓孟子以德服人的王道思想先驱[①]，影响后世政治思想深远。

(三)德治思想的省思及其现代意义

孔子德治思想立基在道德心的树立与兴发上，仁君在位，群贤辅政，可以确保整个统治阶级的道德操守及施政之善，此乃德治思想之所长，亦其较受质疑之处，原因如下：其一，仁君不易，一般人身居王位，面对权位声色之引诱，不易执守仁心而无私心好恶；其二，举贤不易，群臣之良莠不齐，贪官污吏有时难免。

以上二点乃使德治思想变质，成为后世昏君恶吏欺世盗名之借口，而受人诟病。针对上述质疑，可透过教育及监察来弥补，古来宫廷都极重视太子的养成教育，正是要全力培养未来一国之仁君，至于群臣之良莠不齐，则可透过加强监督考核吏治，以补其失。

孔子的德治思想在现代，笔者以为仍有其时代意义。足以启发者有几点：其一，当政者的道德操守永远是任何政治制度得以运作的基本前提，今日仍然是颠扑不变的真理。其二，德治思想乃利基于仁君贤臣组成的道德统治阶层，以养民、保民、教民以成其仁政，透过上行下效以兴一国之德风的思想模式，此乃由上而下的道德化过程。今日随着教育的普及，人民智识的提升，德治思想当由下扎根，人人自能兴德、兴仁，由下而上以提升一国之德风，故今日当为实现孔子德治理想的契机。其三，孔子德治思想是建立在己立立人之上的道德感通，对应今日乃以谋取国家最大利益为导向之国际关系，“己立立人，己达达人”的德治思想，显然能有更大的包容与尊重，值得各国领袖省思。

---

① 孟子曰：“以力假仁者霸，霸必有大国；以德行仁者王，王不待大，汤以七十里，文王以百里。以力服人者，非心服也，力不赡也；以德服人者，中心悦而诚服也，如七十子之服孔子也。”《孟子·公孙丑上》，台北：艺文印书馆影印清阮元校勘《十三经注疏》本，1976 年，第 63 页。

台湾的文笔亭及其所展现的尊古圣贤、敬字惜纸文化

施顺生

[摘　要] 本文旨在探讨台湾地区的四座文笔亭及其附属的敬字亭所展现的尊古圣贤、敬字惜纸文化。此四座文笔亭皆位于南台湾的客家聚落，其中三座附有敬字亭，而其中一座更附有水泥平地和荷花水池。文笔亭楼高三层或五层，亭顶或有毛笔装饰，笔尖朝天，犹如高耸矗立的笔，故象征文房四宝里的"笔"。文笔亭内供奉着孔子、文昌帝君、关圣帝君、魁斗星君、观世音菩萨等神祇，是读书人和村人们祭祀和祈求及第登科的对象。敬字亭则是人们不忍字纸被随意丢弃，而建造敬字亭并收集字纸至此燃烧，表现出人们尊古圣贤、敬字惜纸的崇高信仰。字纸烧成灰烬，色黑如墨，故敬字亭象征文房四宝里的"墨"。文笔亭前若铺设水泥平地，地白如纸，则象征文房四宝里的"纸"。亭前更有荷花水池，艳丽如砚，则象征文房四宝里的"砚"。笔墨纸砚，四宝具备，除了极具创意和巧思外，更能展现南台湾的客家聚落尊古圣贤、敬字惜纸的文化。

[关键词] 台湾　文笔亭　敬字亭　敬字惜纸文化　文房四宝

一、前　言

台湾的文笔亭共有四座，分别是：1. 高雄市美浓区龙肚文笔亭（照片 01—02），有附属的圣迹亭一座（照片 03）。2. 屏东县竹田乡西势村文笔亭（照片 04—06），有附属的字炉一座（照片 07—08）。3. 屏东县竹田乡竹南村文笔亭（照片 09），有附属的字炉一座（照片 10）。4. 屏东县竹田乡履丰村文笔亭（照片 11），无附属的敬字亭。本文即探讨台湾地区的四座文笔亭及其附属的敬字亭所展现的

尊古圣贤、敬字惜纸文化。

文笔亭内供奉着孔子、文昌帝君、关圣帝君、魁斗星君、观世音菩萨等神祇，是读书人和村人们祭祀和祈求及第登科的对象。

敬字亭则是人们不忍字纸被随意丢弃，而建造敬字亭并收集字纸至此燃烧。此外，有些敬字亭也会在炉体的上层设置神龛，主要供奉仓颉、孔子，以及并列为“五文昌”的文昌帝君（梓潼文昌帝君）、魁斗星君、关圣帝君（文衡圣帝）、孚佑帝君、朱衣星君。敬字亭的设置地点，主要在人文荟萃、文风兴盛的地方，如书院、文武庙（孔庙、关圣帝君庙）、文昌祠、寺庙、村落、书香门第等。除此之外，建于官署衙门或机关团体、荒郊野外的，现今所存则极为少数。敬字亭的异称极多[①]，常见的如敬圣亭、惜字亭、字亭、字炉、字纸亭、圣亭、圣迹亭。台湾地区目前现存的敬字亭共有 126 处 127 座。

因此，文笔亭、敬字亭所展现的乃是一种尊圣崇学、敬字惜纸的优良传统文化。个人也已发表六篇与文笔亭、敬字亭相关的研究论文[②]。

二、高雄市美浓区龙肚文笔亭（又名“龙亭”）

（一）设置地点与时间

位于高雄市美浓区龙肚街 78 号隔壁，经纬度：北纬 22°87′97.60″，东经

---

① 敬字亭的异称极多，包括：敬文亭、敬字炉、敬字塔、敬字楼、敬纸亭、敬纸炉、敬圣亭、惜字亭、惜字炉、惜字塔、惜字楼、惜纸亭、文纸亭、字亭、字炉、字塔、字纸亭、字纸炉、纸亭、纸炉、圣亭、圣炉、圣文亭、圣纸亭、圣迹亭、圣迹台、焚纸亭、焚纸炉等一般称谓，以及顿水亭、毛笔亭、孔圣亭、孔圣塔等特殊称谓。此外，大陆地区则还有惜字宫、惜字所、文笔库、字库、字库塔、字藏、焚字炉、焚字塔、焚纸塔、焚纸楼、化纸亭、化字炉、化字塔等各种异称。

② 施顺生已发表六篇与文笔亭、敬字亭相关的研究论文：《台湾敬字亭初探》，《许锬辉教授七秩祝寿论文集》，台北：万卷楼图书股份有限公司，2004 年，第 443—469 页；《台湾敬字惜纸文化之探讨》，《闽台文化交流》2007 年第 3 期，第 30—41 页；《台湾地区敬字亭称谓之探讨》，《中国文化大学中文学报》第 15 期，2007 年 10 月，第 117—168 页；《台湾的敬字亭与文笔亭》，《闽台文化交流》2008 年第 4 期，第 98—102 页；《台湾宜兰陈姓鉴湖堂及登瀛书院惜字亭》，《闽台文化交流》2010 年第 2 期，第 71—78 页；《台北市的敬字亭及其恭送圣迹之仪式》，《中国文化大学中文学报》第 24 期，2012 年 4 月，第 63—98 页。

120°56′97.30″。①

建成于1978年，由村人及信徒捐款兴建。

(二)建筑型式与外观

六角形五层塔式钢筋水泥建筑，是全台最高大的文笔亭。各层短檐上覆盖绿色琉璃瓦，各层六条檐脊的端部都有颜色亮丽的剪黏泥塑：第一层六条檐脊的端部有金黄鲤鱼口吐水草的剪黏泥塑，第二层为各色花草的剪黏泥塑，第三层为飘逸水草的剪黏泥塑，第四层为凤凰展翅高飞的剪黏泥塑，第五层为飞龙在天的剪黏泥塑。塔顶中间最凸出的“塔刹”亦作五层宝塔泥塑，与五层的“龙亭”主体相呼应。第五层外墙以蓝色琉璃题楷书“龙亭”二字，所以，本文笔亭又称作“龙亭”。楼梯设在亭外，较为宽广易登。整体建筑形体与外观均保存良好，不仅宏伟高大，且各色剪黏泥塑颜色亮丽，光彩炫目，精雕细琢，非常美观，是四座文笔亭中最高大耀眼的。

(三)祭祀的神祇及对联

祭祀孔子。每日都有人打扫并上香。

亭高五层，第一层祭祀孔子，门口对联：“百仞高亭占地利，一支文笔透天庭。”横批：“物华天宝。”上下联点出此亭乃“文笔”“亭”，且夸张地形容亭高百仞，穿透天庭。横批“物华天宝”，语出唐代王勃《滕王阁序》，此处意指文笔亭乃是万物的精华，上天的宝物，是极为珍贵的宝塔。孔子神像旁也有对联：“尼山圣教尊千古，鲁殿灵光射九重。”此联盛赞孔子的儒教受到千古尊崇，而此文笔亭的光辉射上九重天。

第二层门口对联：“龙亭日月精华照，凤阁山川瑞气临。”横批：“彩彻云衢。”上联点出龙肚文笔亭又名“龙亭”，而文笔亭第五层正面圆窗上亦题有“龙亭”两大字。此处虽无“凤阁”，但仍以“凤阁”与“龙亭”相对。上下联指出龙亭受到日月的光华照耀，山川的瑞气降临。横批“彩彻云衢”，也是语出王勃《滕王阁序》，此处意指文笔亭的光彩照彻天空。

第三层门口对联：“雨霁长天山水翠，云收碧汉斗牛鲜。”横批：“箕畴王福。”上下联指出龙肚地区白天雨后天晴，山水一片翠绿，夜晚云散天青，星斗满天鲜

---

① 本文笔亭的经纬度：北纬22°87′97.60″，东经120°56′97.30″。可在Google地图输入22.879760,120.569730，即可查看由卫星拍摄的空照图，若转成Google街景则可见此文笔亭实景。其余三座的观看方法亦同。

亮。横批“箕畴王福”，语出《尚书·洪范》，其中的“王”字应是“五”字之误，“箕畴五福”常用作祝寿之辞，乃是祝人福寿绵长、安享五福。[①]

第四层门口对联：“秋水长天一色，落霞孤鹜齐飞。”横批：“天保九如。”上下联也是语出王勃《滕王阁序》，但《滕王阁序》原文是“落霞与孤鹜齐飞，秋水共长天一色”，乃是描绘雨过天晴，彩霞与孤雁一起飞翔，秋水和长空连成一片。文笔亭借此描绘龙肚的美景。此外，原文上句“飞”字是平声字，下句“色”字是仄声字，但对联的基本要求为仄起平落：上联最后一字必须用仄声字，下联最后一字必须用平声字，因此，文笔亭又将文句上下颠倒，并减字成了“秋水长天一色，落霞孤鹜齐飞”。横批“天保九如”语出《诗经·小雅·天保》，诗中连用九个“如”字祈祝君王福寿绵长[②]，后代用以祝人如南山之寿、如松柏之茂，多益多福、万寿无疆。

第三层的“箕畴五福”和第四层的“天保九如”都是祝福之词，应是祝福龙肚一带的人们和捐钱建亭的善心人士都能安享五福、万寿无疆。

---

① 箕畴五福，语出《尚书·洪范》。《尚书·洪范》：“箕子乃言曰：‘天乃锡禹洪范九畴，彝伦攸叙。……次九曰：向用五福，威用六极。……九、五福：一曰寿，二曰富，三曰康宁，四曰攸好德，五曰考终命。’”台北：艺文印书馆影印嘉庆二十年江西南昌府学开雕重刊宋本《十三经注疏》，1960年，第2—24页。箕即商纣的名臣箕子。畴即种类，九畴的内容是箕子叙述夏禹治天下的九类方法。九畴为箕子所述，故称箕畴。五福，即寿、富、康宁、攸好德、考终命，就是五福临门的五福。《尚书·洪范》这段话是说，箕子叙述上天把九畴，即九种治国安邦的方法赐给了夏禹。其中的第九种是用五福来劝勉臣民，用六极来惩戒罪恶。因此，后世常用箕畴、箕畴五福为祝寿之辞。如九月男寿联：“数备箕畴多获福，同倾菊酒乐延年。”二月女寿联：“二月庆芳辰，大会群仙开杏苑；一星悬宝婺，骈臻五福备箕畴。”九月女寿联：“萱室发荣光，寿祝箕畴备五福；菊篱绽秋色，天教晚节傲群芳。”三月双寿联：“令节届三春，风日大佳，员峤方壶延晷景；箕畴添五福，星云式焕，长庚宝婺发祥光。”六十岁男寿联：“五福演箕畴，庆逢周甲；百龄祝纯嘏，化洽由庚。”九十岁双寿联：“松菊并年高，衍出箕畴增五福；椿萱同日茂，算来花甲合三周。”以上寿联见朱恪超、李文郑等编《中国对联库》，郑州：中州古籍出版社，2000年，第357—371页。但未见“箕畴王福”之辞，所以，“王福”即是五福之误，因“五”字与“王”字形体相近，抄写时若没注意，就容易将“五”字误写成“王”字。

② 天保九如，语出《诗经·小雅·天保》。《诗经·小雅·天保》：“天保定尔，亦孔之固。……如山如阜，如冈如陵。如川之方至，以莫不增。……君曰卜尔，万寿无疆！……如月之恒，如日之升。如南山之寿，不骞不崩。如松柏之茂，无不尔或承。”台北：艺文印书馆影印嘉庆二十年江西南昌府学开雕重刊宋本《十三经注疏》，1960年，第7—10页。后世常用天保、九如、天保九如为祝寿之辞。如男寿通用联：“华封三祝，天保九如。”“九如天作保，五福寿为先。”“如松如柏如南山，颂天保六章，罄宜戬谷；多福多寿多男子，歌华封三祝，杖可用鸠。”女寿通用联：“华封进三多祝，月恒颂九如歌。”九十岁男寿联：“人生五福当推寿，天保九如合献诗。”以上寿联见朱恪超、李文郑等编《中国对联库》，第347—367页。

第五层正面无门，无对联及横批，但开一圆窗，窗上题“龙亭”两大字。所以，龙肚文笔亭又称“龙亭”。

第二层至第五层内部未供奉任何神祇。

第一层檐下亭柱对联：“山川草木生新色，宇宙斗牛映碧鲜。”上下联点出此处山川草木生出亮丽的颜色，满天星斗发出亮眼的光芒。围墙门柱上的对联：“龙腾生瑞气，肚蕴好精华。”除了上下联首字点出文笔亭的所在地名“龙”“肚”，也指出“龙肚”地区能产生祥瑞之气，蕴藏精华之物。

由上可知，龙亭上的对联主要在描写龙肚一带能集聚日月精华、山川瑞气，因此山水一片翠绿、星斗满天鲜亮，并建立光芒四射、高透天庭的文笔亭。也祝福龙肚一带的人们和捐钱建亭的善心人士都能安享五福、万寿无疆。

（四）所附属的圣迹亭

圣迹亭：六角形二层砖砌水泥建筑，上层正面有炉口、对联，下层第四面有清灰口。全亭表面皆用“洗石子”工法，以白色为底色。各层六面上下左右皆饰以蓝灰色粗条纹。底座和亭顶则为土黄色，亭顶六条檐脊也作蓝灰色。亭顶中间为红色葫芦造型。下层除清灰口外，其余五面中间饰以土黄、橘红、蓝灰三色组成的六角形为装饰，上层除炉口外，其余五面中间饰以橘红色菱形为装饰。亭顶六条檐脊的端部饰以浅蓝色水草泥塑。全亭因以“洗石子”工法，所以，颜色变化较少，设计较为单纯。

上层正面炉口对联：“满肚心事熔炉火，万丈烟光射斗牛。”门额：“圣迹。”下层第四面有清灰口。亭上无神龛，亦未供奉任何神祇。门额指出此亭乃是“圣迹”亭，炉口对联则指出：文人在字纸上所写的满肚抱负和心事，都可焚化在圣迹亭的炉火中，而化作万丈光芒远射达到天上的北斗星。

金亭(照片12)：六角形二层砖砌水泥建筑，造型完全与圣迹亭相同。只有炉口对联作：“十分火候熔丹鼎，万丈文光烛紫薇。”门额作：“金亭。”对联的下联“紫薇”应作“紫微”，是将“微”字误作“薇”字，因为“紫微”与“紫薇”是不同的。“紫微”为星座名，位在北斗七星的东北方，东八颗，西七颗，各成列，似城墙护卫着北极星。“紫微斗数”即是利用以紫微星为首的一百一十五颗星曜，来代表、阐释人生的各种命运。“紫薇”为植物名，所开之花为“紫薇花”。因此，炉口对联即指出：金纸纸张可焚化在火力全开、十分火候的金亭炉火中，而化作万丈光芒远射照亮天上的紫微星。

较为特殊的是此一圣迹亭与金亭造型完全相同，只有门额题字和对联不同，但对联句法和内容又两相呼应。而且，金亭位于文笔亭左前，圣迹亭位于文笔亭右前，两者左右对称，更显得庄重典雅。

三、屏东县竹田乡西势村文笔亭

(一)设置地点与时间

位于屏东县竹田乡西势村龙门路与六巷村交界处，经纬度：北纬 22°61′37.50″，东经 120°51′76.50″。

建成于 1980 年 10 月，由村人及信徒捐款兴建。

(二)建筑型式与外观

六角形三层塔式钢筋水泥建筑，各层短檐上覆盖砖红色瓦片，各层六条檐脊的端部都有颜色亮丽的陶塑和剪黏泥塑：第一层有瑞兽和仙人骑兽的陶塑，第二层为凤凰展翅高飞的剪黏泥塑，第三层为飞龙在天的剪黏泥塑。塔顶的塔刹作黄杆白毛的“毛笔”造型，笔尖朝天，而“毛笔”造型正与“文笔亭”相呼应，所以，第三层门额就题写了“文笔亭”三字。此外，各层六处檐角都有八仙造型的“竖材”及花篮造型的“吊筒”装饰。楼梯设在亭内，较为狭窄陡峭，但却意味着若想要步步高升，必须历经千辛万难，方能更上一层楼，登上顶峰。读书求学，亦是如此。整体建筑形体与外观均保存良好，且各色陶塑和剪黏泥塑颜色亮丽，非常美观，仅次于龙肚文笔亭。

(三)祭祀的神祇及对联

祭祀关圣帝君、孔子、魁斗星君。每日都有人打扫并上香。

亭高三层，第一层祭祀关圣帝君，门口对联：“春秋大义忠臣概，文武全才国士勋。”门额：“关圣帝君。”神像旁的对联：“武冠古今扶汉室，德溥天下福人群。”门口对联盛赞关圣帝君通晓《春秋》大义而有忠臣的气概，而且文武全才，并建立受全中华民族所推崇景仰的功勋。神像旁的对联则盛赞关圣帝君的武才扶持汉朝王室超越古今，恩德造福人群遍及全天下。

第二层祭祀孔子，门口对联：“德参造化千秋祀，道冠古今万世尊。”门额：“孔圣先师。”神像旁的对联：“圣如日月纪春秋，道若江河成洙西。”横批：“至圣先师。”(照片 13)门口对联盛赞孔子的德性高超有如化育万物的大自然，而受到千年的祭祀；其道术超越古今，而受到万世的尊崇。神像旁的对联则有两处错误：

一是文字上的错误：下联写作“道若江河成洙‘西’”，“西”字应是“泗”字之误，“洙西”应作“洙泗”。因为“洙泗”乃指洙水和泗水，古时二水自今山东省泗水县北合流而下，至曲阜北，又分为二水，洙水在北，泗水在南。二水之间为孔子周游各国后回鲁国讲学的地区，《礼记·檀弓上》：“吾与女事夫子于洙泗之间。”[①]后人因以“洙泗”代称孔子及儒家。而且洙水在北，泗水在南，一北一南，若作“洙西”，则无法解释。所以，“道若江河成洙泗”才是正确的。[②] 二是上下联错置的错误：对联的基本要求为仄起平落，但“秋”为平声、“泗”为仄声，所以是上下联错置了，应更正为：“道若江河成洙泗，圣如日月纪春秋。”因此，此联即赞颂孔圣之道如江河水流滔滔不绝，随地随处可成洙泗圣地；孔圣之学如日月光芒温暖人间，普天之下尽是春秋二季。

第三层祭祀魁斗星君，门口对联：“文光射斗文才展，笔献春亭笔法生。”门额：“文笔亭。”神像旁的对联：“笔点青云光世界，辉生紫极照人间。”横批：“魁斗星君。”门口对联上下联点出此亭乃是“文”“笔”“亭”，指展现出来的文才光芒能远射达到天上的北斗星，将文笔拿到文笔亭且祭拜魁斗星君后，就能妙笔生花展现各种笔法技巧。而魁斗星君的神像则作手持朱笔、独占鳌头之形，意即经过魁斗星君手持朱笔圈点考生姓名后，必可科考上榜，独占鳌头。因此神像旁的对联即赞颂：朱笔圈点上榜登科而光彩照耀世界；天上仙界发出的光辉也照耀人间。

（四）所附属的字炉

此炉最为特殊的是字炉、金炉合为一座。

字炉：六角形四层砖砌水泥建筑，位于文笔亭右前方。基座、第一层和第二层皆作金色浮雕。基座的六角是炯炯有神的螭龙吞脚浮雕。第一层、第二层为法器及诸神浮雕。第二层、第三层的短檐上皆覆盖砖红色琉璃瓦，檐脊的端部都有颜色亮丽的飘逸水草剪黏泥塑。第三层、第四层各面除了拼贴各色瓷砖外，更加上颜色亮丽的花草剪黏装饰。炉顶为金色盘龙，目光炯炯有神。整座字炉色彩鲜艳亮丽，极为美观。

---

① 《礼记·檀弓》，台北：艺文印书馆影印嘉庆二十年江西南昌府学开雕重刊宋本《十三经注疏》，1960年，第8页。

② 又如山东省曲阜孔庙对联：“观于海者难为水，道若江河，随地可成洙泗；譬犹天之不可阶，圣如日月，普天皆有春秋。”山东省乐陵文庙对联：“道若江河，随地尽成洙泗；圣如日月，普天犹是春秋。”台湾地区彰化县员林镇兴贤书院对联：“道若江河，随地可成洙泗；圣如日月，普天皆有春秋。”也都是相似的对联。但都作“洙泗”，未见作“洙西”者。

基座第三面有清灰口。

第一层第一面为字炉炉口，炉口挡板题作“字炉”二字，其余各面为毛笔和书、拂尘（可扫去烦恼）、葫芦（可炼丹制药，普救众生）、芭蕉扇（玲珑宝扇，可起死回生）等浮雕。

第二层第五面为金炉炉口，炉口挡板题作“金炉”二字，其余各面皆为诸神浮雕。

第三层第二面设置神龛，供奉天官神牌位，题作“天官赐福香座位”。神牌位上并有对联“巍巍乎天德，浩浩然神功”。道教中由天官、地官、水官分别掌管天堂、地府、海洋之事，合称三官大帝。对联则赞美天官崇高的德性，浩大的功绩。然而，必须加以探讨的是，此“天官赐福香座位”是专属于字炉？还是专属于金炉？其一，敬字亭、字炉也会在炉体的上层设置神龛，主要供奉仓颉、孔子，以及并列为“五文昌”的文昌帝君（梓潼文昌帝君）、魁斗星君、关圣帝君（文衡圣帝）、孚佑帝君、朱衣星君。极为罕见的是：司命真君（灶神），全台只有一座；福德正神（土地公），全台只有一座；观世音菩萨，全台只有两座。所以，在字炉上供奉“天官”的几率较低。其二，金炉乃是燃烧“金纸”的地方，大部分的金纸只可以烧给天上的神明，而“天官”专管天堂之事。所以，在金炉上供奉“天官”神牌位，则是顺理成章的。因此，可判断所供奉的天官神牌位，应该是专属于金炉。

此外，文笔亭左侧有一座西龙福德祠（土地公庙），福德祠左前方有座专属的金炉，其造型完全与文笔亭的字炉一致。所以，文笔亭的字炉（包括金炉）与福德祠专属的金炉左右对称，极为美观。由此推断，文笔亭的字炉与金炉之所以合为一座，应是为了左右对称的美观设计，而无法将字炉与金炉分开设立。而且字炉（包括金炉）、文笔亭、福德祠、福德祠专属的金炉，都设立于抬高约一百二十厘米的基地上，形成一排美丽壮观的景象。

（五）所附属的水泥平地及荷花水池

在字炉（包括金炉）、文笔亭、福德祠、福德祠专属的金炉，此四者所在的基地之前又有一片水泥平地，平地之前又有一方荷花水池。夏天时荷花盛开，形成了一幅美丽的景致。

（六）隐含“文房四宝”的创意

四座文笔亭中，基地规模最大也最具特色的即是屏东县竹田乡西势村文笔亭。此文笔亭楼高三层，亭顶有毛笔装饰，笔尖朝天，犹如高耸矗立的笔。字炉燃烧字纸成灰烬，色黑如墨。水泥平地，灰白如纸。荷花水池，艳丽如砚。于是，文笔亭、字炉、平地、水池,即成了"文房四宝"笔、墨、纸、砚的象征。具有此文房四宝的象征意义的,在全台湾仅此一座,极具创意和巧思。

四、屏东县竹田乡竹南村文笔亭

(一)设置地点与时间

位于屏东县竹田乡竹南路24号福圣宫对面,经纬度:北纬22°57′01.30″,东经120°53′87.00″。

建成于1986年,由村人及信徒捐款兴建。

(二)建筑型式与外观

六角形三层塔式钢筋水泥建筑,各层短檐上覆盖砖红色瓦片,各层六条檐脊的脊尾都往上扬,而无其他剪黏泥塑。只有各层六处檐角有花篮及垂花造型的吊筒装饰。塔顶的塔刹作砖红色椭圆造型。第三层门额题"文笔亭"三字。楼梯设在亭内,较为狭窄难登。建筑形体与外观均保存良好,是四座文笔亭中最为朴实无华的。

(三)祭祀的神祇及对联

祭祀关圣帝君、孔子、观世音菩萨。每日都有人打扫并上香。

亭高三层,第一层祭祀关圣帝君,门口对联:"文光财斗文才展,笔献春亭笔法生。"(照片14)门额:"文笔亭。"神像旁的对联:"武冠古今扶汉室,德溥天下福人群。"横批:"义气参天。"此亭乃接续"西势村文笔亭"而建,但将门口对联"文光'射'斗"误作"文光'财'斗","财"字乃"射"字之误。

第二层祭祀孔子,门口对联:"德参造化千秋祀,道冠古今万世尊。"门额:"孔圣先师。"神像旁的对联:"圣如日月纪春秋,道若江河成洙西。"横批:"至圣先师。"神像旁的对联乃是承袭西势村文笔亭而来,所以,对联的错误也同样承袭过来,应更正为:"道若江河成洙泗,圣如日月纪春秋。"

第三层祭祀观世音菩萨,门口对联:"香烟轻锁瓶中柳,灯影红浮座上莲。"门额:"观音殿。"神像旁的对联:"紫竹林中观自在,白莲堂上见如来。"横批:"普济群生。"门口对联描绘芳香的烟雾轻轻地笼罩着净瓶中的杨柳,红色的灯影浮现在莲花座上的莲花。神像旁的对联则是描绘紫竹林中观世音菩萨坐在白色的莲花座上。两副对联都是描绘紫竹林中观世音菩萨坐在莲花座上手持瓶中柳的景象。

(四)所附属的字炉

此炉最为特殊的是字炉、金炉合为一座。

字炉:六角形两层砖砌水泥建筑,位于文笔亭左前方。全亭表面皆用“洗石子”工法,为石头的天然灰色,只有亭顶的烟囱涂成红色,造型简单,朴实无华。

正面第一层炉口门额题作“字炉”,正面第二层炉口门额题作“金炉”。第一层第三面有清灰口。“字炉”“金炉”四字为阴刻后漆上的红色油漆,但红色油漆早已脱落,因此字形并不明显。此字炉与金炉之所以合为一座,应是文笔亭前的空地大约只有十平方米,若要分建字炉、金炉与安置香炉、供桌,则会十分狭隘难行,因此,将字炉与金炉合为一座。

五、屏东县竹田乡履丰村文笔亭

(一)设置地点与时间

位于屏东县竹田乡履丰村丰兴路,经纬度:北纬 22°58′64.50″,东经 120°53′34.90″。

建成于 1988 年 10 月,由村人及信徒捐款兴建。

(二)建筑型式与外观

六角形三层塔式钢筋水泥建筑,各层短檐上覆盖砖红色瓦片,各层六条檐脊的端部都有陶塑的水草造型装饰。各层六处檐角都有花篮及垂花造型的吊筒装饰。塔顶的塔刹作砖红色葫芦造型,第三层门额题“文笔亭”三字。楼梯设在亭内,较为狭窄难登。建筑形体与外观均保存良好,外观比竹南村文笔亭亮丽些。

(三)祭祀的神祇及对联

祭祀关圣帝君、孔子、魁斗星君。每日都有人打扫并上香。

亭高三层,第一层祭祀关圣帝君,门口对联:“武冠古今扶汉室,德溥天下福人郡。”(照片 15)门额:“关圣帝君。”神像上的横批:“文武星君。”文武星君即是关圣帝君。此亭乃接续“西势村文笔亭”、“竹南村文笔亭”而建,但将门口对联“德溥天下福人‘群’”误作“德溥天下福人‘郡’”,“郡”字乃“群”字之误。因为对联的基本要求为仄起平落,所以,“群”字为平声字,是正确的;“郡”字为仄声字,是错误的。

第二层祭祀孔子,门口对联:“德参造化千秋祀,道冠古今万世尊。”门额:“孔圣先师。”神像上的横批:“至圣先师。”

第三层供奉魁斗星君神像,门口对联:“文育英才昭圣德,笔辉宇宙仰神恩。”门额:“文笔亭。”神像上的横批:“儒宗导师。”此乃将魁斗星君奉为儒宗导师,极为尊崇之致。门口对联除了上下联首字点出“文”“笔”亭外,上联盛赞魁斗星君化育英才,展现星君神圣的帝德;下联则期许学子笔墨生辉、文才光芒能远射达到宇宙,并敬仰星君的恩惠。

(四)无附属的敬字亭,只有一座金炉

此文笔亭与前三座文笔亭最大的差异是只设立一座金炉,而没有设立敬字亭。

六、综合讨论

综合四座文笔亭及三座敬字亭的特点如下:

(一)四座文笔亭兴建的地点

皆位于台湾南部的客家聚落。一座位于高雄市美浓区,三座位于屏东县竹田乡。都是属于客家人聚居的村落。

(二)四座文笔亭兴建的顺序

高雄市美浓区龙肚文笔亭建成于1978年,屏东县竹田乡西势村文笔亭建成于1980年,屏东县竹田乡竹南村文笔亭建成于1986年,屏东县竹田乡履丰村文笔亭建成于1988年。从兴建的时序可看出村落间互相学习模仿,一时文风鼎盛。

(三)四座文笔亭的兴建人

都是由村人及信徒捐款兴建。

(四)四座文笔亭的建筑型式与外观

三层或五层的塔式钢筋水泥建筑,而且利用各色瓷砖、陶塑、浮雕、剪黏泥塑加以装饰,颜色亮丽,光彩炫目,精雕细琢,非常美观。

(五)四座文笔亭祭祀的神祇

文笔亭内供奉着孔子、文昌帝君、关圣帝君、魁斗星君、观世音菩萨等神祇,是读书人和村人们祭祀和祈求及第登科的对象。供奉孔子的有四座、关圣帝君的有三座、魁斗星君的有二座、观世音菩萨的有一座。孔子所创立的儒家思想影响后世两千多年,被尊为"万世师表"。关圣帝君义气参天文武全才、魁斗星君护佑学子登科及第,皆被道教奉为"五文昌"之一。观世音菩萨大慈大悲教化救苦,是台湾地区最常被供奉的佛教神祇。由此可看出当地的民间信仰是儒、道、释三教融合。

(六)四座文笔亭的对联及错字

四座文笔亭的对联主要在赞颂孔子、关圣帝君、魁斗星君、观世音菩萨的功业和神恩。此外,龙亭上的对联主要在描写龙肚一带能集聚日月精华、山川瑞气,因此山水一片翠绿、星斗满天鲜亮,并建立光芒四射、高透天庭的文笔亭。也祝福龙肚一带的人们和捐钱建亭的善心人士都能安享五福、万寿无疆。而从对联上的错字,也可以看出仿建的次序和失误的原因。

(七)敬字亭的功用

燃烧字纸是每一座敬字亭最基本的功用,本文所探讨的三座敬字亭,因为都是附属于文笔亭,而文笔亭内已有供奉的神祇,所以,不必在敬字亭上设置神龛、供奉神祇。

(八)敬字亭与金炉造型相同

高雄市美浓区龙肚文笔亭所附属的圣迹亭与金炉,两者造型完全相同,只有门额题字和对联不同,但对联句法和内容又两相呼应。而金亭位于文笔亭左前,圣迹亭位于文笔亭右前,两者左右对称,更显得庄重典雅。两者造型相同这一特色,在位于南台湾高雄市、屏东县的寺庙中就经常出现。台湾光复后所兴建或改建的客家庙宇,时常将敬字亭与金炉一起兴建。因此,敬字亭与金炉的造型完全相同,位于庙前一左一右,只有炉口门额题字、对联不同罢了。而且常有美丽的彩绘、水墨、剪黏、泥塑和瓷砖拼贴设计，不仅极为美观，也使得优良的传统文化随时可见，教化的功效更加凸显。

(九)敬字亭与金炉合为一座

1. 屏东县竹田乡西势村文笔亭所附属的字炉与金炉之所以合为一座，乃是为了配合福德祠专属的金炉，为了形成左右对称的美观设计，而无法将字炉与金炉分开设立。2. 屏东县竹田乡竹南村文笔亭所附属的字炉与金炉之所以合为一座，乃是文笔亭前的空地十分狭隘，因此，将字炉与金炉合为一座。全台湾126 处 127 座敬字亭中，也只有四座是敬字亭与金炉合为一体的，是非常特殊的。

(十)隐含"文房四宝"的创意

屏东县竹田乡西势村文笔亭，此文笔亭楼高三层，亭顶有毛笔装饰，笔尖朝天，犹如高耸矗立的笔；字炉燃烧字纸成灰烬，色黑如墨；水泥平地，灰白如纸；荷花水池，艳丽如砚。于是，文笔亭、字炉、平地、水池，即成了"文房四宝"笔、墨、纸、砚的象征。具有此文房四宝的象征意义的，在全台湾仅此一座，极具创意和巧思。

七、结　语

文笔亭，此一台湾南部特殊的优良传统文化，已经逐渐没落式微了。年轻学子们大多不知道什么是文笔亭、什么是敬字亭，只剩下村落里的老人家还了解、祭拜着。传统文化不能不薪传，精神文明不能不弘扬。愿借这篇文章来薪传此一传统文化、弘扬此一精神文明：尊古圣贤、敬字惜纸。

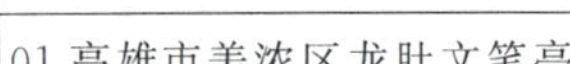 01 高雄市美浓区龙肚文笔亭	02 高雄市美浓区龙肚文笔亭：凤凰高飞、飞龙在天的剪黏泥塑，塔刹作五层宝塔造型。	03 高雄市美浓区龙肚文笔亭圣迹亭

04 屏东县竹田乡西势村文笔亭全景：左起字炉、文笔亭、福德祠、福德祠专属的金炉，前有水泥平地、荷花水池。	05 屏东县竹田乡西势村文笔亭	06 屏东县竹田乡西势村文笔亭：凤凰高飞、飞龙在天的剪黏泥塑，塔刹作毛笔造型。

07 屏东县竹田乡西势村文笔亭字炉	08 屏东县竹田乡西势村文笔亭字炉：飘逸水草、亮丽花草的剪黏泥塑，目光炯炯有神的金色盘龙。	09 屏东县竹田乡竹南村文笔亭

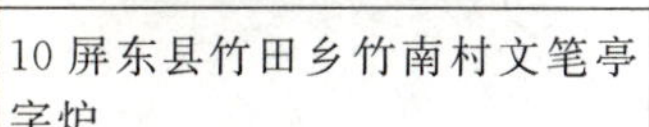 10 屏东县竹田乡竹南村文笔亭字炉	11 屏东县竹田乡履丰村文笔亭	12 高雄市美浓区龙肚文笔亭所附设的金亭：与圣迹亭外形完全相同。

13 屏东县竹田乡西势村文笔亭：第二层的孔子神像及对联。	14 屏东县竹田乡竹南村文笔亭：第一层门口对联；门额：文笔亭。	15 屏东县竹田乡履丰村文笔亭：第一层门口对联。

李德裕贬死崖州事件对晚唐文士心态的影响

方坚铭

[摘　要]唐代中晚期发生了著名的牛李党争事件，李党的魁首是李德裕。宣宗上台后，尽擢牛党要员，打击以李德裕为首的李党，先是罢相，贬潮州司马，后贬崖州司户参军而卒。本文考察和分析了李德裕贬死崖州对晚唐文士心态和政治文化的影响。通过对李德裕贬死崖州后其敌友两种不同心态的考察，指出李德裕贬死崖州促进了内倾、独善的晚唐政治文化的形成，进一步加强了士人避祸全身、营营自谋的心态，同时指出李德裕在唐末为一些士人仰慕的现象。

[关键词]李德裕　贬死崖州　政治文化　士人心态

李德裕(787—850)，字文饶，李吉甫子，以荫入仕。历任监察御史、翰林学士、浙西观察使、兵部侍郎、郑滑节度使、剑南西川节度使、兵部尚书同平章事、淮南节度使、门下侍郎同平章事等。他是唐后期牛李党争中李党的魁首。大和六年(832)，文宗悔维州之失，召时任剑南西川节度使的李德裕入朝，以兵部尚书同平章事，牛僧孺、李宗闵相继罢相。此后为朋党事，又三度镇浙西。开成二年(837)，为淮南节度使。武宗立，召为门下侍郎、同平章事。主张以公卿子弟为朝廷大臣，削弱藩镇，并佐武宗讨平泽潞刘稹，以功拜太尉，进封卫国公。又罢郡县冗官二千余员，打击牛僧孺、李宗闵，流之岭南。及宣宗即位，尽擢牛党要员，打击以李德裕为首的李党，开始了李德裕晚年黯淡萧然的时光。先是罢相，贬潮州司马，至大中二年九月，李德裕被贬为崖州(今海南岛北部，琼山县东南)司户参军，大中三年正月至贬所，于十二月郁郁而卒。

李德裕贬死崖州后，亲者痛，仇者快，士林心态波动很大。本文在收集整理各种文献材料的基础上，考察了敌友两种不同心态，指出李德裕贬死崖州促进了内倾、独善的晚唐政治文化的形成，进一步加强了士人避祸全身、营营自谋的心态;同时指出李德裕在唐末为一些士人仰慕的现象。在考察这两种不同心态的时候,我们感受到席卷而来的消沉和感伤是如此有力地穿透了晚唐,并伸延至唐末乃至唐亡。

一、诋毁者的攻击策略和喧嚣之音

李德裕被贬,最快意的莫过于牛党人物。他们制造了大量的文字来攻击诋毁这位李党魁首,且多表达其幸灾乐祸的心情。比如钱易《南部新书·丁》所载俗传之词,同书《己》所载仇家托名李德裕所作的崖州之诗,《云溪友议》卷中载出自牛党之手的《离平泉马上作》,《太平广记》卷二五六"李德裕"条引《卢氏杂说》载李德裕被逐后为人所作二诗,及托名为白居易的《李德裕相公贬崖州三首》①,皆为攻讦、诋毁李德裕的作品。

这些作品往往采取匿名、易名的策略,下引《太平广记》卷二五六"李德裕"条引《卢氏杂说》以见大概:

> 唐卫公李德裕,武宗朝为相,势倾朝野。及罪谴,为人作诗曰:"蒿棘(棘原作赖,据明抄本改)深春卫国门,九年于此盗乾坤。两行密疏倾天下,一夜阴谋达至尊。目视具僚亡七箸,气吞同列削寒温。当时谁是承恩者,背有余波达鬼村。"又云:"势欲凌云威触天,朝轻诸夏力排山。三年骥尾有人附,一日龙髯无路攀。画阁不开梁燕去,朱门罢扫乳鸦还。千岩万壑应惆怅,流水斜倾出武关。"②

按:此卢言乃牛党中倾轧李德裕的主要人物之一。他所收录的这些诗歌快李德裕之贬斥,显然是牛党所作,然具体作者却难以知之。

杜牧,当时著名文士,一度与李德裕有交情,但是到了大中朝,也从党争的边缘层突入到紧密层,攻讦、诋毁李德裕不遗余力,其《祭周相公文》斥责会昌之政和李德裕云:"会昌之政,柄者为谁?忿忍阴污,多逐良善。"又斥责他"贵骄多过"。

---

① 《白氏长庆集》卷二十,《四部丛刊》初编影印江南图书馆藏日本翻宋大字本。

② 又参见(宋)钱易撰、黄寿成点校:《南部新书·癸》,北京:中华书局,2002年,第168页。《南部新书》所载文字与《卢氏杂说》略有不同,且以此二首诗为温庭筠作,当非。参见黄震云:《〈题李卫公二首〉诗非温庭筠作考辨》,《青海师范学院学报》(哲学社会科学版)1983年第1期,第40页。

而在唐宋笔记小说里，丑化、诋毁李德裕的材料更是到处可见。

《纪异记》载李德裕“好饵雄朱”，好色——“乃求姝异凡数百人”。《独异志》卷下载其“奢侈极，每食一杯羹，费钱约三万，杂宝贝珠玉雄黄硃砂煎汁为之，至三煎，即弃其滓于沟中”。按：《新唐书》卷一八〇本传载其“不喜饮酒，后房无声色娱”。《唐语林》卷七载：“李卫公性简俭，不好声妓，往往经旬不饮酒，但好奇功名。”当更加接近李德裕之实况①。

《云溪友议》上载：“故太尉李德裕镇渚宫，尝谓宾侣曰：‘余偶欲遥赋《巫山神女》一诗，下句云‘自从一梦高唐后，可是无人胜楚王’。昼梦宵征巫山，似欲降者，如何？’段记室成式曰：‘屈平流放湘沅，椒兰友而不争，卒葬江鱼之腹，为旷代之悲。宋玉则招屈之魂，明君之失，恐祸及身，遂假高唐之梦以惑襄王，非真梦邺。我公作神女之诗，思神女之会，唯虑成梦，亦恐非真。’李公退惭，其文不编集于卷也。”按：此等无稽之言，自是丑化李德裕之好色成癖，乃至“昼梦宵征巫山，似欲降者”。

《唐语林》卷七载：“又郡有一古寺，公因步游之，至一老禅院。坐久，见其内壁挂十余葫芦，指曰：‘中有药物乎？弟子颇足疲，愿得以救。’僧叹曰：‘此非药也，皆人骼灰耳！此太尉当朝时，为私憾黜于此者。贫道悯之，因收其骸焚之，以贮其灰，俟其子孙来访耳！’公怅然如失，返步心痛。是夜卒。”按：李德裕当朝时所贬斥、窜逐者，皆于史有征，此自是牛党造谣以丑化李德裕，不足信也。

二、亲善者的悲痛和悼念

在李德裕生前，曾蒙受过李德裕恩惠的人还是比较多的。比如柳仲郢、刘三复、卢肇、封敖、段成式，甚至白敏中等士人。在国家政治高压之下，他们中间大部分士人，吞声不言，噤若寒蝉，自顾不暇，小部分士人则在其著述中表达对李德裕的同情、悼念和赞赏。还有少数几个，则或者不惜顶住巨大的压力，挺身而出，论奏李德裕之冤，或者眷顾其家属，以报答其厚恩于万一。

李德裕与一些文士的关系尤可瞩目。李德裕自身也是文学造诣很高的人，其论文云“譬诸日月，虽终古常见，而光景常新，此所以为灵物也”，又云“文章如

---

① 傅璇琮：《李德裕年谱》，济南：齐鲁书社，1984年，第650—651页。

千兵万马，风恬雨霁，寂无人声”①。洵为心得之言，而其所作，亦“骈偶之中，雄奇骏伟，与陆宣公上下”②。《新唐书》卷二〇一《艺文志上・序》赫然入唐代“制册”名家之列。又好著书立说，《旧唐书》卷一七四本传云：“德裕以器业自负，特达不群。好著书为文，善嫉恶，虽位极台辅，而读书不辍。”尽管其平时一贯以经术礼法门风标榜，但是对善于制词、用语精妙、文风朴实的文士还是常加擢拔，留下了不少佳话。李德裕所亲善的文士之中，有好几个曾是其幕府从事，比如段成式、韦绚等，还有一些是求科第的寒士，如卢肇、刘三复等。下面就让我们看一下他所亲善的文士，以见李德裕之喜好，而这些文士又是怎样对待他的。不求所举务尽，但求举一二以见其余。

刘三复　润州人刘三复在长庆二年为浙西节度使李德裕掌书记，此后从李德裕，入其幕，并在李德裕荐举下登第。会昌朝在德裕的提拔下，官至谏议大夫，迁给事中。他工诗文，长于表状，颇为德裕器重，以其“长于章奏，尤奇待之”。他的儿子刘邺在咸通初挺身而出，为李德裕追恤者，可见刘三复父子对李德裕是一生感恩的。

封敖　会昌朝封敖以其善属辞而受到了武宗、李德裕的礼重。尝草《赐阵伤边将诏》，其警句云：“伤居尔体，痛在朕躬。”武宗览而善之，赐之宫锦。李德裕以定策破回鹘、诛刘稹功进太尉，其制词云：“遏横议于风波，定奇谋于掌握。”“谋皆予同，言不它惑。”李德裕赏之曰：“陆生有言，所恨文不迨意。如卿此语，秉笔者不易措言。”解所赐玉带遗之。封敖“语近而理胜，不务奇涩”之文风，实不同于牛党进士浮浪风习和浮华文风，故为李德裕所激赏。大中朝李德裕罢相，封敖亦罢内职。

卢肇等　卢肇是宜春人，有奇才，文宗朝李德裕贬袁州刺史时，卢肇以文投献，由此见知。会昌三年，李德裕为宰相，荐之于主司王起，遂以状元登进士第。《太平广记》卷一八二“卢肇”条引《玉泉子》载：“旧例：礼部放榜，先呈宰相。会昌三年，王起知举，问德裕所欲，答曰：‘安用问所欲为，如卢肇、丁棱、姚鹄，岂可不与及第邪？’起于是依其次而放。”按：此条记载可疑处在会昌三年正月李德裕论奏罢宰相阅榜之习，及王起知举，竟先询问李德裕，宁非出尔反尔，故傅璇琮先生于其著述《李德裕年谱》中质疑之，然求其“通性之真实”（陈寅恪语），李德裕奖拔

① （唐）李德裕：《文章论》，《会昌一品集・外集》卷三，《丛书集成初编》本，北京：中华书局，1985年，第269—270页。

② （清）王士禛：《池北偶谈》卷十七《谈艺・会昌一品集》，《清代笔记史料丛刊》，北京：中华书局，1997年，第416页。

寒士，则无疑也。像卢肇这样受到李德裕奖拔的寒士还有丁稜、黄颇、姚鹄等，兹不赘述。

下面我们来看看李德裕之追随者或亲善者是如何在著述或者行动中接受李德裕的政治价值观念，表达对李德裕的景仰，报答他的恩德的。

(一)在著述中表达自己的倾向性

李德裕之追随者或者亲善者，亦多撰述名家。其书若成于李德裕生前，往往于文中时露倾服、誉美之意；其书若成于李德裕被贬乃至卒后，则往往怀悼念之意；每述及牛、李之事，则抑牛扬李。李德裕贬死后，李党成员直接表达自己心情之文字资料保存下来的不多，然以其生前之交厚，已有之撰述，亦可推原其本心，当为悲痛与悼念之情所填满，因为沉默也是言说方式之一。

郑亚《会昌一品集序》 郑亚与李德裕有着非同寻常的关系，“李德裕在翰林，亚以文干谒，深知之。出镇浙西，辟为从事。”李德裕于郑亚有恩遇之情，而郑亚于李德裕怀蒙恩报答之心，乃李德裕忠诚的追随者之一。大中元年八九月，李德裕寄书给郑亚，要他为自己的文集作序，郑亚先请其从事李商隐为之作序，然后改定之。其文变骈为散，行文减少了李商隐文人式的夸张，而多了久历世事的高级官僚的沉着，令人感受到一种叙述的权威性。其赞李德裕亦至矣：“惟公蕴开物致君之才，居元弼上公之位，建靖难平戎之业，垂经天纬地之文，萃于直躬，庆是全德。”郑亚贬斥循州刺史后，不久即卒于任。其子郑畋大中朝为牛党所抑，“咸通五年，方始登朝”，“仰窥霄汉，空叹云泥。虽云赋命屯奇，实以遭人排忌”。以郑亚为代表的是受牛党迫害最直接的李党成员。

段成式《酉阳杂俎》 段成式是一个相当博学的士人，其《酉阳杂俎》就是他博学的见证。这是一部大容量的笔记，“或录秘书，或叙异事，仙佛人鬼以至动植，弥不毕载，以类相从，有如类书”。“自唐以来，推为小说之翘楚，莫或废也”[①]。段成式曾为李德裕浙西、荆南幕府从事，与李德裕有恩主与从事之谊，且皆喜奇好异，与李德裕“喜见未闻言，新书策”之癖好当为同类。其《酉阳杂俎》有多处记载有关李德裕言谈或者李德裕事迹的，当多是段成式从事李德裕幕府时，亲闻李德裕谈说，或者亲往李德裕平泉庄而见之。大中二年李德裕贬斥崖州后，

---

① 鲁迅：《唐之传奇集及杂俎》，《中国小说史略》第十篇，北京：人民文学出版社，1981 年，第 93 页。

曾遗段成式书[①]。“按德裕自贬崖州及卒，仅十四个月，给段成式书当在此期中。可见德裕与成式世交颇厚，段氏一家之升降，似与德裕之陟罚往往有关”[②]。自段成式一生行迹而言，他虽然为李德裕之从事，但是并没有进入党争的紧密层，没有针对牛党的敌对行为，但是从他跟李德裕亲密的人际关系来看，他是倾向于李德裕的，是属于李党范围内的士人。

韦绚《戎幕闲谈》　韦绚是元稹的女婿，而元稹与李德裕是知交。大和年间李德裕任西川节度使时，曾命巡官韦绚笔录其言谈而成《戎幕闲谈》。其序云：“赞皇公博物好奇；尤善语古今异事。当镇蜀时，宾佐宣突，亹亹不知倦焉。乃谓绚曰：‘能题而记之，亦足以资于闻见。’绚遂操觚录之，号为《戎幕闲谈》。大和五年十一月二十三日巡官韦绚引。”可见，此书是李德裕口述、韦绚笔录而成的。《戎幕闲谈》主要记录李德裕日常谈论的内容，韦绚在记录中同情窦参、嘲笑武元衡，这是贞元年间的窦参和陆贽之争、元和年间李吉甫父子与武元衡、武儒衡矛盾的反映，无疑打上了党争的烙印，表达的是李德裕的政治倾向性[③]。韦绚后来于咸通朝官至义成节度使、易定观察处置使、北平军等使，于大中朝李德裕被贬虽无直接表态之言行，然亦可由两者之交谊而推断其大致心态也。

柳珵《常侍言旨》　柳珵是柳冕之子，柳登之侄。《常侍言旨》是“柳珵记其世父（柳）登所著”。李德裕家族与柳珵家族世交很深，可参见李德裕《明皇十七事》自序所载。此书分为六章，即六篇自具首尾的小说，再加上两篇传奇，编成一卷文字。此书之成当在李德裕贬斥崖州之后，故“李辅国”条末称李德裕为“朱崖太尉”，然仅由此一用语，乃见柳珵之同情李德裕也。周勋初先生指出：“一些以其（李德裕）谪死为快的人，或以‘朱崖’代称，隐含贬义；而时人称之为‘朱崖太尉’者，则大都是抱同情态度的人，‘太尉’之上冠以‘朱崖’，正是顾念其前时功业而对贬死崖州隐含不平之意。”[④]在《常侍言旨》中最具有党争色彩的小说就是《上清传》。此传是贞元年间窦参和陆贽之争的投影，作者站在窦参的立场，攻击陆贽及其门人。卞孝萱先生在《唐代小说与政治》[⑤]一文中认为由于李吉甫为窦参

---

① （五代）孙光宪《北梦琐言》载：“唐李太尉德裕，左降至朱崖，著四十九论，叙平生所志。尝遗段少常成式书曰：‘自到崖州，幸且顽健，居人多养鸡，往往飞入官舍，今且作祝鸡翁尔，谨状。’”《唐五代笔记小说大观》本，上海：上海古籍出版社，2000 年，第 1873 页。

② 方南生：《段成式年谱》，见（唐）段成式《酉阳杂俎》，北京：中华书局，1981 年，第 336 页。

③ 卞孝萱：《〈戎幕闲谈〉新探》，《西北师范大学学报》（社会科学版）2000 年第 4 期，第 35—39 页。

④ 周勋初：《唐人笔记小说考索》，南京：江苏古籍出版社，1996 年，第 202—203 页。

⑤ 卞孝萱：《唐代小说与政治》，《中华文史论丛》1985 年第 1 辑。

集团成员，又与柳珵父冕善，故很有可能柳珵在李吉甫父子的授意下，写作此传以污蔑陆贽。可备一说。

卢肇《逸史》　卢肇在大和九年（835）至开成元年（836）期间曾受知于袁州长史李德裕，会昌年间又在李德裕的奖掖之下及第，这种人际关系对卢肇的人生必然会产生一定的影响。卢肇也曾跟牛僧孺有所来往，但是，对牛僧孺他是有所不满的。牛僧孺镇襄阳是在开成四年八月至会昌元年七月，卢肇大概在开成末计偕至襄阳[①]，为其爱妾真珠吟诗。《唐诗纪事》卷五五"卢肇"条载："肇初计偕至襄阳，奇章公方有真珠之惑，肇赋诗曰：'神女初离碧玉阶，彤云犹拥牡丹鞋。知道相公怜玉腕，强将纤手整金钗。'"《天中记》卷十九《妾侍》引《吟窗叙录》云："奇章公纳妓曰真珠，有殊色。卢肇至，奇章重其文，延于中寝。会真珠沐发，方以手捧其髻，插钗于两鬓间。丞相曰：'何妨一咏。'肇曰：'知道相公怜玉腕，故将纤手整金钗。'"到了会昌二年冬，又一次计偕入京，经过襄州，拜谒节度使卢均，作《汉堤诗》[②]。在这首诗的序言中，他对卢均的治绩赞不绝口，而其隐约批评的对象，是前任节度使牛僧孺，故此诗迎合了当时李党借襄阳水溢事，归罪牛僧孺，置牛僧孺于闲地的政治斗争的需要。但是总的来说，卢肇并没有积极参预党争，他的《逸史》一书也是什之八九为神仙道化之事[③]，是当时的一种社会风习的表现[④]。该书有关于牛、李的记录不多，并没有攻击牛党之言论，亦无偏袒李德裕之言论[⑤]。此可见卢肇有意识地避开党争风波。卢肇后来从事于卢商、裴休、卢简求等幕府，官至歙州、池州、吉州刺史等。然非李德裕之知遇，卢肇未必能入仕途。

（二）用实际行动来报答李德裕的恩遇

人生在世，恩义为重。然时当大中朝，宣宗、牛党、宦官三大势力纠集在一起，迫害以李德裕为首的李党，节义之士，亦可能为势所屈，此所以大中朝论谏李德裕冤情之士人绝少也（仅丁柔立之论谏吴湘覆案为非，魏铏之不忍厚诬而已）。

---

① 从周勋初先生的说法，见《唐人笔记小说考索》，第132—133页。

② 卢肇《文标集》卷下，《丛书集成续编》第123册，台北：新文丰出版公司，1988年。

③ 其自序云："其间神化交化、幽冥感通、前定升沉、先见祸福，皆摭其实，补其缺而已。"《说郛》卷二十《逸史》还保存着卢肇自序，转引自周勋初《唐人笔记小说考索》，第130页。

④ 周勋初先生指出："牛、李党争势若水火，但牛、李党魁都喜欢神仙道化的小说，可见这是时代风气的反映。"见《唐人笔记小说考索》，第139页。（宋）邵博：《邵氏闻见后录》卷二七云："牛僧孺、李德裕相仇，不同国也，其所好则每同。"北京：中华书局，1983年，第212页。

⑤ （宋）李昉等编《太平广记》（北京：中华书局，1961年）卷四八"李吉甫"条引（第297页）、卷三〇七"裴度"条引（第2434页），皆有关李党人物事迹，然与党争无涉。

故如柳仲郢之关照李德裕眷属，刘邺之追恤李德裕之冤，为难能可贵。

柳仲郢 《旧唐书》卷一六五本传载："仲郢严礼法，重气义，尝感李德裕之知。大中朝，李氏无禄仕者。仲郢领盐铁时，取德裕兄子从质为推官，知苏州院事，令以禄利赡南宅。令狐绹为宰相，颇不悦。仲郢与绹书自明，其要云：'任安不去，常自愧于昔人；吴咏自裁，亦何施于今日？李太尉受责既久，其家已空，遂绝蒸尝，诚增痛恻。'绹深感叹。"又大中六年，李德裕子烨护李德裕之灵柩自崖州返葬洛阳，柳仲郢遣从事李商隐赴荆南致祭李德裕之归梓，以表其哀思[①]。

刘邺 "卫公门人，惟蹇士能报其德"。刘邺在咸通初追恤李德裕之冤，复官爵。《新唐书》卷一八三本传载："邺六七岁能属辞，德裕怜之，使与其子共师学。德裕既斥，邺无所依，去客江湖间。陕虢高元裕表署推官，高少逸又辟镇国幕府。咸通初，擢左拾遗，召为翰林学士，赐进士第。历中书舍人，迁承旨。邺伤德裕以朋党抱诬死海上，令狐绹久当国，更数赦，不为还官爵，至懿宗立，绹去位，邺乃申直其冤，复官爵，世高其义。"其奏词《乞赠恤李德裕疏》备言李德裕之冤及结局之惨状，"今骨肉将尽，生涯已空，皆伤棨戟之门，遽作荆榛之地，孤骨未归于茔兆，一男又没于湘江"。以咸通朝略宽对李党之遏制，故刘邺追恤李德裕之奏请得以批准。

三、"八百孤寒齐下泪，一时回首望崖州"——赞赏者的同情

(一)八百孤寒的悼念

《唐摭言》卷七载："李太尉德裕颇为寒畯开路，及谪官南去，或有诗曰：'八百孤寒独下泪，一时南望李崖州。'"[②]至咸通乾符之岁，"龙门有万丈之险"，科第权为势家所据，求如大中朝之前孤寒亦得以擢拔，才俊之士不次而用，则不复再矣。故此八百孤寒之泪实是对李德裕最高之赞誉。《云溪友议》卷中云："或问赞皇公之秉钧衡也，毁誉如之何？削祸乱之阶，辟孤寒之路；好奇而不奢，好学而不倦，勋业素高，瑕疵乃顾。是以结怨豪门，取尤群彦。光福王起侍郎，自长庆三年知

---

① 陈寅恪：《李德裕贬死年月及归葬传说辨证》，载《金明馆丛稿二编》，北京：生活·读书·新知三联书店，2001年，第34—41页。

② （宋）王谠撰、周勋初校证：《唐语林校证》卷七《补遗》指出此是"广文诸生为诗"。北京：中华书局，1987年，第614页。

举,后二十一岁,复为仆射。武皇朝,犹主国。凡有亲戚在朝者,不得应举,远人得路,皆相贺庆而已。后之文场困辱者,若周人之思乡焉,皆曰:'八百孤寒齐下泪,一时回首望崖州。'"

(二)李商隐的挽歌

李商隐其实是一个很大胆的诗人。他在大和九年甘露之变后,写有系列吟咏甘露之变的诗歌,以《有感二首》为代表作,同情甘露罹难者,斥责宦官乱政,呼祷正义,力求维护士人之尊严,在当时诗人中为最有勇气者。

李商隐对李德裕的态度,在大中朝之前,还不是很鲜明,在平泽潞战役中李商隐只是一名坚决拥护平叛行动、讴歌胜利的士人。但是到了大中朝,对李德裕的倾服之情,却十分显著。他跟令狐绹关系,也是在大中朝急剧恶化的。

李商隐大中元年入郑亚桂管幕,是一种偶然性中的必然性。李商隐在《会昌一品集序》称誉李德裕"成万古之良相,为一代之高士;翕尔来者,景山仰之",对李德裕备极赞誉之词,这是其政治倾向性的彻底表露,并非官样文章客套话。

李德裕贬斥崖州后,李商隐写有系列诗歌同情之、怀念之、哀悼之,有《旧将军》、《李卫公》、《泪》、《漫成五章》之四之五、无题"万里风波一叶舟"等。从这些诗歌中我们捕捉到诗人一颗跳跃的关心国家政治命运的诗心,以及对李德裕悲剧下场的哀婉感伤之情。下举《李卫公》诗以见一斑,其诗云:

> 绛纱弟子音尘绝,鸾镜佳人旧会稀。今日致身歌舞地,木棉花暖鹧鸪飞。

"歌舞地"指歌舞冈,南越王赵佗曾在此歌舞,此以代指岭南地区①。前联指其"平日培植之人才"与"当时识拔之贤士"②,皆消息隔断,风流云散。后联以岭南之靓丽风物,反衬其贬谪之凄凉。冯浩指出:"下二句不言身赴南荒,而反折其词,与'旧时王谢堂前燕,飞入寻常百姓家'同一笔法,伤之,非幸之也。"③

(三)唐末文士绵绵不绝的悼念

李德裕在唐末成为一些士人仰慕的对象,其功业亦为人推许。《旧唐书》卷

---

① 刘学锴:《汇评本李商隐诗》,上海:上海社会科学院出版社,2002年,第159页。

② 据姜炳璋《选玉溪生诗补说》之说,转引自刘学锴《汇评本李商隐诗》,第159页。

③ 冯浩:《玉溪生诗集笺注》,载刘学锴、余恕诚:《李商隐诗歌集解》,北京:中华书局,1998年,第886页。

一七九《萧遘传》:"(萧遘)与韦保衡同年(咸通五年)登进士第。保衡以幸进,无艺,同年门生皆薄之。遘形神秀伟,志操不群,自比李德裕,同年戏呼'太尉'。保衡衔之。"按由此可见咸通朝李德裕成为萧遘等士人的楷式。

很多文士在其诗歌里,或表达对李德裕贬死之悼念,或赞誉其业绩。

罗邺　其《叹平泉(一作伤平泉庄)》云:"生前几到此亭台,寻叹投荒去不回。若遣春风会人意,花枝尽合向南开。"花枝向南,犹八百孤寒之南望李崖州,此罗邺因其遭遇不偶而致慨也。罗邺咸通中屡举进士不第,羁旅四方。咸通末,崔安潜为江西观察使,颇赏其才,欲荐举之,然为幕吏所阻。后为督邮,甚不得志,遂赴单于都督府幕,抑郁而终。诗多怨愤之作,故胡震亨谓其诗"无一题不以寄怨"。

汪遵　其《题李太尉平泉庄》云:"水泉花木好高眠,嵩少纵横满目前。惆怅人间不平事,今朝身在海南边。"①此诗以平泉庄之优美与崖州之荒凉作对比,于李德裕贬死深致其慨。

罗隐　其《甘露寺火后》云:"六朝胜事已尘埃,犹有闲人怅望来。只道鬼神能护物,不知龙象自成灰。犀惭水府浑非怪,燕说吴宫未是灾。还识平泉故侯否,一生踪迹比楼台。"

甘露寺跟李德裕有很深的关系,郭若虚《图画见闻志》卷五:"唐李德裕镇浙西日,于润州建功德佛宇,曰甘露寺。当会昌废毁之际,奏请独存。因尽取管内废寺中名贤画壁,置之甘露,乃晋顾恺之、戴安道,宋谢灵运、陆探微,梁张僧繇,隋展子虔,唐韩幹、吴道子画。"本诗感慨甘露寺之胜景及寺中古物已成尘埃,最后以"还识平泉故侯否,一生踪迹比楼台"作结,表明他对李德裕的怀念之情。

其《薛阳陶觱篥歌》一诗从薛阳陶受李德裕知遇——"艺小似君犹不弃"为切入点,对李德裕在武宗去世后即遭宣宗和牛党之迫害深表同情,高度赞扬了武宗朝君臣相得所取得的非凡业绩。这跟《旧唐书·武宗纪赞》对会昌政绩的赞誉是一致的,表明了在唐末李德裕声誉甚隆,为士人普遍景仰。

唐末一些笔记小说中表现出明显的扬李抑牛的倾向,下面略举一二:

孙光宪《北梦琐言》　卷六许李德裕为"英才"——"愚曾览太尉《三朝献替录》,真可谓英才。竟罹朋党,亦独秀之所致也"。卷三赞李德裕"抑退浮薄,奖拔孤寒。于时朝贵朋党,掌武破之,由是结怨,而绝于附会,门无宾客"。卷四赞其趣味高:"喜闻未闻言、新书策。"卷一以令狐绹与李德裕作对比,高度赞扬了李德

① 陈尚君辑校《全唐诗补编·续补遗》卷九作《过平泉庄》:"平泉风景好高眠,水色风光满目前。刚欲平他不平事,至今惆怅满南迁。"北京:中华书局,1992年,第436页。

裕的终始之德:“唐大中末,相国令狐绹罢相,其子滈应进士举在父未罢相前,预拔文解及第。谏议大夫崔瑄上疏,述滈弄父权,势倾天下,以‘举人文卷须十月前送纳,岂可父身尚居于枢务,男私拔其解名,干挠主司,侮弄文法恐奸欺得路,孤直杜门’云云,请下御史台推勘。疏留中不出。葆光子曰:令狐公在大中之初,倾陷李太尉,唯以附会李绅而杀吴湘。又擅改元和史,又言赂遗阉宦,殊不似德裕立功于国,自俭立身。掎其小瑕,忘其大美。洎身居岩庙,别无所长,谏官上章可见之矣。与朱崖之终始殆难比焉。”

不著名氏《玉泉子》 据卞孝萱先生研究,《玉泉子》中攻击牛僧孺者至少有三条,吹捧李德裕者亦有三条,其吹捧者如下:一云李德裕“抑退浮薄,奖拔孤寒”;二云李德裕喜饮惠山泉,入相后,改饮京昊天观水,“停水递,人不告劳”,三云李德裕“广识”,知天柱峰茶“可以消酒食毒”。故此著者倾向于李党甚明①。

四、结 语

通过搜集和梳理有关文献,对李德裕贬死崖州事件及其对晚唐士人心态和政治文化的影响获得全面的认识。这桩政治事件的历史意义其实不亚于甘露之变,此前我们对其重视是不够的。

李德裕被贬崖州是一大标志性政治事件,既标志着牛李党争的结束,也标志着那种欲革除弊政、加强中央集权的士人精神的严重削弱。大中朝务反会昌之政,打击李德裕为首的李党,并不仅仅是政治上的小小变动,而在当时造成了朝局之动荡,影响到士人心态之变化,实关乎晚唐政治文化之演变。大中朝政治空气十分沉闷,先后兴起吴湘大狱以迫害李德裕,迫死郭太后而否定穆宗王位继承之合法性,皆自党争以来,所未曾有过的空前猛烈的打击。再加上宣宗以察为明,防其臣下,君臣离心现象更加明显化。故对士人而言,自甘露之变后所激化的避祸全身、营营自谋的心态进一步加强,一种伤感、消极、沉郁的情绪笼罩着晚唐政坛和晚唐社会。

---

① 卞孝萱:《唐小说集〈玉泉子〉的政治倾向》,《南通师范学院学报》(哲社版)2000 年第 3 期,第 10—14 页。

唐宋常朝仪制及相关术语训释

沈小仙

[摘　要] 朝参(包括大朝、常朝)是古代君权行政运作制度的重要内容。常朝仪制自唐代始备,其后之历代沿革,仪制内容变化很大,仪制实施过程中使用的术语,能否正确辨识与解读,直接影响到对朝廷仪制本身的了解与研究,进而关系到相关的政治制度及古籍整理与研究。本文以唐宋朝参仪制中常朝仪制及其相关术语为中心,就常朝仪制、常朝班仪与常朝君臣相见礼仪及其相关术语、称谓等进行考释,进而解读这一仪制在唐宋两朝演变的历程。

[关键词] 朝参仪制　常朝　术语

朝参仪制,简言之,即指古代君臣朝见或朝会中相见的仪礼制度。这一仪礼始于战国,《战国策·秦策四》:"秦王欲见顿弱,顿弱曰:'臣之义不参拜,王能使臣无拜,即可矣。'"近年来,对这一仪制的研究成果已有不少[①],历代政书对此也有较为详细的记录。但是由于这一制度的内容繁杂,各个朝代典制亦有很大变化;而记录这一仪制的术语有的是止于本朝,有的则是历朝沿用,因此对术语的辨识与解读,常常出现歧义,这势必影响到古籍整理及制度史研究。治史离不开古文献,阅读史籍避不开典章制度,故而制度术语的解读与训释,成了阅读与运

① 杨希义:《唐代君臣朝参制度初探》,《唐史论丛》第10辑,2008年;李斌斌:《唐代上朝礼仪初探》,郑学檬、冷敏述:《唐文化研究论文集》,上海:上海人民出版社,1994年;李治安:《元代"常朝"与御前奏闻考辨》,《历史研究》2002年第5期;高寿仙:《明代京官之朝参与注籍》,《故宫博物院院刊》2008年第5期;朱瑞熙:《中国政治制度通史》第六卷《宋代》,北京:人民出版社,1996年;杜文玉:《五代起居制度初探》,载张国刚主编《中国社会历史评论》(第五卷),北京:商务印书馆,2007年。

用古籍史料之重要基础。

朝参仪制大体分为大朝与常朝，关于大朝仪制，历代史书、政书、会要以及史料笔记等均有较为详细的记录，而常朝仪制只在唐以后才较为完备。《五礼通考·朝礼》言："周制，天子三朝惟路门外之朝曰治朝。王日视朝于此，即后世所谓常朝也……秦汉以降迄于南北朝，史志详于朝会之仪注，而常朝阙如。自唐以后其仪始备。"[①]本文则以唐宋常朝仪制为中心，试从常朝仪制、班朝仪制、君臣相见礼仪及与之相关术语进行考释，进而解释这一仪制的演变历程。

一、常朝仪制及其称谓

朝参仪制，根据朝参的时间、规模、对象和仪礼形式，有大朝和常朝之分。大朝，是指冬至、元正日及大庆贺，场面宏大、仪礼隆重，有特定仪仗陈设的大朝会。《续资治通鉴长编》卷三二《太宗·淳化二年(991)》："十二月丙寅朔，右谏议大夫张洎奏疏曰：'今之乾元殿，即唐之含元殿也。在周为外朝，在唐为大朝，冬至、元日立全仗，朝万国，在此殿也。'"[②]唐代称朔望日朝会也叫大朝。《玉海》卷七〇《礼仪·唐紫宸殿入阁仪》："故事，朔望日，御宣政殿见群臣，谓之大朝。"(本注："立仗正衙。")[③]关于冬至、元正大朝会典礼，非本文重点，不多赘述。可参阅《大唐开元礼》卷九七《皇帝元正冬至受群臣朝贺》、《唐六典》卷四《尚书礼部》及《宋史》卷一四三《仪卫志》等。

常朝，则指每日或定期，皇帝御殿听政所举行的视朝之仪。没有复杂繁缛的仪卫大陈设，只是在正殿前排仗、序班，入殿依班朝谒、奏事的仪礼形式。它是古代尊君肃臣形式的重要体现，也是历朝君王把握政局，了解时政得失、民生民情的主要渠道。清秦蕙田在《五礼通考》中说："古者，三公坐而论道；王视朝，则冢宰赞听治。大仆正位，百官各从表著之位，上下之分至严，君臣之情至亲。凡邦国之利病、政事之得失、民生之疾苦，无有壅于上闻者。"[④]贞观元年(627)十一

---

① (清)秦蕙田：《五礼通考》卷一三三《嘉礼六·朝礼》，台北："商务印书馆"影印文渊阁《四库全书》本，1983年，第138册，第122页。

② (宋)李焘：《续资治通鉴长编》卷三二《太宗》，北京：中华书局，1979年，第725页。

③ (宋)王应麟：《玉海》，南京：江苏古籍出版社，上海：上海书局，1987年，第2册，第1327页。

④ 《五礼通考》卷一三三《嘉礼六·朝礼》，第138册，第122页。

月，当梁州都督窦轨请求入朝时，太宗也曾说："君臣共事，情犹父子。外官久不入朝，情或疑惧。朕亦须数见之，问以人间风俗。"①

唐代常朝制度，前期与中后期变化很大，从时间看，开国之初或登极伊始，皇帝勤政，则能每日临御视事；但随着国力的发展，政局的变化以及皇帝懈怠或身体等原因，常朝的日期则多变更。贞观初，每日临朝，十三年，改为三日一朝，二十三年又复每日常朝；高宗初，每日常朝，永徽中，五日一朝②；睿宗景云初，遵依太宗贞观时每日临朝之制。至玄宗天宝以后，因军兴，改为单日临朝③。安史之乱期间，常参被迫停止。代宗恢复"分日入朝"。哀帝天祐二年(905)，敕五日一听朝，以为常式④。

从地点看，前期在太极殿，高宗龙朔二年(662)建大明宫，则移置宣政殿，谓之正衙⑤。自开元后，因朔、望大朝，荐食诸陵寝，有思慕之心，明皇避正殿，则于紫宸便殿见群臣，唤仗入阁门，称"入阁"⑥。唐末丧乱，朝廷礼坏，宣政常朝不御，正衙立仗之礼遂废⑦。单日视事，御紫宸殿，"入阁"渐成常朝，亦不立仗。或于朔、望日"入阁"，行仗礼，反为盛礼⑧。

自五代后唐明宗即位，诏"群臣五日一随宰相入见内殿，谓之起居"，并复"入阁"之制⑨。自此后，常朝始有"起居"之名。五代时期，自后唐以来实行的五日起居之制，在内殿举行，与唐制不同。不过在前殿仍有序班之礼⑩，为唐常朝之遗制。而"入阁"御前殿，则非唐本制，乃承袭唐末仪制之谬。刘原甫在回复欧阳修的信中说："入阁之礼……本为明宗置内殿起居，又复'入阁'，当时缘昭宗朝误缪，不合故事也。朔望宣政一事，尤失紫宸'入阁'本制也。今乃'入阁'却御前殿

---

① (宋)王溥:《唐会要》卷二四《诸侯入朝》，北京:中华书局，1998年，第458—459页。

② (明)徐一夔:《明集礼》卷一七《嘉礼一・朝会・总叙》，台北:"商务印书馆"影印文渊阁《四库全书》本，第649册，第351页。

③ (宋)费衮:《梁溪漫志》卷三《入阁》，上海:上海古籍出版社，1985年，第25页。

④ 《唐会要》卷二四《朔望朝参》，第464—465页。

⑤ 《唐六典》卷七《尚书工部》，北京:中华书局，1992年，第218页。

⑥ (宋)宋敏求:《春明退朝录》卷中，北京:中华书局，1997年，第28页。

⑦ (宋)叶梦得:《石林燕语》卷二，北京:中华书局，1997年，第19页。

⑧ (宋)程大昌:《雍录》卷三《古入阁说》，北京:中华书局，2002年，第63—64页。

⑨ (宋)欧阳修等:《新五代史》卷五四《杂传・李琪传》，北京:中华书局，1974年，第618页。

⑩ 《五代会要》卷六《杂录》:"天成元年八月，御史台奏:'……臣今参详每内殿起居日，百官先序班于文明殿庭，候辞谢官退，则班入内殿。'从之。"第73—74页。

（本注：此自昭宗失之）。”[①]由此，造成了宋代常朝仪制的多次更改，以致后世对于“入阁”议论，聚讼纷纭。关于“入阁”义变，笔者有另文考述。

北宋前期承袭唐末及五代之制，有每日于文明殿（即文德殿）之“常起居”和五日入垂拱殿之“大起居”（或称“百官大起居”），另有“入阁”之礼[②]。熙宁三年，因知制诰宋敏求及翰林学士王珪等奏议，“今阁门所载入阁仪者，止是唐常朝之仪，非盛礼也。”自是罢“入阁”之礼[③]。

由于北宋前期常朝、横行、正衙之仪存在“舛谬倒置”、“因习之误”等不当[④]，元丰四年，诏从侍御史知杂事满中行之建议，罢之[⑤]。随后，制订了新的朝参班序，有日参、六参、朔参、望参，元丰中施行，遂为定制[⑥]。至徽宗政和年间，详定《五礼新仪》，将朔参、望参从原来的“六参”中分别出来，改定四参仪，并确定了相应的御殿之所。有文德殿《月朔视朝仪》，紫宸殿《望参仪》、《日参仪》，垂拱殿《四参仪》、《日参仪》，以及崇政殿《再坐仪》、《假日起居仪》。高宗中兴，仍恢复元丰旧制[⑦]。渡江以后，或因战事，或因权臣擅权，常朝多免，参日无几[⑧]。

常朝制度是君臣朝参制度中最为重要的形式。综观唐、宋时期的实行情况，直接反映了君王对国家军政、时局的掌控处理，更从一个侧面折射出皇权巩固与否及国家兴衰的面貌。

由于不同时期常朝仪制的内容发生了很大变化，因此也出现了多个称谓，从每月朝参次数和时间看，有常参（日参）、六参、九参、朔、望参等；从御坐殿庭看，有正衙、入阁；从常参问候之礼看，则有“起居”、“大起居”。

---

① 《欧阳修全集》卷七〇《居士外集》卷二〇《问刘原甫侍读入阁仪帖》，北京：中华书局，2001年，第3册，第1022页。

② 《五礼通考》卷一三三《嘉礼六·朝礼》：“宋制，文武官每日赴文明殿（即文德殿）正衙，曰常参；五日一赴崇德殿或垂拱殿，曰起居；而外别有入阁之仪。”第138册，第123页。

③ 《宋史》卷一一七《宾礼二·入阁仪》，北京：中华书局，1977年，第2767—2768页。

④ 《宋史》卷一一六《宾礼一》，第2760页。

⑤ （清）徐松辑：《宋会要辑稿》四之八，北京：中华书局影印元丰四年刻本，1957年，第1901页。

⑥ 《宋史》卷一一六《宾礼一》，第2751页。

⑦ 《宋史》卷一一六《宾礼一》，第2758页。

⑧ （宋）戴埴：《鼠璞》卷上《正衙常参》：“渡江以后，虽有日参官，正衙既不日御，又无入阁之制。内殿废起居之礼，四参日分，或大暑、祁寒，风雨沾湿，及假故向车驾诣德寿，或国卹中行宫中之仪，多免常朝，参日无几。嘉定末年，臣僚申严此制，寄禄官通直郎以上，既不比承平之时，一入国门，即破白直及马，虽欲趍赴朔望不可得，参日多免，犹前日也。”《丛书集成初编》本，北京：商务印书馆，1960年，第17页。

【常参】亦作“常朝”。

(1)(唐)文官五品职事官以及八品以上供奉官每天赴殿朝参。

《通典》卷七五《宾礼·贞元二年仪制令》:“诸在京文武官职事……其文官五品以上,及监察御史、员外郎、太常博士,每日朝参。”①

《石林燕语》卷二:“唐正衙日见群臣,百官皆在,谓之‘常参’。”②

《五礼通义》卷一三三《嘉礼·朝礼》:“唐常朝于太极殿,其在大明宫,则于宣政殿。”③

(2)(宋)元丰官制前,每日例行之朝参仪式。皇帝并不御殿坐朝。凡不厘务文武百官每天赴正殿(文德殿)立班,阁门官传宣“(天子)不坐”后,宰相一员押百官虚拜而退。元丰四年罢之。元丰新制,定“日参”之制。

《春明退朝录》卷中:“本朝视朝之制:文德殿曰外朝,凡不厘务朝臣,日赴,是谓‘常朝’。”④

《石林燕语》卷二:“百官日俟朝于前殿者。便殿初引班,常以四色官一人,立垂拱门外,亢声唱前殿‘不坐’,及宰相便殿奏事毕,即复出,押百官虚拜于前殿庭下而散。”⑤

《宋史》卷一一六《礼一九》:“元丰官制,朝参班序有日参、六参、望参、朔参,已著为令。”⑥

《鼠璞》卷上《正衙常参》:“元丰间,始罢常参,日参则左右史及尚书侍郎、御史大夫以上。”⑦

【六参】

(1)(唐)武官五品以上及折冲轮值者,每月六次朝参。即朔、望日及五日、十一日、二十一日、二十五日。

《新唐书·百官三》:“〔武官〕五品以上及折冲当番者,五日一朝,号六参官。”⑧

---

① (唐)杜佑:《通典》卷七五《宾礼·贞元二年仪制令》,北京:中华书局,1988年,第2册,第2047页。

② 《石林燕语》卷二,第20页。

③ 《五礼通义》卷一三三《嘉礼》六《朝礼》,第138册,第122页。

④ 《春明退朝录》卷中,第28页。

⑤ 《石林燕语》卷二,第20—21页。

⑥ 《宋史》卷一一六《宾礼一》,第2758页。

⑦ 《鼠璞》卷上,第17页。

⑧ 《新唐书》卷四八《百官三》,北京:中华书局,1986年,第1235页。

《通典》卷七五《宾礼·贞元二年仪制令》:“诸在京文武官职事九品以上,朔望日朝……武官五品以上,仍每月五日、十一日、二十一日、二十五日参。”①

(2)(宋)朝官以上,一月六次赴朝。元丰后,六参又名望参。

《石林燕语》卷二:“元丰官制行,始诏……百司朝官以上,每五日一朝紫宸,为‘六参官’。”②

《续资治通鉴长编》卷五百《哲宗》元符元年秋七月辛亥:“御史台言:元丰官制,朝参班序有日参、六参、望参、朔参,已著为令。”③

《朝野类要》卷一:“六参又名望参。谓一五日之常礼也。在京大小职事及不厘务官,趁赴望参,不得连三次请假。”④

【九参】(唐)在京武官三品以上一月九次赴殿朝参。即“六参”又加九日、十九日、二十九日。

《通典》卷七五《宾礼·贞元二年仪制令》:“诸在京文武官职事九品以上,朔望日朝……武官五品以上,仍每月五日、十一日、二十一日、二十五日参;三品以上,九日、十九日、二十九日又参。”⑤

《新唐书》卷四八《百官三》:“文武官职事……武官三品以上,三日一朝,号九参官;五品以上及折冲当番者,五日一朝,号六参官。”⑥

《春明退朝录》卷中:“按唐制,文武职事官并赴常参,武班五日一参,又有三日一参(本注:五日参并朔望为六参,三日参乃九参)。”⑦

【朔望参】

(1)(唐)文武职事官九品以上及二王后,朔(初一)、望(十五)日赴殿朝参。朔望日御宣政殿见群臣,称大朝。开元后,改入紫宸便殿,称“入阁”。唐末,只日常朝视事,御紫宸殿,不设仗;朔望日,反陈仗于紫宸殿,亦称“入阁”。

《玉海》卷七〇《礼仪·唐紫宸殿入阁仪》:“故事,朔望日御宣政殿见群臣,谓之‘大朝’……开元后,以朔望上盘食,玄宗欲避正殿,遂移紫宸殿,唤仗自阁门入,始有‘入阁’之名。”⑧

---

① 《通典》卷七五《宾礼·贞元二年仪制令》,第2册,第2047页。

② 《石林燕语》卷二,第20页。

③ 《续资治通鉴长编》卷五百《哲宗》,北京:中华书局,1993年,第11901页。

④ (宋)赵升:《朝野类要》,北京:中华书局,2007年,第22页。

⑤ 《通典》卷七五《宾礼·贞元二年仪制令》,第2册,第2047页。

⑥ 《新唐书》卷四八《百官三》,第1236页。

⑦ 《春明退朝录》卷中,第27页。

⑧ 《玉海》卷七〇《礼仪·唐紫宸殿入阁仪》,第2册,第1327页。

《石林燕语》卷二:“唐以宣政殿为前殿,谓之‘正衙’……以紫宸殿为便殿,谓之‘上阁’……中世乱离,宣政不复御正衙,立仗之礼遂废;惟以只日常朝,御紫宸而不设仗。敬宗始复修之,因以朔望陈仗紫宸以为盛礼,亦为之‘入阁’,误矣。”①

《通典》卷七五《宾礼·贞元二年仪制令》:“诸在京文武官职事九品以上,朔、望日朝。”②

(2)(五代、北宋)群臣朔、望御文明前殿(即文德殿),为“入阁”。元丰官制行,在京朝官以上,朔、望参,一朝紫宸,又称“两参”。朔参、望参分别有定制。

《石林燕语》卷二:“后唐明宗始诏群臣,每五日一随宰相入见,谓之‘起居’。朔、望天子一出御文明前殿,为入阁,讫本朝不改。”③

《宋史》卷一一六《宾礼一·常朝之仪》:“至元丰中官制行……在京朝官以上,朔望一朝紫宸,为朔参官、望参官,遂为定制。”④

《茶香室四钞》卷一八《日参月参六参两参》:“宋庞元英《文昌杂录》云:‘……寺、监、丞、大理评事以上为两参官……’按,此则两参者,朔、望参也。”⑤

【正衙】

(1)(唐)赴正殿常朝之谓。正衙常朝立仗仪,规格较内殿礼仪高。

《学林》卷四《牙衙》:“唐制,天子朝群臣谓之正衙。”⑥

《陔余丛考》卷二一“衙门”:“唐制,天子御宣政殿,谓之正衙,御紫宸殿,谓之内衙。”⑦

《新五代史》卷五四《杂传·李琪传》:“宣政,前殿也,谓之衙,衙有仗;紫宸,便殿也,谓之阁……然衙,朝也,其礼尊;阁,宴见也,其事杀。”⑧

(2)(宋)神宗熙宁三年前,皇帝御前殿(文德殿)称“入阁”,为谬袭唐末、五代之礼。熙宁三年正名,裁定以御文德殿仪为正衙视朝之制。设仗卫,礼仪隆盛。

《宋会要·仪制》四之一《正衙》:“宋制,两省、台官、文武百官,每日赴文德殿

---

① 《石林燕语》卷二,第 19 页。

② 《通典》卷七五《宾礼·贞元二年仪制令》,第 2 册,第 2047 页。

③ 《石林燕语》卷二,第 20 页。

④ 《宋史》卷一一六《宾礼一·常朝之仪》,第 2751 页。

⑤ (清)俞樾:《茶香室四钞》卷一八,北京:中华书局,1995 年,第 1769 页。

⑥ (宋)王观国:《学林》卷四,《全宋笔记》第四编(一),郑州:大象出版社,2008 年,第 161 页。

⑦ (清)赵翼:《陔余丛考》卷二一,北京:商务印书馆,1957 年,第 412 页。

⑧ 《新五代史》卷五四《杂传·李琪传》,第 618 页。

立班，宰臣一员押班。”[①]

同前书一之三〇《文德殿视朝》：“（熙宁三年六月九日）宋敏求言：本朝以来，唯入阁乃御文德视朝，今即不用入阁仪，即文德殿遂阙视朝之礼。欲乞下两制及太常礼院，约唐制御宣政殿，裁定朔、望御文德殿仪，以备正衙视朝之制。”[②]

《文献通考·王礼考》三《朝仪》：“（熙宁三年）诏学士院详定[正衙]仪曰……前一日，有司供帐文德殿，其日，左右金吾将军常押本卫仗，判殿中省官押细仗，先入殿庭，东西对列；文武官等分东西序立……皇帝乘辇至文德殿后，阁门奏‘班齐’，皇帝自后阁出殿上，索扇，升榻，鸣鞭；扇开，卷帘，仪鸾使焚香，喝文武官就位，四拜起居……应正衙见、谢、辞文武臣僚，并依御史台仪制唤班，依序分入文武班后……”[③]

【入阁】

（1）（唐）自玄宗开元始，朔、望朝日，明皇避前殿，御紫宸便殿，唤仗自宣政两阁入，始有“入阁”之制。

《春明退朝录》卷中：“自开元后，朔望宗庙上牙槃食，明皇意欲避正殿，遂御紫宸殿，唤仗入阁门，遂有‘入阁’之名。”[④]

《新五代史》卷五四《杂传·李琪传》：“唐故事，天子日御殿见群臣，曰常参，朔望荐食诸陵寝，有思慕之心，不能临前殿，则御便殿见群臣，曰入阁。”[⑤]

（2）（唐末、五代）唐末，因乱礼阙，正衙常日不御，朔、望入阁陈仗，其礼反重。至出御前殿仍为入阁，非唐旧制。五代与北宋沿袭之。神宗熙宁三年，以其不合宪度，罢去。

《玉海》卷七〇《礼仪·唐紫宸殿入阁仪》：“自乾符后，因乱礼缺，天子不能日见群臣而见朔望，故正衙常日废仗，而朔望入阁有仪，其后习见，遂以‘入阁’为重。”[⑥]

《五礼通考》卷一三三《嘉礼》六《朝礼》：“唐之入阁，御便殿也，其礼视正衙为简；宋之入阁，御前殿也，其礼视正衙为繁，则非唐旧矣。”[⑦]

《山堂先生群书考索》前集卷二三《礼门·朝仪类》：“开元后……始有入阁之

---

① 《宋会要辑稿》四之一，第 1899 页。

② 《宋会要辑稿》一之三〇，第 1855 页。

③ （元）马端临：《文献通考》卷一〇八《王礼考三·朝仪》，中华书局，1999 年，第 973 页。

④ 《春明退朝录》卷中，第 27 页。

⑤ 《新五代史》卷五四，第 618 页。

⑥ 《玉海》卷七〇，第二册，第 1327 页。

⑦ 《五礼通考》卷一三三，第 138 册，第 123 页。

名。自后行之。至昭宗时，失以本旨，乃以朔望御前殿，行入阁礼，盖误矣（本注：本朝建隆元年，行于文德殿，皆其礼也。淳化时，太宗特命张洎详定仪注，洎以入阁是唐一时之礼，非盛制。至宝元二年，仁宗又以问宋庠，庠言开元本无此制，诸儒于开宝中始用，益之差舛尤甚。熙宁三年，遂罢'入阁'行正衙之制）。"①

【起居】

（1）（五代）指每五日群臣随宰相赴内殿朝见皇帝。其礼始于汉宣帝五日一听事，其常朝之制，则唐代高宗始行之。

《新五代史》卷五四《杂传·李琪传》："明宗初即位，乃诏群臣五日一随宰相入见内殿，谓之起居。"②

《事物纪原》卷一《起居》："（永徽）二年八月十九日，诏此后每五日一度升太极殿视事……盖今五日起居之始也。《汉书·循吏传》曰：'汉宣五日一听事。'则彷佛起居之事。其礼虽见于汉，要自唐始行之也。"③

（2）（宋）承袭五代起居之制。又称"五日起居"或"百官大起居"。大起居，则要向皇帝行七拜礼。此外，还有"常起居"。

《宋朝事实》卷一二《仪注二》："国初，因唐与五代之制，文武官每日赴文明殿……五日起居，即崇德、长春二殿（原注：崇德即紫宸，长春即垂拱）。"④

《春明退朝录》卷中："每五日，文武朝臣厘务、令（沈案：当为"不"字）厘务并赴内朝，谓之'百官大起居'。"⑤

《宋史》卷一一六《礼一九》，《正衙常参》："大起居七拜。"⑥

【常起居】（宋）宰相、枢密使以下近上紧要职事官，及武班，日赴内殿（垂拱殿）朝见皇帝之仪。向皇帝行两拜礼。

《春明退朝录》卷中："垂拱殿曰内殿，宰臣枢密使以下要近职事者，并武班，日赴，是谓'常起居'"。⑦

《宋会要·仪制》二之一七："元丰三年二月八日，诏高丽进奉使五日一赴崇

---

① （宋）章如愚：《山堂先生群书考索》，《中华再造善本》第1函第9册，北京：北京图书馆，2006年，第11页。

② 《新五代史》卷五四，第618页。

③ （宋）高承撰，（明）李果订：《事物纪原》卷一，北京：中华书局，1989年，第35页。

④ （宋）李攸《宋朝事实》卷一二，台北：新文丰出版公司影印《丛书集成新编》本，1985年，第28册，第678页。

⑤ 《春明退朝录》卷中，第27页。

⑥ 《宋史》卷一一六，第2759页。

⑦ 《春明退朝录》卷中，第27页。

政殿起居，班常起居后。”[①]

《宋史》卷一一六《礼十九》，《正衙常参》：“凡常起居两拜。”[②]

二、常朝班仪及其术语

班仪即朝班仪礼，指按官员资历、职任及位品在殿庭前排班朝谒，以整肃朝班上下之位之仪制。《礼记・曲礼上》：“班朝、治军，涖官、行法，非礼威严不行。”孔颖达疏：“班，次也；朝，朝廷也。次，谓司士正朝仪之位次也。”[③]

常朝之仪，朝谒是很重要的内容，朝谒行礼先要按一定的资序排班[④]，自有一套班仪。唐代常朝仪制规定，朝谒时间在五更“夜漏尽”，相当于现在清晨五点。宫门开启后，文武官员由御史大夫领于殿前，奉引者传呼集合，排班入位，监门校尉唱名籍，验身份。文武序班，分别从东、西门入正衙，班列于殿庭左右。

《新唐书》卷二三上《仪卫志上》：“朝日……御史大夫领属官至殿西庑，从官朱衣传呼，促百官就班，文武列于两观。监察御史二人立于东、西朝堂砖道以涖之。平明，传点毕，内门开。监察御史领百官入……入宣政门，文班自东门而入，武班自西门而入……宰相、两省官对班于香案前，百官班于殿庭左右。”[⑤]

《宋史》卷一一六《礼一九》，《正衙常参》：“国朝之制：两省、台官、文武百官每日赴文德殿立班，宰臣一员押班……其日，文武班尚书、上将军以下，并先叙立于殿门之外，东西相向……宰臣出东上阁门，就位，通事舍人一员立于阁门外……舍人通承旨奉敕不坐，四色官应喏急趋至放班位宣敕，在位官皆再拜而退。”[⑥]

入殿行礼奏事，也按照班位次序，在通事舍人导引下，依次上殿就位立定，由奉礼官唱行拜礼。行礼退位，均有仪规。

《古今考》卷二七《天子治朝之位》：“常朝文官东班，武官西班……宰相、枢密上殿奏事，殿上无拜礼，宰相、参政立殿上，东壁；枢密以下立西壁，宰相奏事，如

---

① 《宋会要辑稿・仪制》二之一七，第1867页。

② 《宋史》卷一一六，第2759页。

③ 《礼记注疏》卷一，上海：上海古籍出版社影印《十三经注疏》本，1997年，第1231页。

④ 《唐六典》卷二《吏部尚书》：“凡文武百僚之班序，官同者先爵，爵同者先齿。”第33页。

⑤ 《新唐书》卷二三上，第488页。

⑥ 《宋史》卷一一六，第2751—2752页。

除日以片纸读奏，上颔之，或有问答，讫退立东壁；枢府奏事，退立亦然。”①

从集合排班、立班到退朝出现了一系列的班朝仪规术语，如班行集合有“传点”、“押班”，班行名则有“横行班”、“蛾眉班”，退班则有“卷班”等特殊之称。与之相关的，宋代还有报“班齐牌”，立班处有“排班石”。

【传点】（唐）皇帝朝会前，着朱衣从官传呼点班名，以集合赴朝官员。

《新唐书》卷二三上《仪卫志上》：“朝日……御史大夫领属官至殿西庑，从官朱衣传呼，促百官就班……平明，传点毕，内门开。”②

（唐）王建《宫词》之二：“殿前传点各依班”。

笔者按：“点”为点名集合义③。《辞源》、《汉语大词典》及多数唐诗注释对“殿前传点各依班”，释“点，即云板”，误。云板使用，盖始于明代以后④。

【押班】朝会时，由领班掌管百官班序。唐制，以监察御史二人任其事。宋制，由宰臣一员押班，掌领百官朝拜与退朝。

《新唐书》卷四八《百官志》三：“朝会，则率其属正百官之班序，迟明列于两观，监察御史二人押班。侍御史颛举不如法者。”⑤

《春明退朝录》卷中：“至道中，寇莱公为参知政事，复与宰臣轮日知印、正衙押班……及莱公罢，遂诏只令宰臣押班、知印，参政止得轮祠祭行香。”⑥

【排班石】（宋）绍兴年间，于常朝殿庭（垂拱殿）用石砌班位，石位涂以不同颜色以别官员身份，称作“排班石”。这一制度至清代还有保留。

《玉海》卷七〇《礼仪 · 绍兴文德殿视朝》：“绍兴十三年四月三日，阁门言：‘垂拱殿已砌石位，其字与石色一同，百官难以辨认，请四参石位装字以黄蜡，日参石位以红蜡。’从之。”⑦

《铁围山丛谈》卷二：“国朝垂拱殿常朝班有定制，故庭下皆着石位。日日引

---

① （宋）魏了翁，（元）方回：《续古今考》卷二七，台北：“商务印书馆”影印文渊阁《四库全书》本，第853册，第476页。

② 《新唐书》卷二三上，第488页。

③ （清）宋长白：《柳亭诗话》卷一九《点字》：“焦弱侯（焦竑）谓‘点’如点军之点，王建诗‘殿前传点各依班’是也。”济南：齐鲁书社影印《四库全书存目丛书》本，1995年，第421册，第522页。

④ （明）田艺蘅：《留青日札》卷九《六更》：“宋宫中及州县更漏皆去……后不用钟，或用铁磬。铁磬南齐制，初用鼓、磬以应更唱，宋太祖以鼓多惊寝，遂易以铁磬，此更鼓之变也。或谓之钲，即今之云板也。”上海：上海古籍出版社，1985年，第326—327页。

⑤ 《新唐书》卷四八，第1235页。

⑥ 《春明退朝录》卷中，第32页。

⑦ 《玉海》卷七〇，第二册，第1334页。

班,则各有行缀,首尾而趋就石位。”①

《月洞吟·古杭感事》:“云寒废殿排班石,草卧前朝记事碑。”②

《清稗类钞·朝贡类》:“太和殿墀品级山,镌正一品至九品,文左武右,合正从计之,为行四,为数三十有六。恭遇皇上升殿,科道官立山旁纠仪,谓之站山子,即宋人排班石遗制,此则有范金为山形之差别耳。”③

【班齐牌】(宋)刻有“班齐”二字的牙牌。皇帝御殿驾出前,朝班集合完毕,阁门官将“班齐牌”交给内侍入进奏报,然后御驾临殿。

《政和五礼新仪》卷一四二《宾礼·紫宸殿日参仪》:“垂拱殿皇帝将出宫,读奏目官以下横行序立……东上阁门附内侍进‘班齐’牌,皇帝出宫,守踏道行门禁卫诸班亲从迎驾。”④

《二老堂诗话·报班齐》:“欧公诗云‘玉勒争门随仗入,牙牌当殿报班齐’。或疑其不然。今朝殿争门者,往往随仗而入,及在廷排立既定,驾将御殿,阁门持牙牌刻‘班齐’二字,候班齐,小黄门接入,上先坐后幄,黄门复出,扬声云‘人齐未’,行门当头者应云‘人齐’。上即出……然此乃是驾出时,常日则不同。”⑤

【横行班】(宋)凡朝会,文武百官东、西班相向而立于御座前,而内庭供奉官则横立于文、武百官之前,称“横行班”。

《铁围山丛谈》卷一:“阁门官者,有东上、西上阁门使,号‘横行班’,后改左右武大夫。”⑥

《惜抱轩笔记》卷六《史部》三《宋史》:“宋制,天子御殿有横行,盖殿陛之下,卫士立仗者皆以自北而南为行列,是为直行;其阁门使等武臣近职,则侍于陛上,由御前自中而东、西分为行列,是其横行也,故客省使至阁门使曰横班官。”⑦

---

① (宋)蔡绦:《铁围山丛谈》卷二,北京:中华书局,1983 年,第 16 页。

② (宋)王镃:《月洞吟·古杭感事》,台北:“商务印书馆”影印文渊阁《四库全书》本,第 1189 册,第 494 页。

③ (清)徐珂:《清稗类钞·朝贡类》,北京:中华书局,1984 年,第 399 页。

④ (宋)郑居中:《政和五礼新仪》卷一四二,台北:“商务印书馆”影印文渊阁《四库全书》本,第 647 册,第 658 页。

⑤ (宋)周必大:《二老堂诗话》,台北:“商务印书馆”影印文渊阁《四库全书》本,第 1480 册,第 713 页。

⑥ 《铁围山丛谈》卷一,第 16 页。

⑦ (清)姚鼐:《惜抱轩笔记》卷六,台北:新文丰出版公司影印《丛书集成三编》本,第 5 册,第 668 页。

【蛾眉班】

(1)唐制,中书省、门下省、御史台为三司,三司官为侍从供奉官。常朝日,朝班侍从供奉官先入,参毕,左、右分列于丹陛之下,状若人眉,故称蛾眉班。或写作娥眉班。

《诸臣奏议》卷九二《礼乐门·朝会》:张洎《上太宗论入阁图》:"按旧史,中书、门下、御史台谓之三司,为侍从供奉之官……今请准旧仪(唐仪制),侍从官先次入,起居毕,在左、右分行侍立于丹墀之下,故谓之'峨眉班'。"①

《梦溪笔谈》卷一《故事》:"唐制,两省供奉官东西对立,谓之'蛾眉班'。"②

笔者按:沈括此记载有误。唐制,蛾眉班并非中书省、门下省两省官东西对立,而是中书、门下、御史台三司侍从供奉官,分列横向站立在丹陛之下,称蛾眉班。由于沈括《梦溪笔谈》记载之误,以讹传讹,影响很大。诸如《绀珠集》、《宋朝事实类苑》、《研北杂志》等宋元笔记,都谓中书、门下两省官东、西向对立为蛾眉班,如出一辙。

(2)宋"蛾眉班"形制有多次变化。宋初沿唐制,供奉班于百官前横列;太祖时,因王溥罢相,排位在供奉班后,命供奉班依旧等序立;太宗淳化四年,从张洎奏,复旧仪,侍从官先入起居,毕,分行侍立于丹墀之下,然后宰相率正班入起居;仁宗庆历三年,供奉官随宰相入正殿起居,东、西分行侍立,北向。

《雍录》卷八《蛾眉班》:"国初供奉班于百官前横列,王溥罢相为东宫一品,班在供奉班之后,太祖见之以为不伦,遂降命令供奉班依旧等叙立。庆历贾安公为中丞,以东西班对拜为非礼,复令横行。至今初叙班则分立,百官班定乃转班横行,参罢复分立,百官班退,乃出者,采用旧制也。"③

《宋会要辑稿·仪制》一之二《垂拱殿视朝》:"太宗淳化四年十一月六日,右谏议大夫张洎上奏曰:按旧史,中书、门下、御史台为三省,谓侍从供奉之官。今起居日,侍从官先入殿庭东西立定,俟正班入,一时起居。其侍从官东西列拜,甚失北面朝谒之仪。请准旧仪,侍从官先入起居,毕,方行侍立于丹墀之下,谓之娥眉班。然后宰相率正班入起居,雅合于礼。"④

《儒林公议》卷下:"至庆历三年并予知制诰时,始诏台省侍从官随宰相正班

---

① (宋)赵汝愚:《诸臣奏议》卷九二,上海:上海古籍出版社,1999年,下册,第992页。

② (宋)沈括:《梦溪笔谈》卷一,《全宋笔记》第二编(三),郑州:大象出版社,2006年,第9页。

③ 《雍录》卷八,第165页。

④ 《宋会要辑稿·仪制》一之二,第1841页。

北面起居，其他则无所更焉。”①

【卷班】（宋）退朝散班之谓。朝见毕，官员须直立身，由本班班首先行而顺次后转退出。

《宋史》卷一一九《礼二二》：“皇帝御崇德殿……舍人合班奏报‘阁门无事’，唱喏讫，卷班西出。”②

《铁围山丛谈》卷二：“国朝垂拱殿常朝班有定制……既谒罢，必直身立，俟本班之班首先行，因以次迤逦而去，谓之卷班。”③

《石林燕语》卷七：“起居毕，宰执升殿，尚书以次各随其班，次第相踵，从上卷转而出，谓之‘卷班’。”④

三、常朝君臣相见礼仪及相关术语

君臣相见有一套繁琐而严格的礼仪，官员必须按照规定的礼节行礼，有专门的监察官对不合仪礼者进行监督与纠正。《新唐书》卷四八《百官三》：“监察御史二人押班。侍御史颛举不如法者。”《宋史》卷一一七《礼二十》，《入阁仪》：“阁内失仪者，弹纠如式。弹奏官失仪，起居郎纠之；起居郎失仪，阁门使纠之；阁门使失仪，宣徽使纠之。”⑤对于违反礼仪规定的官员，则要遭到弹劾、惩罚，甚至贬降官职。《新唐书》卷四六《百官一》：“凡朝，晚入、失仪，御史录名夺俸。三夺者，奏弹。”⑥《宋史》卷一一六《礼》一九《正衙常参》：“淳化三年，令有司申举十五条：常参文武官或有朝堂行私礼，跪拜，待漏行立失序……趋拜失仪……廊下食、行坐失仪……犯者夺奉一月……拒不伏者，录奏贬降。”⑦这是古代强化君主至尊地位，以“起群下肃谨之心”，彰显统治者权威的具体表现。

跪拜、舞蹈、嵩呼、趋步等是历代朝谒之礼，最为常见又是非常重要的。限于篇幅，本文只介绍舞蹈礼。另外，重点解释唐宋时期出现的一些新的特殊的礼仪

---

① （宋）田况：《儒林公议》卷下，《全宋笔记》第一编（五），郑州：大象出版社，2003年，第111、112页。

② 《宋史》卷一一九，第2804—2806页。

③ 《铁围山丛谈》卷二，第25页。

④ 《石林燕语》卷七，第97页。

⑤ 《宋史》卷一一七，第2767页。

⑥ 《新唐书》卷四六，第1194页。

⑦ 《宋史》卷一一六，第2755页。

术语，如廊餐“谢食礼”、销假“横行礼”、“过正衙”辞谢礼以及遇雨“笼门谢”等。

【舞蹈】

(1)舞蹈礼，又称蹈舞礼。指手舞足蹈的行礼方式。隋代正式为朝参礼仪，唐沿袭成为隆礼。朝参若不舞蹈则要遭弹劾、责罚。这一礼节大概是北魏少数民族遗风。

《通典》卷七〇《嘉礼一五》：“隋制，正朝及冬至……群官客使入就位，再拜……群官入就位，上寿讫，上下俱拜。皇帝举酒，上下舞蹈，三称万岁。”①

《新唐书》卷一一二《韩思彦》：“上元中，复召见，思彦久去朝，仪矩梗野，拜忘蹈舞，又诋外戚擅权，后恶之。中书令李敬玄劾奏思彦见天子不蹈舞，负气鞅鞅，不可用。时已拜乾封丞，故徙朱鸢丞。”②

《朱子语类》第一二八《本朝》二《法制》：“问朝见舞蹈之礼”，曰：“不知起于何时，元魏末年，方见说那舞，然恐或是夷狄之风。”③

(2)北宋因官员职位高低不同，拜、舞有别。及南宋，上殿之礼渐省，代以殿下拜两拜。若由阁门使导引面见皇帝时，仍需行舞蹈礼。

《梦溪笔谈》卷一：“今三司副使已上拜官，则拜舞于阶上，百官拜于阶下而不舞蹈……后殿引臣寮，则待制已上宣名拜舞，庶官但赞拜，不宣名、不舞蹈。”④

《朱子语类》第一二八《本朝》二《法制》：“旧时朝见，皆是先引见阁门，阁门方引从殿下舞蹈后，方得上殿，而今都省了……只是殿下拜两拜，便上殿。这非惟是在下之人懒，亦是人主不能恁地等得看他在恁地舞手弄脚。更是阁门也懒能教得他；及它有失仪，又着弹奏……引见、上殿是两事。今阁门引见，便用舞蹈……近日上殿礼简，如所谓舞蹈等事皆无之，只是直至殿下拜一双，上殿奏事，退又拜，即退。”⑤

【谢食】唐升平日，常参官每日退朝后赐廊下餐。唐末战乱后，惟朔望日“入阁”赐食。五代、宋沿唐末之制，入阁礼毕，赐上朝群臣廊下食之制，并行谢食礼。

《五代会要》卷六《廊下餐》：“后唐天成元年五月，诏每月朔望日，赐百官廊下餐。”(本注：唐室升平日，常参官每日朝退赐食，谓之廊餐。自乾符乱离之后，只遇月旦朔日入阁日赐。上初即位，命百官五日一起居，李琪以为非故事，请罢之，

---

① 《通典》卷七〇《嘉礼十五》，第 1933 页。

② 《新唐书》卷一一二，第 4164 页。

③ (宋)黎靖德编：《朱子语类》第一二八，北京：中华书局，1986 年，第 3064 页。

④ 《梦溪笔谈》卷一，第 11 页。

⑤ 《朱子语类》第一二八，第 3064—3065 页。

唯每月朔望日，命入閤赐食。）①

同上卷，《廊下餐》："晋天福二年三月，御史台奏，唐朝令式：南衙常参官，文武百官每日朝退于廊下赐食，谓之常食。自唐末乱离，常食渐废，仍于入閤起居日赐食。每入閤礼毕，閤门宣放仗，群臣俱拜，谓之谢食。"②

同上卷，《常朝》："后唐同光元年十二月，中书门下奏：每日常朝，百官皆拜，独两省官不拜。准本朝故事，朝退于廊下赐食，谓之廊餐。百官遂有谢食拜。"③

《宋史》卷一一七《礼二十》，《入閤仪》："閤门使宣放仗，再拜，赐食，又再拜。"④

【横行】即横行之礼。

（1）唐制，凡三日不朝参，诸常参官并赴正殿，于御前行横行销假礼。

《唐会要》卷二四《朔望朝参》："贞元（德宗）十三年正月，御史台奏：'诸司常参文官，隔假三月（当为'日'）以上，并横行参假'。从之。"⑤

《鼠璞》卷上《正衙常参》："唐文武职事官九品以上，望朔朝……三日不趁常参，即横行参假，时多御宣政正衙，立仗，廊飧而退。"⑥

（2）北宋前期，仿唐制，法定休假三天以上，假满后，宰相及所有升朝官并赴文德殿，立于横行列班处，向御座虚位行礼。元丰四年废。

《春明退朝录》卷中："旧制，凡连假三日而着于令者，宰相至升朝官尽赴文德殿参假，谓之横行。次日百官仍赴内殿起居。近年连假后，多便起居，而废横行之礼。"⑦

《惜抱轩笔记》卷六《史部》三《宋史》："宋敏求《退朝录》云：'旧制，凡连假三日而着于令者……'按，此朝官至正殿有横行班处参见。此本沿唐时天子日于正殿视朝之礼也。至宋，天子不日视朝，而假满者犹必先至此正殿横行列班之处，朝于虚位，当时即呼此朝谒曰'横行'，此省字语耳。"⑧

《续资治通鉴长编》卷三二〇，神宗元丰四年十一月己酉："侍御史知杂事满中行言：'今垂拱内殿，宰臣以下既已日参，而文德常朝仍复不废……至于横行参

---

① 《五代会要》卷六，第72页。
② 《五代会要》卷六，第70页。
③ 《五代会要》卷六，第70页。
④ 《宋史》卷一一七，2767页。
⑤ 《唐会要》卷二四，第466页。
⑥ 《鼠璞》卷上，第17页。
⑦ 《春明退朝录》卷中，第28页。
⑧ 《惜抱轩笔记》卷六，第5册，第668页。

假……虽沿唐之故事，然必俟天子御殿之日行之可也，有司……未能厘正，欲望特降指挥，先次罢去。'从之。"①

【过正衙】唐末、五代，凡新除官员及外任或奉命出使者，要在正衙行辞谢礼。北宋前期承袭之，但皇帝不坐殿，只行虚拜礼，走过场，称"过正衙"。行礼官员按见、谢、辞先后次序入廷，因官品不同，拜礼亦有别。亦省称"正衙"。元丰四年罢之。

《文昌杂录》卷三《元丰四年始罢正衙常参》："侍御史知杂事满中行札子：……自唐室衰，宣政视朝之礼废，应谢、辞者始与常参之官同至正衙叙班，以应故事。五代沿袭不复改正。"②

《梦溪补笔谈》卷一《故事》："自国初以来，未尝御正衙视朝。百官辞见，必先过正衙。正衙既不御，但望殿两拜而出，别日却赴内朝。熙宁中草'视朝仪'，独不立见、辞、谢班，正御殿日却谓之'无正衙'，须候次日，依前望殿虚拜，谓之'过正衙'，盖阙文也。"③

《宋史》卷一一六《礼十九》，《正衙常参》："侍御史知杂事满中行上言：'自宰臣亲王以下应见、谢、辞者，皆先赴文德殿，谓之过正衙'……诏下，详定官制所。言：'……辞、见、谢，自已入见天子，则前殿正衙对拜为虚文。……宜如中行言。'于是常朝、正衙、横行之仪俱罢。"④

同上书卷："其见、谢、辞官以次入于庭，凡见者先之，谢次之，辞又次之"。（本注：出使闲慢或未升朝官，或止拜于门外，自秘书监、上将军、观察使、内客省使以上得拜殿门阶上，及升殿止拜御坐前，余皆庭中班次。）⑤

【笼门】（宋）皇帝因雨不上朝，传旨群臣向殿门跪拜后退出，谓之笼门。其源于唐代丞郎拜官礼，称"笼门谢"，宋代沿用之，称"笼门故事"。

《石林燕语》卷七："紫宸、垂拱常朝……遇雨，则旋传旨拜于殿门下，谓之'笼门'。崇政殿则拜于东廊下。"⑥

《（咸淳）临安志》卷一五《行在所录》陆游《延和殿退朝》："雨余未肯放朝暾，

---

① 《续资治通鉴长编》卷三二〇，第 7732 页。

② （宋）庞元英：《文昌杂录》卷三，《全宋笔记》第二编（四），郑州：大象出版社，2006 年，第 149 页。

③ （宋）沈括：《梦溪补笔谈》卷一，《全宋笔记》第二编（三），郑州：大象出版社，2006 年，第 214—215 页。

④ 《宋史》卷一一六《宾礼一》，第 2760 页。

⑤ 《宋史》卷一一六《宾礼一》，第 2754 页。

⑥ 《石林燕语》卷七，第 96—97 页。

穿仗恭承圣主恩。清跸传声徐御殿，紫衣引拜许笼门。"①

《宋朝事实类苑》卷二六《官职仪制·笼门谢》："唐制，丞郎拜官，即'笼门谢'。今三司副使已上拜官，则拜舞于门上，百官拜于门下，而不舞蹈，此亦笼门故事也。"②

四、常朝官员称谓

能够参预常朝的官员须有一定的资格。根据官员职任、品级、地位以及朝参的次数，则出现了不同的称谓。六参官、九参官、朔望官等，前文已有交代，此处从略。以下只选意义变化比较大的京官、常参官、升朝官，以及意义特别的四参官和四色官加以考释。

【京官】

(1)(唐)自相辅而下，皆称京官，指于京师任官者。有常参官与未常参官。

《老学庵笔记》卷八："唐自相辅以下，皆谓之京官，言官于京师也。其常参者曰常参官，未常参者曰未常参官。"③

《通典》卷七五《礼》三五《仪制令》："诸在京文武官职事九品以上，朔望日朝，其文官五品以上……每日朝参。"④

(2)北宋前期，文臣京官指寺、监主簿至秘书郎官。

《宋史》卷一五二《舆服志》四《朝服》："京官：秘书郎至诸寺、监主簿。"⑤

《宋史》卷一六九《职官》九《元丰寄禄格》：旧官："校书郎，正字，将作监主簿，太祝，奉礼郎，大理评事，光禄卫尉寺、将作监丞，著作佐郎，大理寺丞。"⑥

(3)元丰新制，改本官阶为寄禄官，承务郎以上至宣教郎五等，俗称京官，即承务郎、奉承郎、承事郎、宣义郎、宣教郎。

《老学庵笔记》卷八："元丰官制行，以通直郎以上朝预宴坐，仍谓之升朝官，

---

① (宋)潜说友：《(咸淳)临安志》卷一五，《宋元方志丛刊》，北京：中华书局，1990年，第3501页。

② (宋)江少虞：《宋朝事实类苑》卷二六，上海：上海古籍出版社，1981年，第327页。

③ (宋)陆游：《老学庵笔记》，北京：中华书局，1997年，第109页。

④ 《通典》卷七五《宾礼·贞元二年仪制令》，第2册，第2047页。

⑤ 《宋史》卷一五二，第3555页。

⑥ 《宋史》卷一六九，第4053—4054页。

而按唐制去京官之名。凡条制及吏牍，止谓之承务郎以上，然俗犹谓之京官。”①

《麈史》卷上《官制》：“祖宗以来，选人磨勘者，进士出身为著作佐郎，余人为大理寺丞，谓之京官……既行官制，即无所谓京官者。”②

《宋会要辑稿·职官》三之三九：“检准《国朝会要》及《中书备对》：‘堂后官及一年与展京官，自选人补充者，即展入京官，缘京官系是承务郎、承奉、承事、宣义、宣教郎五等。’”③

【常参官】

(1)(唐)即日参官。指在京文官五品以上职事官、八品以上供奉官。

《通典》卷七五《礼》三五《仪制令》：“诸在京文武官职事九品以上，朔、望日朝；其文官五品以上，及监察御史、员外郎、太常博士，每日朝参。”④

《唐六典》卷二《尚书吏部》“常参官”条下注云：“谓五品以上职事官，八品以上供奉官、员外郎，监察御史，太常博士。”⑤

同上书卷，“供奉官”条下注：“谓侍中，中书令，左、右散骑常侍，黄门，中书侍郎，谏议大夫，给事中，中书舍人，起居郎，起居舍人，通事舍人，左右补阙、拾遗，御史大夫，御史中丞，侍御史，殿中侍御史。”⑥

(2)宋立国之初，常参官指无职事(不厘务官)日赴正殿例行立班仪式之官。元丰新制，则侍从官待制以上，称常参官，亦称日参官。

《宋朝事实类苑》卷第二六《文武官朝参》：“本朝之制，文德殿曰外朝，凡不厘务朝臣日赴，是谓常朝……盖天子坐朝莫先于正衙殿。于礼群臣无一日不朝者，故正衙虽不坐，常参官犹立班，后放朝乃退。”⑦

《石林燕语》卷二：“元丰官制行，始诏侍从官而上，日朝垂拱殿，谓之‘常参官’。”⑧

《文昌杂录》卷三：“官制既行，又有日参、望参、朔参之制。”注云：“门下省起居郎以上、中书省起居舍人以上、尚书省侍郎已上、御史中丞已上为日参官。”⑨

---

① 《老学庵笔记》卷八，第109页。

② (宋)王得臣：《麈史》卷上，《全宋笔记》第一编(十)，2003年，第10页。

③ 《宋会要辑稿·职官》三之三九，2417页。

④ 《通典》卷七五，第2册，第2047页。

⑤ 《唐六典》卷二，第33页。

⑥ 《唐六典》卷二，第33页。

⑦ 《宋朝事实类苑》卷二六，第331页。

⑧ 《石林燕语》卷二，第20页。

⑨ 《文昌杂录》卷三，第151页。

【升朝官】(宋)北宋前期,常参官赴朝会,称“升朝官”。文臣指本官阶“太子中允、中舍”阶与“太常、秘书、宗正丞、秘书郎”阶以上至使相。元丰改制后,以文臣通直郎以上至开府仪同三司。武臣修武郎以上至太尉。①

《老学庵笔记》卷八:“国初以常参官预朝谒,故谓之升朝官,而未预者曰京官。元丰官制行,以通直郎以上朝预宴坐,仍谓之升朝官。”②

《庆元条法事类》卷四《官品令》:“通直、修武郎以上为升朝官。”③

《麈史》卷上《官制》:“祖宗以来,选人磨勘者,进士出身为著作佐郎,余人为大理寺丞,谓之京官。若佐郎再迁秘书丞,寺丞再迁太子中舍,谓之升朝官,始奉朝请。既行官制,即无所谓京官者,惟自承务郎以上。然承务至宣德,若任七寺监、主簿、太学博士、两赤丞之类,亦得奉朝请,盖亦以职事官论也。”④

【四参官】(宋)赴垂拱殿(内殿)朝参官,指宰执官、侍从官、正任刺史以上高级武臣、卿监员外郎监察御史以上文臣四类官。省称“四参”。

《宋史》卷一一六《礼十九》,《正衙常参》:“乾道二年九月,阁门奏:垂拱殿四参。本注:四参官谓宰执、侍从,武臣正任,文臣卿监员郎监察御史已上。”⑤

《建炎以来系年要录》卷一四八,绍兴十三年二月壬戌:“上初御前殿,特引四参官起居。自建炎以来,始有此礼。”⑥又同年“四月丙戌”:“诏宰执四参官赴垂拱殿习看石位。”⑦

《陈傅良先生文集》卷二五《奏状札子·奏事札子》(五月四日):“四参常朝,宰执而下,无一人立班者,是失举朝之心也。”⑧

【四色官】(唐、宋)仪仗官。“四色官”原指唐代诸卫属官司阶、中候、司戈、执戟四官。有职事。北宋诸卫不置职事官,只置左右金吾卫官一员,与百官上朝班时,立于垂拱门外,高声唱:“前殿不坐”。时称此金吾卫官为“四色官”。

《新唐书》卷四九上《百官》四“左右卫”:“司阶……本注:武后天授二年,置诸

---

① 本条参考龚延明《宋代官制辞典》,北京:中华书局,1997年,第665页。

② (宋)陆游:《老学庵笔记》卷八,西安:三秦出版社,2003年,第296页。

③ 《庆元条法事类》卷四,见杨一凡、田涛主编《中国珍稀法律典籍续编》,哈尔滨:黑龙江人民出版社,2002年,第20页。

④ 《麈史》卷上,第10页。

⑤ 《宋史》卷一一六《礼十九》,第2758页。

⑥ (宋)李心传:《建炎以来系年要录》卷一四八,北京:中华书局,1988年,第2378页。

⑦ 《建炎以来系年要录》卷一四八,第2388页。

⑧ (宋)陈傅良:《陈傅良先生文集》,杭州:浙江大学出版社,1999年,第344页。

卫司阶、中候、司戈、执戟，谓之四色官。”①

《石林燕语》卷二：“本朝未定六参之制，百官日俟朝于前殿者。便殿初引班，常以四色官一人，立垂拱门外，亢声唱。前殿不坐，及宰相便殿奏事毕，即复出，押百官虚拜于前殿庭下而散。”②

一朝自有一朝之制，随着时代的变化，典章制度内容也大不相同，但典制术语却常常沿袭使用，这就造成了大量“名不符实”的现象。而大多术语又都取之于通用语，比如本文所举的横行、起居、舞蹈等，或者是新造词，如卷班、谢食、笼门等，但作为术语使用，其语义则是单一固定的，因此我们在阅读史料时应特别注意加以区分对待。同时，在释读这部分词汇时，则必须首先了解其特有的典制内涵，方能知晓其称名之由，洞达其真实的语义。

① 《新唐书》卷四九，第1281页。

② 《石林燕语》卷二，第20—21页。

试论白蛇传中的法海形象

郑慈宏

[摘　要] 民间传说白蛇传中的白娘子虽为蛇精，但似乎并无害人之意，出家人当以慈悲为怀，为什么法海却如此狠心，硬要拆散人家家庭？佛门中人，难道可以这样做吗？此传说一开始就已如此说法，还是根本不然？白娘子自始即无伤人之心，还是在流传的过程中发生变异，容易引起同情，以致讹传了？果真如此，又是在何时产生变异？当初的原貌如何？法海的形象如何转变？转变的过程如何？有无确切的文献资料可供比对？他究竟是一个正面角色或负面角色？这个角色在故事中的真正意义是什么？法海是否真有其人？此人又是怎样的人？这个传说只是一个令人动容的爱情故事，还是另有更发人深省的含意？凡此，均为本论文的探讨重点。

[关键词] 白蛇传　法海　形象

一、前　言

每次看到白蛇传故事的时候，总有一个疑问。法海身为出家人的形象，当以慈悲为怀，为什么要硬生生地破坏人家家庭？这难道是一个学佛者该有的行径？可是在流传的诸多白蛇传说中，却都是将法海塑造成这么一个负面形象。民间甚至于有说法海前世是一只癞蛤蟆精，因为与白蛇精在修炼上起冲突吃了亏，于是在许仙这一世公报私仇，报复白娘子，破坏她的姻缘，最后自己受到报应变成了螃蟹[①]。果真如此,法海所作所为实在是荒谬至极。可是,仔细观察白蛇传故事主要的情节"人蛇同居"、"蛇妖现形"、"制伏蛇妖"三个部分,我国白蛇故事最早的记录《白蛇记》中并无制伏者的角色。宋代《清平山堂话本·西湖三塔记》中开始出现制伏者,且为一道士。明代《警世通言》中始求助于高僧,开始出现法海的角色。自此之后,清代黄图珌《雷峰塔》、方成培《雷峰塔传奇》均沿用法海的形象。令人不解的是,曾几何时,法海从一个慈悲救人的除妖者,变成了冷酷无情的家庭拆散者,甚至于在后来的民间故事中受到人民的唾弃。佛家一向讲求慈悲为本,方便为门。何以法海身为佛门弟子,却这么不通情理,违背佛家的做法?有鉴于此,本论文想追根溯源,看一看这位除妖者的原始面貌。底下按照时间先后,依据文本内容细细探讨以上问题。

二、《清平山堂话本·西湖三塔记》中的制伏者

(明)洪楩编辑《清平山堂话本·西湖三塔记》中白娘子为害人的貌美蛇精,而且冷酷无情,如奚宣赞与白娘子第一次见面,文中描述恐怖的情形:

> 当时一杯两盏,酒至三杯。奚宣赞目视妇人,生得如花似玉,心神荡漾,却问妇人姓氏。只见一人向前道:"娘娘,今日新人到此,可换旧人?"妇人道:"也是。快安排来与宣赞作按酒。"只见两个力士,捉一个后生,去了巾带,解开头发,缚在将军柱上,面前一个银盆,一把尖刀。霎时间把刀破开肚皮,取出心肝,呈上娘娘。惊得宣赞魂不附体。娘娘斟热酒,把心肝请宣赞吃。宣赞只推不饮。娘娘、婆婆都吃了。娘娘道:"难得宣赞救小女一命,我今丈夫又无情,愿将身嫁与宣赞。"正是:春为花博士,酒是色媒人。当夜,二人携手,共入兰房。当夜已过,宣赞被娘娘留住,半月有余。奚宣赞面黄肌瘦,思归,道:"娘娘,乞归家数日却来。"说犹未了,只见一人禀复:"娘娘,今有新人到了,可换旧人?"娘娘道:"请来!"有数个力士,拥一人至面前。……娘娘请那人共座饮酒,交取宣赞心肝。

宣赞得卯奴相救逃出一年,没想到又被水獭精的婆婆抓回,被白娘子困住,甚至于又要取食他的心肝。

---

① 《中国民间故事集成·上海卷·蟹和尚》,北京:中国 ISBN 中心,2007 年,第 365—366 页。

过了半月余，宣赞道："告娘娘，赞有老母在家，恐怕忧念，去了还来。"娘娘听了，柳眉倒竖，星眼圆睁道："你兀自思归！"叫："鬼使那里？与我取心肝！"可怜把宣赞缚在将军柱上。

至于除妖者则为一道士，文中描述此人相貌：

顶分两个牧骨髻，身穿巴山短褐袍。道貌堂堂，威仪凛凛。料为上界三清客，多是蓬莱物外人。

奚真人令神将捉妖，"真人道：'与吾湖中捉那三个怪物来！'神将……去不多时，则见婆子、卯奴、白衣妇人，都捉挐到真人面前。……真人道：'与吾现形！'卯奴道：'告哥哥，我不曾奈何哥哥，可莫现形！'真人叫天将打。不打，万事皆休，那里打了几下，只见卯奴变成了乌鸡，婆子是个獭，白衣娘子是条白蛇。奚真人道：'取铁罐来，捉此三个怪物，盛在里面。'封了，把符压住，安在湖中心。"

奚真人于此是一个乐于助人的道士，自己的侄子有难，为精怪所困，当然是义不容辞。唯一遗憾的是，白卯奴虽是乌鸡精，却能知恩图报，冒着危险，对奚宣赞两度伸出援手。她向道士讨饶，真人却不能网开一面，放她一条生路。结局是：

奚真人化缘，造成三个石塔镇住三怪于湖内。至今古迹遗踪尚在。宣赞随了叔叔，与母亲在俗出家，百年而终。①

由此可知，《西湖三塔记》当有色不迷人人自迷之戒，精怪害人，道士替人除妖实属天经地义之事。此时，法海尚未出现。

三、(明)冯梦龙《警世通言》中的法海

冯梦龙《警世通言》第二十八卷《白娘子永镇雷峰塔》，文内所记许宣似乎自始即与佛教有缘，如：

晋朝咸和年间，山水大发，汹涌流入西门，忽然水内有牛一头，见浑身金色。后水退，其牛随行至北山，不知去向，哄动杭州市上之人，皆以为显化。所以建立一寺，名曰金牛寺。西门即今之涌金门……当时有一番僧，法名浑

---

① (明)洪楩编：《清平山堂话本·西湖三塔记》，南京：江苏古籍出版社，1994年，第25—36页。

寿罗，到此武林郡云游，玩其山景，道："灵鹫山前小峰一座忽然不见，原来飞到此处。"当时人皆不信，僧言："我记得灵鹫山前峰岭唤做灵鹫岭，这山洞里有个白猿，看我呼出为验。"果然呼出白猿来。①

连许宣清明祭祖，都是寺中僧人来邀：

忽一日，许宣在铺内做买卖，只见一个和尚来到门首，打个问讯道："贫僧是保叔塔寺内僧，前日已送馒头并卷子在宅上。今清明节近，追修祖宗，望小乙官到寺烧香，勿误。"许宣道："小子准来。"和尚相别去了。②

到了二月半，自动有人相约去承天寺看卧佛：

主人道："今日是二月半，男子、妇人都去看卧佛，你也好去承天寺里闲走一遭。"……许宣上楼来，和白娘子说："今日二月半，男子、妇人都去看卧佛，我也看一看就来。"③

再到四月初八佛诞日，又有人相邀去看浴佛法会：

不觉光阴似箭，又是四月初八日，释迦佛生辰，只见街市上人抬着栢亭浴佛，家家布施。……只见邻舍边一个小的叫做铁头道："小乙官人，今天承天寺里做佛会，你去看一看。"④

而许宣自见了白娘子，即被迷住魂不守舍：

(许宣)当夜思量那妇人，翻来覆去睡不着，梦中共日间见的一般情意相浓。不想金鸡叫一声，却是南柯一梦。正是，心猿意马驰千里，浪蝶狂蜂闹五更。⑤

白娘子此时虽稍具人性，但不通人情与世法。盗了官银赠与许宣，想和他成亲，却反而害他吃上了官司。许宣从此对白娘子存有戒心，但白娘子仍然缠着他不放：

许宣见了，连声叫道："死冤家，自被你盗了官库银子，带累我吃了多少

---

① (明)冯梦龙编：《警世通言》卷二八《白娘子永镇雷峰塔》，台北：世界书局影印明金陵兼善堂本，1958年，第1—2页。

② 《白娘子永镇雷峰塔》，第2—3页。

③ 《白娘子永镇雷峰塔》，第16—17页。

④ 《白娘子永镇雷峰塔》，第19页。

⑤ 《白娘子永镇雷峰塔》，第6—7页。

苦，有屈无伸。如今到此地位，又赶来做什么？可羞死人！”……许宣道：“你是鬼怪，不许入来！”挡住了门不放他。[①]

白娘子再次以法术盗扇，让许宣蒙受不白之冤。许宣对她可说已是深恶痛绝：

许宣怒从心上起，恶向胆边生。无明火焰腾腾高起三千丈，掩纳不住，便骂道：“你这贼贱妖精，连累得我好苦，吃了两场官事。”恨小非君子，无毒不丈夫。正是：“踏破铁鞋无觅处，得来全不费工夫。”许宣道：“你如今又到这里，却不是妖怪？”赶将入去，把白娘子一把拿住，道：“你要官休私休？”[②]

员外李克用虽非善类，但差点被大白蟒吓死，可见得除了许宣之外，白娘子妖性未失，紧要关头仍有可能害人：

那员外（李克用）眼中不见如花似玉体态，只见房中蟠着一条吊桶来粗大白蛇，两眼一似灯盏放出金光来，惊得半死，回身便走。一绊一交，众养娘扶起看时，面青口白。[③]

此处道士改为配角，除妖不成反遭捉弄，而许宣虽沉迷温柔乡中，也仍怀疑白娘子可能为会害人的妖精：

方出寺来，见一个先生，穿着道袍，头戴逍遥巾，腰系黄丝绦，脚着熟麻鞋，坐在寺前卖药，散施符水。许宣立定了看。那先生道：“贫道是终南山道士，到处云游，散施符水，救人病患灾厄，有事的向前来。”那先生在人丛中，看见许宣头上一道黑气，必有妖怪缠他。叫道：“你近来有一妖怪缠你，其害非轻，我与你二道灵符，救你性命。一道符，三更烧。一道符放在自头发内。”许宣接了符，纳头便拜。肚内道：“我也疑惑那妇人是妖怪，真个是实。”[④]

若非在众人及许宣面前，道士也有可能死于非命。那么，最后法海出面伏妖，就有了合理性：

只见白娘子睁一双妖眼，到先生面前喝一声：“你好无礼，出家人枉在我

① 《白娘子永镇雷峰塔》，第 15 页。
② 《白娘子永镇雷峰塔》，第 24 页。
③ 《白娘子永镇雷峰塔》，第 27 页。
④ 《白娘子永镇雷峰塔》，第 17 页。

丈夫面前说我是一个妖怪，书符来捉我。”那先生回言：“我行的是五雷天心正法，凡有妖怪吃了我的符，他即变出真形来。”……白娘子道：“众位官人在此，他捉我不得，我自小学个戏术，且把先生试来与众人看。”只见白娘子口内喃喃的不知念些什么，把那先生却似有人擒的一般缩做一堆，悬空而起。众人看了，齐吃一惊，许宣呆了。娘子道：“若不是众位面上，把这先生吊他一年。”白娘子喷口气，只见那先生依然放下，只恨爹娘少生两翼，飞也似走了。①

末后，七月初七英烈龙王生日，金山寺和尚又主动找许宣化缘，不可不谓许宣与佛教有甚深因缘：

(许宣)正在门前卖生药，只见一个和尚，将着一个募缘簿子道：“小僧是金山寺和尚，如今七月初七日是英烈龙王生日，伏望官人到寺烧香，布施些香钱。”许宣道：“不必写名，我有一块好降香，舍与你拿去烧罢！”即便开柜取出，递与和尚。和尚接了道：“是日望官人来烧香。”打一个问讯去了。白娘子看见道：“你这杀才，把这一块好香与那贼秃去换酒肉吃。”许宣道：“我一片诚心舍与他，花费了也是他的罪过。”②

此处法海为得道高僧，看出许宣有难，大慈大悲，主动向许宣伸出援手：

且说方丈当中座上坐着一个有德行的和尚，眉清目秀，圆项方袍，看了模样，的是真僧。一见许宣走过，便叫侍者快叫那后生进来。侍者看了一回，人千人万，乱滚滚的，又不认得他，回说不知他走那边去了。和尚见说，持了禅杖，自出方丈来，前后寻不见，复身出寺来看。……许宣却欲上船，只听得有人在背后喝道：“业畜在此做什么？”许宣回头看时，人说道：“法海禅师来了！”③

此时的法海因为白娘子害人妖性尚在，许宣也怀疑其妻为蛇妖，人、蛇通婚恐受其害，主动慈悲救护作一个伏妖者。但并没有灭绝蛇精，只是以钵收伏、建塔镇压。并不像济慈《蛇女蕾米雅》中的除妖者一样，智者阿波罗尼非要置蛇女蕾米雅于死地不可，最后赶尽杀绝。喊出蛇名，蛇女在尖叫声中消失了，同时也

① 《白娘子永镇雷峰塔》，第 18 页。
② 《白娘子永镇雷峰塔》，第 29 页。
③ 《白娘子永镇雷峰塔》，第 30 页。

让自己的学生莱修斯哀伤绝望而亡[①]。

四、(清)黄图珌《雷峰塔》中的法海

黄图珌的剧本中,法海不但是一个伏妖者,而且是一个求道的接引者。一开始就交代清楚,白蛇、青蛇虽是蛇精,实有佛缘。许宣则与白蛇前世原有宿缘,须了此业障,领悟"色即是空,空即是色",方能接引回归正道。黄图珌《雷峰塔》上卷(看山阁乐府)《慈音》:

[净、副净、丑、老旦扮四金刚上场,跳舞。旦贴扮文殊、普贤,奉宝塔钵盂,拥生金面扮如来佛上。]空即是色色是空,众生何苦斗雌雄?伫看大地山河美,尽在慈云荫注中。……今东溟有一白蛇,与一青鱼,是达摩航芦渡江,折落芦叶,被伊吞食,遂悟苦修,今有一千余载。不想这孽畜,顿忘皈依清净,妄想堕落尘埃。那许宣本系吾座前一奉钵侍者,因伊原有宿缘,故令降生凡胎,了此孽案。但恐逗入迷途,忘却本来面目。吾当明示法海,俟孽缘圆满,收压妖邪,苦行功成,即接引归元可也。[②]

此时的法海虽为禅师,自知功夫不够,一心念佛,求生极乐净土,是一位有修的得道高僧。对蛇精并无灭绝之意,慈悲地希望她们能够改头换面,不再落入畜生道:

【北点绛唇】[外扮法海禅师上]不二法门,一心念佛。工夫到,极乐逍遥,早悟拈花笑。

【北天下乐】[外](此处为法海)可惜那千载焚香一旦抛,……原应宿有苗,却如何恋尘嚣?直恁的甘堕落,何不去悟空灵,及早的换皮毛。[③]

《棒喝》[外扮法海禅师上]济度慈悲大,云游岁月深。胸怀无别物,一片澹然心。

【风入松】松颜鹤发老婆娑,永日蒲团打坐,而今说与真因果,却是我原来非我,问大众翻然悟么?悟来时,空空的只这一身多。……正是慈悲胜念

① 济慈:《蛇女蕾米雅》,台北:红蚂蚁图书有限公司,2012年。

② 傅惜华:《白蛇传集》,台北:明文书局,1981年,第282—283页。

③ 《白蛇传集》,第283页。

千声佛，造恶空烧万炷香。[①]

甚至法海看到渔民因为滥捕水族杀业太重受到果报，主动大慈大悲救拔脱离苦海：

《忏悔》[外]（此处为法海）自古道："要知今世因，前生作者是；要知后世因，今生犯者是。"尔等只顾利欲熏心，哪管当场果报？[②]

佛家认为众生平等，总是得饶人处且饶人，只要心魔（情执）能除，即与佛心无异。因此，常留退路，佛祖预示雷峰塔倒时，白蛇仍有出世机会：

[生]（此处为佛）还有四句法语，汝须听者：雷峰塔倒，西湖水干，江潮不起，白蛇出世。

[生]（此处为佛）善哉善哉。你看法海已欣然而去也。正是：为佛为魔同是理，情生情灭总由心。是心莫被他心夺，玄妙还从何处寻？[③]

五、（清）方成培《雷峰塔传奇》的法海

方成培的剧本开头大致与黄图珌相类似，只有"窃食蟠桃成精"与"误食芦叶成精"的不同：

方成培《雷峰塔传奇》卷一《第一出 开宗》："[净]（此处为佛）空即是色，色即是空。要知非色非空，须观第一义谛。谁识无文无字，是为不二法门。……今日慧眼照得震旦峨嵋山，有一白蛇，向在西池王母蟠桃园中，潜身修炼，被它窃食蟠桃，遂悟苦修，迄今千载。不意这妖孽，不肯皈依清净，翻自堕落轮回，与临安许宣，缔成婚媾。那许宣原系我座前一捧钵侍者，因与此妖旧有宿缘，致令增此一番孽案。但恐他逗入迷途，忘却本来面目。吾当命法海下凡，委曲收服妖邪，永镇雷峰宝塔，接引许宣，同归极乐。"[④]

全剧主要不同的是增加了"端阳现形"、"求取仙草"、"水漫金山"、"蛇精产子"的情节，此由二者的目录比较可见：

---

① 《白蛇传集》，第 327 页。

② 《白蛇传集》，第 300 页。

③ 《白蛇传集》，第 284—285 页。

④ 《白蛇传集》，第 342 页。

黄图珌《雷峰塔》上卷目录

慈音　荐灵　舟遇　榜缉　许嫁　赃现　庭讯　邪祟

回湖　彰报　忏悔　话别　插标　劝合　求利　吞符

《雷峰塔》下卷目录

惊失　浴佛　被获　妖遁　改配　药赋　色迷　现形

掩恶　棒喝　赦回　捉蛇　法剿　埋蛇　募缘　塔圆

方成培《雷峰塔传奇》目录

卷一

开宗　付钵　出山　上冢　收青

舟遇　订盟　避吴　设邸　获赃

卷二

远访　开行　夜话　赠符　逐道

端阳　求草

卷三

疗惊　虎阜　审配　再访　楼诱

化香　谒禅　水斗

卷四

断桥　腹婚　重谒　炼塔　归真

塔叙　祭塔　捷婚　佛圆

《佛圆》一段更加圆融，提出一切众生，皆有佛性，魔道两忘便成真。由于许士麟的孝行，甚至感得佛祖命法海助白蛇、青蛇超升忉利天宫：

《第三十四出 佛圆》：[外]（此处为法海）解铃须用系铃人，又向红尘走一巡。识取魔皈原是道，两忘魔道便成真。俺法海。向为接引许宣，将白蛇镇压雷峰塔底，经今廿载有余。我佛慈悲，慧眼照牠灾限已满，又感伊子许士麟兴哀风木，哭奠呼天，孺慕之诚，数年不懈，因此原命俺去赦他出来，并饶了青蛇。

[旛盖引生上]佛爷有旨，跪听宣读：世尊若曰，一切众生，皆有佛性，能忏罪则见晛俱消。士有百行，以孝为先，感格如舍矢中的。

咨尔白氏，虽现蛇身，久修仙道，坚持雅操，既勿惑于狂且，教子忠贞，复不忘乎大义，宿有镇压之灾，数不过于两纪。念伊子许士麟广修善果，超拔萱枝，孝道可嘉，是用赦尔前愆，生于忉利。自此洗心回向，普种善因，可成正果。使女青儿，颇明主婢之谊，不以艰危易志，亦属可矜，并濯厥辜，相随前往。于戏，佛道宏深，初不外于伦理；女身垢秽，本无碍于利根。尔其勉旃！善哉谢恩。[①]

末尾奉劝世人不可为“情执”所困，以西湖凌空高塔为戒：

【尾声】叹世人尽被情千挽，酿多少纷纷恩怨，何不向西湖试看那塔势凌空夕照边。[②]

六、民间故事中以讹传讹的现象

从文献数据的记录来看，法海本来是一个慈悲的救难者，后来发展为佛道的接引者，希望接引许宣看破空色不二，放下情执，超凡入圣，同时度白蛇超升。可是在流传的过程中，却产生变异。白娘子越来越有人性，不畏艰难，为救许宣盗取仙草，甚至为许宣产下状元子。俨然已非蛇精，而是一个有情有义的深情女子。如此一来，法海的作为反而成了画蛇添足，甚至惹人嫌恶了。所以，法海的负面形象实是讹传的结果，当初纯粹只是仗义助人，而后成为接引成道者。可是芸芸众生对于成就圣道似乎觉得偏离世俗，太过遥不可及，他们观赏戏剧较感兴趣的关注焦点可能放在爱情故事上。于是，白娘子变成了弱势者，而法海反而成了强势的迫害者，民间很自然地同情弱者，而法海也就转变为负面形象了。

七、真实法海的本来面目

卢见曾、杨鸿发编撰的《金山寺志》中提到：

九域志：唐时有裴头陀挂锡于此，后断手以建伽蓝。忽一日于江际获金数镒，李锜镇润州，表闻赐名金山。[③]

龙洞在金鳌岭下，江中俗呼为蟒洞。头陀岩在山西北，唐裴头陀所居，

---

① 《白蛇传集》，第417—418页。

② 《白蛇传集》，第419页。

③ 卢见曾、杨鸿发编撰：《金山寺志·金山志》卷一《山水》，台北：新文丰出版有限公司，1973年，第1页。

又名祖师岩，下为裴公洞，有头陀像供其中。[①]

(唐)裴头陀，河东人，相国休之子，休作文送之出家。[②]

往有高僧呼龙曰：汝能现身乎？龙即现一头如山。僧曰：汝能大却不能小，能入吾钵中乎？龙即入钵中。僧曰：汝能出乎？龙百伎莫能出。僧因与之说法，降其毒恶，即今顺济龙王，是为本山伽蓝之一。[③]

张商英：《裴公洞》："中间石室安禅地，盖代功名不易磨；白蟒化龙归海去，岩中留下老头陀。"[④]

《金山志》载："裴头陀生而胎素，颖异不群，出家行头陀行，精炼形神，清斋一食，来润之金山，重兴殿宇。北岩有蟒，头陀入洞禅观，蟒遂去，得金数镒，助修建寺成，竟莫知所之。"[⑤]

据《金山寺志》所载，裴头陀为唐朝中叶宰相裴修之子，出家为僧，他降伏白蟒，在山上拾得黄金，修建庙宇，便成为开山的祖师，此山也因此名为金山。头陀持戒精严，日中仅一食，入蟒洞修禅，感得蟒蛇不伤，自动离去。后来裴头陀"感化蟒蛇"的传说与顺济龙王"高僧以钵降龙"的传说混合，降伏白蟒的传说一起转移到法海名下，所以法海真实的原型人物实是一位得道高僧。

八、另一种解读，超凡入圣的历程表演

综观清代剧本，白蛇传中的法海并不是存心想要拆散白娘子和许宣的姻缘。其间或是为了救护许宣避免受害，或是为了接引许宣，甚至度白蛇、青蛇归向圣道，权现怒目金刚之相，扮演恶人，以钵收伏二蛇精，并筑塔镇压白蛇。多数人看白蛇传故事，容易将焦点放在法海与白娘子的斗法上，把许宣看成是一个优柔寡断的人，而把他忽略了。其实，《楞严经》上说："若诸世界六道众生，其心不淫，则

---

① 《金山寺志·金山志》卷一《山水》，第二页。

② 卢见曾、杨鸿发编撰：《金山寺志·金山志》卷三《方外》，台北：新文丰出版有限公司，1973年，第2页。

③ 卢见曾、杨鸿发编撰：《金山寺志·金山志》卷四《杂识》，台北：新文丰出版有限公司，1973年，第18页。

④ 卢见曾、杨鸿发编撰：《金山寺志·金山志》卷六《艺文二·诗一》，台北：新文丰出版有限公司，1973年，第22页。

⑤ 杨鸿发编撰：《续金山志》卷下《禅宗》，台北：新文丰出版有限公司，1973年，第3—4页。

不随其生死相续。”[①]又说：“若不断淫，修禅定者，如蒸沙石。”[②]许宣与我们一样都是有情的众生，容易为情所困，受情所扰。因此生生世世只能在六道轮回，不能超凡入圣。或许，许宣的故事是一种象征，正是代表为情所苦的芸芸众生，表演如何了却“酬偿业报”的一生，最后放下“情执”，向上提升，走入圣域的历程。

九、结　语

在（明）冯梦龙《警世通言》中，法海仍为为慈悲的伏妖者。到了（清）黄图珌《雷峰塔》，法海除了受命伏妖，同时也是许宣的接引者。而后在方成培《雷峰塔传奇》中，法海度白蛇、青蛇超升忉利天，并接引许宣往生极乐。白娘子从害人的蛇精，到稍通人情，但不通理法。盗仙草的情节发展出来后，显示其为义妖，而后产子，更让人同情弱者，法海反而成了欺负弱者的恶势力。而现实中金山寺的法海原型实是一位得道高僧，是以禅修感化蟒蛇，并非以神通收伏。由此可知，法海这个角色实在是受到了扭曲。民间在流传的过程中，逐渐讹传而将法海丑化了。白蛇传的故事隐含着一个求道者的修炼过程。“爱不重不生娑婆”，一个真正的修道者虽不能在事相上无情，但绝不能于真心上为情所困，这种超凡入圣的境界自然是很难为一般民众所接受。法海暂时扮演怒目金刚的角色，祭出法钵收伏蛇妖，实是权宜之计。民间传说固然是很忠实地反映百姓心声，但有可能讹传的现象似乎也是不容忽视的。对于法海形象的塑造，或许亦可从更宽容的方向修改。

---

① 圆瑛法师：《大佛顶首楞严经讲义》，台北：世桦印刷出版有限公司，1988年，第991页。

② 《大佛顶首楞严经讲义》，第995页。

宋代字说考论

刘成国

[摘　要] 字说起源于先秦的冠礼仪式，发轫于中唐，兴起于北宋。字说与字序并无实质性区别，但与字辞则无论体制还是功能，泾渭分明，不宜相混。字说的兴起，第一是受激于古文运动中士人们因希贤仰圣而以之命名取字的行为；第二是受激于宋代士人阶层中新兴的请字、改字（包括名）的社会风气。字说有着固定的创作模式，通常包括三个部分：交代命名取字的缘起，或者追溯命名取字的仪式风俗之演变，以及名与字之不同；引经据典，解释、说明所取名、字之意义，或就此抒发议论，阐述道德规范、人生哲理；寓以警戒、勉励之意。字说的文体功能相当多元，既可传播社会主流意识形态、价值观念，对士人进行道德训诫与伦理规范；又可以为士人社会关系网络的编织牵针引线。

[关键词] 字说　冠礼　请字　创作模式　文体功能

字说（序）是一种与中国古代命名取字的仪式习俗相关的文体。它叙述某人命名取字的缘起，阐释名、字的内涵意义，同时寓以祝福、勉励和警戒。

作为一种极富传统文化特色的应用文体，字说发轫于中唐，蔚兴于两宋，而泛滥于元、明、清三朝。只要略翻现存的宋、元、明、清四朝文集，我们便不难发现，字说可能是宋代以后士人日常生活中最为常见的文体形式之一，并且时时有名篇问世。或许有鉴于此，明代的文体学家徐师曾、贺复征等人，往往将字说、字序从说、序这两大类文体中单独拈出，树为一体，予以论述；而南宋以后的各种文章总集，如《宋文鉴》、《唐宋八大家文钞》、《古文辞类纂》等，也均为字说留有一席之地。

只是近代以来，随着现代学科分类体系的确立，以及纯文学观念的熏染，字说与诸多古代应用文体一样，一度被弃置在以纯文学为主线的文学史边缘，乏人问津[①]。笔者不揣浅昧，以下拟对宋代字说的文体渊源、流变、社会基础、创作模式、文体功能等问题，予以初步探讨。

一

字说的起源，最早可追溯至中国古代的冠礼仪式和命名取字习俗。从西周以后，贵族男子在不同的年龄阶段，分别拥有不同的称呼。成年之前呼"名"，成年之后称"字"。《礼记·檀弓》谓："幼名，冠字，五十以伯仲，死谥，周道也。"然则何时命名？《礼记·檀弓》孔颖达疏曰："生若无名，不可分别，故始生三月而加名。"何时取字？"人年二十，有为人父之道。朋友等类，不可复呼其名，故冠而加字。"[②]也就是说，命名是在个体出生之后三个月，用以区别各个不同的生命，所以上至周天子，下至平民奴婢，人必有名；而取字则是"士"以上的贵族男子于冠礼仪式上完成，表示成人之意。命名取字，需要在特定的、比较郑重的仪式场合下进行[③]。前者是由父亲，后者则在冠礼上由父亲聘请的师友等来取字。冠礼的主要仪式过程，包括始加，再加，三加，宾礼冠者，宾字冠者等[④]。在不同的仪式阶段，通常都伴随着不同的祝词，用来昭告祖先神灵，并寓以祝福、警诫、勉励之意。如宾为冠者取字，祝辞曰："礼仪既备，令月吉日。昭告尔字，爰字孔嘉。髦士攸宜，宜之于假，永受保之。曰伯某甫、仲叔季，唯其所当。"此类祝词，可以视为字说文体的原始雏形。近些年的文体研究表明，中国古代许多文体，最初都来源于某些特定的仪式礼节，字说也可作如是观。明代文体学家徐师曾谓："按《仪礼》，士冠三加三醮而申之以字辞，后人因之，遂有字说、字序、字解等作，皆字

---

① 几本有影响的宋代散文专著，都未曾论及字说。知见所及，台湾叶国良教授最早关注到宋代字说文体，见《冠笄之礼的演变与字说兴衰的关系——兼论文体兴衰的原因》，《台大中文学报》2000 年 5 月，总第 12 期。曾枣庄教授有《君子尚其字——论宋代的字序》，《宋代文学与宋代文化》，上海：上海人民出版社，2006 年，第 125—141 页。徐建平论述了黄庭坚的字说创作，见《黄庭坚"字说"散文论》，《长江学术》2010 年第 1 期，第 31—36 页。刘欣《父兄的叮咛——宋代字说解析》探讨了字说中命名取字的原则等问题，见《孔子研究》2009 年第 6 期，第 84—91 页。

② 《礼记正义》卷七，北京：中华书局影印《十三经注疏》本，1980 年，第 1286 页。

③ 关于古代名、字的研究，可见张孟伦：《汉魏人名考》，兰州：兰州大学出版社，1988 年；萧遥天：《中国人名研究》，北京：新世界出版社，2007 年。侯旭东《中国古代人"名"的使用及其意义》探讨了古代人名使用中的尊卑、统属与责任，《历史研究》2005 年第 5 期，第 3—21 页。

④ 钱玄：《三礼通论》，南京：南京师范大学出版社，1996 年，第 557—566 页。

辞之滥觞也。虽其文去古甚远,而丁宁训诫之义无大异焉。"[①]这是很有见地的。

不过,冠礼上的祝辞与直至宋代才兴起的字说,文体形式毕竟相差甚远。据《礼记》记载,冠礼中的一加祝辞、二加祝辞、三加祝辞,以及取字后的字辞,均为四言韵语,属于典型的祝祷类文体[②]。无论篇幅抑或形式、内容,它与后世单句散行为主的字说(序)都明显不同。更何况,从东汉以后,除了皇室之外,冠礼在一般的士人家庭内已经日趋简易[③],迄中唐时几乎趋于荒废[④]。那么,先秦冠礼上简单的口头祝辞,如何在漫长的历史长河中,逐渐演变成可以相对自由地阐发义理、传情表意的字说文体呢?

在这个复杂历程中,首先值得注意的是仪式与习俗相脱离。冠礼的仪式已经疏废,命名取字的行为却已经积淀为一种习俗风气[⑤]。由于和文人们的日常生活息息相关,它开始逐渐进入文学作品中,成为文人们抒情写意、讲理叙事的工具。这个过程分为两个层面。一是祝辞、字辞的形式依然得以保留,文人们用以旧瓶装新酒,赋予它新的情感内涵。如晋陶渊明《命子》:"卜云嘉日,占亦良时。名汝曰俨,字汝求思。温恭朝夕,念兹在兹。尚想孔伋,庶其企而。厉夜生子,遽而求火。凡百有心,奚特于我。既见其生,实欲其可。人亦有言,斯情无假。日居月诸,渐免于孩。福不虚至,祸亦易来。夙兴夜寐,愿尔斯才。尔之不才,亦已焉哉。"[⑥]"命"者,教训、告诫之谓,同时兼具命名之意。在冠礼的字辞中,二者本是互为表里的。诗中"温恭朝夕,念兹在兹。尚想孔伋,庶其企而"四句,便是对"俨"名和"求思"之字的解释与训诫。此诗形式上与祝辞尚有若干相似,但其复杂深邃的情感,则远非格式化的后者所能容纳。

二是文体形式上突破了字辞四言韵语的限制,将字辞中对冠者的勉励、劝诫,用其他文体来表述。如王昶《诫子书》。《三国志·魏志》卷二十七《王昶传》

---

① (明)徐师曾:《文体明辨序说》,北京:人民文学出版社,1998年,第147页。

② 祝祷文体的定义,见吴承学、刘湘兰:《祝祷类文体》,《古典文学知识》2009年第5期,第106—114页。

③ 关于魏晋南北朝时期冠礼的实行情况,见张承宗主编:《中国风俗通史·魏晋南北朝》,上海:上海文艺出版社,2001年,第243—246页。

④ 柳宗元《答韦中立论师道书》谓:"古者重冠礼,将以责成人之道,是圣人所尤用心者也。数百年来,人不复行。"(唐)柳宗元:《柳宗元集》,北京:中华书局,1979年,第872页。李华也将冠礼之废视为唐代风俗衰败的重要原因。见《李遐叔文集》卷二《正交论》。

⑤ 魏晋南北朝士人命名取字的风气、特点,见《中国风俗通史·魏晋南北朝》,第223—228页。柳士镇:《世说新语人物言谈中称名与称字的考察》,《中华文史论丛》第50辑,第257—262页。

⑥ 袁行霈:《陶渊明集笺注》,北京:中华书局,2003年,第41页。

载:“其为兄子及子作名字,皆依谦实以见其意,故兄子默,字处静;沉,字处道。其子浑,字玄冲;深,字道冲。遂书戒之曰:‘夫人为子之道,莫大于宝身全行,以显父母。此三者人知其善,而或危身破家,陷于灭亡之祸者,何也?由所祖习非其道也。’”

及至中唐刘禹锡,便开创性地将当时新兴不久的“杂说”文体,正式应用到命名取字的习俗上[①]。而他坦然指出,这是受到王昶的启发而撰:

> 魏司空王昶名子制谊,咸得立身之要,前史是之。然则书绅铭器,孰若发言必称之乎?今余名尔:长子曰咸允,字信臣;次曰同廙,字敬臣。欲尔于人无贤愚,于事无小大,咸推以信,同施以敬,俾物从而众说,其庶几乎!夫忠孝之于人,如食与衣不可斯须离也,岂俟余勖哉?仁义道德,非训所及,可勉而企者,故存乎名。夫朋友字之,非吾职也,顾名旨所在,遂从而释之。孝始于事亲,终于事君,偕曰臣,知终也。[②]

文章的内容、体制与后世的字说(序)已经相去无几。二百年后,柳开等古文家们在刘禹锡开辟的道路上继续前行,字(名)说一体遂正式成立(详下)。

除了字说之名,我们在宋人文集中还屡屡发现字序、字解、字训、字辞、名述等称谓。它们与字说究竟属于从同一母体衍生出的不同文体,抑或只是同一文体的不同名称?徐师曾将它们统统归于字说之下,未加区别:“字说(字序、字解、字辞、祝辞、名说、名序、女子名字说)……若夫字辞、祝辞,则仿古辞而为之者也。然近世多尚字说,故今以说为主,而其他亦并列焉。至于名说、名序,则援此意而推广之。而女子笄,亦得称字,故宋人有女子名辞,其实亦字说也。今虽不行,然于礼有据,故亦取之,以备一体云。”[③]笔者认为,这一论断过于笼统,有必要予以细致分疏。

字说(名说)与字序(名序)。无论从起源、体制还是文体表现手法来看,“说”与“序”都属于两种不同的文体。明代的文体学家却往往将字说、字序从“说”、“序”之中单独拈出,认为二者并无不同。对此,宋人所见略同。陆游谓:“王荆公父名益,故其所著《字说》无‘益’字。苏东坡祖名序,故为人作序皆用‘叙’字;又以为未安,遂改作‘引’,而谓‘字序’曰‘字说’。”[④]他认为字序便是字说。二者只

---

① 《太平御览》卷三六二载何稹《玄寿赐名叙》,叙述赐名原委及名之意义,但具体语境不详,待考。

② 瞿蜕园:《刘禹锡集笺证·名子说》,北京:中华书局,1989年,第542页。

③ 《文体明辨序说》,第147页。

④ (宋)陆游:《老学庵笔记》卷八,北京:中华书局,1979年,第74页。

所以异名，盖因苏轼撰写字序时，避祖父苏序之讳，故“谓‘字序’曰‘字说’”。其实，早在苏轼写作《赵德麟字说》、《杨荐字说》、《文与可字说》等之前，柳开、赵湘、宋祁等古文家便已经撰有《（焦邕）字说》、《名说赠陈价》、《王杲卿字说》，而苏轼之父苏洵也曾撰《仲兄字文甫说》。所以，将字说的出现归之于苏轼避讳，纯属牵强附会。不过，陆游毕竟正确指出，在宋人眼中，字说便是字序，二者并无本质区别。这一点，从宋代的具体作品中可以确证。

例如，宋代有些题为“××字说”的作品，在其他版本中或作“××字序”，反之亦然。如欧阳修《胡寅字序》，四部丛刊本题下注曰：一本作字说。黄庭坚《青城唐当时字说》，一本作《当时字序》。他的《国经字序》、《张光祖光嗣字序》、《周渤字序》、《钱培字序》、《侍其鉴字序》等，别本均作《字说》。这种不同版本上的差异，表明编纂者或许并未严格区分二者。

还有一些作品，题名为“××字序”，可文中作者明明声称是在撰写“说”。如王令《杜渐字序》：“杜君山东士，名渐，少嗜学，性澄淡，不易语笑，平居循循，若不自足。予与之交且三年，不甚见其喜之与怒也。一日，探字于予，归作渐说以字之，曰……请字曰子长，幸听之无忽。河东王令序。”[①]唐庚《郑默字序》：“郑子以其名默，求字于余，余为之说。”[②]或者题名为“××字说”，文中却谓之“序”。如黄庭坚《张说子难字说》：“南阳张说子难尝以名字求余为序，余辞以不能，而求不已。”[③]

关键是，在体制和表现手法上，宋代的字说与字序实在轩轾难分。通常，此类应用文体的写作具有固定模式。大多先简单介绍请字、改字的缘起，然后以“字之曰……且说之曰”，“字曰……，而为之说曰”等词句，引出对所取、所改之名、字内涵的解释说明，再附以勉励、警戒或祝愿之语结束。同样地运用“为之说曰”、“说之曰”、“告之曰”等字眼，同样的体制、句式，同样的应用场合，文章的标题或作字说，或作字序，并无固定的规律可寻。例如在黄庭坚的字说（序）中，运用“告之曰”的表述方式来引出解释、议论的，共有 9 处。其中 4 处出现在字说中，5 处出现在字序中。笔者进一步统计，在近 500 篇宋代字说、字序中，运用这种表述语句的共有 40 处。在相同的应用场合下，其中 25 处题为“字序”，15 处题为“字说”。

---

① （宋）王令著、沈文倬校点：《王令集》卷一五，上海：上海古籍出版社，2011 年，第 271—272 页。

② （宋）唐庚：《眉山唐先生文集》卷二七，《四部丛刊》本。

③ （宋）黄庭坚：《黄庭坚全集》，成都：四川大学出版社，2001 年，第 1533 页。

这种说、序不分的现象,从文体发生学的角度看,很可能是由于字说刚刚兴起时,有些作品撰于赠别场合,常常与赠序难以截然划分。倘若一篇赠序是从所赠之人的名字入手,展开叙述或议论,那么"字说"便被冠以"字序"了。如欧阳修《张应之字序》、《尹源字子渐序》、司马光《张共字大成序嘉祐元年为越州张推官作》、黄裳《师德字序》。无独有偶,曾枣庄指出,宋代有很多赠序,则是以"说"名篇:"赠序文的标题一般都是以《送……序》、《赠……序》为题,但也有前面冠以杂说之题者,如王令《交说送杜渐》。……苏轼冠以杂说标题的赠序尤多。"[①]另外,在文体功能上,"说者,释也,述也,解释义理而以己意述之也"[②]。序则"以次第其语、善叙事理为上"[③]。"其为体有二:一曰议论,二曰叙事"[④]。二者确有相通之处。

其他几种稀见的名说、名述、字解、字训等文,写法上大同小异,也可直接归于字说名下,无需区别[⑤]。

至于"字辞",我以为绝不应与字说、字序笼统地混为一谈。尽管它们共同依附于命名取字的仪式风俗,体出一源,但在宋人创作中,字辞均为四字韵语。如黄彦平《三余集》卷四《王氏二子字辞》:"王侯太初,嗜好诗书。见其二子,骥种凤雏。群从制名,皆取于水。尔其从之,有本于是。濯字忠父,在诗远酌。自事吉蠲,神歆其约。仲浩直父,孟子是师。不枉不挠,达于无疵。"[⑥]再如王柏,其《鲁斋集》卷六收有字说 8 篇,卷四收有字辞 3 篇,字箴 1 篇。字说全为散体,字辞、字箴则全用四字韵语,泾渭分明,文体编排也界限清晰。这样看来,字辞应是直接摹仿冠礼中的字辞、祝辞,而字说、字序等则是后世文人将一些新兴文体与命名取字的风俗相结合的产物。故前者自成一类,以韵文写就,而后者却是散行单

---

① 曾枣庄:《论宋代的赠序文》,见《宋代文学与文化》,上海:上海人民出版社,2006 年,第 109 页。他也指出,以序名篇的文章有四种文体,"其二为字序之序,虽以序名篇,实为杂说。"第 106 页。

② (明)吴讷:《文章辨体序说》,北京:人民文学出版社,1998 年,第 43 页。

③ 《文章辨体序说》,第 42 页。

④ 《文体明辨序说》,第 135 页。

⑤ "字训"的提法在元、明渐多。训是指对"字"的训诂解释,兼及训示、警戒。如元代王恽《王氏四子字训》、明代倪谦《殷氏五子字训》、黄仲昭《希韶希濩字训》、祝允明《徐氏三外弟名字训》等。

⑥ (宋)黄彦平:《三余集》卷四,《全宋文》,上海:上海辞书出版社,2006 年,第 181 册,第 305 页。

句之体①。

这个区分相当重要。到了明代，随着冠礼的复兴，字说（序）、字辞的创作日趋泛滥。二者之间的区别，也由于仪式的实践所需，更为清晰地呈现出来。可用于冠礼上的，只能是字辞，而非字说、字序所能越俎代庖。宋濂《补张冯加冠字辞有序》载：

> 冯当冠时，大宾字之曰子翼，而未有造祝辞者。迩来监祀广西、行中书省参知政事黄君子邕，尝为推说字义而序之。冯事予颇谨，间复以祝辞为请。予按《士冠礼》，载其三加之辞甚具。辞，古也；而字说，则今也。予虽不敏，弗能从大宾与闻制字之义，冯之意难固拒也，遂黾勉以补其辞，辞曰……②

黄子邕已为张冯撰写字序，可并不符合冠礼仪式所需，只能再请宋濂补撰。而宋濂也清醒认识到，"辞，古也；而字说，则今也"，两者并不相同，于是便勉为其难。今宋濂集中，存有《张孟兼字辞并序》、《黄仁渊静字辞有序》、《王宗器字辞》、《王生致远冠字祝辞》、《宋惟善字辞》、《郑氏三子加冠命字祝辞有序》、《郑柏加冠祝辞》、《补临川危安子定加冠祝辞有序》等十几篇字辞，同时还有《章氏三子制字说》、《傅幼学字说》之作。后者全篇散句单行，而前者则以韵辞为主，有的前面附有小序，交待缘起；或者直接在题中点明。③

二

在刘禹锡撰写《名子说》后，中晚唐文坛上应者寥寥，如空谷足音。直到北宋，字说才蔚然兴起，进化成一种成熟的文体形态。据笔者统计，现存宋代字说类作品（包括字序、字解、字训、名说、名述，还有字辞），有 480 多篇。它的创作群体相当庞大，几乎囊括了宋文中所有名家。如宋文六大家：欧阳修 3 篇、苏洵 2 篇、曾巩 2 篇、王安石 1 篇、苏轼 8 篇、苏辙 1 篇。如苏门：文同 2 篇、黄庭坚 53 篇、秦观 1 篇、陈师道 2 篇、晁补之 12 篇、惠洪 11 篇；张耒 2 篇、李之仪 2 篇、苏过

---

① 宋代也有题名字说而全篇韵语的，如赵汝腾《庸斋集》卷五《盛时立中字说》、《陈说无党字说》、《眉山孙梦得子良仁字说》。但仅赵汝腾一例，或是误用。

② （明）宋濂：《宋濂全集》，杭州：浙江古籍出版社，1999 年，第 1022 页。

③ 不仅宋濂，其他如王祎、胡翰、童冀、郑真等皆然。

1篇。其他文坛名宿,如周紫芝4篇、朱熹9篇、陆游2篇、叶适2篇、陈傅良4篇、刘克庄9篇等。宋代的几部文章总集,如《圣宋文选》、《宋文鉴》、《文章正宗》等,敏锐地注意到了这种新兴文体,将它的一些代表作予以收录[①]。

字说在宋代之所以突然兴起,笔者认为,至少可以从两个方面进行考察。

首先,字说这种新型文体,是在宋初古文运动和儒学复兴的氛围中逐渐成长的。现存最早几篇北宋字说,都出自重要古文家之手,如:柳开《名系》、《字说》;赵湘《名说赠陈价》;智圆《叙继齐师字》;穆修《张当字序》;宋祁《王杲卿字说》;范仲淹《南京府学生朱从道名述》;石介《归鲁名张生》、《宗儒名孟子》、《吕虞部士龙字序》等。其中智圆身属佛门,却深受韩愈等古文家影响,强调古文的明道济世之功,是一位儒释兼融的佛门古文家[②]。鉴于刘禹锡在宋初文坛上的影响,以上诸人很可能在文体上直接沾丐于他的《名子说》[③]。特别需要指出,《名系》、《名说赠陈价》这二篇最早的字说,其创作都受激于古文运动中士人们因希贤仰圣而以之命名取字的行为,反映了古文家对实践儒道的独特理解。

作为宋代古文先驱,柳开少年时代因仰慕韩愈、柳宗元,自名为肩愈,字绍先,有志于肩负继承韩柳的使命和事业。后悟其非,改名曰开,字曰仲涂,"其意将谓开古圣贤之道于时也,将开今人之耳目使聪且明也,必欲开之为其涂矣,使古今由于吾也"[④]。前后两次的命名改字,意味着柳开对儒道的理解由文及道,逐渐深化。于是,当进士高本也步其后尘,"学慕韩愈氏为文,名曰愈"时,柳开便撰写《名系》相赠,向他阐述学习圣人的关键是习其"道",而非名彼之"名":"名彼之名称之,不若如彼之贤已有之。古之贤者同其道,愚者亦同其道,非其称名同于身也。……身名之名,非有善与恶也,同贤愚人之为道,斯乃善恶也。"[⑤]

柳开的劝诫言之凿凿,可并不足以扼制在新思潮影响下,士人阶层中命名取

---

① 吴承学指出:"唐宋新文体的出现、定名、传播和接受,集中反映在宋代文章总集的编录之中,它们为理解文体史与文学史的发展提供了新颖的角度和有力的证据。"《宋代文章总集的文体学意义》,《中国古代文体学研究》,北京:人民出版社,2011年,第319页。这一论断十分精辟。如,编于北宋前期、以收录唐代作品为主的《文苑英华》未收字说,而编于南宋前期的《宋文鉴》却收有三篇字说,由此可见字说在宋代的发展是一个引人注目的文学现象。

② 关于智圆的古文理论与创作,可见祝尚书:《北宋古文运动发展史》第六章第三节,北京:北京大学出版社,2012年。袁九生:《释智圆诗文研究》,硕士论文未刊稿。

③ 宋祁《宋景文公笔记》卷上载:"李淑之文,自高一代,然最爱刘禹锡文章。以为唐称柳刘,刘宜在柳柳州之上。"智圆曾力辩《陋室铭》非刘所作,谓"禹锡巨儒,心知圣道"。见智圆《雪刘禹锡》,《全宋文》第15册,第261页。

④ (宋)柳开:《河东先生集》卷二《补亡先生传》,《四部丛刊》本。

⑤ (宋)柳开:《河东先生集》卷一《名系》,《四部丛刊》本。

字的新风气。随着北宋儒学复兴的深入，崇圣慕圣的思潮和心态也逐渐弥漫，反映在命名取字上①，便出现了以下情况："今之世尤甚焉。往往慕周公之圣者，不名周公则名旦；希孟轲之贤者，不名轲则名孟。"对此，古文家赵湘大不以为然："噫！何惑缪之若是也。"他为仰慕柳宗元的陈宗柳改名陈价，然后撰写名说，专门追溯了历代命名取字风俗的演变，告诫陈价："名之贵贵乎道，道由人不由名。"②追慕圣人，重要的是实践圣人之道，而非单纯摹仿圣人名字。

南宋以后，字说创作更趋繁荣，背后一个强劲的推动力是理学兴起。原本处于学术边缘的理学家们相当重视冠礼，力求重振这种古老的礼仪。他们异常积极地参预到字说创作中。据统计，仅朱熹等理学家(包括心学)及其门人们所撰字说，约有125篇，占两宋字说总数的26%，占南宋字说总数(290多篇)的43%。他们利用这种文体，来宣扬理学独特的学说思想，将冠礼对成人的期待，与正心、诚意、格物、致知的德性修养联贯起来，从而为古老的命名取字风俗，注入了新的哲学内涵。这直接导致了南宋后期的字说，处处弥漫着理学说教气息。如詹何字功父，"将以法萧何"。其舅父真德秀基于理学中"德性先于事功"的立场，认为"学者当求道而不计功"，惟功业是求，非圣人本意，于是将外甥改字宗楚，勉励其效法战国楚隐，以修身为本，事功为末③。《杨实之字说》则阐述了理学中重德行而轻文艺的主张，将友人之子杨文华改名杨华，字以实之，指出为己之学，应当从孝悌起步，"不然，则非余之敢知也"④。

其次，作为一种典型的应用文体，字说的崛起具有坚实的社会基础，那就是宋代士人中流行的请字(包括请求改字)风气。字说的创作缘起，通常基于以下四种场合：1)行冠礼，聘宾命字，然后请撰字说。2)请字，然后请求命字者撰写字说，阐释其意。3)请字之后，别求他人撰写字说。4)直接请求对方撰说阐释名字之意。第1、4种两种情况相当少见，可以忽略不计。不妨说，请字、改字(偶尔包括请名、改名)的社会风气，是宋代字说创作的基本前提，也是文章中必不缺少的内容要素，有必要详细论述。

魏晋以后，先秦冠礼在皇室之外的一般士族家庭内已日趋简便，乃至荒废不

---

① 陈怀宇分析了唐末五代宋代士人表字中"圣"的运用，他指出，北宋士人名字特别是表字中"圣"字大量增加，反映了宋代士人更注重儒家圣人的观念和圣人之道。这是一个很敏锐的观察，揭示了士人命名取字与时代思潮间的关系。见《唐宋思想史上的圣文化：以士人表字为中心》，《清华历史讲堂三编》，北京：三联书店，2011年，第158—170页。

② (宋)赵湘：《南阳集》卷五《名说赠陈价》，《全宋文》第8册，第365页。

③ (宋)真德秀：《西山先生真文忠公文集》卷三三《詹宗楚字说》，《四部丛刊》本。

④ (宋)真德秀：《西山先生真文忠公文集》卷三三《杨实之字说》，《四部丛刊》本。

举。这种情况直至北宋晚期,并无明显转变[①]。但充满文化内涵的取字习俗,至少在士人阶层内一直实行着。至于社会底层民众,更常见的则是以名相呼[②]。北宋以后,世家大族衰落。随着雕版印刷的发展,教育的日益普及,此前主要来源于门阀士族的"士"阶层,开始向社会各阶层敞开流动的大门。但凡具备一定经济实力与文化背景,参加过科举考试,或曾出仕做官的人,都可以自命为士。士人阶层的规模、数量较之前代急剧增加。于是,原来局限于一个狭小社会阶层内的取字行为,也开始在更加广泛的社会群体内流行起来[③],这就为字说的创作奠定了广泛的社会基础。

例如,按照先秦冠礼,加冠仪式上所聘请的命字之"宾",与受字人不应存在血缘关系,而只能是师友或耆老。直到中唐,士人们还恪守这一规定。刘禹锡《名子说》谓:"夫朋友字之,非吾职也,顾名旨所在,遂从而释之。"宋代的请字行为则从根本上突破了这一限制。"宋代同辈朋友之间、同僚之间、甚至自己都可以为自己命字、改字。史料中更有大量直系血缘亲属为其晚辈命字的例子"[④]。惟其如此,我们在宋代发现了许多字说,是由父亲写给儿子、女儿,或祖辈写给孙辈,或叔辈写给侄子,或兄长写给弟弟,或本人写给姻亲等。据统计,此类作品大概有 60 多篇,约占宋代字说的 12.5%。它们大多在训诫之中,饱含深情,情理交融,反映了家族长辈对后代的殷切期待,以及振兴家门的美好向往。如司马光为

---

① 北宋冠礼除皇室外,基本荒废。蔡襄、曾巩、苏辙都曾指出,"冠礼今不复议","今冠礼废,字亦非其时","夫冠礼所以养人之始而归之正也,……今皆废而不立"。《蔡襄集》卷二二《明礼》,上海:上海古籍出版社,1996 年,第 376 页。《曾巩集》卷十四《王无咎字序》,北京:中华书局,1984 年,第 327 页。《苏辙集·栾城应诏集》卷十一《礼以养人为本论》,北京:中华书局,1990 年,第 1343 页。南宋以后,由于理学家的提倡,士人阶层中偶有实行的,随之产生了一些字辞、字说。如南宋虞仲海为长子彦忱行冠礼,请理学家熊禾莅临加冠,熊禾应允,并撰《虞彦忱字说》。

② 有研究者指出,宋代之前禁止平民取字,这恐怕失于武断。但从名、字的用法中,的确可以看出社会的分层现象。洪适分析《殽阬神碑阴题名》谓:"其前四十余人,称之曰郡吏。其间四十人,皆字其名,而系以阿字,如刘兴阿兴、潘京阿京之类。必编户民未尝表其德,书石者欲其整齐而强加之,犹今闾巷之妇,以阿挈其姓也。"《隶释》卷二,北京:中华书局,1985 年,第 16 页。魏斌认为,"对于普通民众而言,即便到了冠礼之年,也不一定会被命字,而多会继续使用俚俗幼名。"《单名与双名:汉晋南方人名的变迁及其意义》,《历史研究》第 2012 年第 1 期,第 36—53 页。这种情况是否延续至隋唐,还有待考证。

③ 张国刚指出,在唐宋转型过程中,社会上出现了一个士大夫家族特有的礼法发生下移的现象,即原来由门阀大族所标榜的一些文化仪式习俗,至宋代越来越普及化。《从礼容到礼教》,《河北学刊》2011 年第 3 期,第 36—40 页;《论中古士大夫风操》,《清华历史讲堂三编》,北京:三联书店,2011 年,第 151—155 页。宋代请字现象的普及,也应属于其中一环。

④ 刘欣:《父兄的叮咛》,《孔子研究》2009 年第 6 期,第 85 页。

兄子十四人命字，大多取之于儒家经典，希望他们牢记字中之义，“朝夕不离于口耳者，名字而已。尔曹苟能言其名求其义，闻其字念其道，庶几吾宗其犹不为人后乎！”[①]郑刚中《华孙命名序》引用“实大华亦荣”的诗句来命名侄孙，并将对孙辈的期望、侄辈的告诫融入到家族盛衰和时世变迁中，内涵丰富，抑扬顿挫，颇富感染力，其中凝聚着浓厚的家族意识，堪称字说中的上乘之作[②]。

从宋人尺牍看，最迟至北宋中后期，请字的社会行为已经在士人阶层中蔚然成风。苏轼《与滕达道书二十三》载：“某晚生，蒙不鄙与游，又令与立字，似涉僭易，愿公自命，却示及作字说，乃宠幸也。”[③]在致文与可的信中，苏轼还提及命字撰说后的润笔问题：“近屡于相识处见与可近作墨竹，惟劣弟只得一竿。未说字说润笔，只到处作记作赞，备员火下，亦合剩得几纸。专令此人去请，幸毋久秘。”[④]流风所及，释子、道士也附庸风雅，沾染此习。如思聪曾向秦观请字，并求字说，而秦观因准备应举，只答应为他取字：“聪师有书来要字序，仆近日无好意思，明年又应举，方欲就举子学时文，恐未有好言语。今但为渠取字曰‘闻复’，盖取《楞严》所谓‘闻复翳根除’者也。钱塘多文士，可求人为作，不必须仆也。”[⑤]据笔者钩辑，专为释子道士所撰的字说现存有 20 多篇，如惠洪《德效字序》、《无住字序》、《师璞字序》；释宝昙《鹗上人字序》；释居简《字三子序》等等。苏、秦书简中都顺便提及撰写字说之事。事实上，宋代字说恰于此时迎来了创作高峰。雄据北宋后期文坛的苏门，成为字说创作的主力。其中，仅黄庭坚一人便撰有 53 篇，有力地推进了这种新兴文体的成熟。何良俊谓：“山谷文，如《赵安国字序》、《杨概字序》二篇，似知道者，岂寻常求工于文词者可得窥其藩篱。其他如《训郭氏三子名字序》，又……《宋完字序》，皆奇作也。”[⑥]

至于更名改字的风气，则毫无疑问是宋代的新生事物。宋前虽然也有士人改名、改字的现象，一般出于应谶、钦赐、避祸等，主动的更名改字行为寥寥无几[⑦]。及至宋代，此风甚嚣尘上，堪称奇观。据笔者统计，宋代因更名改字而创作的字说，有将近 200 篇之多，约占作品总数的 41%。

---

① （宋）司马光：《温国文正司马公文集》卷六四《诸兄子字序》，《四部丛刊》本。

② （宋）郑刚中：《北山文集》卷五，《金华丛书》本。

③ 《苏轼文集》，第 1487 页。

④ 《苏轼文集》，第 1512 页。

⑤ （宋）秦观著、徐培均笺注：《淮海集笺注》卷三十《与参寥大师简》，上海：上海古籍出版社，2000 年，第 1012 页。

⑥ （明）何良俊：《四友斋丛说》，北京：中华书局，1959 年，第 206 页。

⑦ 张孟伦：《汉魏人名考》，第 80—84 页。

从作品来看，宋人的更名改字大致由于以下三种情况。

(1)因避讳而改。陈垣谓："宋人避讳之例最严。《斋容三笔》十一云：'本朝尚文之习大盛，故礼官讨论，每欲其多，庙讳遂有五十字者。举场试卷，小涉疑似，士人辄不敢用，一或犯之，往往暗行黜落。方州科举尤甚，此风殆不可改。'"[①]士人们除了在撰文赋诗中须避家讳、国讳、圣讳之外，还曾一度被禁止以"圣"、"君"、"天"等有僭窃之嫌的字眼，来命名取字。如徽宗政和八年(1118)五月，尚书户部管勾公事李宽针对士人们"制名命字率多以'圣'为称"的社会风气，上奏朝廷下诏禁止："'欲乞凡以圣为名、字，并行禁止，以正名称。'从之。"[②]洪迈《容斋续笔》卷四载："政和中，禁中外不许以龙、天、君、玉、帝、上、圣、皇等为名字。"结果，士人们纷纷更名改字，"毛友龙但名友，叶天将但名将，……程振字伯玉，改曰伯起。程瑀亦字伯玉，改曰伯禹。张读字圣行，改曰彦行。"此禁令一直延续至宣和七年(1125)七月，徽宗方下手诏罢之[③]。

因避讳情况而撰写的字说，有 11 篇。如陳公燮初字思道，"以避耆旧讳，请改焉"。于是李觏命之曰"中道"，然后由中生发，集中阐述治国之大道"不可不先其大者。"[④]徐简字敬伯，楼钥认为有犯太祖祖父"敬"讳之嫌，为其易字"圣可"，并撰字说解释其故[⑤]。石敦仁原名天倪，字圣和，因政和八年禁诏，"今天子立极正名，以谓天之尊、圣之重，皆非臣下所宜号，曩者申命有司，具为禁令"，只得易名敦仁，并请求赵鼎臣为之改字。赵鼎臣叙述了更名的原委，然后根据敦仁之意予以发挥，字之曰"思济"，鼓励他出仕济民，以行仁道[⑥]。

(2)为了应对科举、步入仕途而更名改字。这种情况与科举迷信相关，颇为有趣，从中可窥见在竞争激烈的科举社会里，士人们沉重的心理负担。根据人类学家弗雷泽的研究，"在原始氏族观念里，人名是一个人最重要的部分之一，所以当一个获知某一个或某一灵魂的名字时，他同时也将得到它的一部分力量。"后世民间流传的姓名巫术(掌握了一个人姓名，再辅以特殊的法术，就可以操纵制服某人)，便起源于这种古老的原始思维[⑦]。秦代以后，至少在主流文化传统中，

---

① 陈垣：《史讳举例》，上海：上海书店，1997 年，第 112 页。

② (清)徐松辑：《宋会要辑稿・刑法二之七一》，北京：中华书局，1957 年，第 6531 页。

③ (宋)洪迈：《容斋随笔》，北京：中华书局，2005 年，第 269 页。

④ (宋)李觏：《李觏集》卷二五《叙陈公燮字》，北京：中华书局，1981 年，第 284 页。

⑤ (宋)楼钥：《楼钥集》卷六六《徐圣可字说》，杭州：浙江古籍出版社，2011 年。

⑥ (宋)赵鼎臣：《竹隐集》卷十三《石敦仁字序》，《全宋文》第 138 册，第 219 页。

⑦ 关于这方面的研究，我引用了万晴川教授的研究成果，见：《巫文化视野中的中国古代小说》，北京：中国社会科学出版社，2003 年，第 204—205 页。

儒家的理性精神很大程度上冲淡了这种思维方式，仅仅认为“名以正体，字以表德”[1]，基本上祛魅了名字上的神秘色彩。到了北宋，科举制度中的多个环节都与士人名字密切相关，如糊名制、殿试中因名字不佳或犯讳而遭黜落、唱名赐第、放榜等。这些环节将考生的命运与名字更加紧密的联系一起，无形中增强了名字能决定科举成败的心理印象。于是，士人们希望通过更名易字的方式，改变自己的命运，高中科第。在比较全面、真实地反映宋代士人生活的《夷坚志》中，士人为应科举而更改名字的记载屡见不鲜[2]。基于此类情况而撰的字说则有 20 多篇。虽然数量不夥，可蕴含着丰富的社会文化信息。例如，贺性父热衷科名，然屡举不中，困于场屋，遂更名“天成”，“以求速化”。果然，当年便通过解试。赴省试之前，他向黄庭坚求字，希望能借此延续好运。黄字之曰“性父”，提醒他“天之所成”乃天德，而非科举功名，“性父深思之”[3]。倘若改名易字是由梦兆或神启，那就更加灵验了。如张遹旧名张准，字子平。在途经芜湖和寄寓苍梧时，他两次得到梦兆，改名张遹，遂以此名得预乡选。邹浩得知后，为其改字循中，希望他再接再厉，“将奏名于礼部，将唱名于集英”[4]。

(3)原字意义不妥，改字明志，寄寓规训。因这种情况而撰写的字说有 160 多篇。如楼钥为从子改字景刘，希望他效仿孝子刘沨，妥善处理家庭关系。刘梦牛原字相岩，名字不配，于是欧阳守道易其字为“牧”，并撰字说。对此，刘欣论述颇详[5]，兹不赘述。

士人改字的群体行为，反映了在科举社会中，他们对自己命运的深层关注和焦虑，以及新型的身份意识。即，通过命名表字，来展示个体的志向、理想和价值观，以此凸现个人独特的士人身份。如果要刨根挖底，这也许就是宋代字说兴起

---

① 王利器：《颜氏家训集解》卷下，北京：中华书局，1993 年，第 92 页。

② 最典型的如《夷坚甲志》卷六“李似之”；《夷坚支乙》卷二“罗春伯”、“杨证知命”、“黄溥梦名”；《夷坚支景》卷八“黄颜兄弟”、“平阳王夔”、“谢枢密梦”、“丁适及第”、“丘秀才”，卷十“赵积智”、“婆惜响卜”；《夷坚支戊》卷七“邵武秋试”，卷八“吕九龄及第”、“湘乡祥兆”，卷九“金谷户部符”；《夷坚三志己》卷五“程采梦改名”，卷六“二姜梦更名”；《夷坚三志壬》卷一“邹状元书梦”，卷五“黄子由魁梦”等。廖咸惠指出，宋代考生因神启而更名的故事不胜枚举，除了《夷坚志》名，她还列举了多部宋人笔记中的相关记载。参见《祈求神启——宋代科举考生的崇拜行为与民间信仰》，《新史学》第 15 卷第 4 期，第 85 页。

③ 《黄庭坚全集》，第 1540 页。

④ (宋)邹浩：《道乡先生邹忠公文集》卷二八《张循中字序》，明成化六年刻本，《宋集珍本丛刊》第 31 册。

⑤ 刘欣：《宋代士人改字及其社会文化分析》，《北京理工大学学报》(社科版)2009 年第 6 期，第 109—115 页。

的最深层社会心理原因吧。

三

作为一种应用文体，字说（序）具有固定的写作模式。一篇字说（序），通常包括三个部分：首先，交待命名取字的缘起，或者追溯命名取字的仪式风俗之演变，以及名与字之不同；然后引经据典，解释、说明所取名、字之意义，或就此抒发议论，阐述道德规范、人生哲理；最后则寓以警戒、勉励之意。如宋祁《景文集》卷四十八《王杲卿字说》：

字之言滋也，名之外滋其一称，古君子因用表德焉。《阳秋》："大夫褒则书字。"《礼经》："男子二十冠而字。"厥惟旧矣。琅邪王君仁旭，字杲卿，既式是道，且欲本而推之，以充其谊。予辱君请，得以文陈。

旭者，日之旦也，本君含章自内，不待于外也。杲者，日之出也，本君厥修时敏，寖升以著也。仁联昆仲之次，八慈比也；卿同士子之称，劳谦象也。凡道不阒休笃实，光明章大，未有能发乎远也。若君家太尉，以三公建上将，威略折冲，为时长城，勋在王府，耿乎当世。君承德厚之庆，孺篮于赏典，崇让下贤，不以倨贵自安，靖恭肃给，入服华伍，其有意乎缉熙于光明，发于事业欤！又将不衰其孝谨而念尔祖欤！

昔君之先代有元长者，自比扶桑旸谷。今君遡洪源，休令闻，还以旭杲命之，则光辉日新。世其家者，有待于君矣。

也有许多字说，先以议论之笔开门见山，阐述名、字中包含的意蕴，继而点出所取之字，再以警戒终结。如章望之族子章衡，原字子平，因仕宦不达，请求望之改字。于是望之撰写《章公甫字序》（此篇误入刘敞集中），开篇便论述圣人创立了种种繁复的文明制度，各有所宜，各有所限。只有度量权衡，是"齐众之器"，可以用来"多寡天下之物，诚信天下之民"，"以适规矩方圆，以定准绳平直，法于王府，同于四海之内。凡出于人力者，莫不得所，以程百器，以役百工，是以先王务审之"。然后结合"衡平"之意，为族子易字"公甫"："衡平，而物得轻重；物得轻重，而民得其情，天下之公所由出也。字曰公甫，可乎。"①

为了缓解应用文体势所难免的刻板僵硬套路，主客对话的形式也频频运用

---

① （宋）吕祖谦：《宋文鉴》卷八九，北京：中华书局，1992 年，第 1271—1272 页。

在字说中。如被后人叹为“奇作”的黄庭坚《宋完字说》。全篇由对话构成，先是宋完陈诉求学中的苦恼：“完也有志从学于先生之门，而未能自克。出从市井之嚣，荤然其有味，而常见侮于人。入闻先生之言，淡然其无味，而常见敬于人。二者交战，敢问其故？”继而，庭坚为其取字“志父”，阐述其意：“士唯无志，则不可学；诚有志乎，不难追配古人矣。战市井之嚣，又何难哉！古之言曰：‘不以物挫志之谓完。’”然后循循善诱，引用季札、子臧、泰伯、虞仲四位名人之例，证明“夫志者，战不义之良将也”，最后予以鼓励：“而况市井之嚣、曲巷之好、频频之党，酒食嬉戏相追逐者乎？”[①]这就巧妙地避免了行文的平淡，而主客二人的精神风貌也跃然纸上。苏轼《文与可字说》也以通篇问答的形式，层层深入，步步进逼，直至篇末才点明“与可”之意：“吾友文君名同，字与可。或曰：‘为子夏者欤？’曰：‘非也。取其与，不取其拒，为子张者也。’与可之为人也，守道而忘势，行义而忘利，修德而忘名，与为不义，虽禄之千乘不顾也。虽然，未尝有恶于人，人亦莫之恶也。故曰：‘与可为子张者也。’”[②]通过对话展开行文，使得文章迭宕起伏，姿态横生，很好地避免了字说文体千篇一律的陈窠。

在表现手法上，字说主要以说理、议论为主，叙述为辅。但名家作手往往能逸出常规，破体为文，自立机杼。如苏洵《仲兄字文甫说》，先是指出仲兄苏涣之字不妥，为之改字“文甫”；继而紧扣《周易·涣》象曰“风行水上涣”，运用十几个比喻，穷形极相地描写了“风水相遭而成文”的千姿百态。“写得有声有色，备极奇观。然后转入出于自然，乃为至文，以见君子之立言，原非得已，结出一篇正论”[③]。由于将说理、叙事和描写融为一体，文章一洗日常应用文的刻板，表现得色彩斑斓、眩人耳目，并呈现出一种深刻新颖的理趣之美，堪称字说文体中的绝唱。又如黄庭坚《侍其鉴字说》。侍其鉴“骨秀而气清，应对机警”，其父请字于黄，黄字之曰弥明，并解释道：“物材、美火齐得，然后成鉴。鉴明则尘垢不止，明虽鉴之本性，不以药石磨砻，则不能见其面目矣，况于下照重渊之深，上承日月之境者乎！学者之心似鉴，求师取友似药石。得师友，则心鉴明矣；求天下之师，取天下之友，则弥明矣。”[④]鉴既是名，同时暗喻心，“以药石磨砻”暗喻后天的访师求学，避免了叮咛说教的枯燥干瘪。

极少数的上乘之作，则在本属说教、训戒的字说中，融入个人的深情壮志，感

---

① 《黄庭坚全集》，第 632 页。

② 《苏轼文集》，第 334 页。

③ （清）孙琮：《山晓阁选宋大家苏老泉全集》卷二，清康熙刊本。

④ 《黄庭坚全集》，第 636 页。

人肺腑。如高登《东溪集》卷下《命诸子名字说》:

> 名字所以相识别,未尝有义。自左氏载"德命"、"类命"之说,后世因取义焉。如王昶命子以默、沉、渊、深,见意于冲虚谦静。谢庄名子以扬、朏、嵸、瀹,寓文于风月山水。厥趣不同,所属亦异。痛念王室凌迟,思扶持而一振之,左右匡拂,以守鸿业。然此志未遂,天也。吾以未遂之志,命汝箕曰扶,字伯起;裘曰持,字仲安;庭曰振,字叔昌;桴曰拂,字季士。人字汝而耳听之,汝称名而心维之,勉效两全之节,无使后人笑我昧于诸子,而遣蚊负山也。

此篇堪称字说中的异类。文章首先以 86 个字的篇幅,简明扼要地介绍西周以后,命名取字的风俗惯例及其演变。然后抒写怀抱,点明为诸子命名取字的内涵,以未申的报国壮志,寓之于诸子名字中;希望诸子在呼名称字之际,牢记父训,勉成父志。篇幅虽短,但音调铿锵有力,句式错落有致,简洁严整,沉郁慷慨,有一股悲壮之气,充溢着时代气息。"其忠君爱国之心,每饭不忘如此。朱子谓能使人闻风兴起,良不虚云"[①]。

有的作者甚至于异想天开,以文为戏,通过戏谑性模仿,将字说这种新兴文体俳偕化,取得一种幽默的戏谑效果。如周紫芝《竹坡四君子字序》。作者先是正色危言,摆出一副严肃面孔,批评世俗中称呼的紊乱。老者对少者不以字相称,而是"谓少者为丈",这"岂其情哉?非相伪则相谀而已矣"。自己虽然甚陋此风,但无力扭转衰俗。然后叙述自己解官奉祠,门前冷落,独与毛颖、陶泓、陈玄、褚先生四君子者"相视而笑,莫逆于心,遂相与为友焉"。因四人有名无字,于是分别为其取字叔锐、坚伯、客卿、记言:"入则与之晤而谈,出则与之偕而往也,醒则与之清坐终日,醉则与之纵横交错也,而其乐有不可胜言者矣。于是四君子相与逡巡而谢曰:'愿奉先生之几席,不敢辞也。'已而为之序以赠之。"[②]在文体、写法上,此文与一般字说无异,可其实它是一篇彻头彻尾拟体俳谐文。文中的四位好友并非什么高人雅士,只是笔墨纸研文房四宝而已。作者把为后进子弟阐述名字内涵、富有道德规训意义的字说体,应用到了书斋中的日用之物,这与韩愈戏仿《史记》列传为毛笔立传,是出于同样的艺术机杼。即,"使用或募仿某种实用文体,而出之于戏谑的内容,通过文体与内容的不协调,营造或增强文章的戏

① 《四库全书总目》卷一五七,北京:中华书局,1965 年,第 1358 页。

② (宋)周紫芝:《太仓稊米集》卷五二,《全宋文》第 162 册,第 274 页。

剧效果”[①]。“当仿体刻意模仿本体的形式，而又以此表达出人预料的与本体题材风格完全相悖的内容时，二者的形式与内容就产生了不协调。这种不协调会造成滑稽悦人的幽默效果和别具特色的讽刺”[②]。不同的是，韩愈戏仿的是久为史家矩镬的列传，而周紫芝戏仿的是方兴未艾的字说，表现出异常敏锐的文体嗅觉和艺术创造力。

四

与创作模式的相对单调形成鲜明对比，字说（序）的文体功能却相当多元化。如果说，前者将大多数作者的创造力局囿于固定模式，无法纵横驰骋，限制了字说向所谓“纯文学”领域的拓展，那么，后者则使其在士人日常生活中游刃有余，日益普泛。简而言之，字说（序）的文体功能可以概括为：

第一，传播社会主流意识形态、价值观念，对士人进行道德训诫与伦理规范。每一时代的命名取字，通常反映着特殊时代的思想和信仰。魏晋以后，玄学、道教兴起，士族门阀多以“道”、“之”表字。陈寅恪指出：“简万帝字道万，其子又名道生、道子，俱足证其与天师道之关系。六朝人最重家讳，而‘之’、‘道’等字则在不避之列，所以然之故虽不能详知，要是与宗教信仰有关。”[③]“盖六朝天师道信徒之以‘之’字为名者颇多，‘之’字在其名中，乃代表其宗教信仰之意，如佛教徒之以‘昙’或‘法’为名者相类。”[④]南北朝以后，佛教风靡华夏，于是诸如金刚、摩诘、力士等词汇也蜂涌进入士人名字中。与前代明显不同，由于儒学复兴，宋代士人的命名表字，不论是根据同义互训、反义相对、连意推想、五行干支相配的取字原则，还是直接从经典中选择美辞、警句，或追慕前贤，绝大多数都凝聚了儒家的意识形态和价值观。对此，字说（序）往往予以简明扼要的阐述，以对士人进行道德训戒、行为规范。如南宋理学家魏了翁途经绥定，与戴令翱辞行。戴子立本字仁父，因侍父侧，“谒余字义”，魏语之曰：“学之道，莫大于求仁，仁本我有。”回

---

① 陈允吉：《论敦煌写本〈王道祭杨筠文〉为一拟体俳谐文》，《复旦大学学报》2006 年第 4 期，第 81 页。

② 沈立新：《仿拟结构的二合性及其关系浅探》，《云南师范大学学报》2002 年第 3 期，第 96 页。

③ 陈寅恪：(《天师道与滨海地域之关系》，《金明馆丛稿初编》，北京：三联书店，2001 年，第 9 页。

④ 陈寅恪：《崔浩与寇谦之》，《金明馆丛稿初编》，第 121 页。

家后又撰写字说相付，阐释为仁之道，始自孝悌，“孝弟也者，其为人之本欤？”[①]继而又申明孝悌非仁，乃仁之一事。这样，魏既圆满地解释了“立本”、“仁父”之意，又将理学中“仁”与“孝悌”的复杂关系通俗地表述出来，传授于人。事实上，在南宋理学的传播过程中，字说也是一个重要渠道。它将本来复杂深奥的心性哲理，以通俗化的形式，与士人日常生活中最平常的命名取字行为相结合，成功地实现了理学向社会中下层的普及。

命字者将意识形态、道德伦理凝缩到所取字中，寄寓着真诚的期待和勉励。受字者也希望能以字为箴，牢记字说中的寓义，服之终身，时时警醒。南宋永嘉陈均向理学家真德秀请字，真命之以“子公”，为撰字说：“夫处物之平，视物之一，及物之周，三者天下之至善也。……吾子敏学而好修，且有志于及物者，请以‘子公’为子字，如何？”“(陈均)竦然曰：‘此一字箴也，愿幸而笔之于牍，以为吾终身规。’”[②]另一士人卓廷瑞有二子，长子以克，字伯仁；次子以存，字叔义。因与朱熹高足陈淳“趣味投合，有金兰之契”，卓恳请陈淳为撰字说，“请为讲明其义之所以然，庶其归也，得以为趋庭诏士之助。”[③]某些士人甚至认为，字说就如同箴、训铭之于金，勒之于石，应终身念兹在兹。如南宋李知几，字吉先，因犯讳而请求孙应时为其改名易字。孙名以知仁，字以任甫，勉励道：“古之人盘盂有铭，几杖有戒，所以存之目、志之心而不敢忘也。名字之于人，从其美者而命之，其视盘盂、几杖也，不愈近矣乎？古语有之：‘衣服在躬，而不知其名，为罔。’然则为李生者，宜如何耶？”[④]理学家陈文蔚为其子陈浩取字存之，示以字说，又跋曰：“因自反曰：‘苟吾日用之间，自不知操而勿失，所谓传而不习也，其罪又有浮于浩矣。’因书以当盘盂之戒。”[⑤]

除了师友之外，宋代字说还承载着来自士人家族内的训诫，从而部分地充当了家训之用。由于科举导致的社会流动性较之前代大大加强，宋人意识到，读书应举、争取科第是保持家族政治、经济地位的上佳选择，也是维持士人社会身份的主要标志。良好的家庭教育与家风传承，可以为家族的繁衍兴盛奠定坚实基础，形形色色的家训于是应运而生。那些由家族长辈撰写的字说，便构成其中重

---

① (宋)魏了翁：《戴立本字仁夫说》，《鹤山先生大全文集》，《四部丛刊》本。

② (宋)真德秀：《西山先生真文忠公文集》卷三三《陈子公字说》，《四部丛刊》本。

③ (宋)陈淳：《北溪先生大全文集》卷十二《卓氏二子名字说》，明钞本，《宋集珍本丛刊》第70册。

④ (宋)孙应时：《烛湖集》卷十《李生名字说》，《全宋文》第290册，第85页。

⑤ (宋)陈文蔚：《克斋集》卷七《书浩字说后》，《全宋文》第290册，第375页。

要一类[1]。其训戒的内容以子侄们立身、持家、处世为重点,广泛涉及子侄们知识学习、道德规范、处世为宦等各个方面,从中体现出浓郁的家族意识。如司马光将兄子分别命字为"希祖"、"希道"、"袭美"、"居德",一一阐述其义,然后叮嘱道:"呜呼!朝夕不离于口耳者,名字而已。尔曹苟能言其名求其义,闻其字念其道,庶几吾宗其犹不为人后乎。"[2]由于这方面已有专门研究[3],此处不再赘述。

第二,为士人社会关系网络的编织牵针引线。在竞争激烈的科举社会,社会关系、人际网络对于士人的成才、中举、磨勘等决定人生命运的行为有着举足轻重的影响。除了血缘关系外,宋代士人的地缘、业缘、学缘、宗教等四类关系,需要他们主动地去经营、拓展。诸如投贽、干谒、走访、雅集、结社等等活动,都是编织社会网络的有效途径。在"诗可以群"的传统观念驱引下,与这些社会活动相伴的各类文学创作,如干谒文、唱和诗、祝寿词等等,可以为关系网络的编织牵针引线,为各层面的人际交往增添润滑剂。字说亦然。在一篇字说的形成过程中,请字(或改字)、命字、撰述这三个基本环节,主要是在士人阶层中进行的。字说的撰者,一般都是宦海精英、社会贤达、文坛名宿或乡间耆老。先是请字、命字双方的书启往还,或是拜谒走访;在各致殷勤、谦逊之意后,命字者为对方取字改字,然后撰文阐述其意,对请字者予以语重心长的叮嘱,寄托厚望与祝福。整个行为完成后,双方的关系较之以前自然更为密切,甚至从无到有,确立起一种新型的私人关系,终身不渝。

元祐八年(1093),苏轼为盱眙塾师杜舆取字子师,并写下《杜舆子师字说》。杜又请求苏轼门人晁补之"识其说",于是补之根据苏轼命字之意,进一步推阐发挥,撰成《杜舆子師名字序》。苏轼读后相当满意,又专门作《书晁无咎所作〈杜舆子师字说〉后》,称赞补之之文"富于言而妙于理者也",[4]足以阐发杜舆之志。这两篇字说,成为联系杜舆与苏门的重要关系纽带,而杜也成为苏轼晚年最密切的友人之一。在苏轼远贬儋耳时,杜舆甚至要尽鬻家产,携妻以从。崇宁五年(1106)冬,苏门弟子张耒途经盱眙,与杜小聚。杜出示此文,张耒写下《跋杜子师字说》:

---

① 南宋刘清之《戒子通录》便将刘禹锡《名子说》、苏洵《名二子说》与其他文体作品编在一起,充当家训。

② (宋)司马光:《温国文正司马公文集》卷六四《诸兄子序》,《四部丛刊》本。

③ 刘欣将宋代家训作了文体分类,将字说纳入其中,见其博士论文《宋代家训研究》第一章第一节。

④ 《苏轼文集》,第2057页。

"车之所以能载者，以其有舆也。人之所以从君子者，以其有德也。从之众矣，此名舆字子师之说也。"耒以丙戌岁仲冬，自黄之颍，过盱眙，少留。子师出子瞻文，始获见焉。于是苏公之亡五年矣，相与太息出涕而读之。至前二日书。[①]

张耒题跋之时，苏轼已经去世五年了，党锢依旧严峻，但这并未能撕破苏门弟子对苏轼的爱戴与追慕。苏轼字说中的名言"人之所以从君子者，以其有德也，从之众也"，成为张耒和杜舆缅怀师长、抗议时局的无言心声，见证着苏门在心理上的认同感、归属感，凝聚着苏门及其后裔们共同的群体记忆和情感共鸣[②]。

一篇出自于苏轼、朱熹等名家之手的字说，可以无形中提高受字者的社会身份，延致声誉。元祐六年(1091)，苏轼出守汝南，与宗室赵令畤定交，为其取字德麟，并撰《字说》高度评价令畤："学道观妙，澹泊自守，以富贵为浮云。"[③]这篇文章让原本籍籍无闻的赵令畤迅速融入苏轼的交游圈中，声名鹊起。"既而得《秋阳赋》于黄门苏侍郎家，《赵德麟字说》于翰林范学士家，又知德麟为从事，虽未识德麟，已知其贤。"[④]"赵德麟始以僚属受知于苏公，今苏集有《倡酬》、《字说》与《秋阳》、《春色》二赋。世之贤德麟者以此。"而德麟也的确不负东坡之文，患难见真情："迨苏公度岭，诸贤皆坐废锢，德麟与焉，而犹惓惓于片文遗墨之是宝，于是有以知德麟之所存者远矣！"[⑤]

从写作场合考察，宋代约有15%的字说撰于师友赠别之际，这是一个相当奇特的现象。它表明，至少在这一场合，字说在社交功能上完全可以代替赠序，来"叙友谊，道惜别"，"致勉励，陈忠告"。如尹洙之兄尹源将西行，向饯别诸友求赠序，"称古仁者送人之义，责言于其交之所常厚者"。欧阳修自谦对尹源"既友慕钦揖之不暇，顾岂有遗忽乏少之可以进于言邪"？于是，"因姑请更君之字(子渐)，以塞其求"，撰成《尹子渐字序》，鼓励好友"渐进不已，而至深远博大之无

---

① (宋)张耒：《张耒集》卷五三，北京：中华书局，1990年，第809页。

② 关于苏门的形成及晚期苏门的心理认同、情感共鸣，王水照、崔铭均有精彩论述。他们的根据，主要是诗词。见王水照：《"苏门"诸公贬谪心态的缩影》，《苏轼研究》，石家庄：河北教育出版社，1995年，第112—118页。崔铭：《跨越时空的群体性唱和》，《中国石油大学学报》(社科版)2006年第1期，第93—98页。

③ 《苏轼文集》，第337页。

④ (宋)李廌：《济南集》卷六《汝阴唱和集后序》，《全宋文》第132册，第136页。

⑤ (宋)魏了翁：《鹤山先生大全文集》卷六四《跋东坡赵德麟字说真迹》，《四部丛刊》本。

际”①。由此，赠别双方在觥筹交错、歌酒侑欢的饯席之外，谆谆嘱托，促进了双方的情谊。

另一方面，字说也和赠序一样，充当着士人游学、干谒等活动中的引介、推荐之功。如南宋陈惟月长期跟随著名学者、乡郡儒宗欧阳守道学习举子业。咸淳四年(1268)，陈补太学生，临行之际，与欧阳守道辞别。守道为其改字“学可”，并撰字说赠别，谓：“今之学官，盖有予之夙昔师友。余以病，不能奉竿牍介吾子而见于门。然吾子既为其诸生矣，不在予之介也。既拜而得侍函丈之席，其以予之赠吾子者告以闻，而归还以教予。”②太学中有欧阳守道诸多师友，他为陈所撰写的字说，相当于一封推荐信，可使惟月迅速融入新的学习环境和社会群体中。

综上所述，字说文体起源于先秦的冠礼仪式，发轫于中唐。北宋时，因受到士人阶层中新兴的请字、改字(包括名)社会风气刺激，从而蔚为兴盛。元、明、清三代，字说更趋繁荣，成为士人日常生活中最为常见的文体形式之一，但其创作模式和文体功能，基本上未能脱离宋代之藩篱。直至民国以后，随着取字习俗的式微以及新文学的兴起，字说才逐渐退出纯文学的殿堂。

---

① (宋)欧阳修：《尹源字子渐序》，《欧阳修诗文集校笺》，上海：上海古籍出版社，2009年，第1718页。

② (宋)欧阳守道：《巽斋文集》卷二四《陈惟月字说》，《全宋文》第347册，第58页。

明《道藏》神仙传记类典籍叙论

马晓坤

［摘　要］本文整理了明《道藏》中神仙传记类典籍的名称、卷帙、目次，共计114种430卷。这些典籍可分为个传与合传两大类，合传又可分为教派传承谱系传记、山志与宫观志类、主题类传记、综合性神仙传记四大类。最后概述这些传记资料研究的价值、意义及未来的发展空间。

［关键词］明《道藏》　神仙传记　宗教价值　文史价值

明《道藏》为明代《正统道藏》和《万历续道藏》的合称，共收录典籍一千四百多种，五千四百多卷，按传统的三洞四辅十二部类法排列。神仙传记类典籍记录的是神仙高道的应化功德和出世因缘，对先天神祇的描述涉及道教的宇宙观与人生观，由人及神的后天仙真修道历程则可为后来者楷模，超凡脱俗的仙界描绘印证了人们的宗教信仰，是弘教的法宝，在道教史中占有重要地位。从陆修静编《三洞经书目录》开始，唐代的《开元道藏》，宋代的《大宋天宫宝藏》、《政和万寿道藏》，元代的《大元玄都宝藏》等都有此类典籍。当代新修《藏外道书》(胡道静，巴蜀书社，1994)、《中华道藏》(张继禹，华文出版社，2004)、《增注新修道藏目录》(丁培仁，巴蜀书社，2007)等道经分类各有不同，但皆有“神仙高道传”、“神仙传记”、“神谱仙传”等类目。

一、明《道藏》神仙传记类典籍概论

三洞四辅十二部类是传统的道藏分类方法。三洞为洞真、洞玄和洞神，“一者洞真，二者洞玄，三者洞神。真以不杂为义，玄以不滞为义，神以不测为义”[①]。“洞真经者，上清经也。洞玄经者，灵宝经也。洞神经者，三皇经也”[②]。而四辅为太玄、太平、太清和正一，三洞四辅之间有从属关系，即以太玄辅洞真，太平辅洞玄，太清辅洞神，正一贯通三洞。与佛教经、律、论三藏分类相较，三洞相当于经、律，而四辅相当于论。从现代的观点来看，“太玄犹认识论，太平犹伦理学，太清犹科学实验，正一犹心理学”[③]。十二部类分别为：一，本文；二，神符；三，玉诀；四，灵图；五，谱箓；六戒律；七，威仪；八，方法；九，众术；十，记传；十一，赞颂；十二，表奏。三洞各分为十二类，共计三十六类，而四辅不分类。将道经分为三洞四辅因道教派别之不同，十二部类则根据典籍之内容而分。南北朝以后，派别日多，新出经书难以完全容纳于三洞四辅十二部类体系之内，但从宋至明所修道藏还是以此为分类之法（万历续道藏不分类，所收经书皆入正一类）。是以正续《道藏》所收典籍体系较为紊乱，洞辅不分。神仙传记类典籍基本收录在三洞之中的第五类谱录和第十类记传之中，但四辅及十二部类之本文、玉诀、方法、威仪类皆有少量典籍。

总而论之，明《道藏》神仙传记类典籍分布于三洞四辅十二部类之中，共有神仙传记 114 部 430 卷[④]。其中《续道藏》只有 6 部经书 19 卷，其余皆是《道藏》所收。四辅类经书中涉及太玄类的有 3 部 20 卷，太平类只有 1 部 1 卷，太清类无，正一类 12 部 46 卷，共计 16 部 67 卷，其余皆为三洞典籍，其中十二部类中的记传类与谱录类是神仙传记的主要载体（82 部），分别为 48 部 178 卷和 34 部 80 卷，另外尚有本文 5 部 7 卷，玉诀类 1 部 6 卷，威仪类 1 部 1 卷（《洪恩灵济真君事实》一卷既入洞玄部威仪类，又入谱录类，现归入谱录类），方法类 1 部 3 卷，赞颂类 2 部 2 卷。

面对如此纷繁复杂的研究对象，我们如何将其整理归类？这一问题的研究现状、未来的研究空间与价值又何在呢？在道藏中有一部分如《云笈七签》、《无上秘要》等类书，其中亦包含一部分神仙传记资料，这部分资料在研究中又应该

---

① 《道教义枢》卷二，北京：文物出版社，上海：上海书店，天津：天津古籍出版社，1988 年。

② 陈国符：《道藏源流考》，北京：中华书局，2012 年，第 2 页。

③ 潘雨廷：《道藏书目提要》，上海：上海古籍出版社，2003 年，第 366 页。

④ 这个数字只是表其大略，因为有些内容不足一卷者也以一卷计，另如《三洞珠囊》等类书按主题分品，其中包含许多传记资料，却没有明显标示出记传之名。另《无上秘要》现存 67 卷，众神仙真是其中重要内容，具体卷帙却难以统计。此统计数字中不包含《云笈七签》中的传记 17 卷，《三洞珠囊》10 卷，《道门通教必用集》中的传记 1 卷。如果加上这些，《明道藏》中约有神仙传记 380 余卷。

如何运用呢?

二、明《道藏》神仙传记类典籍分类

从上表可知,明《道藏》中所收录的神仙传记百分之九十以上是在谱录与记传之类,据《道教义枢》卷二言:"第五谱录者,如《生神》所述,《三君本行》之陈五帝,其例是也。谱,绪也。录,记也。谓绪记圣人,以为教法,亦是绪其元起,使物录持也。……第十记传者,如《道君本业》、《皇人往行》之例是也。记,志也。传,传也。谓记志本业,传示后人也。"可见"谱录"是推源祖宗,考核史实,记录高真上圣的应化事迹和功德名位之作;"记传"乃论圣习学,著录其功,记录众仙传记、碑铭及山渎道观的志书等,这两类典籍是神仙传记的主要载体。这些典籍从不同角度来看有不同的分类方法。大体而言,有个传与合传之别,个传既包括先天神祇的传记,亦有后天仙真的生平经历;合传的情形相对复杂,因主题不同而有不同种类,概而言之,主要有教派传承谱系传记、山志与宫观志类、主题类传记、综合性神仙传记四大类。

(一)个传

从词源学的角度而言,"神仙"为联合词组。《说文解字》言:"神,天神引出万物者也,从示,申声。"可见"神"具有化育万物的超自然力量,而据考古材料可知,早在上古时期,先民已经有了神灵崇拜的观念。"神"在民众的信仰体系中先天地而生,可以化生万物,掌控人类。仙字古代写作仚,据《说文解字》言:"人在山上貌",引申为在山林中修行而高举上升之意,其异体字"僊"的意思又是"长生仙去"(《说文解字》),指因为种种机缘而得以长生不死之人。可见"仙"本来是指人,经过修炼或某种机缘而突破了生命的自然规律之人。可见"神"与"仙"是既有区别又有联系的两个概念,相同点都可以长生不死,具有某种神通,不同点是前者乃先天之神,可以是天地万物,但人却不可以学而至;后者乃由人积学修炼而至。"神是指神祇,包括天神、地祇、物灵、地府神灵、人体之神、人鬼之神等……而人鬼之神原来是人,羽化后,以祖先崇拜或圣贤崇拜,因其有功于国于民于族,而奉祀为神"。仙包括仙人与真人,"是经过修炼而成的具有优异功行的杰出人物"①。明《道藏》中的神仙传记既有先天神祇的传记,也有后天仙真的生平

---

① 范恩君:《道教神仙》,北京:宗教文化出版社,2007年,第2页。

经历。前者如《高上玉皇本行集经》、《太上老君说天妃救苦灵验经》、《太清道德显化仪》、《元始天尊说北方真武妙经》、《太上说玄天大圣真武本传神咒妙经》、《翊圣保德传》等。后者如《汉武内传》、《汉武外传》、《紫阳真人内传》、《桓真人升仙记》、《周氏冥通记》、《华阳陶隐居内传》、《上清侍帝晨桐柏真人真图赞》、《侍帝晨东华上佐司命杨君传记》、《虚静冲和先生徐神翁语录》、《许真君仙传》、《纯阳帝君神化妙通记》、《云阜山申仙翁传》、《太极葛仙公传》等。个传,也包括一些内传的兴起是魏晋南北朝时期开始,主要集中在上清经派中的一系传记。这一点既体现了个性宏扬的时代特征,从道教史的角度而言,亦体现了道教教派的发展,典籍传承已具备宗教神秘性特点,非教派内人士,包括普通人与其他派别的修道者是没有资格阅读学习传承的。这与早期仙传以猎奇、传道为目的的传记创作有所不同。

以上列举可以见关于神仙传记谱录,出现了不少关于神仙的称谓,他们又是怎样区别的呢?在道教的神仙系谱之中,因仙阶不同而有不同的称谓,如"天尊"是对最高尊神的称呼,元始天尊、太乙天尊等,天帝称玉皇,因居于上天,故又称为上帝,如昊天玉皇上帝,有时候成为神的天尊也称为上帝。道君是对高位仙官的称谓,帝君是对五方五帝的尊称。在道教神仙谱系中,星神数量极多,称为星君,而雷部众神多称天君和雷公。天师是对特定的创教与弘道者的尊称,如张天师、许逊天师等。真君又称为真宰,是神仙谱系中地位较高的,如三茅真君、许真君等。另地府十殿冥王亦称为真君,元君则是对仙阶较高的女仙的尊称。土皇君是地神尊号。真人名号多出自帝王封敕,如南华真人、通玄真人,全真七子也是被元世祖所加封的真人称号。仙人则是修炼得道、神通广大又长生不死之人,如八仙等。灵官则是承担某一执事或护法的尊神,如火神王灵官。帝、王、公、相公都是被人间帝王所敕封的称号,如五岳大帝、关帝,江、河、淮、济四水之神被封为四王等,而金童、玉女则是高位仙真身边的随侍等。[①] 了解了这些知识,可以更好地分辨神仙传记类典籍的分类归属。

(二)合传

合传中第一类是教派谱系及传承传记,这些资料大部分收录于三洞谱录类,"第五曰谱箓,第十曰记传,犹儒典之史部。史分为二者,记传为信史,谱箓为神话史,必增谱箓,方有宗教意义"[②]。最为明显的是早期的上清派谱传。《元始上

① 参见范恩君:《道教神仙》,第 51—57 页。

② 《道藏书目提要》,第 332—333 页。

真众仙记》原题葛洪，后经学者考证为假托，应该是陶弘景时代人所作，全书主述诸神仙官号及治所。首叙葛洪罗浮山夜遇玄都太真王，授以“真书”，真记。真书言天地形成及元始天王等名号，真记述诸仙之职掌、名号和治所，凡古代所传重要神仙和道教人物大都已收入，并罗列一些古代帝王和圣贤。就性质而言，并不仅仅记载众仙真之传说，还幻想宇宙演化，为道教之创世纪。与此相类似的是陶弘景整理的《洞玄灵宝真灵位业图》，他把上清诸经中所出现的所有的神灵仙真分七级列其位业，除七位主神：元始天尊、玄皇大道君、太极金阙帝君、太清太上老君、九宫尚书、中茅君和丰都北阴大帝外，还列散位辅神近千位。除此之外，《上清高上玉真众道综监宝讳》、《上清三尊谱录》、《上清众经诸真圣秘》、《上清七圣玄纪经》等皆入三洞谱录类或正一部，昭示着上清派传承体系中的重要组成部分。另如《金莲正宗仙源像传》、《金莲正宗记》、《终南山祖庭仙真内传》、《七真年谱》、《甘水仙源传》等既是全真道祖师传记集，又叙全真道之授受系统，是研究全真道教史的重要资料。

第二类是山志与宫观志，在道藏中大部分归于十二部类中的记传之部，主要是记载山渎宫观的历史发展与文化底蕴，而与道教文化关系密切者则收入道藏，记录了一些道教人物传记或谱录传承。如成书于唐末的《南岳小录》，备叙衡山之山川形胜及历代道士修道升真之事。《金华赤松山志》成书于南宋末年，倪守约撰，述二皇君事迹和金华赤松山炼丹遗迹、洞穴、山水、宫宇、人物、碑籍等。全书、对研究道教史有一定的参考价值。这类志书中最有特色者当属《茅山志》，原题上清嗣宗师刘大彬造。大彬，元人。陈国符称此书为元张天雨所修，刘大彬窃取其名而已，亦有人认为二人皆参与修茅山志。全志凡 12 篇，收录较详。如卷十至十二，上清品，首述上清经录圣师七传真系之谱及七圣略传，次为嗣上清第一代太师魏华存，第二代玄师杨羲，第三代真师许穆及上清历代宗师，迄于四十五代宗师刘大彬之略传。卷十三至十四，《仙曹署篇》。记华阳洞天三宫五府诸仙真职司及重要事迹。卷十五至十六，《采真游篇》。记历代栖山修道具有卓行者的姓氏和事迹。就性质而言，读《茅山志》可知晓元以前道教茅山宗（上清派）的全貌，并非仅仅的志书。

第三类是主题仙传。即以特定的主题作为聚合取舍传主及内容的标准。这一类仙传主要出现在唐宋，如杜光庭所辑《墉城集仙录》、《道教灵验传》、《神仙感遇传》、《王氏神仙传》等，宋吴淑的《江淮异人录》等。《墉城集仙录》是第一部女仙传记。《道教灵验记》述老君、天师、真人、王母等神及宫观尊像经法符箓及斋醮拜章等诸种灵验故事，涉及帝王将相道俗各类人物。《神仙感遇传》纂录古来人与神仙感应相遇之故事，凡七十五则。所记诸事远涉汉魏六朝，迄于唐代，取材丰富，对研究道教历史、人物、宫观、经法、符箓、威仪等皆有参考价值。文章词采亦可观。《江淮异人录》则以地域为限。据《宋史·吴淑传》及诸志著录，知为北宋吴淑撰。该录述江淮地域异人故事 25 则，有些内容可以补史书之不足。①

第四类是综合性传记。如《列仙传》、《神仙传》、《续仙传》、《疑仙传》、《仙苑编珠》、《三洞群仙录》、《历代真仙体道通鉴》系列等。《列仙传》托名刘向，《四库全书总目》认为魏晋方士伪作。余嘉锡先生对此传考之甚详，认为东汉时已经在社会中流行，所以是明帝后、顺帝前之人所作。《神仙传》是葛洪所作，载自神农时雨师赤松子到汉代为河间王治瘕的玄俗为止，共七十一位仙人的传记。《续仙传》是唐末五代时沈汾所作，共传神仙 36 人，多唐代仙真及道士。《疑仙传》（题隐夫玉简，又称王简，宋人）录开元以后神仙 22 人。这一仙传系列虽然以"神仙"传记为名，但传主多为由人而修炼成功的仙，基本不言先天之神。

同样成书于唐末梁初之时的《仙苑编珠》则体例内容与此系列仙传颇有不同。其作者是天台山道士王松年，他以四言韵语的形式记古书仙传中所记载和曾出现过的神仙 300 余人，既有虚构的元始、天皇，又有传说中的伏羲、盘古，迄于唐末五代的马自然，撮其仙迹、枢要，并逐条注释，多引古籍。所引各书今或已失传，或文字有异，所以既可为版本校勘、辑佚之用，又对于研究道教神仙谱系有一定的参考价值。成书于南宋之初的《三洞群仙录》（陈葆光撰集）其体例写法与此书类似，《四库提要》称其"盖王松年《仙苑编珠》之续，然所载但取怪异，不尽仙人事也"。此书也是神仙传记集，起自盘古，迄于北宋，一千余人得道成仙的故事汇编而成。其行文颇具特色，每条先以四字韵语为题，述千余隐者、神仙、道士及各色人等成仙、好道、感应故事后述所引书名及事迹，内容比较简略。但引用书目近二百种，于现存之书可资校勘，于亡佚古籍存其鳞爪，可资辑佚。

综合性仙传的集大成者为元代赵道一所编修的《历代真仙体道通鉴》系列，除《历代真仙体道通鉴》外，尚有《续编》与《后集》。《通鉴》全书五十三卷，集历代神仙 700 余人，分飞升、冲举、尸解、隐化等类目，始于轩辕黄帝、三清上帝，讫于宋代林灵素、王文卿。凡史传及道书中有较多资料可据者，如黄帝、尹喜、张天师、葛仙公、陶弘景、吕岩、陈抟、林灵素等都有详细地记述。刘师培在《读道藏记》称其多有裨于校勘者。唐宋以来，道教人物大都不见于史传，而道教传记散失亦多，赖此保存不少道教史资料。《续编》补充仙鉴，共集 34 人，除补全书之阙外，主要收录金、元间道教人物，其中又以全真道人物为主。《后集》补充《仙鉴》

① 可参考杨莉：《仙传类道经说略》，朱越利主编：《道藏说略》，北京：北京燕山出版社，2009 年，第 292—293 页。

和《续编》，集仙人120人，始自无上元君，止于孙仙姑。从体例而言，《后集》卷前有目录，注其时代，卷后有跋，说明神仙传记每有不记年代，且神仙人物常忽前忽后，历千百年，故难于编年。此书所以称《通鉴》“是天下之人可得而照鉴也”，可见此跋实为三书之跋，这三部书本来就是一个完整的体系。

以上对于明《道藏》中的神仙传记类典籍作了分类解释，事实上这种分类并非壁垒分明，个传与合传之间，合传各类别之间常常互相印证，为一不可分割之体系。如宋代杨智元所编《梅仙观记》记汉梅福求道、成仙事迹，以及有关碑文、加封、题赞、诗颂等，是宫观志，同时也是个传。另如净明道这一教派所涉及的仙传除《净明忠孝全书》外，其余皆以个传为主，《孝道吴许二真君传》、《许太史真君图传》、《西山许真君八十五化录》、《许真君仙传》等，皆是围绕许逊及其弟子而形成一个完整的体系，通过对这些传记的研读可以了解净明道的发展传承历程。

学术界对于这些神仙传记的研究的价值与意义怎样？未来研究的领域又在何处呢？

三、神仙传记类典籍的研究价值、意义及发展空间

《道藏》中神仙传记类典籍具有极高的宗教文献价值与文史价值。当前国内外学术界在神仙传记类典籍的研究中已初见成效，如考证辑佚、专题研究等诸方面都取得令人瞩目的成果，尤其是关于某些专题，如《列仙传》、《墉城集仙录》等仙传以及老子、西王母、许逊、文昌君、八仙等的研究已经比较深入系统，但总体而言，这一专题有许多领域都可以继续研究，如关于典籍的版本、作者、时代，道藏仙传内流层面的承继关系，神仙传记的文史价值等，具体而言，主要有以下几个方面。

首先在于版本校勘，辑佚考证。现存于《道藏》与《续道藏》的仙传类经书约有114种430卷，以谱录类和记传类为主。这些经书多有散佚，大部分未经整理，可参考《中华道藏》、《道藏阙经目录》、《道藏精华》、《藏外道书》、《中华续道藏》中的相关内容校勘考证。《道藏》之外还有大量金石碑刻类文献也保留了许多相关记载；《道家金石略》就有不少庙碑和墓志都保留了珍贵的传记资料。《道藏》之外的宫观志和山志中又收有不少神仙传记。《道藏》之外，历代史书、地方志、笔记小说、文集、文学总集和类书中都记录了大量神仙传记作品及书目。在史书中，《史记》在《封禅书》中就详细记载了当时方士的种种事迹，《后汉书》首辟《方术列传》，《三国志》列《方技传》，其后历代史书多列释道或方外及隐逸传，以

收录人物传记为主。与此同时，历代艺文志和经籍志著录大量神仙传记书目。与正史一样，地方志中皆列有释道或方外传。苏晋仁、萧炼子选辑《历代释道人物志——百种地方志选辑》(巴蜀书社，1998年)收集明清至民国地方志90种，摘录其中仙释(或释道，释老)及方外人物共计6500余人次。这些记载多是当地神仙传说及高道隐逸事迹，其中部分见于仙传或史籍，还有大量不见记载，十分珍贵。史书之外，笔记小说中收录的神仙传记和故事十分丰富，如《搜神记》(晋干宝)、《夷坚志》(宋洪迈)等。文人文集(如《颜真卿文集》)中也有记录，而《太平广记》等文学总集以及《古今图书集成·神异典·神仙部》等类书，更是仙道传记故事的宝藏，也是仙传校勘辑佚工作的重要依据。

另外，道教类书中也收录了大量神仙传记，其版本内容可以与现存典籍互校，如《云笈七签》中共收录前朝传记17卷，有许多是节选，第114—116卷收录了《墉城集仙录》，与现存道藏本互异，《四库提要》言："疑君房所录为原本，而此本为后人杂摭他书砌合成编。""今考《云笈七签》有杜光庭为本书所作序言，序称《集仙录》有十卷。《通志·艺文略·道家》著录：《墉城集仙录》十卷，杜光庭集古今女子成仙者百九人。《宋史·艺文略》所载亦十卷。今道藏本仅六卷，所载女仙不过圣母元君、金母元君等女仙37人，远不及原书之半。《云笈七签》所载亦为原书节录本，盖两书皆非原本，因抄者取舍不同，故彼此互异。尚可辑补校正为更完具之书。"[①]《无上秘要》、《三洞珠囊》、《道门通教必用集》等类书皆有相关内容，可资校勘整理。

除版本校刊之外，典籍出现的朝代及作者考证亦是研究的重要内容，因道教典籍在出世与传承过程中往往假托神谕，或自然天书，或神尊降诰，或神神(人)相授，或面壁现经，所以道经常常不题撰者，也模糊了经书出现的时间朝代，考证经书的作者与出世时间就成为研究道教典籍最基本的事情。因道教神秘化的宗教特色，道教典籍的出现也多假托神授，出自天然，是以道经作者多有不详，出现的时间与朝代也自然模糊，这就使道教在时间观念上始终混乱，且《道藏》所收文献大多屡次散佚而随时变换，这些都加大了典籍考证难度，理应排除万难，为进一步的研究夯实基础。

版本校勘、辑佚整理后的研究应该关注点与面，即专题研究与综合研究的有机结合。把每部典籍置于历史的文化环境中来考察，如此方能把握其形成的动态过程，理解其在道教发展史中承前启后的作用，并对某些重要的典籍做深入的思想研究，如第二部分所谈到合传中的主题类神仙传记多出现在唐末宋初，其与

① 任继愈：《道藏提要》，北京：中国社会科学出版社，2005年，第564页。

时代文化环境亦是息息相关。而净明道系列传记集中于宋元时期，也恰好说明净明道在当时的流行与传承。再如关于上清派的谱录与传记大都成书于六朝与唐代，即使成书于后世，也多有集六朝古经而成。这与道教上清派在六朝至唐代的发展密不可分。《元始上真众仙记》与《真灵位业图》两部典籍并不仅仅是上清派的派系谱录，还对于建构当时的神仙信仰谱系有重要作用。

《道藏》神仙传记资料的专题研究可谓丰富多彩，可以是某一先天神祇或后天仙真，如元始天尊、黄帝、老子、葛洪、陶弘景、吕洞宾、四圣、二徐兄弟等在道教神仙谱系、民俗信仰和文学作品中的信仰流播，也可以是某一教派如上清派、净明道等的传承历程。综合研究在对神仙传记类典籍综合考察的基础之上，理清道教神仙谱系建立的过程，这里需要关注的是国家祭祀与民俗信仰的互动关系，及他们对神仙谱系的影响。如四圣信仰在两宋后的发展，真武信仰、天妃信仰在明代之后的凸显等。民俗信仰中如山川河海、土地冥司、财星福禄、得道仙真等诸神来历与发展皆与仙传密不可分。

无论是专题研究抑或是综合研究，都不以某一位仙真高道抑或某一部传记资料为限，而是以经派传统为背景，沿内在的道教教理脉络对材料做系统考察，如研究上清派仙传，对《紫阳真人内传》、《清虚真人王君内传》、《上清紫虚元君南岳夫人内传》、《上清七圣玄纪经》、《上清三尊谱录》、《上清后圣道君列纪》、《上清众经诸真圣秘》、《上清元始高上玉皇九天谱录》、《上清元始谱录》等系列传记的作者、内容、版本、传承以及道派背景都须做详细考证，如此方能在道教发展史的大背景之上对研究对象有深入而客观的把握。

以上所论偏重于此类典籍的宗教内涵解读，除此之外，因关注其文史价值。道门人物往往实有其人，正史或笔记论丛所载人物与仙传所记常有详略侧重之不同，对读之下可互补不足；在文学方面，第一，传记为文体之一种，就这一角度而言，仙传亦是传记文学，与普通文学传记、史学传记在文体及写作方法等诸方面的异同；第二，诸神仙高道事迹在流传过程中深入人心，其修道故事在小说、戏曲及诗、词、文等诸种文体中皆有体现。其故事类型及修道内涵的演变过程与仙传息息相关。

综上所述，明《道藏》仙传类典籍在道教学、民俗学、文学和史学方面皆有极高的文献与研究价值，神仙崇拜和神仙思想的宗教阐释、民间诸神的祭祀信奉、诸种文体中高道故事类型流变和史学价值的评估运用等都是在进一步研究中需要关注的对象。

小　结

神仙传记是明《道藏》的重要内容，这类典籍在道教史中占有重要地位，共有114种430卷。从内容而言，可分为个传与合传两大类，合传又有教派传承谱系传记、山志与宫观志类、主题类传记、综合性神仙传记四大类。这些传记具有极高的宗教价值与文史价值。

从宗教学的角度而言，它所记录的仙真高道的出世因缘、应化功德以及构建的仙真谱系、教派传承等内容印证解说了道教自身的宇宙观、人生观，表述了宇宙形成和演化的进程，其内涵往往涉及人类救赎，这些仙真的名号、来历、位第和功绩大多与拯救事业融为一体，而人类救赎是各大宗教思想体系中的核心问题。从教内看，这些仙真修道历程为后来者树立了成功的典范与楷模，同时，它所记录的仙真高道的修道历程及某一教派经典出世、谱系传承过程有助于对道教史的梳理阐释。从教外看，神仙传记以宇宙与仙界的瑰奇想象验证了仙界的存在，是弘教的法宝，担当了推动宗教发展的神圣使命。

从民俗学的角度而言，民俗信仰神仙谱系的建构与道教仙传息息相关，如民俗信仰中的山川河海、土地冥司、财星福禄、得道仙真等诸神来历、成道、神迹与发展皆与仙真传记密不可分。从史学角度而言，道门人物往往实有其人，正史或笔记论丛所载人物与仙真传记所记常有详略侧重之不同，对读之下既可以考订史实，又可以补正相关人物生平。从文学角度而言，这类经典是最具文艺魅力的典籍，其关于宇宙演化、时空构成的奇思妙想，修道过程的磨难历练，以及神仙世界的瑰丽渲染都对中国古代文学产生了深远的影响。而且，神仙传记类典籍是诗文辑佚的渊薮。这些方面都是神仙传记可资拓展的研究空间。

苏雪林与清末浙地县署上房生活

何玲华　屠俐丹

[摘　要] 皖籍苏雪林，自称“半个浙江人”，源于其身为清末朝廷县署官吏的祖父，任职浙地而在浙生活了十四年之故。清末浙地县署上房生活，所充斥着的父权文化，所洋溢着的时代激变中的生气与活力，所弥漫着的浓郁的民俗气息，于被称为“另类娜拉”的“最后的五四人”苏雪林而言，影响深刻，意义非常。

[关键词] 苏雪林　浙地县署上房　另类“娜拉”　诗文特征　治学志趣

皖籍苏雪林，作为五四一代知识女性的代表，集学者、作家、教授于一身，先后饮誉台海两岸。随着学界诸多研究禁忌的破除以及台海两岸文化与学术交流的全面铺展，对苏雪林的研究日趋活跃与深入。据中国知网读秀学术搜索数据统计显示：1983—1998 年，关涉苏雪林篇目年均不足 3 篇；但是，1999—2012 年间的相涉文论年均达 20 余篇。换言之，三十年来，“苏雪林研究”在大陆经由了一个冷清而热闹的演变过程，并日呈多维与纵深发展态势。然而，尽管苏雪林自称“半个浙江人”，同时也被浙江文学研究者纳入了浙江作家的序列，但迄今对于苏雪林与浙江关联性问题的考察与研究尚未充分展开。无论是从苏雪林有着十多年浙地童年成长经历论，还是从其颇为浙地人文风气所濡染的情形看，苏雪林其人其文其学皆有着或深或浅的浙地生活烙印是一个长期被遮蔽了的不争的事实。本文着力于苏雪林与清末浙地县署上房生活的考察，旨在对隐伏其身的浙地因素加以梳理与揭示。如此，不仅仅意味着进一步丰富与拓展苏雪林研究的视界，同时还意味着进一步推进江南浙地文化之于现代知识女性意义的深度解读与体认。

一、从1897年出生到1911年离开，苏雪林随祖父转辗于浙地多个县署

苏雪林曾在散文《儿时影事》中写道："我的籍贯虽是太平县，但出生于浙江，直到光复后三年才回岭下故乡。所以我也算是半个浙江人。"[①]也就是说，作为清末县署官吏家眷成员的苏雪林，自1897年出生到1911年离开，在浙地度过了十四个年头，或者说苏雪林的整个童年是在紧随祖父转辗浙地各处县署中度过的。这期间，先后经由了瑞安、兰溪、金华、仁和，最后止步于海宁。由于辛亥革命的爆发，已衔命海宁知府之职，只待行政交接的祖父因拒绝仿效曾经的同僚改换门庭，而逃至沪上，寓居三年，望断秋水般地对前清东山再起梦幻彻底破灭之后，仍不甘效力于民国，眼见着坐吃山空，才带着一大家子回到故乡徽州太平。

在浙地的十四年中，作为县署家眷成员的苏雪林主要生活起居于县署上房。旧时县署，即所谓的县衙，是封建王朝地方行政办事机构的处所。它由"外衙"与"内衙"两个部分组成。外衙有"大堂"，乃"听政之所"或"行政临民之所"；外衙还有"后堂"、"花厅"、"签押房"、"幕厅"、"六房"、"三班"、"监狱"以及"大门"、"仪门"、"宅门"。"内衙"又分两个区域，一个是以二堂为主体区域办公事的场所；另一个是以"三堂"为中心的院落，是官员及其家眷、亲属、长随等居住的生活区。所谓"上房"，即"三堂"通称。对此颇有研究的陶希圣说：上房，原本指衙署中递级而进的最上面的房子，而"官员家眷居住的地方"乃其引申义。此外，"上房"一词还可用来指称"官员的家属"。曾国藩的《劝诫州县四条》就有这么一说："宅门以内，曰上房，曰官亲，曰幕友，曰家丁。"男主外女主内的传统家庭生活模式，也一以贯之于县署上屋，即：在旅居州县衙门的官员家庭中，官员本人的主要活动在内衙的前一个区域以及外衙，长居其内而最有地位的人物则是官员的太太，她实际上负责着这个家庭及其附属人员（包括随任的官亲和长随）的生活与工作。[②] 所以，"上房"一词，还可以用来特指官员的太太。当然，本文中"上房"的含义，意即"官员家眷居住的地方"。

苏氏家族的祖先虽可追溯至史上著名"三苏"之苏辙，但终归久远之极，到苏雪林祖父一辈早已凋零，其祖父为官生涯乃始于捐受，只不过"初捐县丞便分发

---

① 苏雪林：《儿时面影》，《苏雪林文集》第二卷，合肥：安徽文艺出版社，1996年，第1页。

② 郭润涛：《明清州县衙门的格局与体制》，《文史知识》2008年第5期。

在浙江”。苏雪林出世之时，其祖父已在浙地县署衙门干了一些年，因其祖父办事干练立下功绩很快便得到实授。虽然，在县署苏氏上房主事的“官员的太太”，管束甚严，行事苛刻，然浙地遍地灵秀，江南流风四处，更何况时至咸以维新清末，江南各处正大力推举兴学令。其祖父苏锦霞由于“只读了半部《幼学琼林》”，故对办学尤为热心，并在浙江几地任职期间新建了好几所新式学堂。对自家子弟的教育则更为重视，不仅在县署内衙里建起了家塾，还购买了《十三经》、《二十四史》、《诸子百家》等很多书；不啻如此，带着浙地办学热忱与揖别海宁的惆怅，苏雪林祖父回到原籍后还在其故乡太平岭下修造了一座唤着“海宁学舍”的学校，福泽乡里。

二、从“瑞奴”到“小梅”，苏雪林幼年时期的浙地县署上房生活

“瑞奴”，是苏雪林幼时的名字。“瑞”，缘其降生于祖父署瑞安县丞衙门时，“奴”则是随江浙一带妇女的第一人身的称谓而来。对于这带有浓郁浙地风味的名号，稍谙世事后的苏雪林以之为“俗”，而几经修正，直至将长辈口中“小妹”拟写为“小梅”，并以为学名，方作罢。清末浙江县署的“上房”，大可谓为“江南城镇”一隅，苏雪林曾回忆道：“旧时代县官衙署内，上下人口，多以百计，良莠不齐，鱼龙混杂，奸盗之事，时有所闻。”[①]苏雪林人生最初的十四年，便是在这样庞杂的世界中度过的。

（一）由“官员太太”主持的浙地县署上房生活，充斥着父权文化所酿制的悲苦况味

在苏雪林的县署上房生活中，其祖母便是主持“上房”所有事宜的“官员的太太”，这是位来自于徽州太平岭下相邻的杜家村的女子。陈朝曙在《苏雪林与她的徽商家族》一书中披露，太平杜氏族人是晚唐诗人杜荀鹤的后代。杜氏后人南宋时或官至吏部尚书，或为杭州太守；明中后期，其后人曾宗师阳明学派大儒王龙溪，至此文风盛举，硕学鸿儒辈出。杜、苏家族，世代姻亲，苏雪林的祖母与母亲亦皆为杜家村人。来自杜氏人家的祖母，全然的旧式传统妇人，一方面相夫教子，节俭持家，精明能干，也能在某些时候关切下人，表现出县署上房女主子宽待的一面；但另一方面，因“胎胎弄璋”而自负是一个善于生养的女人，而“瞧不起醒

---

① 苏雪林：《童年琐忆》，《苏雪林文集》第二卷，第 27 页。

秋的母亲，对于醒秋姊妹自幼便有憎嫌之感”[①]。平素肆虐儿媳、戒律女孙的事情时有发生，如此之祖母，实已化身为男尊女卑父权文化秩序的帮衬，业已沦为生育工具而不自知。其祖母平生孕育了十三胎，其中小产四胎，育成九胎。恪守男尊女卑信条的祖母，虽会借此“为了吃姨太太的醋，可以把祖父骂得一佛出世，二佛升天，可是她未洗手前绝不敢触及祖父的官帽官袍”[②]。对此，苏雪林哀怨难平：“我的童年是黯然无光的，也是粗糙而涩滞的，回忆起来，只有令人愀然不乐，绝不会发生什么甜蜜回味，正是黑黝黝的生铁一块。原因我是一个旧时代大家庭的一份子，我们一家之长偏又是一个冷酷专制的西太后一般的人物。我又不幸生为女孩，在那个时代，女孩儿既不能读书应试，荣祖耀宗；又不能经商作贾，增益家产；长大后嫁给人家，还要贴上一副妆饰，所以女孩是公认的‘赔钱货’，很不容易得到家庭的欢迎。”[③]对于备受婆婆煎熬的母亲，苏雪林满怀同情，痴爱依依：“灯前慈母笑，道比去年长，低事娇痴态，依然似故常！”[④]县署上房的女主人们活得沉痛，同一个屋檐营生的杂役随从也一样难逃沉重。富阳籍书塾王先生之妻女生生被乡里恶婆婆虐死的惨剧，让年幼的苏雪林惊骇不已，以至耿耿：“以今日眼光来看，似乎不太近情理，但确系实事。旧时代亲权太重，恶姑虐媳致死，并无刑责，妇女缺乏谋生技能，即有，而以没有社会地位故，也不能离开家庭独立生活。加以缠足的陋习，把一个人生生坑成了残废。象王师娘的故事，虽是一个特殊例子，但像孔雀东南飞里的刘兰芝，陆放翁妻唐氏的遭遇，却是常见的。于今大家主张复古，痛骂五四新文化的领导者为罪不容诛，我倒是希望他们来读读这个故事。”[⑤]而女佣连珠嫂因与师爷偷偷相好丢却了性命的悲凉，以及李妈白发人送黑发人的嚎啕，让年幼的苏雪林流了不少同情酸泪。此外，就连极为达观的有着一肚皮“古听”，深得孩子欢心的“哑子伯伯”，竟也自“恨前世不修，今生成了女人”，渴盼着“来生投胎做个男人”。更有寺庙中十殿阎罗之阴森可怖的女性受刑泥塑，以及产妇血污也为罪孽也要受罚的景象，令年幼的苏雪林胆战心惊连日不安，直至成年每每忆及时，总是心绪难平：“女子在那种拘迂万状的环境里生活着，你想她又怎样能不自卑，认为女子生来便是劣下的，应该受男

① 《棘心》，《苏雪林文集》第一卷，第 13 页。
② 《儿时面影》，第 6 页。
③ 《童年琐忆》，第 10 页。
④ 《母亲》，《苏雪林文集》第二卷，第 270 页。
⑤ 《童年琐忆》，第 34 页。

人宰制?”[①]“旧时代女人在社会上毫无地位,处处吃亏。生为女身,便认为前世罪孽所致。你看连满清西太后那样如帝如天,享尽了世上的荣华富贵,还要她承继的儿子光绪皇帝喊她做‘亲爸爸’,希望来世转身为男,又何况于乡村贫妇呢?”[②]

(二)时代风云激变中的父兄,给浙地县署上房生活注入了活力与生机

清末之江南,其腹地虽因历时十年之久的“洪杨之变”由盛而衰,但上海却因租界之故而得以自开埠以来突飞猛进式发展,至1900年上海城市人口突破100万,成为当时中国人口规模最大的都会。这其中固然有来自西方世界因素的影响,同时与江南经济与文化力量的渗透也分不开,仅就近代在沪华商而言,传统“江南十府”的商人,在十三大帮中就占据了大半。而上海的现代时尚文化元素,也随之更多更持续地辐射于周遭众多的江南浙地城镇。在苏雪林早年生活的县署上房中,就会不时出现一些新鲜新奇的洋玩什,诸叔父兄的书房里也时常传出洋文音符。与此同时,清末政局则是越发地岌岌可危,戊戌维新、庚子之变后,清廷虽取缔科举、兴办学堂,但仍抑制不住孙文革命党人的跃跃欲试。对于不稳时局,县署上房中人多无动于衷,惟七品县令祖父义愤填膺,除积极响应朝廷兴办学堂外,便是严苛子孙求学上进。如果说,清末县署上房中的祖母所主导的女儿社会,给苏雪林带来的更多是苦涩与愤然的话;那么,清末县署上房中诸叔父兄的男儿世界,则给苏雪林的童年生活平添了诸多的亮色与暖色,并对苏雪林未来发展产生了重要的影响。其中来自祖父与诸叔父兄的劝学勉学,不啻为苏雪林开启了知识之门,其未来新生之门也因之而启动。“象我这样一个出生于农民变为官吏,保守习惯十分坚强的家庭的女孩,先就谈不上教育的权利,为的那只是男孩子的专利品,我们想鼎尝一脔也嘎乎其难。但彼时中国正在咸以维新的时代,家长们折中于‘女子无才便是德’和女子也不妨略为识字的两个观念之间,于县署幕友所居一幢屋子里,收拾出一间简陋的书斋,请了个原在县署幕友所的老年本家,教我姊妹念书习字”[③]。苏雪林这段回顾,十分具体而真切地道出了深受传统文化思想拘束的县署上房女孩,之所以能够破天荒地进入书塾接受教育的原因,也反映了近代女学思潮的勃兴,对于江南浙地社会的冲击与影响。尽管这种书塾教育还比较浅漏,远不能与县署上房男孩书塾相类比,更遑论男孩们所

---

① 《儿时面影》,第7页。

② 《童年琐忆》,第16页。

③ 《我的学生时代》,《苏雪林文集》第二卷,第45页。

进入的新式学堂。但就在这样的书塾读书生活中，苏雪林不仅得以从现实世界逃入书中的世界；更为重要的是，书塾的读书生活使苏雪林的潜质得以开掘，心智得以涵养，才华得以绽放，未来别样的人生之门得以开启。书塾期间，苏雪林主要读的是《三字经》、《千字文》、《女四书》、《幼学琼林》、《唐诗三百首》，也偶尔能读到新式学堂的教科书，甚至《伊索寓言》。自此，苏雪林与读书结下不解之缘，由《征东传》而《西游记》，由白话而文言，由《聊斋志异》而林译小说，书塾先生之外诸叔父兄便是不是先生的先生。在潜心专心持久地研习中，苏雪林因能拟林译笔调并吟诗作对，而大获县署上房诸叔父兄赞赏，也得到自云南宦游归来父亲的激赏，获教《四书》、《古诗源》，获赠刻工精美的木版《小仓山房诗集》。经此，苏雪林研诗作诗兴味日益浓厚，《杜诗镜铨》不离手，绝句五古时时有。借此深厚的古诗文功底，苏雪林在后来的发展中一路叱咤，更由此踏上了一条与传统县署上房女子迥然不同的现代新生之路。

（三）“古听”与“祭祀”活动频仍，浙地县署上房生活萦绕着浓郁的民俗气息

所谓“古听”，即“讲，古听”或“听，讲古”，也就是“讲故事，听故事”的意思。被称为“哑子伯伯”的讲古之人，实乃苏氏宗亲，按辈分则为苏雪林伯母一辈，照徽州太平岭下习惯，对疏远些的长辈表示亲热爱戴，往往颠倒阴阳，将男作女，故如此称谓。哑子伯伯运命不济，孤苦伶仃，好在利落且勤谨，加之装有一肚皮的“古听”，在诸多的帮佣中尤为深得县署上房老少的欢心。每当苏雪林等闹腾时，哑子伯伯的“古听”便会开讲，这里面有取宝者的故事，野人的故事，洪水的故事，以及冬瓜郎、螺妻、马头娘的故事等层出不穷。苏雪林等“众星拱月般围绕着哑子伯伯坐下，仰着小脸，全神贯注地听她讲话，不乖的也变乖了”①。对于曾经这样的过往，苏雪林欣幸道：“倘问我儿童时代有什么值得怀念的人物，哑子伯伯会最先涌现于我的心版。这个人曾在我那名曰‘黄金’其实‘黑铁’的儿童时代镀上了一层浅浅的金光，曾带给我们很大的欢乐，曾启发了个人很多的幻想，也培植了我爱好民间传说的兴趣。”②其实，县署上房不乏讲古者，苏雪林早年曾就“菜瓜蛇”的传说在《语丝》刊文：“我忆起小时在乡间听见母亲所说的几种鸟和菜瓜蛇的故事来，便请求母亲再叙述一遍，照伊所述的语气，记录如上。……当我听着我那久病的母亲在雨窗灯影之下，怯怯弱弱的，用和婉的音调，叙述这些故事

---

① 《童年琐忆》，第 18 页。

② 《儿时面影》，第 8 页。

时，我恍惚又回到童年时代，心灵里充满了说不出的甜蜜和神秘的感想。故事的优美不优美，且不问他，但听讲时的那一种愉悦，却是十余年来所未曾感受的，因为它们能引起我过去的粉霞色的梦幻来！"[①]中国是个宗法社会，敬奉"天地君亲师"，法天敬祖已然为读书人的唯一宗教，江南浙地又素有礼佛祀神之风；故而，苏雪林的县署上房生活中，祭祖、礼佛与祀神活动十分频仍。其中，为苏氏满门至诚崇奉的莫过于"祖宗教"。徽州太平岭下，"苏姓族人聚族而居，已历数百年。村中有一座祖宗祠堂，建筑之壮丽为全村之冠，祠中供奉着苏氏历代祖宗的牌位，每年冬至前夕为阖族祭祖之日，牲醴极其丰盛，直到元宵过后，祭礼始告完毕"。苏雪林的父亲常年在外做官，不能每年回乡祭祖，因此"只好把一部祖宗系牒装在一具楠木柜里，连柜供于后堂，每天上一炷香致敬"[②]。每每年节，更是敬献频频，且谆谆告诫子孙源来流往及其处世为人之道。为县署上房所奉的正式宗教，则是佛教。为祖母所供奉的由景德镇烧制的观音大士像，每日上三支香，是苏雪林姊妹要经常代祖母做的功课。此外，在县署上房中，还分别供着保佑举业的文昌魁星和亨通财运的玄坛像，以及送子娘娘、祀斗母、花神、狐仙等等。对于早已流行于江南浙地的天主教、基督教，因"洪杨"之故，早已幻化为剖心挖眼的魔鬼，让年幼的苏雪林等在人们的绘声绘色之中，继"十殿阎罗"惊骇之后，再度地毛骨悚然。

三、从"五四人"到"最后的五四人"，浙地县署上房生活对苏雪林发生了深刻影响

所谓"五四人"，因是当年五四运动的"亲历人"与"追随者"，苏雪林常常如此自称。对此，苏雪林曾撰述到："至于我自己幼年时对旧时代的黑暗与罪恶，所见所闻，确乎比现代那些盲目复古者为多，是以反抗的种子很早便已潜伏脑海，新文化运动一起来，我很快便接受了，至今尚以'五四人'自命，也是颇为自然的事。"[③]所谓"最后的五四人"，则是世人对作为最后一位与这个世界告别的五四知识女性苏雪林的敬称。从"五四人"到"最后的五四人"，亦文亦学且建树颇丰闻名台海两岸的苏雪林，毕竟由浙地县署上房走来，其人其文其学与其浙地县署

① 苏雪林：《关于菜瓜蛇的通信》，《语丝》第44期，1925年9月24日。

② 《我幼小时的宗教环境》，《苏雪林文集》第二卷，第35页。

③ 《童年琐忆》，第11页。

上房生活经历有着密切的关联和影响。

(一)浙地县署上房生活中的女性苦境,孕育了其另类"娜拉"的精神特质

"娜拉",这个来自易卜生著名剧目《玩偶之家》中女主人公名字,因其所寓意着的现代女性自我觉醒与勇于解放的精神,赢得了五四时期推动新文化运动的《新青年》同人的推重与鼓吹,成为五四时期谋求"人格独立生活"新女性的学习榜样与精神力量,故演绎为了20世纪中国女性发展词条中的迥异于传统之新女性文化符号。苏雪林一向自谓为"五四人",后世晚生也尊其"最后的五四人",然而,在"娜拉"文化意义的观照下,苏雪林似乎有失纯粹,在所谓新与旧、进步与保守、传统与现代之间,似乎有几分决绝就有几分犹疑,故在相关讨论中,"出逃"、"悖离"、"出游"与"回归"等关键词联袂频出,甚至直指其由"叛女"而"淑女"。如此论道无不由书里书外"苏雪林"听命"母亲"所使然。换言之,苏雪林在为争取女性独立人格生活尤其是女子教育平权之时,曾与传统保守的家族势力作过抵死抗争,最终赢得了一仗;但在恋爱婚姻的问题上,苏雪林稍事抗拒便因不忍而弃守了"娜拉"立场,回归"母亲"怀抱,并将早已名存实亡的母亲安排的婚姻维系了一生一世。昨是与今非,自然与其早年浙地县署上房生活有着千丝万缕的深切关联。仔细考察,不难发现,当年在浙地县署上房与母亲朝夕相伴共同面对"祖母"淫威的日子里,母亲在苏雪林的世界里,有着多种的意义:既是位柔弱慈爱的母亲,还是同遭"祖母"罹难的"姐妹"与"手足";尽管母亲间或也似祖母的"胁从",但终归为不失百般体恤的本真。对于这样一位母亲,苏雪林充满了悲悯、虔诚与敬爱。"我总想倒在一个人的怀里撒一点娇痴,说几句不负责任的疯话,做几件无意义的令人发笑的嬉戏。我愿意承受一个人对于我疾病的关心,饮食寒暖的注意,真心的抚慰,细意的熨帖,带着爱怜口吻的责备,实心实意为我好处而发的规劝……这样只有一位慈祥恺悌的慈母对于她的孩子能如此,所以我觉得世界上可爱的人除了母亲更无其他,而我爱情的对象除了母亲,也更无第二个了"[①]。其实,"五四人"中在婚姻问题上听命"母亲"安排的,无独有偶。如何进一步加以合乎学理与情理的解读,对关联人的成长经历其情感经验,应给予充分关注。

---

① 《童年琐忆》,第34页。

(二)浙地县署上房生活中的书塾学习,氤氲了其诗文写作的审美特征

江南人文灵秀,女性诗文佳篇频现,明末以降尤然。据胡文楷《历代妇女著作考》著录,中国前现代女作家凡4000余人,明清两代就有3750余人,占中国古代女性作家的90%以上,其中江浙两省,占据80%。这固然是诗性江南独特呈现,同时也折射出了浙地女性诗文传统之源远流长。苏雪林在浙地县署上房赢得诸叔父兄之刮目相看与激赏,以及后来蜚声省城安庆女子师范和京城北京女高师,所籍的正是擅吟诗作对。尽管苏雪林平生志趣更多的在于治学,但终其一生,其"文"名远胜于其"学"名。浙地县署上房生活,对于苏雪林诗文活动的影响不仅仅在于诗文创作意趣的激发,在诗文题材选择与主题的确立及其诗文审美等方面,皆留有颇深的浙地生活以及浙地人文风情的烙印。早年县署上房女儿世界的耳闻目睹,一再为其入诗入文,即如发表于1919年《北京女子高等师范文艺会刊》上的五古《恶姑行》和文言小说《童养媳》,及其自传性小说《棘心》等;常为江南诗文家所青睐的自然风物大千气象也是苏雪林诗文时常留连之所,诸如纪夏季暴风雨事之《暴雨》、咏乡间猎鹿之事《缚鹿行》、哀江南洪杨之变《慈乌行》,喜"随园老人"风拟《山居杂兴》,仿东坡格调作《游慈云庵》,游法国古堡吟《山村杂诗》,等等。遍历古来众多诗文大家后,苏雪林曾称:"工部诗之沉郁顿挫,感慨苍凉,与随园老人又大异其趣。我常说我的心灵弹力强大,轻飘飘的东西压不住它,一定要具有海涵地负力量,长江大河气魄的作品,才能镇得平稳,熨得贴伏。杜工部诗风既与我的个性深相投合,我之爱杜诗当然更是在随园之上。"①然而,当年外界给予其更多认同与赞词的,恰恰不在于此。文评人阿英当年曾在《绿漪论》中道:"若用考察散文的眼光去考察,那苏绿漪的作品确实是担当得'细腻,温柔,幽丽,秀韵'的批评。"②戏剧人赵景深在《苏雪林和她的创作》中说:"她的文辞的美妙,色泽的鲜艳,是有目共赏的,不像志摩那样的浓,也不像冰心那样的淡,她是介于两者之间而偏于志摩的,因为她与志摩一样喜欢用类似排偶的句子,不惜呕尽她的心血。她用她那画家的笔精细地描绘了自然,也精细地描绘了最纯洁的处女的心。"③梦园则在其《苏雪林的词藻》中讲:"她的散文,无论是文言语体,浩瀚处如长江大河,滔滔倾泻,细腻处的潭水湖光,涟漪荡漾,

---

① 《我与旧诗》,《苏雪林文集》第二卷,第135页。

② 方英:《绿漪论》,《苏雪林文集》第四卷,第398页。

③ 赵景深:《苏雪林和她的创作》,《苏雪林文集》第四卷,第404页。

实具有阳刚阴柔两种美。"①或许苏雪林的精神世界与《小仓山房诗集》更为契合:"由来诗品贵清真,淡写轻描自入神,此意是谁能解得?香山而后有新人。多少名姝绛帐前,马融曾不吝真传,何侬读罢先生集,却恨迟生二百年。"②苏雪林当年所作的《读小仓山房诗集有慕》,不失为一种解析。

(三)浙地县署上房生活中的民俗活动,引发了其日后问学治术的研究志趣

早早因"文名"显赫的苏雪林,其实更倾情于学术研究,并以独辟蹊径解决前人积疑已久的悬案为乐,而被称为"文坛名探"。尽管学术研究枯燥生涩,但其却以为享受到了比创作更大的满足:"从开始写文章时,便不想做一个文学家,若说我薄文学家而不为,也未尝不可以。我是喜欢学术的,只想在学术上有所成就。"③而其诸多研究竟与早年浙地县署上房生活中的"古听"与"祭祀"等民俗活动联系紧密。当年县署上房女佣"哑子伯伯"一肚皮的"古听",给苏雪林带来了难得的欢愉与无限的遐想,从而留下了深刻的印象,并于此后投入了极大的学术热情,曾直言:"想不到她的话有些地方竟和我后来的学术研究有关。"④县署上房中"祖宗教"之外,还"礼佛"并供奉民间诸神的现象,虽然令苏雪林幼时多神的思想"一团糟",但并非百弊而无一利,就此,苏雪林说道:"我今日对于中国民间各种祭典,兴趣特别浓厚。可说酝酿于彼时。我以为不了解民间祭典及其流传的故事、神话,也决不能解决中国整个历史文化问题。顾颉刚先生曾说'一部道藏价值在十三经之上',可谓'大有见地'之言。"⑤台湾学人苏雪林之弟子唐亦男道:"能够把中国甚至世界文化中许多杂乱无章的文化分子整理成一种井然有序的系统,而这一方法是她从搜讨域外古代宗教神话和其他文化分子之后无意中得来的。"⑥

综上,苏雪林所经历的清末浙地县署上房生活,既反映了作为中国传统文化的重要组成部分儒家文化影响之深重,其中所包蕴的男权文化意识,更是化为了一种具有普遍影响力的社会心理,弥散于江南浙地城镇的角角落落,及其苏雪林

---

① 梦圆:《苏雪林的词藻》,《苏雪林文集》第四卷,第 406 页。

② 《我与旧诗》,第 134 页。

③ 唐亦男:《那"坐忘"的身影——我所了解的苏先生》,《苏雪林文集》第四卷,第 416 页。

④ 《童年琐忆》,第 15 页。

⑤ 《童年琐忆》,第 44 页。

⑥ 《那"坐忘"的身影——我所了解的苏先生》,第 415 页。

早年县署上房生活的里里外外；同时也反映了清末之时，涌动于江南大地近代启蒙思潮之强劲，从而使得生于“旧式家庭”呼吸着“发了霉的空气”的苏雪林赢得了不蹈“祖母”与“母亲”命运覆辙之力量。此外，还揭示在江南风候民俗无不浸渍的清末县署上房中，饱受其浸润与濡染的苏雪林，心灵之沉重与想象之瑰丽并生与齐飞之样态。总而言之，如此刻骨铭心的童年成长经验，对于苏雪林的人生所产生了的深刻的影响，不容低估。自 1897 年至 1999 年，风雨世纪中的苏雪林，其一生波折坎坷起伏跌宕，犹如 20 世纪风云激荡之画卷。如何进一步走近与解读，从其清末浙地县署上房生活中开始，不失为一种另辟蹊径式积极之途径。

第二辑　古典文学研究

略论《古诗十九首》之句法特点及其诗史意义

孙力平

[摘　要]从全部254个诗句中提炼出的典型格式,展现了《古诗十九首》句法的总体面貌,由此可以窥见《古诗十九首》句法的几个显著特点:"二三"节奏地位确立、双音结构词语广泛运用、虚词数量明显减少、句式结构渐趋复杂。《古诗十九首》在中国古典诗歌句法史上的意义,不仅仅为其后建安、正始诗人的创作提供了可资借鉴、模仿的诗歌语言形式,更重要的是奠定了沿袭两千年之久的五言诗句法的基本格局。

[关键词]《古诗十九首》　句法特点　诗史意义

《古诗十九首》作为中国古典诗歌百花园中的一朵奇葩,以其浑然天成、意致深婉的艺术风格,为历代诗论家所推崇,如钟嵘曾给以"文温以丽,意悲而远。惊心动魄,可谓几乎一字千金"[①]的评价。刘勰《文心雕龙》亦说:"结体散文,直而不野,婉转附物,惆怅切情,实五言之冠冕也。"[②]《古诗十九首》独特的艺术魅力在一定程度上是与其句法特点分不开的。

一、《古诗十九首》的典型句法格式

《古诗十九首》全文1270字,共254个诗句。王力先生曾经对《古诗十九首》的句式进行全面的分析,将其句式归为"七十七个大类,一百六十个小类,二百十

---

① 曹旭:《诗品集注》,上海:上海古籍出版社,1994年,第75页。

② 周振甫:《文心雕龙注释》,北京:人民文学出版社,1981年,第49页。

三个大目，二百十五个细目”[①]，其详尽细致，至今无人能及。

在王力先生研究的基础上，我们再加归纳合并，提炼出了《古诗十九首》较为典型的句法格式。以下是其中出现频率较高的15种句式及其部分用例：

1. 叠音词＋三音体词性词组

青青河畔草/郁郁园中柳/磊磊涧中石/迢迢牵牛星/皎皎河汉女/盈盈楼上女/冉冉孤生竹

2. 叠音词＋三音谓词性词组

纤纤出素手/悠悠隔山陂/札札弄机杼/皎皎当窗牖/浩浩阴阳移/凛凛岁云暮/萧萧愁杀人

3. 双音名词(或词组)＋三音述宾词组

浮云蔽白日/东风摇百草/白露沾野草/绿叶发华滋/晨风怀苦心/馨香盈怀袖/玉衡指孟冬

4. 双音名词(或词组)＋三音述补词组

胡马依北风/越鸟巢南枝/促织鸣东壁/秋蝉鸣树间/蟋蟀伤局促/锦衾遗洛浦/人生寄一世

5. 双音动词(或词组)＋三音体词性词组

遥望郭北墓/仰观众星列/常怀千岁忧/忽如远行客/裁为合欢被/愿为双鸿鹄/思为双飞燕

6. 双音谓词性词组＋三音谓词性词组

但伤知音稀/不如饮美酒/焉得不速老/焉能凌风飞/愿得常巧笑/不惜歌者苦/良无盘石固

7. 双音名词(或词组)＋三音谓词性词组

荡子行不归/游子寒无衣/玄鸟逝安适/轩车来何迟/兔丝生有时/新声妙入神/松柏摧为薪

8. 双音动宾词组＋三音动宾词组

驱车上东门/攀条折其荣/涉江采芙蓉/识曲听其真/弹筝奋逸响/垂涕沾双扉/驰情整巾带

---

① 王力:《古体诗律学》,北京:中国人民大学出版社,2004年,第218页。

9. 双音主谓词组＋三音谓词性词组

君亮执高节/路远莫致之/弦急知柱促/昼短苦夜长/愁多知夜长/客行虽云乐/泪下沾裳衣

10. 双音名词(或词组)＋双音副词(或词组)＋单音谓词

音响一何悲/岁暮一何速/岁月忽已晚/时节忽复易/凉风率已厉/两宫遥相望/万岁更相送

11. 双音词(或词组)＋三音联合词组

道路阻且长/东城高且长/河汉清且浅/游戏宛与洛/被服纨与素/但见丘与坟

12. 双音名词(或词组)＋“多(有、无)”＋双音名词(或词组)

白杨多悲风/兰泽多芳草/王侯多第宅/燕赵多佳人/西北有高楼/庭中有奇树/所遇无故物

13. 双音词组＋“何”＋叠音词(或联绵词)

众星何历历/明月何皎皎/白杨何萧萧/北风何惨栗/洛中何郁郁/四顾何茫茫

14. 双音词(或词组)＋单音虚词＋双音词(或词组)

相去复几许/虚名复何益/同心而离居/过时而不采/眄睐以适意/忧伤以终老/同袍与我违

15. 单音体词＋四音谓词性词组

谁能为此曲/谁能别离此/客从远方来/寿无金石固/人生天地间/上与浮云齐/各在天一涯

这 15 种句法格式在《古诗十九首》中，少则有六七句，多则有十余句，其总数约占“十九首”全部 254 个诗句的 60％以上，堪称其典型句法格式。这些典型句式展现了《古诗十九首》句法的总体面貌，由此可以一窥《古诗十九首》之句法特点及其诗史意义。

二、《古诗十九首》句法之特点与意义

“许多人认为，《古诗十九首》在中国诗歌史上是继《诗经》、《楚辞》之后的一

组最重要的作品。因为，从《古诗十九首》开始，中国的诗歌就脱离了《诗经》的四言体式，脱离了《楚辞》的骚体和楚歌体，开始了沿袭两千年之久的五七言体式”[①]。在中国诗歌句法发展史上，《古诗十九首》句法之特点与意义则在于奠定了此后沿袭两千年之久的五言诗句法的基本格局，包括：确立了二三节奏的统治地位，广泛运用双音结构词语，降低虚词在诗句中的数量，以及句式结构复杂化以增强诗句的表现力等。

（一）二三节奏地位确立

“就文体节奏而言，诗歌是有节奏有韵律的语言加强形式”[②]，节奏和韵律是诗歌区别于其他文学作品的根本标志之一。《诗经》以四言为主，《楚辞》以六言为主，其主导节奏分别是“二二”和“三三”。《诗经》、《楚辞》虽然也有一些五言诗句，已经出现了五言诗二三句式的先导，但并未形成主流。而在《古诗十九首》中，“二三”句式已大量涌现，前述 15 种典型句式中除去最后一种为“一四”句式外，其余 14 种均为“二三”。《古诗十九首》中这类节奏鲜明、朗朗上口的二三句式有 230 多句，占全诗 254 句中的 90%以上，充分说明五言诗句的主导节奏已经是“二三”。

这一变化在古典诗歌句法流变中的意义是十分重大的，因为“四言及骚体多与散文有相通之处，而五言诗之句法及音节则与散文异。散文之五言句，其句法多为上三下二，五言诗之句法则多为上二下三。是五言诗之成立，实为诗与文分途画境之始”[③]。只有当早期五言诗句摆脱四言节奏所统率的五言句和无法诗化的散文句的桎梏，逐渐发展成“二三”节奏之后，才有五言诗的到来。

在《古诗十九首》的“二三”句式诗句中，主谓、联合、偏正、述宾、述补、连谓、兼语等各种结构应有尽有，其中以主谓结构居多。其主语为双音复合词或词组，三字尾大多为一个动词加一个双音结构的宾语或补语，如“胡马依北风，越鸟巢南枝”、“庭中有奇树，绿叶发华滋”、“晨风怀苦心，蟋蟀伤局促”等。这与汉语的常规语序是基本一致的，标志着到《古诗十九首》时期，中国古典诗歌中的五言诗已基本成熟。

（二）双音节词运用广泛

在《诗经》、《楚辞》中双音词比例不高，在总词数中约占四分之一左右。《古

---

① 叶嘉莹：《叶嘉莹说汉魏六朝诗》，北京：中华书局，2007 年，第 65 页。

② 杨公骥：《“风”“骚”传统对后世文学形式的影响》，《文史知识》1986 年第 5 期。

③ 张清钟：《古诗十九首汇说赏析与研究》，台北：“商务印书馆”，1988 年，第 121 页。

诗十九首》用词约600个，其中双音词超过百分之三十。更重要的区别是，《诗经》、《楚辞》的双音词中重言词和联绵词很多，双音复合词并不太丰富，而《古诗十九首》则以双音复合词为主。《古诗十九首》仅使用重言词20个、连绵词14个，双音复合词则有153个，其内部组合类型也呈现出多种多样的面貌。

联合式如：天地、道路、顾返、岁月、金石、书札、文彩、裳衣、情志、窗牖、王侯、第宅、松柏、阴阳、神仙、苦辛、贫贱、忧愁、忧伤、感伤、心意、宴会、飙尘、弦歌、音响、时节、夫妇、光辉、馨香、河汉、盛衰、游戏、离居、变化、局促、结束、识察、别离、离别、弃捐、荡涤、娱乐、欢乐、沉吟、服食、被服、爱惜、引领、梦想、惨慄。

支配式如：会面、努力、知音、奋翅、同心、齐心、含意、适意、入神、同门、遗迹、牵牛、携手、结婚、过时、苦心、回风、及时、垂涕、泣涕、凌风、余哀。

修饰式如：白日、明月、浮云、夜光、白杨、南枝、绿叶、野草、秋草、芳草、百草、胡马、驽马、北风、东风、凉风、悲风、寒气、衣带、冠带、河畔、红粉、素手、倡家、要路、高足、清商、清曲、孟冬、虚名、远道、远行、玉衡、白露、玄鸟、高节、高楼、锦衾、轩车、机杼、四时、佳人、仙人、良人、故人、荡子、游子、黄泉、朝露、万岁、千载、故里、后世、长夜、远方、四顾、高飞、直视、相思、愁思、终日、终老。

陈述式如：物化、人生。

除双音复合式实词外，还有双音复合虚词。如：无乃、无为、勿复、何所、一何、几许。此外，还有双音专有名词：杞梁、泰山、燕赵、洛浦。如果加上双音词组，如"去者、生者、歌者、愚者、美者"、"所愿、所思、所遇、所迫、所误"、"不能、不得、不如、不为、不惜、不念、不成、不归、不满、不早、不识、不解"以及"两宫、双阙、庭中、东城、东门、郭北、郭门、三五、四五"等，双音结构在《古诗十九首》中已达到相当高的比例，为诗人构建"二三"节奏（包括"二/一二"和"二/二一"两种）的诗句提供了丰厚的语言基础。

（三）虚词使用明显减少

与双音词复合词大量使用形成对比的，是在《古诗十九首》中虚词的使用明显减少。试比较以下两首诗：

> 采采芣苢，薄言采之。采采芣苢，薄言有之。采采芣苢，薄言掇之。
> 采采芣苢，薄言捋之。采采芣苢，薄言袺之。采采芣苢，薄言襭之。

以上为《国风·芣苢》，48字共用了18个虚词，几乎半篇为虚词。

> 青青河畔草，郁郁园中柳。盈盈楼上女，皎皎当窗牖。娥娥红粉妆，纤纤出素手。昔为倡家女，今为荡子妇。荡子行不归，空床难独守。

以上为《古诗十九首·青青河畔草》,50字无一虚词,全为实词。

《诗经》中出现频率比较高的虚词主要有:介词“于”、“与”、“以”,连词“之”、“而”、“且”、“为”、“虽”,语气词“兮”、“斯”、“也”、“矣”,语助词“有”、“维”、“薄”、“言”等等。《古诗十九首》中语助词已经消失,语气词也没用,主要用了10个虚词,其使用次数为:“与”8次、“以”8次、“所”6次、“者”5次、“但”5次、“且”3次、“为”(不含动词)5次、“而”2次、“之”2次、“虽”1次,总计为45次。即使按最宽泛的虚词,也就是把副词(如“不、勿、已、相”等)和代词(如“何、安、谁、其”等)全算在内,总共也就是143次。

虚词使用的减少不仅体现在虚词种类、数量、频率上,而且体现在虚词的语法功能上。例如“之”在《二南》中被重复使用了82次,而《古诗十九首》中“之”只出现了2次。更重要的是:

《诗经》中的“之”有四种句法功能。一是充当宾语,如“墓门有棘,斧以斯之”(《陈风·墓门》);二是置于主语和谓语之间起连接作用,如“桑之落矣,其黄而陨”(《卫风·氓》);三是置于定语和名词之间起连接作用,如“维天之命,于穆不已”(《周颂·维天之命》);四是作为指示词,如“之子于归,宜其室家”(《周南·桃夭》)。四种用法中,《古诗十九首》唯一保留的是代词“之”的用法,即“采之欲遗谁”和“路远莫致之”中的“之”,其余三种用法在《古诗十九首》里已不复存在。

(四)句式结构渐趋复杂

《古诗十九首》的五言诗句虽然较之《诗经》的四言诗句只是增加了一个字(音节),却在表意上增加了一个语义单位,这使诗句结构更加复杂,表达功能也随之提升。

1. 主谓句大量增加

由于受字数的局限,《诗经》在句法上的一个特点是结构较为简单。诗句有的由一个词语构成,有的由一个单一的句法结构构成,常常是上下两句合起来构成主谓关系,表述一个完整的意思,如“他山之石,可以攻玉”(《小雅·鹤鸣》)。在《诗经》7200多个诗句中,主谓俱全的诗句所占比例很少,大量的是单一的述宾结构、状中结构、介宾结构、定中结构、联合结构和连谓结构等。

较之《诗经》,《古诗十九首》发生的一个变化是主谓句大量增加。在《古诗十九首》254个诗句中,由完整的主谓结构构成或含有主谓结构的诗句在100个左右,所占比例接近40%。前举15种典型格式中,有8种基本属于主谓句。

2. 修饰性成分增多

同样是受字数所限，加上无实义的虚字很多，《诗经》的不少诗句多为由两个句法成分构成的单一结构，主谓结构如“君子至止”（《秦风·终南》），述宾结构如“薄言采之”（《周南·芣苢》），偏正结构如“参差荇菜”（《周南·关雎》），联合结构如“爰笑爰语”（《小雅·斯干》）。

在《古诗十九首》类似的结构中，其主、述、宾语前后则常有修饰性、补充性成分，试比较：

君子至止（《秦风·终南》）——客从远方来（《客从远方来》）
薄言采之（《周南·芣苢》）——涉江采芙蓉（《涉江采芙蓉》）
施于中谷（《周南·葛覃》）——潜寐黄泉下（《驱车上东门》）
彼美人矣（《邶风·简兮》）——盈盈楼上女（《青青河畔草》）

正如赵敏俐先生所言：“三拍子节奏的五言诗，内在地趋向于把一句诗分割成三个相对独立的语意单位，为从句子结构上增加主谓以外的附加成分提供了可能。这就促使了五言诗结构的复杂化，从而提高了诗句的表达能力。”①

3. 谓语形式多样化

《诗经》的谓语多由一个述语充当，或为一个简单的偏正、述宾或述补结构，如“北风其凉，雨雪其雱”（《邶风·北风》）、“后稷不克，上帝不临”（《大雅·云汉》）、“隰桑有阿，其叶有傩”（《隰桑》）、“（有杕之杜），生于道左”（《唐风·有杕之杜》）。《古诗十九首》则不然，其谓语形式丰富多了。光是动词谓语的主要句法结构就有述补式，如“游戏宛与洛”；状述式，如“与君生别离”；述宾式，如“遥望郭北墓”；状述宾式，如“先据要路津”；状述补式，如“悠悠隔山坡”；述宾补式，如“置书怀袖中”；双宾式，如“遗我一书札”；兼语式，如“思君令人老”。还有不少连谓结构，如“当户理清曲”、“衔泥巢君屋”等，均描述了一前一后两个动作行为，展示了动作行为的目的或结果关系。

《古诗十九首》的谓语形式中还有几个值得注意的地方。一是出现了以动宾词组充当状语修饰主要谓语的复杂形式，如“清商随风发”、“回风动地起”。“随风”、“动地”均为动宾词组，在这分别修饰“发”和“起”。此后这种结构在五言诗句中逐渐增多，仅以“随风”为例，魏晋诗中就有大量的类似诗句：素叶随风起/轻叶随风转/千骑随风靡/弦歌随风厉/轻辇随风移/清声随风起/魂气随风飘/芙蓉

---

① 赵敏俐：《两汉诗歌研究》，北京：商务印书馆，2011年，第257页。

随风发/落叶随风摧/轻襟随风吹/芳气随风结……二是出现了主谓谓语句，如“美者颜如玉”、“故人心尚尔”。三是有的诗句以寥寥五字描述了三个动作行为，堪为后世一句三结构之先驱。如：“携手/同车/归”、“回车/驾/言迈”、“奋翅/起/高飞”、“揽衣/起/徘徊”。这些诗句虽然数量很少，但代表了中国古典诗歌语言开始向精紧浓缩方向发展的趋势。

此外，《古诗十九首》尽管在总体上句法平顺，但也出现了一些句法变异现象，包括错位与紧缩句，成为后世近体五言诗中某些句法的源头。

(1)宾语的中心语前置于动词之前，如：“一心抱区区，惧君不识察。”(《孟冬寒气至》)

正常语序为“抱区区一心”，作为宾语中心语的“一心”移置于动词前。

(2)宾语的修饰语放在谓语之前，如：“纤纤擢素手，札札弄机杼。”(《迢迢牵牛星》)

正常语序应为“擢纤纤素手，弄札札机杼”，作为宾语修饰语的叠音词均前置于动词前。

这两类成分异置现象的产生，究其原因，还是五言句在发展过程中满足自身“诗化”需要的产物。如果按普通句法道来，将“抱”、“擢”、“弄”置于句首，诗句节奏为“一四”，是为散文句法，因而将双音修饰语前置于句首。

三、《古诗十九首》句法之影响

《古诗十九首》无疑为其后诗人的创作提供了可资借鉴、模仿的诗歌语言和句法形式。曹植等建安诗人和阮籍等正始诗人的五言诗常常直接袭用《古诗十九首》的基本句式和词语，这种现象可谓比比皆是，略举以下对比诗句以见一斑：

行行重行行(《行行重行行》)——行行将复行(曹植《门有万里客》)

各在天一涯(《行行重行行》)——各在天一方(徐幹《室思》)

与君生别离(《行行重行行》)——使君生别离(曹操《塘上行》)

道路阻且长(《行行重行行》)——大道夷且长(郦炎《诗二首》)

会面安可知(《行行重行行》)——会合安可知(徐幹《于清河见挽船士新婚与妻别》)

越鸟巢南枝(《行行重行行》)——翔鸟鸣北林(阮籍《咏怀诗八十二首》其一)

相去日已远(《行行重行行》)——君去日已远(徐幹《室思》)

浮云蔽白日(《行行重行行》)——浮云翳白日(孔融《临终诗》)

游子不顾返(《行行重行行》)——行者不顾返(王粲《七哀诗》)

岁月忽已晚(《行行重行行》)——岁月忽已殚(刘桢《赠五官中郎将》)

弃捐勿复道(《行行重行行》)——弃置勿复陈(曹丕《杂诗二首》其二)

郁郁园中柳(《青青河畔草》)——郁郁河边树(曹丕《见挽船士兄弟辞别诗》)

昔为倡家女(《青青河畔草》)——昔为同池鱼(曹植《种葛篇》)

荡子行不归(《青青河畔草》)——游子久不归(曹植《送应氏诗二首》其一)

青青陵上柏(《青青陵上柏》)——亭亭陵上松(刘桢《赠送从弟》)

磊磊涧中石(《青青陵上柏》)——粼粼水中石(刘桢《赠送从弟》)

人生天地间(《青青陵上柏》)——人生一世间(徐幹《室思》)

斗酒相娱乐(《青青陵上柏》)——斗酒当为乐(应璩《百一诗》)

驱车策驽马(《青青陵上柏》)——驱车挥驽马(曹植《驱车篇》)

双阙百余尺(《青青陵上柏》)——双阙万丈余(曹植《仙人篇》)

欢乐难具陈(《今日良宴会》)——欢会难再遇(曹植《杂诗七首》其七)

弹筝奋逸响(《今日良宴会》)——弹筝奋逸响(曹植《失题·有美一人》)

新声妙入神(《今日良宴会》)——新声妙入神(曹植《失题·有美一人》)

人生寄一世(《今日良宴会》)——人生处一世(曹植《蹭白马王彪诗》)

西北有高楼(《西北有高楼》)——西北有浮云(曹丕《杂诗二首》其二)

上有弦歌声(《西北有高楼》)——上有愁思妇(曹植《七哀诗》)

音响一何悲(《西北有高楼》)——音响一何哀(应玚《侍五官中郎将建章台集》)

中曲正徘徊(《西北有高楼》)——中路正徘徊(曹操《苦寒行》)

一弹再三叹(《西北有高楼》)——一尺再三曲(刘桢《诗》)

慷慨有余哀(《西北有高楼》)——慷慨有余音(曹植《弃妇篇》)

愿为双鸿鹄(《西北有高楼》)——愿为双黄鹄(徐幹《于清河见挽船士新婚与妻别》)

奋翅起高飞(《西北有高楼》)——施翮起高翔(曹植《送应氏诗二首》其二)

所思在远道(《涉江采芙蓉》)——佳人在远道(曹植《闺情》)

白露沾野草(《明月皎夜光》)——白露沾我裳(曹丕《杂诗二首》其一)

高举振六翮(《明月皎夜光》)——焦股振六翮(嵇康《述志诗二首》其一)

与君为新婚(《冉冉孤生竹》)——与君结新婚(徐幹《于清河见挽船士新婚与妻别》)

泣涕零如雨(《迢迢牵牛星》)——惋叹泪如雨(曹操《善哉行》其二)

东风摇百草(《回车驾言迈》)——凉风动秋草(徐幹《于清河见挽船士新婚与妻别》)

四时更变化(《东城高且长》)——四时更逝去(曹操《秋胡行》其二)

被服罗裳衣(《东城高且长》)——被服纤罗衣(阮籍《咏怀诗八十二首》其十九)

驱车上东门(《驱车上东门》)——驱车出北门(曹丕《于明津作》)

年命如朝露(《驱车上东门》)——人命若朝霜(曹植《送应氏诗二首》其二)

人生忽如寄(《驱车上东门》)——人生忽若寓(曹植《蒲生行浮萍篇》)

白杨多悲风(《去者日以疏》)——临川多悲风(阮瑀《诗》)

生年不满百(《生年不满百》)——人生不满百(曹植《游仙诗》)

何能待来兹(《生年不满百》)——无为待来兹(应璩《百一诗》)

仰观众星列(《孟冬寒气至》)——仰观三星连(徐幹《室思》)

忧愁不能寐(《明月何皎皎》)——展转不能寐(曹丕《杂诗二首》其一)

揽衣起徘徊(《明月何皎皎》)——披衣起彷徨(曹丕《杂诗二首》其一)

泪下沾裳衣(《明月何皎皎》)——泣下沾罗缨(曹丕《于明津作》)

以上 50 组诗句,句式雷同、词语相类,有的只有一两字之差,有的甚至完全一样。相似者最多的是曹植,有学者以此作为一个重要依据推断曹植即《古诗十九首》的作者,此说恐难成立。曹植相似诗句较多与曹植所作五言诗数量多有关(曹植五言诗 65 首,与建安七子五言诗的总量差不多),而且曹操、曹丕、徐幹、刘桢等均早于曹植,难道他们都沿用、模仿曹植之句法? 如此多的诗句句法、语词相似,只能说它们都深受《古诗十九首》之影响,故唐代诗僧皎然在论及建安七子时说:"语与兴驱,势逐情起,不由作意,气格自高,与《十九首》其流一也。"①

总之,《古诗十九首》保留了五言体成熟之初的各种印记,为日后五言诗的发展繁荣提供了养分和土壤,促成了"五言腾跃"局面的出现,也为后世探寻五言体成熟轨迹铸就了一座桥梁。

① 张伯伟编:《全唐五代诗格汇考》,南京:凤凰出版社,2002 年,第 228 页。

盂兰盆法会:以杨炯《盂兰盆赋》为主的考察

黄水云

[摘　要] 唐代群众性的文化活动丰富多彩,尤其是节日活动,为大唐提供了广阔的精神交流天地与多样的文学素材。农历七月十五日,道教称为中元节,佛教称为盂兰盆节(简称盂兰节),民间俗称鬼节、七月半。则天武后如意元年(792)七月,宫廷内盛行盂兰盆法会,因此杨炯《盂兰盆赋》描写洛阳盂兰盆节,宫廷将盂兰盆分送佛寺之情形,成了最为详实的宫廷盂兰盆法会史料。赋文中不仅歌颂盂兰盆法会之壮丽景象,发挥了赋体铺陈之功能,更以赋体"抒下情而尽忠孝"呈现"孝悌"之道德伦理,将盆斋法会演化为符合"礼治"的皇室颂孝大典。赋文中更反映了歌功颂德之政治目的。是以本文拟考察杨炯盂兰盆法会之赋体书写,探讨作者于文学、宗教与政治上之创作内涵,以彰显《盂兰盆赋》之特殊艺术审美风貌与文学价值。

[关键词] 盂兰盆节　杨炯　盂兰盆赋　赋体书写

一、前言:盂兰盆法会之起源与发展

盂兰盆法会(盂兰盆会)是根据《佛说盂兰盆经》,以佛法供养三宝(佛、法、僧)功德,回向现生父母身体健康、延年益寿,超度历代考妣宗亲能速超圣地、莲品增上的佛教仪式。"盂兰盆"在梵语中称"乌蓝婆拿",意思是"救倒悬",即用盆之类的器皿盛食供佛奉僧,以救倒悬之苦。表示在生活极苦的饿鬼道中,就像人被倒吊一样,必须借着供养十方(东、南、西、北、东南、西南、东北、西北、上、下)大德众僧的力量,才能使他们脱离饿鬼道的痛苦。

盂兰盆会起源于二千七百年前印度佛陀时代，据《大盆净土经》载：印度频婆娑罗王、须达长者和茉莉夫人等皆曾依《佛说盂兰盆经》，造五百金盆供养佛及僧众，以灭除七世父母的罪业。又《佛说盂兰盆经》亦载：佛陀十大弟子之一的目连，以天眼通观见其母亲投生饿鬼道，皮骨相连，日夜受苦，于是手持钵饭给母亲食用；然而目连的母亲因以恶业受报的缘故，饭食还没入口，就全部变成火炭。目连为拯救母亲脱离苦趣，于是向佛陀请示解救的方法。目连依佛陀的慈示奉行，终于使他的母亲得以脱离饿鬼的苦趣。由于这个因缘，佛陀再次慈悲叮咛："是佛弟子修孝顺者，应念念中常忆父母，乃至七世父母，年年七月十五日，常以孝慈忆所生父母，为作盂兰盆，施佛及僧，以报父母长养慈爱之恩。"[①]而在中国，《佛说盂兰盆经》在西晋时由竺法护翻译后，因强调借由供养十方自恣僧，以报答双亲养育之恩，乃至度脱七世父母的思想，与中国崇尚孝道的伦理传统相符，经中国历代帝王的提倡而盛行不衰。后世遂于七月十五日举行盂兰盆法会，斋僧供佛，沿袭成例。

传说中国最早行盂兰盆会是在梁武帝时代，据《佛祖统纪》卷三十七载："大同四年(538)，帝幸同泰寺设盂兰盆斋。"[②]《释氏六帖》也记载：梁武帝每逢七月十五日，即以盆施诸寺[③]。宗懔《荆楚岁时记》则记载着当时盂兰盆法会盛况："七月十五日，僧尼道俗，悉营盆供诸佛。……故后人因此广为华饰，乃至刻木割竹饴蜡剪彩，模花叶之形、极工妙之巧。"[④]自此以后，历代帝王臣民多遵佛制，兴盂兰盆会，以报答父母、祖先恩德。由于南北朝是个佛教势力登峰造极的时代，其思想漫延于朝野上下，无论是皇帝丞相，还是黎民百姓都深受佛教的影响，有的帝王动辄舍身寺院，甘当寺奴。佛教思想的盛行，各种习俗活动也取得众佛教信徒的认同。又据《颜氏家训》卷二载："四时祭祀，周孔所教，欲人勿死其亲，不忘孝道也。求诸内典，则无益焉。杀生为之，翻增罪累。若报罔极之德，霜露之悲，有时斋供，及七月半盂兰盆，望于汝也。"[⑤]颜之推临终前告诫家人，七月十五日盂兰盆会要奉盆祭祖，反映出当时的北方也有盂兰盆信仰。由此可知，魏晋南北朝时期盂兰盆会已相当普遍，而此时的盂兰盆法会是奉盆入寺供养，一切依佛

---

① 陈洪：《盂兰盆会起源及有关问题新探》，《佛学研究》1999年00期，第240页。

② (宋)志盘：《佛祖统纪》卷三七，《大正藏》卷四九，日本东京都：国际佛教学大学院大学附属图书馆出版，2004年。

③ (五代)释义楚：《释氏六帖》卷四五，《现代佛学大系》五，台北：弥勒出版社，1982年。

④ 王毓荣：《荆楚岁时记校注》，台北：文津出版社，1988年，第198—199页。

⑤ 王利器：《颜氏家训集解》卷七《终制》第二十，上海：上海古籍出版社，1980年，第536—537页。

门仪式举行。

据赵翼《陔余丛考》载,北魏时已出现"三元"说:"其以正月、七月、十月之望为三元日,则自元魏始。"①因道教崇奉天官、地官、水官三神祇,七月十五日是地官赦罪日,道教徒依据《佛说盂兰盆经》编撰《玄都大献经》,将《盆经》"救拔饿鬼"的主旨引入《大献经》,于是中元日"地官赦罪"有了"赦免饿鬼"的特定含义。道经与佛经暗合,道门中元节向佛门盆节趋同,中古道教与佛教既互相斗争,又互相渗透,是以佛门盆节与道教中元节同日并行②。据释宗密《佛说盂兰盆经疏》云:"年年僧自恣日,四事供养三尊,宗密依之修崇,已历多载。兼讲其诰,用是未闻,今因归乡,依日开道俗耆艾,悲喜遵行。"③可见入唐以后之盂兰盆节已经成为僧尼道俗共同的节日。

自唐高祖、太宗以来,帝王大多信奉佛教,故盂兰盆法会于唐代宫廷十分盛行。《法苑珠林》载唐高宗时:"国家大寺,如长安西明、慈恩等寺,……每年送盆,献供种种杂物,及举盆、音乐人等,并有送盆官人,来者不一。"④此时信众献盆供者亦多。到了武则天称帝时(690—704),其所举行之盂兰盆斋法会,规模之大更是盛况空前,杨炯《盂兰盆赋》即说明了则天如意元年(692)法会盛大之景象。至于玄宗开元年间(713—741),皇室中尚署于每年七月十五日,亦照例进盂兰盆贡献诸寺⑤。而代宗崇佛,"尝令僧百余人于宫中陈设佛像,经行念诵,谓之内道场。……代宗七月望日于内道场造盂兰盆,饰以金翠,所费百万。又设高祖已下七圣神座,备幡节、龙伞、衣裳之制,各书尊号于幡上以识之,舁出内,陈于寺观。是日,排仪仗,百僚序立于光顺门以俟之,幡花鼓舞,迎呼道路,岁以为常"⑥。至于德宗继位后虽取消内道场,罢内出盂兰盆,然唐代民间仍热衷佛事,德宗贞元年间崔炜在南海,中元日看到番禺人多在佛庙内陈设珍异物品,集百戏于开元寺⑦。纵使到了唐武宗时毁佛,然盂兰盆会依旧盛行。此时长安亦举行盛大之盂兰盆会。日本僧人圆仁即记述唐武宗会昌四年(844)长安诸寺盆节盛

---

① (清)赵翼:《陔余丛考》卷三五《天地水三官》,北京:中华书局,1963年,第750页。

② 李斌城:《唐代文化》,北京:中国社会科学出版社,2002年,第1087页。

③ (唐)释宗密:《佛说盂兰盆经疏》,《大正藏》卷三九,第505页。

④ (唐)沙门道世:《法苑珠林》卷六二《祭祠篇》第六九《献佛部》第二,台北:佛陀教育基金会出版,2007年,第826页。

⑤ (唐)李林甫等:《唐六典》卷二二《中尚署》,北京:中华书局,1992年,第573页。

⑥ (后晋)刘昫等:《旧唐书·王缙传》卷一一八,台北:鼎文书局,1985年,第3417—3418页。

⑦ (宋)李昉等:《太平广记》卷三四《崔炜》,《丛书集成三编》第69册,台北:新文丰出版社,1996年,第280页。

况："城中诸寺七月十五日供养（盂兰盆会在七月十五日举行）。诸寺作花蜡花饼，假花树等，各竞奇妙。常例皆于佛殿前铺设供养，倾城巡寺随喜，甚是盛会。今年诸寺铺设供养，胜于常年。"①可见盂兰盆节已成了唐代民众广泛参与的盛节。

宋代以后，佛寺设盂兰盆法会，民间祀祖先、烧冥器衣物、焚钱山的风气转盛，盂兰盆法会从"供养"变为"荐亡"。盂兰盆上插有目连尊者或目连救母的造像，并于坛法完毕之后，用纸币焚化之。中元前后三日悬灯三夜，演弄"目连救母"的戏码，印送《目连经》（即《佛说盂兰盆经》）；与唐代相较，已无仙宫胜景的陈设，道教色彩已褪去许多，特别是印卖《目连经》一事，显示老百姓对此经典的流通颇为主动，而"目连救母"的故事也从唐代说唱变文演变成杂剧，并成为中元时节的专属剧目。元、明时代的中元盂兰盆会则在宋代的基础上，增添烟火蜂炮、夜放莲花水灯（谓之"照冥"）。到了清代，中元盂兰盆会更是热闹，搭建高台、鬼王棚座、看演经文、施放焰口、扎糊法船、放燃河灯。小儿夕执长柄荷叶灯，结伴参与斗灯会等，可以说与台湾现今所见者大同小异。

总之，盂兰盆法会是根据《佛说盂兰盆经》，而《佛说盂兰盆经》是一部宣扬佛家孝道思想的经典，由于经中的用字遣词及历算方式等内容皆与中国传统民俗息息相关，因此有许多佛教学者将之视为中国人自撰的伪经，而假托为西晋竺法护所译。《佛说盂兰盆经》因与孝道文化有直接关系，自然对中国佛教及民俗中元节庆发挥着巨大的影响力。而盂兰盆会之所以深得民心，实因法会强调藉供养十方自恣僧，以达慈孝双亲，乃至度脱七世父母的思想，与中国儒家崇尚孝道，慎终追远的伦理传统不谋而合；加上帝王的倡导，因此很快地由寺院走向民间，由佛教节日成为民间节日。观武则天如意元年洛阳南门举行的盂兰盆会盛况空前，不仅法会上有大量的佛教徒参加，而且统治者、士大夫都参与其中。同时为

① ［日］圆仁：《入唐求法巡礼行记》卷四，桂林：广西师范大学出版社，2007年，第137页。

了显示盛唐国威还“纵吐蕃使者以观之”,为此杨炯[①]乃以赋体形式写下了有名的《盂兰盆赋》。

二、文学:以赋体铺陈特质彰显法会之壮丽景象

赋本是《诗》的表现手法之一。《周礼·太师》郑玄注云:“赋之言铺,直铺陈今之政教善恶。”孔疏云:“凡言赋者,直陈君之善恶,更假外物为喻,故云铺陈者也。”[②]又刘勰《文心雕龙·诠赋篇》云:“赋者,铺也,铺采摛文,体物写志也。”[③]从训诂学角度观之,赋确实具有铺陈之意。刘熙载《艺概·赋概》云:“赋起源于情事杂沓,诗不能驭,故为赋以铺陈之。”[④]又云:“赋兼才学”,“赋取穷物之变。”[⑤]“铺陈情事”说明了赋的叙事特征,而“穷物”二字包蕴极广,从赋家的创作中,举凡天文、科技、自然、生物、语言、地理、历史、建筑、美学、心理、宗教,甚至节日活动等知识的综合运用,实非任何一种文体可比。赋家对万事万物的观照,更能体现出赋体内容的多元性;赋家的情感意志,才华学识,几乎是通过事物的摹写,达到表层和深层结构相统一的宏大境界[⑥]。因此,“赋”可说是以“铺陈”造就其体

① 杨炯(650—693?),华州华阴(今属陕西华县)人,杨炯与王勃、卢照邻、骆宾王共称初唐四杰。杨炯于显庆四年(659)举神童,上元三年(676),应制举登科,授校书郎。武后垂拱元年(685),因从父弟杨神让所累,出为梓州司法参军。天授元年(690),任教于洛阳宫中习艺馆。如意元年(692)秋后迁盈川令,吏治以严酷著称,卒于官。世称杨盈川。杨炯以边塞征战诗著名,所作如《从军行》、《出塞》、《战城南》、《紫骝马》等,表现了为国立功的战斗战斗精神,气势轩昂风格豪放。其他唱和、纪游的诗篇则无甚特色,且未尽脱绮艳之风。另存赋、序、表、碑、铭、志、状等50篇。张说谓“杨盈川文思如悬河注水,酌之不竭,既优于卢,亦不减王”。《旧唐书》本传盛赞其《盂兰盆赋》“词甚雅丽”,《四库全书总目》则以为“炯之丽制,不止此篇”,并谓“其词章瑰丽,由于贯穿典籍不止涉猎浮华”。所作《王勃集序》,对王勃改革当时淫靡文风的创作实践,评价很高,反映了“四杰”有意识地改革当时文风的要求。对海内所称“王、杨、卢、骆”,杨炯自谓“愧在卢前,耻居王后”,当时议者亦以为然。今存诗33首,五律居多。明胡应麟《诗薮·内编》卷四谓“盈川近体,虽神俊输王,而整肃浑雄。究其体裁,实为正始”。赋作有《浑天赋》并序、《浮沤赋》、《卧读书架赋》、《盂兰盆赋》、《幽兰赋》、《青苔赋》、《庭菊赋》并序、《老人星赋》共八篇。参阅周祖谟主编:《中国文学家大辞典》,北京:中华书局,1992年,第358页。

② 《周礼·大师》,台北:艺文印书馆影印清阮元校勘《十三经注疏》本,1982年,第356页。

③ 范文澜:《文心雕龙注》,台北:学海出版社,1980年,第134页。

④ (清)刘熙载:《艺概·赋概》,台北:金枫出版社,1998年,第122页。

⑤ 《艺概·赋概》,第136页。

⑥ 许结:《中国赋学历史与批评》,南京:江苏教育出版社,2001年,第7—13页。

制上的鸿裁巨丽，进而发挥其叙事性和描绘性的铺陈特点。《盂兰盆赋》便是杨炯任习艺馆教习[①]，主动进献给周圣神皇帝武则天，铺陈盂兰盆法会活动的一篇作品。据《旧唐书·杨炯传》载：

> 如意元年七月望日，宫中出盂兰盆，分送佛寺，则天御洛南门，与百僚观之，炯献《盂兰盆赋》，词甚雅丽。[②]

观《盂兰盆赋》全文共 867 字，首段叙述盂兰盆会之时间、地点、人物及目的，如云：

> 粤大周如意元年秋七月，圣神皇帝御洛城南门，会十方贤众，盖天子之孝也。[③]

武则天改唐为周，改元天授(690)，自称圣神皇帝。天授三年改元如意，此时则天于如意元年(692)七月，大置盂兰盆分送洛阳各佛寺，并亲临洛阳南门城楼观赏这一盛大的宗教活动，首段第四句即彰示“天子之孝”为法会之主题。

第二段紧接着铺陈渲染法会环境庄重之气氛：

> 浑元告秋，羲和奏晓。太阴望兮圆魄皎，阊阖开兮凉风袅。四海澄兮百川晶，阴阳肃兮天地窅。……上可以荐元符于七庙，下可以纳群动于三车者也。

七月十五日初秋时节，凉风吹拂，四海澄净，此时天地所呈现之严肃气氛，经过作者之夸示渲染，更添增了宫中引送盂兰盆之壮丽景象。

第三段描绘南门之前整列的近卫兵，及“三公”以下之百官静默并立，乃至则天武后御临，举行盛大法会之庄严场面。

> 于是乎腾声名，列部伍。前朱雀，后玄武。左苍龙，右白虎。……于是乎上公列卿，大夫学士，再拜稽首而言曰：“圣人之德，无以加于孝乎？”

作者先就近卫兵之空间安排加以论述，进而为前段“陈法供、饰盆兰”后之盆斋法会，逐一就法会之步骤依序加以铺陈，从“列部伍”，到则天皇帝“南面以观”，再以

---

① 杨炯大约在天授元年(690)调回东京洛阳，与宋之问一起分直习艺馆，此一经历仅见于《新唐书·宋之问传》：“甫冠，武后召与杨炯分直习艺馆。”参阅白承锡：《初唐赋研究》，台北：政治大学中国文学研究所博士论文，1994 年，第 131 页。

② 《旧唐书·杨炯传》，第 5003 页。

③ 本篇引文以《全唐文》卷一九〇所载为底本，并参阅简宗梧、李时铭：《全唐赋》，台北：里仁书局，2011 年，第 323—328 页。下列所引《盂兰盆赋》皆以此为参考，不再列注说明。

"六律"、"八佾"之乐舞迎神，最后则由"上公列卿、大夫学士"再拜稽首而言"孝"之圣德，不仅对法会仪式做了详细的论述，也呈现出则天武后之威武形象。

第四段乃作者为迎合武则天登基称帝之政治野心，故多赞许武后之善政，如云：

> 散元气，运洪炉，断鳌足，受龙图，定天宝，建皇都。至如立宗庙，平圭臬。……武尽美矣，周命惟新。圣神皇帝于是乎唯寂唯静，无营无欲，寿命如天，德音如玉。任贤相，惇风俗远佞人，措刑狱，省游宴，披图箓，捐珠玑，宝菽粟。罢官之无事，恤人之不足。鼓天地之化淳，作皇王之轨躅。

"武尽美矣，周命惟新"正是对武周皇帝的称颂，而如天之寿命，如玉之德政，更是臣对君之赞扬。至于任贤臣、远小人、惇风俗、整吏治等措施，不仅表现出作者对政局之渴望，亦蕴含对执政者之期许。

末段仅以四句结语："太阳夕，乘舆归，下端闱，入紫微。"叙述夕阳西下，法会结束时，武后乘舆回宫。全文除首段四句不押韵外，其余四段大多隔句押韵，节奏鲜明，充分展现循环回荡之音乐美。由于文中铺陈歌颂之事，鲜为其他史书所传，是以《盂兰盆赋》实可作为盂兰盆法会之重要参考史料。今唐诗中不乏以"中元"节令为题材描写七月十五日者，如令狐楚《中元日赠张尊师》、卢拱《中元日观法事》、花蕊夫人《宫词》一三一首、王建《宫词一百首》之二六、陆龟蒙《中元夜寄道侣二首》、李商隐《中元作》、戎昱《开元观陪杜大夫中元日观乐》等，不论叙写道教或佛教，皆以"中元"命题。又如唐德宗《七月十五日题章敬寺》，与崔元翰《奉和圣制中元日题奉敬寺》等诗作，虽不乏以盂兰盆法会为描写内容，却仍以"中元"节日称之。唯有杨炯以赋体形式，描写七月十五日"盂兰盆"法会之特殊景象。由于赋体之铺陈描绘性特征远较诗歌更为传神，更具艺术审美观照，因此从《盂兰盆赋》对法会壮丽景象之刻画，可见作者之慧眼独具与匠心巧思。

三、宗教：以佛融合儒、道之颂孝教化主题

两汉之际，由印度、西域传来的佛教，逐步展开其中国化的历程。佛教鼓励出家，本与孝道相悖，但中国化佛教不仅重孝道，到了魏晋南北朝更因轮回观念，而演化为超度父母死后之佛事，《父母恩重经》与《盂兰盆经》即大力阐发孝道，佛教乃更广泛地传播开来。魏晋南北朝时期儒学呈衰微现象，但儒家"孝悌"之伦理观念始终是统治阶级的一贯宗旨。梁武帝萧衍曾提出"三教同源"说，认为三

教可以相互辉映，并称儒释道三教始祖孔子、老子、释迦牟尼为“三圣”。他广建佛寺，四次舍身同泰寺为“寺奴”，不仅大力推动佛教的广播流传，而且直接促成了佛教盂兰盆会的民间化节日形成[①]。由于南朝时期之君王及文人学士多崇信佛教，此时崇拜佛教的活动，如造像、建寺、立塔、讲经、受戒、法会等，都成了文学描写的题材，是以崇佛文学大盛。以赋作为例，如梁武帝《净业赋》、《孝思赋》，萧子云《玄圃园讲赋》、萧子晖《讲赋》和江总《修心赋》等，赋作或宣说佛理，或希冀皈依佛门潜心修身，不仅词藻华丽，且对偶精巧，音律谐畅，已具颇强之艺术感染力。到了隋唐时期，佛教更普遍存在社会精神文化领域里。然而唐代因道教始祖老子姓李，故唐朝帝王自称为“老子后裔”，并尊奉道教为“皇族宗教”，由于皇族始终扶植和崇奉道教，故促使道教在教理、教义和斋醮仪式方面有较大的发展。此时士大夫的诗文中，往往笼罩着一种庄严肃穆、和谐凝重的神秘宗教气氛，透露出恢弘的气象。如卢照邻《五悲文》之《悲人生》(《全唐文》卷一六六)，比较了儒、道、佛三家，说明佛教是何等的辉煌灿烂，何等的凌厉奋发，何等的磊落坦荡，何等的睿智明敏！可见有部分士大夫仍然认为佛教高妙，远远超过儒、道二家。

事实上，唐代帝王自高祖武德七年(624)起就建立了“三教论议”制度，此后几乎历代相承。三教论议的实质，是以儒家为核心。尤其在孝道上，佛、道两家都积极迎合儒家思想，并且在相互争锋中都逐渐确立了各自的孝道，其中佛教孝亲的中土化，更促进了下层民众对佛教的崇奉信仰[②]。观武则天于三教中对佛教特别推崇，因其童年时期曾受母亲影响出入佛寺，而于唐太宗死后被送入感业寺为尼，虽然《僧道并重敕》[③]一文说明其对佛、道崇奉之心相同。但则天武后为加强其帝王之统治地位，似有以“佛授”代“天授”，借“佛威”以壮“帝威”，借佛以合法巩固其女皇地位。尤其武则天以周代唐后，为削弱唐宗室的政治影响而贬低老子，扶持佛教，因此三教中“武则天最重视佛教”[④]。是以初唐时期，文士有以虔敬笔墨赞叹释迦牟尼佛者，如王勃《释迦佛赋》；有铺陈佛教盂兰法会之仪式者，如杨炯《盂兰盆赋》；有专写佛教寺庙者，如沈佺期《峡山寺赋并序》，然而

---

① 马福贞：《七月望节俗的历史渊源与型态特征》，《郑州大学学报》2008 年第 3 期，第 152—155 页。

② 于冬华：《唐代三教同节现象的文化阐释——以七月十五日为中心》，西安：陕西师范大学中国古代史研究所硕士论文，2008 年，第 41 页。

③ 武则天《僧道并重敕》：“道能方便设教，佛本因道而生，老释既自元同，道佛亦合齐重。”参见《全唐文》卷九六。

④ 赵文润、王双怀：《武则天评传》，西安：三秦出版社，2000 年，第 231 页。

杨炯《盂兰盆赋》不仅受道教设坛摆供祭祀法会之影响,更是一篇融合佛教“孝道”和儒家“孝悌”的文化为一体,将洛阳盂兰盆法会仪式铺陈详尽之难得佳作。

《盂兰盆赋》首段以“圣神皇帝御洛城南门”,说明盂兰盆法会于洛阳举行。由于洛阳乃九朝古都、定鼎之地,在中国历史长河中占有重要地位。自从白马寺落址于洛阳后,洛阳便成为中国的释源和北方佛教的重镇。北魏杨衒之《洛阳伽蓝记》载,魏晋南北朝时期洛阳有佛寺一千多座[①],虽然经过周武宗毁佛的影响,洛阳佛寺数目大减,但佛教依旧盛行。据《法苑珠林》载:唐高宗时全国佛寺增至四千余所[②]。隋唐时期,儒、释、道三家并存,文化蓬勃发展。但是由于国家的支持、外来高僧的交流,洛阳佛教文化并没有沉寂,而是更加发达,并且随着佛教不断地本土化,佛教文化逐步走进百姓生活,成为当时城市生活的重要方面。加上洛阳经济繁荣,寺院经济日益发展,为各种风俗活动提供了最有力的物质保障,也给洛阳佛经文化的蓬勃发展奠定了良好的基础。因此杨炯《盂兰盆赋》中多佛教用语,如“盂兰、诸天、大梵、法界、恒沙、三车、禅定、菩萨、如来、大悲、香积、舍卫、大乘、法轮”,不仅显现唐代文人研习佛典已成风气,更说明佛教影响之普及。

事实上,六朝时代的盂兰盆法会多奉盆入寺供养,一切依佛门仪式举行。入唐以后的盂兰盆法会则略有不同。由于唐代将道教奉为国教,皇室自行于内道场启建盂兰盆法会,佛、道杂混,从此多习称为“中元盂兰盆会”。加上中元夜赏灯的流行,使得欢愉斗艳的气氛笼罩整个盂兰盆法会。观杨炯《盂兰盆赋》所载,便是以道教天界景象来结构盂兰盆法会道场。《盂兰盆赋》因强调借由供养十方自恣僧,以报答双亲养育之恩,乃至度脱七世父母的思想,与中国崇尚“孝道”的儒家伦理传统相符。观《盂兰盆赋》中颇多孝道之阐述,如云:

> 至如立宗庙,平圭臬,……以觐严祖之耿光,以扬先皇之大烈,孝之始也。考辰耀,制明堂。……配天而祀文考,配地而祀高皇。孝之中也,定理大乘,昭群圣,光祖考,登灵庆,发深心,展诚敬。刑于四海,加于百姓。孝之终也,夫孝始于显亲,中于礼神,终于法轮。

作者对表现孝道之始末,从孝之始、孝之中、到孝之终,做了阶段性之说明。而实践孝道,即是仁政之表现。只有实行仁政,方能解人民于倒悬之苦,这也是仁者爱人的儒家伦理观念。可见佛教盂兰盆节的供奉祖先亡灵,和道教中元节烧纸钱、摆供品等,基本上皆体现出儒教文化“孝”的精神,而《盂兰盆赋》正是以佛教

---

① 周祖谟:《洛阳伽蓝记校释》卷四,北京:中华书局,2010 年,第 160 页。

② 《法苑珠林》卷一百《兴福部》第五,第 1294 页。

仪式为主，融合儒、道“颂孝”之教化主题，为人们展现一幅盂兰盆斋法会之特殊画面。

四、政治：以歌功颂德迎合君王之政治仪典

“颂美”一直是汉赋的主流，赋家极力铺陈刻画宫殿建筑、山川物产、苑囿狩猎和歌舞宴饮，无一不是为了展示汉家功业和帝王的伟大，这是对《诗经》雅、颂传统之承袭。诚如班固《两都赋序》：“赋者，古诗之流也。……或以抒下情而通讽谕，或以宣上德而尽忠孝，雍容揄扬，著于后嗣，抑亦雅颂之亚也。”这是儒家施教传统的发扬。东晋僧人道安说：“不依国主，则法事难立。”[①]观唐代帝王并非全部信奉佛教，但却善于利用佛教，把佛教作为登上权力顶峰的思想武器，所谓“不假佛法，则国事难成”。故执政者多以政治手段掀起全民学佛的热潮。不仅执政者如此，即使唐代僧人也早已体会到民间传播的宗派得和朝廷交接，甚至士大夫亦得参与其中，他们或参与翻译佛典，或在政教之间起沟通疏导的作用，或者重视佛教配合儒家调御天人的功能而与僧人交往，或者看到僧人出入禁中而不得不巴结。儒、释关系，明显以朝廷要员与佛教上层僧侣的交往为特点，宗教和政治有更为密切之联系。

盂兰盆法会是一项朝廷重要仪典，杨炯《盂兰盆赋》记载盂兰盆斋法会活动时说：武则天头戴通天冠，身佩玉玺，站在洛城南门楼上，主持大典。朝臣们肃穆地观看，稽首再拜，说道：“圣人之德，无以加于孝乎！”继之而起之议论，则多借题发挥，对政治状况寄托希望：这是杨炯身为臣子，不得不迎合武则天此一登基称帝君王之政治野心，故赋文中多歌功颂德之语，如云：

> 武尽美矣，周命惟新。圣神皇帝于是乎唯寂唯静，无营无欲，寿命如天，德音如玉。任贤相，惇风俗，远佞人，措刑狱，省游宴，披图箓，捐珠玑，宝菽粟，罢官之无事，恤人之不足，鼓天地之化淳，作皇王之轨躅。

追求长生不老正是帝王之心理需求，期盼德政普及天下，更是帝王的施政方针。杨炯在“寿”与“德”的颂词中，多迎合了帝王之欲望与野心。说武则天任用贤才，实行德治，发展经济，体恤民瘼，节约开支，敦励风俗等行政作为，无不充满媚主

① (梁)释慧皎：《高僧传》卷五《晋长安五级寺释道安传》，《赵城金藏》第92册，北京：北京图书馆出版社，2008年，第278页。

心态。杨炯为武后歌功颂德,为武周粉饰太平、润色鸿业,似乎说明此时之宫廷文人多谄媚以求荣,其谀主心态之外化,正是当时社会文化心理之艺术反映。因此,杨炯对盂兰盆法会具体场景之铺陈,不仅注重气势,渲染气氛,对武后御临之场面与装扮的描绘,更展现出皇家气派与盛世之景象。可见,文人对盂兰盆法会活动之书写,仿佛具有佛教搭台、政治唱戏的意味。也清楚得知武则天为巩固政权,对三宝至恭至敬,为佛教提供数量巨大的供养,因此以佛成就帝威,也就是以盂兰盆之宗教仪典活动成就君臣之政治目的。总之,武则天因政治目的,对佛教之倡导乃不遗余力,她在洛阳城南大会僧众,"陈法供,饰盂兰",举办了一次盛况空前的盂兰盆法会,当有执政者之政治目的;而杨炯的《盂兰盆赋》反映了此一盂兰盆法会之仪典盛况,在歌功颂德中更蕴含着颂圣之政治主题。

五、余论:节俗欢乐审美意绪之衍变

中国设盂兰盆会,始于南朝梁武帝大同四年(538),此后渐成风俗。南北朝末叶已形成三元(上元、中元、下元)思想,因此迟至唐代初期,道、佛两教已共同形成中元节俗[①],中元盂兰节俗,自然具有佛、道二教之色彩。由于道教地官考校人间功过,赦免罪过的道教文化思想,影响民间产生祈求赦免罪愆,施惠予孤魂野鬼以求冥福的心理,而渐渐形成中元普度的节令习俗[②]。此时朝廷和民间都在七月十五日举行活动,以超度祖宗,报答祖德。初唐文化虽能兼容并蓄,然佛教之兴盛,佛教法会等礼仪自然成为君王贵族生活之点缀。宗教是人类的体验,而文学则植根于人类的生命体验中。观杨炯《盂兰盆赋》对盂兰盆法会具体场景与朝廷仪典之铺陈,不论是题材、语汇和思想,都明显受到佛教之影响。

原属印度美学品格的盂兰盆节俗,到了唐代审美意绪有了衍变,已逐步向中华中元节俗的美学品格认同而转型。观魏晋南北朝时期盆斋法会弥漫着凝重凄清的氛围,到了唐代则演变为欢乐愉悦之意绪。从唐高宗每年向国家大寺"送盆",同时献"音乐人"相随[③]。到了唐武则天如意元年(692)七月十五日,大周圣

---

① 辜美绫:《唐代文学与三元习俗之研究》,台北:台湾政治大学中国文学研究所硕士论文,1994年,第64页。

② 刘奇慧:《唐代节令诗研究》,台北:台湾师范大学国文学系博士论文,2010年,第151—152页。

③ 《唐代文化》,第1092页。

神皇帝武则天在神都洛阳举行盂兰盆会，不仅音乐歌舞场面盛大，规模更是空前绝后，当时杨炯以赋体对法会加以铺陈，其所进献之《盂兰盆赋》，便是以华丽词藻极状喧腾欢悦之热烈气氛，如云：

> 少君王子，掣曳兮若来；玉女瑶姬，翩跹兮必至。鸣鹔鹴与鸑鷟，舞鹍鸡与翡翠。毒龙拏兮赫然，狂象奔兮沈醉。……铿九韶，撞六律，歌千人，舞八佾。孤竹之管，云和之瑟，麒麟在郊，凤凰蔽日，天神下降，地祇咸出。

从“王子”到“瑶姬”写人物聚集之多；从“鹔鹴与鸑鷟”到“鹍鸡与翡翠”写动物鸣叫跳跃之兴奋；从“九韶”到“六律”与“歌千人”到“舞八佾”等歌舞之描写，皆说明热闹的盂兰盆节庆活动，已有了具体的衍变。可见唐代君臣同乐的盛世情怀与盛世景象，早在武后时期已渐露端倪，到玄宗朝才更见帝国盛景。而从《盂兰盆赋》一文的书写中，仿佛也让我们看到初唐文人对气势、气象的追求，并已隐约听到盛唐盛世之音的前奏曲。

盂兰盆法会是依据佛教故事，结合“孝道”此一儒家传统伦理道德而举行的佛事活动，作者以“盂兰盆”命名，似乎说明此时佛教有超越道教中元之优势。然观唐诗中描写七月十五日者多以“中元”节令为题，可见在“盂兰盆”和“中元”两节并行的过程中，“中元节”已有逐渐取代“盂兰盆节”之现象。据韩鄂①《岁华纪丽》载：“孟秋之望，中气之辰。道门宝盖，献在中元；释氏兰盆，盛于此日。”②虽是两节并述，却突出传统时序，可见晚唐五代，道门“中元”逐渐凌驾释门“盂兰盆”之前。北宋孟元老《东京梦华录》和南宋周密《乾淳岁时记》载孟秋望日节俗，均以“中元”为目。两宋虽有“盂兰盆斋”和“盂兰盆会”，但多在佛寺和佛教信众中举行③。此种状况一直持续到元、明和清代，甚至影响至今。唐代盂兰盆节亦流传至日本，据《齐明纪》三年秋七月十五日条云：“在飞鸟寺西须弥山之像，且设盂兰盆会。”又同书亦载五年秋七月十五日条：“在京内诸寺诏群臣，宣讲盂兰盆经已达七世，并以此报答父母之恩惠。”又圣武天皇天平五年七月条载：“始令大膳职修盂兰盆的供养。”④可见盂兰盆节影响之广。

---

① 韩鄂(生卒年里不详)唐末或五代时人。一说即《新唐书·宰相世系表》所载秋浦令韩寮之子，著有类书《岁华纪丽》四卷。参阅周祖谟主编：《中国文学家大辞典》，第745页。

② (唐)韩鄂：《岁华纪丽》卷三《中元》，上海：上海商务印书馆，1937年。

③ 参阅高承：《事物纪原》卷八《岁时民俗·盂兰盆》；吴自牧《梦粱录》卷四《解制日·中元附》；周密《干淳岁时记·中元》。

④ 转引自[日]吉野裕子著，雷群明等译：《阴阳五行与日本民俗》，上海：学林出版社，1989年，第116—117页。

如今,全国各地普遍称七月十五日为“中元节”者多于“盂兰盆节”,然而,中元节的习俗却仍沿用盂兰盆会的部分习俗。在全国各地,七月十五这一天举行祭祀活动已成为一普遍的社会习俗。至于荷花灯,北方大部分地区称其为河灯,南方有些地方称为江灯。因此,中元节就是盂兰盆会的衍生,它既不是纯粹的盂兰盆会,也不是纯粹的民间节日,而是佛教思想与民间习俗的融汇。从我国的历史来看,佛教自传入中国以来,就深深地影响着我国人民的物质生产活动和精神生活,无论是富丽堂皇的皇宫大殿,还是穷山恶水的乡村小屋都脱离不开佛教的影迹,所以,中元节从形成伊始就是佛教文化与民间习俗的交融。自唐代以至近世,中元节的基本格局是佛家举行盂兰盆会,世俗之人则祭奠自己的亡亲或田神,各行其是,节日则是统一的中元节。尽管如此,中元节所蕴含的丰富文化内涵却是不可置疑的。

台湾早期的佛教不论是讲说、仪式或修持方法,自然承袭了东南沿海地区的信仰形态。清康熙年间由高拱干写成的《台湾府志》有言:佛寺启建盂兰盆会,每会多有一老僧主之,黄昏后登坛说法,撒物食羹饭,谓之“普施”[①],这正是盂兰盆法会。今日台湾中元普渡不仅是民间的活动,公家也会借此机会祷祝社会安和乐利。普渡举办时,供桌上往往竖立彩色三角形纸旗,号称“普渡旗”,该旗以毛笔写上“广赞中元”、“广施盂兰”、“敬奉阴光”、“冥辉普照”等“中元敬语”,也会写上信士姓名,让“好兄弟”(闽南语对亡魂的敬称)知晓供奉者,以便得到庇佑。今佛教界称七月为“教孝月”,勉励人“广修供养”之力,以报累世父母之亲恩,可见从《佛说盂兰盆经》到《盂兰盆赋》,皆具有孝子报恩之思想。节祀的运作古今虽有差异,但其中包含的中华民族传统孝道美德,却仍然承袭着杨炯《盂兰盆赋》“颂孝”的主题思想。总之,盂兰盆法会历经时代之变迁,欢乐审美之意绪虽有不同,却是今日民众仍广泛参与的盛节。

---

① 高拱干纂辑,周元文增修,台湾史料集成编辑委员会编辑:《台湾府志》卷七《风土志》,台北:台湾行政主管部门文化建设委员会,2004 年,第 322 页。

刘禹锡与洛阳文酒之会

肖瑞峰

［摘　要］作为“刘白诗人群”的核心成员，刘禹锡与洛阳文酒之会有着不解之缘。他与白居易同为文酒之会当仁不让的主角，而他们的唱和诗则是脱颖于其间的最具艺术生命力和影响力的成果。沉溺于文酒之会的刘禹锡，在试图自保自全的同时，并没有放弃自持自守。正如欢快其外与悲苦其内构成其创作转向后的矛盾心曲一样，他通过讳言现实的特殊方式实现了自保自全和自持自守这看似抵牾的双重旨归的融通。锋芒虽匿，而气骨犹在。与同样年届老暮的白居易相比，他依然不失雄豪之风，表现出远较常人达观的生命意识。

［关键词］刘白诗人群　洛阳文酒之会　刘禹锡　白居易　裴度

在唐代开成至会昌年间，汇聚于东都洛阳的一批朝廷命官频繁地以“文酒之会”的形式举行集体创作活动。政治上的相对边缘化，使他们得以将更多的才情倾注于诗歌创作，而对文酒之会表现出浓厚的兴趣。对这批纵横诗坛多年的官员，当代学界习惯上称之为“刘白诗人群”。作为这个创作群体的翘楚人物之一，刘禹锡与洛阳文酒之会有着不解之缘。他与白居易同为文酒之会当仁不让的主角，而他们的唱和诗也是脱颖于其间的最具艺术生命力和影响力的成果。

一、彼此依存：洛阳文酒之会对刘禹锡的接纳

大和五年（831）至开成元年（836），刘禹锡先后出牧苏州、汝州、同州，暂时得以远离政治漩涡的中心。但随着“甘露之变”的发生，即使在漩涡的边缘，也已难免为朋党倾轧的惊涛骇浪所袭扰。政治生态的日趋恶化，彻底摧毁了刘禹锡待

机重返朝廷的幻想，而不得不和裴度、白居易一样急流勇退。于是，开成元年(836)秋天，他托言足疾发作，终得朝廷批准以太子宾客分司东都，直至会昌三年(843)辞世。

刘禹锡刚回到洛阳，东都留守裴度便为他举办了旨在表达欢迎之忱的文酒之会。白居易即席感吟《喜梦得自冯翊归洛兼呈令公》一诗：

上客新从左辅回，高阳兴助洛阳才。
已将四海声名去，又占三春风景来。
甲子等头怜共老，文章敌手莫相猜。
邹枚未用争诗酒，且饮梁王贺喜杯。[①]

诗中故意以羡极生妒的口吻叙写禹锡赢得“四海声名”后，又来窃占“三春风景”，以吟赏烟霞为乐。而其内心深处则庆幸日后有了校短量长、一决雌雄的对手。“文章敌手莫相猜”，在这亲切的调侃中，流溢出的是同气相求、两“老”无猜的坦诚。诗末巧妙化用“邹枚”和“梁王”的典故，再度抒发诗逢劲敌的欣悦之情。

刘禹锡当即回赠《自左冯归洛下酬乐天兼呈裴相公》一诗，呼应白居易及裴度的脉脉深情：

新恩通籍在龙楼，分务神都近旧丘。
自有园公紫芝侣，仍追少傅赤松游。
华林霜叶红霞晚，伊水晴光碧玉秋。
更接东山文酒会，始知江左未风流。[②]

诗人自道目前的处境是籍在朝堂而身近故闾，既可食俸，又得安闲，如果撇开政治诉求，其实倒是体面而又实惠的隐退方式。“紫芝”、“赤松”指代自己隐退后从游的俦侣，暗示他们不仅贤良方正，而且高蹈出尘，饶有仙风。而若非赋闲洛阳，又岂能与之为伍，尽享枕石漱流之自由？这是再次肯定自己眼下的生活状态。而眼下的生活内容中，最让他心醉神迷的则是裴度主办的“东山文酒会”。过去他是“虽不能至，然心向往之”[③]，而今，终得厕身其间，并成为艺惊四座、技压群雄的核心人物，其情何极，其乐何限！着一“更”字，将诗人对生活现状的餍足之情又推进一层。为了强调“东山文酒会”的引人入胜之处，刘禹锡特意把时人艳羡的“江左风流”作为参照系，断言与前者相比，东晋王羲之等人的“兰亭修禊”根

① 谢思炜：《白居易诗集校注》，北京：中华书局，2006年，第2522页。

② 瞿蜕园：《刘禹锡集笺证》，上海：上海古籍出版社，1989年，第1223页。

③ (汉)司马迁：《史记》，北京：中华书局，1959年，第1947页。

本不足当“文彩风流”之誉。这里，诗人绝非存心贬抑“江左风流”，扬此抑彼的目的仅在于擢升裴度主办的文酒之会的历史地位，表达自己躬逢盛会、“幸甚至哉”的达人情怀。

刘禹锡就这样被簇拥在裴度身边的东都诗人群所欣然接纳，而他对文酒之会的渴求也日趋强烈。他在《酬乐天请裴令公开春嘉宴》一诗中写道：

高名大位能兼有，恣意遨游是特恩。
二室烟霞成步障，三州风物是家园。
晨窥苑树韶光动，晚渡河桥春思繁。
弦管常调客常满，但逢花处即开樽。①

“嘉宴”又作“加宴”②，“加宴”者，原有的例行游宴不变，另设名目增加宴饮次数也。在诗人看来，“加宴”的结果，应当是“弦管常调客常满”，即几乎不间断地在丝竹声中推杯换盏和舞文弄墨，而且，无须固定游宴场地，雁行出游之际，但逢花盛之处，便可共同举杯。要形成这种局面，非“加宴”不可，因此刘禹锡不惟呼应白居易的恳请，而且加高调门、踵事增华，一心推动文酒之会向“即兴”、“即时”、“即地”的方向转型。这样，刘禹锡与裴度主办的“文酒之会”(或曰诗宴)之间便形成一种相互依存的关系：刘禹锡需要文酒之会来娱情遣兴，而文酒之会也需要禹锡来增光添彩。于是，他便以颓放而又不无亢奋的姿态放歌洛阳，直至终老。

二、冠盖兰亭：洛阳文酒之会的总体风貌与盛衰轨迹

开成二年(837)春，裴度不负前约，如期举办文酒之会。与会者甚众，而刘禹锡与白居易是当然的主角。席间赋诗的应当不止他们三人，但留下联句的却只是他们三人，似乎当时这三位高手在众目睽睽下进行了一次联句的示范表演。联句诗的序言由裴度所撰：

予自到洛中，与乐天为文酒之会，时时构咏，乐不可支。则慨然共忆梦得，而梦得亦分司至此，欢惬可知，因为联句。

① 《刘禹锡集笺证》，第 1230—1231 页。

② 彭定求等编：《全唐诗》，北京：中华书局，1960 年，第 4072 页。

寥寥数语，不仅述及欢会始末与联句缘起，而且抒发了三人终得同聚洛阳、联句赋诗的“欢惬”之情。因过于沉湎于这种欢惬之情，他甚至不顾及其他与会者的感受，而忘情地投入“三人行”的文字游戏，将他人视同助兴与喝彩的观众。他率先吟道：

成周文酒会，吾友胜邹枚。
唯忆刘夫子，而今又到来。

将今日之欢聚比作“成周文酒会”，既见出裴度对自己一生功业的自信，又渲染了这次聚会的规格之高和场面之盛。因为此前白居易曾以“邹枚”来喻指自己与刘禹锡，裴度便继续以这两位前贤作为准绳来衡量他们，结论是他们远胜“邹枚”。这又显示了裴度对这两位拔乎众侪的诗友的期许之高和称扬之盛。在刘、白之间，裴度本无意轩轾，但因为刘禹锡刚刚加盟，有必要再度抒写欢迎之忱，所以，接下来，裴度特别强调“唯忆刘夫子，而今又到来”。洋溢于内心的巨大喜悦使他无暇亦无意修润辞句，唯求以白话的形式将此时此刻的心情一吐为快。白居易的联句紧承裴度语意，亦以欢庆刘禹锡回归和称赞他的才干为主旨：

欲迎先倒屣，入座便倾杯。
饮许伯伦右，诗推公干才。①

“倒屣”，用东汉蔡邕“闻粲在门，倒屣迎之”②的典故，极表对禹锡迎之唯恐不及的热诚。“伯伦”，指名列“竹林七贤”的刘伶。“公干”，指位居“建安七子”的刘祯。前者善饮，后者擅诗。以之比拟禹锡，既模写出禹锡在酒宴上开怀畅饮、千杯不醉的豪放情态，又刻画出禹锡在联句时才华横溢、“高风跨俗”③的俊逸形象。按照顺序，刘禹锡是最后一位联句者，面对裴、白二人的盛情，他除了称谢，便只有称美了。经过几个回合的迭相吟唱，在联句诗的最后，他以称美裴度作结：

洪炉思哲匠，大厦要群材。
他日登龙路，应知免曝鳃。④

他把裴度称为“哲匠”，盛赞其汲引人才、撑持大厦之功，庆幸自己因有裴度庇护，

---

① 《刘禹锡集笺证》，第1242页。

② （晋）陈寿：《三国志·魏书·王粲传》，北京：中华书局，1959年，第597页。

③ 曹旭：《诗品集注·魏文学刘祯诗》，上海：上海古籍出版社，1994年，第110页。

④ 《刘禹锡集笺证》，第1243页。

得以脱危解困。过去如此,今后亦复如此。这里,诗人活用了"曝鳃龙门"这一典故。有些学者认为,刘禹锡此处是"希望有朝一日裴度能够重新出山,扶危定倾,自己也能一展报国素志"①。其实,在经历了太多的劫难后,禹锡虽不至心如槁木,对政局的逆转却已不抱任何幻想,不可能再怀有如此不切实际的"希望",所谓"他日"云云,只是一种意在擢高裴度地位与作用的场面话,重心是寄望于裴度继续为他遮风挡雨。

以他们的这次联句活动为标志,迅速形成了一个新的诗歌唱和群体。这个诗歌唱和群体以裴度为龙头,而以刘、白为中心。学界称之为"刘白诗人群",是从创作成就和创作影响的视角着眼,并不意味着抹煞或忽略裴度对这个群体的创作活动的推进作用。

先后加入文学史意义上的"刘白诗人群"的有崔玄亮、李德裕、牛僧孺、令狐楚、裴度、李绅、王起等兼涉政坛与诗坛的名宿。如果进而溯其源头,那么,也许可以说,"刘白诗人群"集体交游酬唱的序幕早在大和三年(829)便已拉开:当时,白居易以太子宾客身份分司东都洛阳,崔玄亮以秘书少监改曹州刺史,辞病不就,亦归洛阳闲居。白、崔二人都酷爱诗酒,于是经常相约"游山弄水携诗卷,看月寻花把酒杯"②。这实际上已酿就后来的文酒之会的雏形。大和七年(833),崔玄亮逝世,结束了与白居易的交游酬唱生活,白居易曾赋《哭崔常侍晦叔》,以庄周与惠施、子期与伯牙比拟自己与崔玄亮的交谊,既哀悼知音凋零,更痛惜失去了文酒之会的主角之一。但转年,即大和八年(834),随着裴度以东都留守身份退居洛阳,新的更有影响力的主角及时填补了崔氏的空缺,文酒之会也得以在原有基础上扩大规模和增加频率。待到开成元年秋天,原先只能隔空传音的刘禹锡在众人的翘首企盼下正式加入这一群体,"刘白诗人群"这一文学史概念得以最终形成并定名。

在这个成员时有交替、边界殆难厘清的诗歌唱和群体中,刘、白二人不仅成就最高,而且历时最长——后者应当也是以"刘白诗人群"来命名这一群体的重要原因。这个群体的唱和活动从开成三年到会昌六年,前后绵延十八年左右,与唱和活动相伴始终的只有白居易一人,而刘禹锡参加活动的时限大致从开成元年到会昌二年,延续将近七年,是除白居易以外时间跨度最大的成员。再加上诗才、诗艺、诗品方面的因素,他理所当然地会成为这个群体的核心人物。

对"刘白诗人群"的活动情形,史书及当事人的诗文都有所描述。据《旧唐书

---

① 吴汝煜:《刘禹锡传论》,西安:陕西人民出版社,1988年,第140页。

② 《白居易诗集校注》,第2099页。

·裴度传》记载："（裴度）视事之隙，与诗人白居易、刘禹锡酣宴终日，高歌放言，以诗酒琴书自乐，当时名士，皆从之游。"[①]其活动内容、活动形式、活动规模可见一斑。值得注意的是"当时名士，皆从之游"，可知只要是贤达名流，无不以从游为乐，即便"叨陪末座"，也"与有荣焉"。刘禹锡为悼念李绅而作的《祭兴元李司空文》也有类似记录："削去苛礼，招邀清闲。广陌联镳，高台看山。寻春适野，醉舞花间。"[②]"广陌联镳"，见出同游者之众；"寻春适野"，见出游览地之广；"醉舞花间"，则见出与会者之狂放。

如果说这两则文献尚嫌简略的话，那么，白居易《三月三日祓禊洛滨并序》则叙录得较为详尽了：

开成二年三月三日，河南尹李待价以人和岁稔，将禊于洛滨。前一日，启留守裴令公。公明日召太子少傅白居易、太子宾客萧籍、李仍叔、刘禹锡、前中书舍人郑居中、国子司业裴恽、河南少尹李道枢、仓部郎中崔缙、司封员外郎张可续、驾部员外郎卢言、虞部员外郎苗愔、和州刺史裴俦、淄州刺史裴洽、检校礼部员外郎杨鲁士、四门博士谈弘谟等一十五人，合宴于舟中。由斗亭，历魏堤，抵津桥，登临沂沿，自晨及暮，簪组交映，歌笑间发，前水嬉而后妓乐，左笔砚而右壶觞，望之若仙，观者如堵。尽风光之赏，极游泛之娱。美景良辰，赏心乐事，尽得于今日矣。若不记录，谓洛无人，晋公首赋一章，铿然玉振，顾谓四座继而和之，居易举酒抽毫，奉十二韵以献。

三月草萋萋，黄莺歇又啼。
柳桥晴有絮，沙路润无泥。
禊事修初毕，游人到欲齐。
金钿耀桃李，丝管骇凫鹥。
转岸回船尾，临流簇马蹄。
闹於杨子渡，踏破魏王堤。
妓接谢公宴，诗陪荀令题。
舟同李膺泛，醴为穆生携。
水引春心荡，花牵醉眼迷。
尘街从鼓动，烟树任鸦棲。
舞急红腰凝，歌迟翠黛低。

---

① （晋）刘昫等：《旧唐书》，北京：中华书局，1975年，第4432页。

② 《刘禹锡集笺证》，第1540页。

夜归何用烛，新月凤楼西。[①]

这次文酒之会由河南尹李待价提议并承办，但事先不仅请示过裴度，而且与会者也都系裴度亲自邀请，连裴、李在内总计十七人，阵容颇为壮观。他们宴饮的地点是“舟中”，宴饮的时间是“自晨及暮”，一路“尽风光之赏，极游泛之娱”。但既然是“文酒之会”，岂能无诗？所以，他们宴饮时的陈设是“左笔砚而右壶觞”，一厢饮酒，一厢赋诗，氤氲出好一派文采风流的场面！而且，他们并不是单纯的自娱自乐，既有歌妓陪侍，又有市民围观，庶几成为一起轰动全城的娱乐新闻。不是吗？序中已云“前水嬉而后妓乐”，诗中复云“妓接谢公宴”，可知歌妓是他们宴饮赋诗时不可或缺的角色。她们除了侑酒外，还须载歌载舞，刺激他们的感官，诱发他们的诗兴。如果说“舞急红腰凝，歌迟翠黛低”二句是刻画她们歌舞时的形态的话，那么“水引春心荡，花牵醉眼迷”二句则是描写他们听歌观舞时的生理及心理反应了。他们似乎也并不顾忌市民对官员集体娱乐事件的围观。“望之若仙，观者如堵”云云，作为一种真实记录，非但不见身涉奢靡享乐之风的自省与自愧，反倒流露出吸引公众眼球的自得与自豪。那一时代的官员毕竟要少一些禁忌。

这群风流自赏的政坛耆老和诗坛名宿，自以为此日之盛会比当年王羲之等人的兰亭修禊有过之而无不及，他们无意效仿“曲水流觞”的老套游戏，而采用红颜佐欢、舟中放歌的方式。率先献声的仍是裴度，“四座继而和之”，于是众声喧哗，群音鸣啾，亦可谓“彬彬乎其盛矣”。刘禹锡所作为《三月三日与乐天及河南李尹奉陪裴令公泛洛禊饮各赋十二韵》：

洛下今修禊，群贤胜会稽。
盛筵陪玉铉，通籍尽金闺。
波上神仙妓，岸傍桃李蹊。
水嬉如鹭振，歌响杂莺啼。
历览风光好，沿洄意思迷。
棹歌能俪曲，墨客竞分题。
翠幄连云起，香车向道齐。
人夸绫步障，马惜锦障泥。
尘暗宫墙外，霞明苑树西。
舟形随鹢转，桥影与虹低。

① 《白居易诗集校注》，第2457—2458页。

川色晴犹远，乌声暮欲棲。
唯余踏青伴，待月魏王堤。①

开篇即断言裴度领衔的洛下修禊远胜王羲之主盟的会稽宴集。然后以略带夸饰的笔触，对这次文酒之会作全方位的显影。其中，除了以“波上神仙妓”着色外，还以“翠幄连云起”造势。其排场之大、铺张之甚，由此或可窥知一二。在这样的氛围里，尊卑之序、穷达之别、荣辱之分，甚至恩仇之界，暂时都被泯灭，至少都被模糊，大家唯一的身份是诗坛中人，唯一的兴趣是以诗会友。所以，此时受到推崇的必然是诗才拔群者，而刘、白二人正是这样的诗才拔群者。

开成元年(836)是“刘白诗人群”创作最为活跃的一年，不仅参与活动的人数最多，相互间的酬唱也最为频繁，白居易与裴度、李绅，刘禹锡与令狐楚、李德裕等人时相赠答，各有歌咏，均表现出旺盛的创作热情。但次年五月，裴度奉诏移镇太原，任北都留守、河东节度使，不得不离开洛阳，离开他乐于兴办的文酒之会，而“刘白诗人群”不仅因此减少了一位极具号召力和凝聚力的成员，其活动载体也失去了强有力的后援。同年出现的不利因素还有令狐楚的逝世。这样，开成二年五月以后，“刘白诗人群”便告别了创作的巅峰状态，而滑落为平缓运行的局面。开成三年冬，裴度乞归洛阳养老，再度回到他心驰神往的诗歌唱和群体中来，但未及重新发挥他振臂一呼、应者云集的领袖作用，为刘、白二人推波助澜，翌年三月，他即与世长辞。而这也就预示了这一唱和群体将不可避免地渐趋式微，而洛阳既往的大型文酒之会也将黯然收场。

三、超然局外：文酒之会所促致的刘禹锡的创作转型

沉溺于文酒之会的刘禹锡，对黑暗现实和邪恶势力的抗争意识渐趋淡薄，而明哲保身的观念越来越成为主导其行为方式的不二准则。“甘露之变”后，他便开始以阅尽沧桑的目光对朝廷中白云苍狗的变化冷眼旁观。退归洛阳后，他更是完全采取静水深流、超然局外的处世态度，坐看云起云飞、花开花落。《酬乐天醉后狂吟十韵》一诗说：

散诞人间乐，逍遥地上仙。
诗家登逸品，释氏悟真诠。

---

① 《刘禹锡集笺证》，第 1236 页。

制诰留台阁，歌词入管弦。
处身于木雁，任世变桑田。
吏隐情兼遂，儒玄道两全。
八关斋适罢，三雅兴尤偏。
文墨中年旧，松筠晚岁坚。
鱼书曾替代，香火有因缘。
欲向醉乡去，犹为色界牵。
好吹杨柳曲，为我舞金钿。①

"木雁"一典，出自《庄子·外篇·山木》，昭示了庄子的与世态度：只有介乎有才与无才之间，才能全身远祸。禹锡决意"处身于木雁"，表明在经过痛苦的反思和艰难的抉择后，他已认同了庄子的处世哲学，准备跳出政治迷局，远离是非，静观时变了。"任世变桑田"，语意更趋显豁——不管政局如何动荡、时势如何变化，他都将以不变应万变，保持既定的超脱姿态，安于"散诞"、"逍遥"、与世无争的生活。"散诞人间乐，逍遥地上仙"，这是他对自己日后的生活角色的定位。他极言目前的生活状态之惬意："吏隐情兼遂，儒玄道两全。"意即这种亦官亦隐、亦儒亦道的"混搭"方式，折中于入世与出世之间，既可满足自己作为世俗之人对物欲的追求，又可挣脱世俗的羁绊、规避政治的风险，实现烹金馔玉与全身远祸的双重收益。这时的诗人倒真的是大彻大悟了，但他在这里所表现出的过分的清醒与冷静，却不能不让我们稍感陌生。从其人生态度的这种嬗变中，我们自然也能感受到那一时代的政治气候的严酷，品味出诗人对世道人心的绝望，但它究竟是一种进化抑或退化，却很难衡定。

《咏树红柿子》一诗也是自抒怀抱之作，折射出刘禹锡在残酷现实的挤压下已多少有些扭曲和裂变的心态：

晓连星影出，晚带日光悬。
本因遗采掇，翻自保天年。②

诗人采用托物寄意的传统手法，庆幸自己因多年遭受冷遇、不得显位而没有被卷入朝廷内部的激烈党争，在诸多旧朋新友罹祸亡身的情况下，独能从顺天命，安享晚年。在诗人精心塑造的"红柿子"的形象中，分明叠印着他自己的身影。但如果以为随着政治态度和创作倾向的转变，诗人真的已经弃绝忧愁与烦恼，达到

① 《刘禹锡集笺证》，第1266—1267页。
② 《刘禹锡集笺证》，第780页。

了身心的和谐与宁静，那就未免在低估了其情感世界的复杂性的同时，高估了其调节情绪、制衡心理的能力。事实上，诗人一方面以“散诞”和“逍遥”自期，渴望日夜与欢乐相伴、与痛苦绝缘，另一方面欢乐却往往稍纵即逝，而痛苦却始终如影随形。何以如此？原因或许在于：从本质上说，这种转变是一种有意识的调整，一种受制于生存环境的迫不得已的选择。在退居洛阳之初，刚刚体验到“吏隐情兼遂，儒玄道两全”[①]的绝佳处时，他确实是惬意的，但最初的喜悦与满足感消散之后，他却无法不触及内心的伤痕，将思绪拉回到既往的苦难岁月。这种回忆是很难让诗人感到快乐的，而此时使诗人不快的又绝不仅仅是回忆。对于一直志在用世的诗人来说，为求自保而被迫选择超然局外、静观时变的处世态度，这又怎么可能让他快乐呢？这样，在既有的理想受挫、壮志成空、年华虚掷的悲伤失意中，应该又糅合着人格分裂、精神异化的无奈与感怆。因此，可以说诗人这一时期的创作心态其实是欢快其外，而悲苦其内。试看《岁夜咏怀》一诗：

弥年不得意，新岁又如何？
念昔同游者，而今有几多？
以闲为自在，将寿补蹉跎。
春色无情故，幽居亦见过。[②]

除旧迎新之际，诗人产生的是“弥年不得意”的憾恨，并没有终日欢饮、其乐何极的快慰。而且，瞻望新岁，他似乎也不敢有苦尽甘来的预期。“又如何”的质疑，透露了他对未来的极端不自信。而勾引起他的憾恨之情的则是对昔日同游者的怀念。旧侣凋零而一己独存，在对王叔文、柳宗元等一同参与永贞革新而先后谢世的革新志士的感怀中，传达出其内心知音寥落的痛楚。此时的诗人显然是孤独寂寞的，迥别于文酒之会上神采飞扬、不胜欢忭的表现。

的确，文酒之会上的刘禹锡与孑然独处时的刘禹锡简直判若两人。尽管前者并非假象，但后者却更接近真相。或者说，前一场合的刘禹锡往往戴上社交时不可缺少的面具，有所掩饰或遮蔽；后一场合的刘禹锡才是毫无伪装，更显真实的。于是，在后一场合他便总是无法抑制孤独寂寞之感。《酬乐天小台晚坐见忆》一诗说：

小台堪远望，独上清秋时。
有酒无人劝，看山只自知。

---

① 《刘禹锡集笺证》，第 1267 页。

② 《刘禹锡集笺证》，第 1263 页。

幽禽啭新竹，孤莲落静池。
高门勿遽掩，好客无前期。[①]

独上小台，举杯自酌，这本亦不失逍遥，但“有酒无人劝，看山只自知”，却分明是寂寞自伤、惆怅自怜之语。李白《敬亭山》一诗表现他的孤独无依以及对尘世的厌倦说：“众鸟高飞尽，孤云独去闲。相看两不厌，只有敬亭山。”[②]这里所谓“看山只自知”，恰好浓缩了李诗之意，而措辞较李诗更为婉曲。此外，诗中出现的“幽禽”、“孤莲”等意象也无不烘染出一种寂寥、凄清的氛围。

尽管欢快其外而悲苦其内的刘禹锡决意缄口政事、不论是非、但求欢娱，文酒之会上的他确实也严格遵从了这一创作宗旨，然而，在独自援笔时，他有时还是会不自觉地将沉沦憔悴之感融入其中。如《秋中暑退赠乐天》：

暑服宜秋著，清琴入夜弹。
人情皆向菊，风意欲摧兰。
岁稔贫心泰，天凉病体安。
相逢取次第，却甚少年欢。[③]

深夜独自抚琴，固然表现了诗人的雅兴，但追索其动因，又何尝不是为了自解孤独、自慰寂寞？他的万千心事无法明言，只有借助跌宕起伏的琴声加以倾诉。所以，这一举动实有其深意。“人情皆向菊”，“向菊”，是因为崇尚菊花傲霜开放的性格特征。这似乎又是在写照自己的节操了。但寄托更深的还是“风意欲摧兰”一句，它令人联想起诗人创作于贬居朗州期间的《萋兮吟》中的“穷巷秋风起，先摧兰蕙芳”[④]二句。后诗以秋风摧折兰蕙比喻保守势力恣意迫害革新志士，显示出鲜明的政治倾向。时隔三十余年，已入老境且锐气大减的诗人再度将这一意象镶嵌入诗，很难说是一种偶然的巧合，更合理的解释是顾思前事，微言寄慨。诗人试图远离是非，但内心却没有淡忘恩仇。一旦有合适的契机和载体，他还是会让旧日恩仇在诗中留下痕迹。

刘禹锡这类作品，大多运用比兴手法，以极为含蓄的只言片语隐现胸中丘壑，并不直接说破。有时它以“伤春”或“悲秋”的方式，曲折点出心底的郁积。如《酬皇甫十少尹暮秋久雨喜晴有怀见示》：

---

① 《刘禹锡集笺证》，第 1258 页。

② （唐）李白：《李太白全集》，北京：中华书局，1977 年，第 1079 页。

③ 《刘禹锡集笺证》，第 1238—1239 页。

④ 《刘禹锡集笺证》，第 576 页。

雨余独坐卷帘帷，便得诗人喜霁诗。
摇落从来长年感，惨舒偏是病身知。
扫开云雾呈光景，流尽潢污见路岐。
何况菊香新酒熟？神州司马好狂时。[①]

首句推出“独坐卷帘帷”的自我形象，已见其无可排解的寂寞。次句回应皇甫少尹“久雨喜晴”的吟咏，却一笔带过，并不顺势抒写自己的欢欣，反倒接续以“摇落从来长年感”的悲颓之辞。“长年感”，说明他的“摇落”之悲不是秋风萧瑟之际方才产生，而是常年相伴的。这就点出其所悲者乃“身世飘摇”，而非“草木摇落”也。“扫开云雾呈光景”，似有“喜晴”之意，但“流尽潢污见路岐”，则又转为迷茫，令人难测旨归了。如此措笔，至少表明在友人“喜晴”之际，他无法唤起自己同样的情绪。又如《早秋雨后寄乐天》：

夜云起河汉，朝雨洒高林。
梧叶先风落，草虫迎湿吟。
簟凉扇恩薄，室静琴思深。
且喜炎前别，安能怀月阴。[②]

传写秋凉时分的身心感受，虽也有“且喜炎前别”之类的庆幸酷热不再的语句，但更为触目的还是“簟凉扇恩薄”的慨叹和“室静琴思深”的写照。“扇恩薄”，语本班婕妤《团扇歌》(又名《怨歌行》)，后人以团扇见弃比喻君恩断绝。这里，“簟凉扇恩薄”，显系援班氏之余绪。它绝不只是描写一种夏秋交替之际必然出现的自然生活现象，而寄托了诗人不满朝廷寡恩的政治怀抱。与“扇恩薄”相对应的是“琴思深”，二者之间的逻辑关系应该是：因为触发了“扇恩薄”的感慨，才进而滋生了幽邃的琴思，像往常一样通过琴声来诉说心中的不满与不平。强迫自己“且喜”的诗人这时其实并不快乐。

惟其如此，他才需要适时举办的文酒之会来为他驱散无法根除的愁云；在没有文酒之会时，才需要独自沉湎于醉乡，用酒这一公认的“忘忧物”来消释内心的痛苦。《吴方之见示独酌小醉首篇乐天续有酬答皆含戏谑极至风流两篇之中并蒙见属辄呈滥吹益美来章》一诗说：

闲门共寂任张罗，静室同虚养太和。

① 《刘禹锡集笺证》，第1388页。
② 《刘禹锡集笺证》，第1258—1259页。

尘世欢虞关意少，醉乡风景独游多。
散金疏傅寻常乐，枕麹刘生取次歌。
计会雪中争挈榼，鹿裘鹤氅递相过。①

“独酌”何如“共饮”？遗憾的是，人在江湖，各如返梗萍飘，岂能日日欢聚？因而终究共饮时少，独酌时多。但独酌总胜于独坐，毕竟它能把人导入“醉乡风景”，宠辱偕忘，而独坐则只能使人浮想联翩，暗自伤怀。此诗开篇即言“闲门共寂”，直指心灵深处之寂寞。诗人多么希望能领略到盛唐山水田园诗人津津乐道的闲适之趣！然而，他的状态却一直闲而非适——既然驱逐不了一个“寂”字，则何适之有？他不想让这个“寂”字长久地窃据自己的心灵，便只有以独酌的方式与之抗衡了。

四、“精华不衰”：刘禹锡有别于文朋诗侣的雄豪之风

在文酒之会上纵饮高歌的刘禹锡其实是借酒浇愁！当年贬居时如此，如今闲居时亦复如此。因为闲居与贬居相比，生活待遇虽不可同日而语，怀才不遇、壮志难酬的痛苦却毫无二致。彼时尚能径直袒露痛苦，甚至可以呼天抢地；此时却只能隐晦其辞、曲折其意，努力将痛苦的心结藏掖得不见踏痕。这就更费心力了！也就更需要借助酒力了！

无疑，转型后的刘禹锡已不似当年铁骨铮铮，宁折不弯，直面现实，嫉恶如仇。但这并不是一种脱胎换骨式的蜕变，也不是一种改弦易辙式的嬗替，从本质上看，他依然忠于既定的政治理想，对当年的所作所为没有丝毫追悔之意，只不过在表现形式上，因为越来越清醒地意识到理想的实现已经渺茫无期，他才三缄其口，保持沉默——有时，沉默本身也是一种坚守！换言之，此时的禹锡，面貌虽异，而“我心依旧”，哪怕此心已是伤痕累累。所以，在试图自保自全的同时，他实际上并没有放弃自持自守。正如欢快其外与悲苦其内构成其创作转向后的矛盾心曲一样，诗人通过讳言现实的特殊方式实现了自保自全和自持自守这看似抵牾的双重旨归的融通。

而且，刘禹锡此时锋芒虽匿，而气骨犹在。与同样年届老暮的白居易相比，

---

① 《刘禹锡集笺证》，第1227页。

他依然不失雄豪之风，表现出远较常人达观的生命意识。这也是白居易以“诗豪”[①]许之的原因。《酬乐天感秋凉见寄》一诗说：

庭晚初辨色，林秋微有声。
槿衰犹强笑，莲迥却多情。
檐燕归心动，鞲鹰俊气生。
闲人占闲景，酒熟且同倾。[②]

中间两联以“槿”、“莲”、“燕”、“鹰”四种物象，从不同侧面抒写自己秋凉时分的感受，虽然已无复当年高声断喝“我言秋日胜春朝”[③]的超迈气概，却也不作低回哀婉的悲秋之辞。如果说“槿衰犹强笑”尚带有一丝强颜为欢的无奈的话，那么，“莲迥却多情”则归于情思绵绵却波澜不惊的坦然平静。而“檐燕归心动，鞲鹰俊气生”，更将传统的悲秋主题荡涤一空，赋予全诗新的高度和力度，表现了诗人面对“衰节”而力图振作的情怀。它与诗人早期作品《始闻秋风》中的“马思边草拳毛动，雕盼青云睡眼开”[④]，取象有别而旨归无异。在历尽沧桑且老境已至后，诗人犹能情调不隳，把悲颓语、感伤音逐之篇外，是何等难能可贵！

比较一下刘、白二人的咏老之作，或许可以更清楚地看出刘禹锡的“骨力豪劲”[⑤]、不同凡响之处。年过花甲后，老病缠身的白居易不时作“甚矣吾衰也”[⑥]的迟暮之叹，表现出对衰老的恐慌。《咏老赠梦得》一诗说：

与君俱老也，自问老何如？
眼涩夜先卧，头慵朝未梳。
有时扶杖出，尽日闭门居。
懒照新磨镜，休看小字书。
情于故人重，迹共少年疏。
唯是闲谈兴，相逢尚有余。[⑦]

因“眼涩”而改变夜读的习惯，提前入眠，这倒不失为应对老境来临的一种积极举

---

① 《旧唐书》，第 4212 页。
② 《刘禹锡集笺证》，第 1251 页。
③ 《刘禹锡集笺证》，第 829 页。
④ 《刘禹锡集笺证》，第 739 页。
⑤ 胡震亨：《唐音癸签》，北京：古典文学出版社，1957 年，第 83 页。
⑥ 程树德：《论语集释》，北京：中华书局，1990 年，第 441 页。
⑦ 《白居易诗集校注》，第 2488 页。

措，但早晨慵于梳洗乃至蓬首垢面，那就是近于自暴自弃的一种消极行为了。至于闭门独居、不愿外出、羞于照镜，就更是自我禁锢、自我摧残的一种非理性方式了。白居易在这里真实地袒露了自己不敢直面老境的心声，题为"咏老"，实为"叹老"。刘禹锡以《酬乐天咏老见示》一诗相应答：

人谁不顾老，老去有谁怜？
身瘦带频减，发稀帽自偏。
废书缘惜眼，多炙为随年。
经事还谙事，阅人如阅川。
细思皆幸矣，下此便翛然。
莫道桑榆晚，为霞尚满天。[①]

当时，刘、白同为眼病和足疾所苦。针对白居易老病见迫、心志已灰的悲观情绪，刘禹锡的酬答并不否认老病会使人心力交瘁，也不讳言"顾老"是人之常情。但他更辩证地揭示了老年人的得天独厚之处：他们经历过悲喜人生，对人间的是非曲直、人世的荣辱沉浮、人心的善恶忠奸有着更深刻的体会和更清醒的判断。诗人认为，只要细细思量这些，就能破忧为喜、翛然自乐了。篇末借绚丽的晚霞为喻，对白居易予以深情的慰勉：谁说桑榆晚景无足观赏，那灿烂的红霞铺散开去、弥满天际，不也是一种可以炫人眼目的奇异景观吗？识见如此超凡，既体现了诗人善于从不利局面中寻找到有利因素的辩证思想，也映射出其不服老迈、力图振作的壮阔胸襟。有不少学者认为，这首诗表现了诗人自强不息、奋进不已的精神，大有"烈士暮年，壮心不已"[②]之概。这或许有些言过其实。结合诗人的现实处境和思想状况来看，只怕已无建功立业的"奋进"之心，有的只是不服老迈的"振作"之态。即便如此，也已经比白居易要通达和乐观得多了。明人胡震亨《唐音癸签》指出：

> 刘禹锡播迁一生，晚年洛下闲废，与绿野、香山诸老，优游诗酒间，而精华不衰，一时以诗豪见推。公亦自有句云："莫道桑榆晚，为霞尚满天。"盖道其实也。[③]

胡氏将"莫道"二句视为可以验证刘禹锡"精华不衰"的典范之作。如果没有这类弥漾着雄豪之风和刚劲之气的作品，刘禹锡与寄意诗酒的同侪实在没有明显的

---

① 《刘禹锡集笺证》，第 1261 页。
② （汉）曹操：《曹操集》，北京：中华书局，1974 年，第 20 页。
③ 《唐音癸签》，第 225 页。

差异，幸赖有了这类作品，且它们前后勾连、彼此呼应，一脉贯通，刘禹锡才能成为公推的“精华不衰”的“诗豪”。

五、知己相酬：文酒之会内外的刘、白唱和

作为“刘白诗人群”的中坚，刘、白二人既有共同的交际圈，又有各自的人脉网。尽管他们都与数量庞大、成分复杂的人群在各种场合进行诗酒唱酬，但彼此都把对方视为关系最为密切、往还最为频繁的唱酬者。所以，除了参加覆盖整个诗群的大型文酒之会外，他们还经常各尽东道，举办只对彼此开放的小型文酒之会。

早在“扬州初逢席上见赠”①之前，他们就是闻声相思且不时以鸿雁传情的诗友了。扬州把酒言欢之后，彼此奉和赠答的频率日渐加快。但其时元稹尚在，刘禹锡充其量只是白居易乐于唱酬的诗友之一，双方又“相去万余里，各在天一涯”②，鱼雁往来多有不便，赠答之作的数量终究有限。如今，他们一同闲居洛阳，不仅过去制约他们唱酬之乐的时间和空间障碍已不复存在，而且在旧日齐名并称的元稹亡故之后，刘禹锡成为白居易唯一心息相通和旗鼓相当的诗友。于是，他们也就过从甚密、唱酬极频了。

白居易《赠梦得》一诗曾述及他们见面之勤：“前日君家饮，昨日王家宴。今日过我庐，三日三会面。当歌聊自放，对酒交相劝。”③当然不可能常年如此，比如每逢斋戒月时，白居易就闭门谢客，暂时中断所有的交游，包括与刘禹锡的交游。但即使在无法谋面的日子里，诗鸿也会适时翩翩降落在他们的案头。且看刘禹锡《乐天少傅五月长斋广延缁徒谢绝文友坐成暌闲因以戏之》一诗：

五月长斋戒，深居绝送迎。
不离通德里，便是法王城。
举目皆僧事，全家少俗情。
精修无上道，结念未来生。
宾阁田衣占，书堂信鼓鸣。
戏童为塔象，啼鸟学经声。

① 《刘禹锡集笺证》，第1047页。
② （梁）萧统：《文选》，上海：上海古籍出版社，1986年，第1343页。
③ 《白居易诗集校注》，第2724页。

黍用青菰角，葵承玉露烹。
马家供薏苡，刘氏饷芜菁。
暗网笼歌扇，流尘晦酒铛。
不知何次道，作佛几时成？[①]

在白居易“五月长斋戒”时，充塞其门庭的只有僧徒，包括刘禹锡在内的文友都被拒之门外。不仅举家食素，而且摈弃了一切世俗的享乐方式，以至于家中出现了“暗网笼歌扇，流尘晦酒铛”的萧瑟景象。如此礼佛，不可不谓虔诚，却加剧了文友们的相思之苦。刘禹锡虽曾以“饷芜菁”的方式给白居易的斋戒提供物质支持，内心却希望白氏能早日结束斋戒，与他重续“杯酒论文”之欢。“不知何次道，作佛几时成？”在这带有几分戏谑与调侃意味的询问中，渗透着诗人对白氏何时能与文友聚首的关切。

一旦斋戒期满，白居易便马上向刘禹锡等诗友发出共饮的邀约。《斋戒满夜戏招梦得》一诗说：

纱笼灯下道场前，白日持斋夜坐禅。
无复更思身外事，未能全尽世间缘。
明朝又拟亲杯酒，今夕先闻理管弦。
方丈若能来问疾，不妨兼有散花天。[②]

在斋戒期满的当天晚上，白居易就迫不及待地邀请刘禹锡明日前来赴宴，而此夕他已着手为第二天的宴饮进行必要的准备了。“今夕先闻理管弦”，宴饮不可没有丝竹之乐，而因为斋戒的缘故，已多日疏离管弦，所以，今夜必须先行调理。看来，在白居易心目中，佛教世界与世俗世界的边界十分清晰。斋戒期间，他潜心于佛教世界，“白日持斋夜坐禅”，“无复更思身外事”，恪守佛教的清规戒律，不敢生一丝妄念。但他并没有真的灭绝原有的世俗欲望，那灯红酒绿、纸醉金迷的世俗世界依然对他具有无法抵御的吸引力，所以，在一脚跨出佛教世界之际，他内心是为终于结束了苦行僧般的修持生活而感到欣幸的。也许可以说，他栖身佛教世界，更多地是出于理智，出于对精神支柱的敬畏；投身世俗世界，则更多地是出于本能，出于对感官享受的追逐。这样，对于他来说，斋戒只是一种不可缺少、也不可亵渎的仪式，仪式结束后，便可以不再受任何戒条的束缚，彻底返回世俗生活的轨道，在诗酒酬唱和轻歌曼舞中尽情挥洒尚存的生命活力。因此，后者才

① 《刘禹锡集笺证》，第 1248 页。
② 《白居易诗集校注》，第 2523 页。

是他更加眷恋、更加惬意的。无怪他会如此急切地招饮了。刘禹锡奉答以《和乐天斋戒月满夜对道场偶咏怀》一诗：

常修清净去繁华，人识王城长者家。
案上香烟铺贝叶，佛前灯焰透莲花。
持斋已满招闲客，理曲先闻命小娃。
明日若过方丈室，还应问为法来耶。①

内容本乎白居易原唱，而用笔半凭经验，半凭想象。“案上”一联渲染礼佛的氛围，对偶工整，状物贴切，造境生动。“持斋”一联将“招闲客”与“命小娃”相对举，承白氏原意进一步表现其招饮之热情。而“命小娃”，又点出奉命理曲的都是娉娉婷婷的歌儿舞女。在同一首诗中，佛教仪式的庄严与世俗享乐的轻佻彼此兼容，并不构成本应难以避免的冲突，在刘、白等人眼里也没有荒诞和乖张之处，这正映现出当时的封建士大夫们致力调和思想深处的矛盾而达到的一种圆融的境界。

自然，刘、白二人唱和的内容并不限于寄意山水和纵情诗酒。追忆旧游也是他们唱和的主题之一。白居易《与梦得偶同到敦诗宅感而题壁》一诗写道：“山东才副苍生愿，川上俄惊逝水波。履道凄凉新第宅，宣城零落旧笙歌。园荒唯有薪堪采，门冷兼无雀可罗。今日相随偶同到，伤心不是故经过。”②竭力渲染崔群（字敦诗）故居的荒凉，借以寄托伤逝悼往的凄苦情怀。刘禹锡奉和以《乐天示过敦诗旧宅有感一篇，吟之泫然，追想昔事，因成继和，以寄苦怀》一诗：

凄凉同到故人居，门枕寒流古木疏。
向秀心中嗟栋宇，萧何身后散图书。
本营归计非无意，唯算生涯尚有余。
忽忆前因更惆怅，丁宁相约速悬车。③

起笔即点出“凄凉”二字，为下文的抒情奠定基调。但后续的笔墨并不直抒胸臆，让凄凉之情充彻于字里行间，而通过“向秀”和“萧何”的典实，曲折披露了崔群身后的萧条以及自己物伤同类的嗟叹。由崔群因劬劳国事而不能寿享天年，诗人痛感应珍惜余生，一遵先前的约定，尽快摆脱羁绊、彻底归隐。

刘禹锡与白居易的唱酬是全方位的，也是全天候的。无论春秋代序，阴晴晦

① 《刘禹锡集笺证》，第 1226 页。

② 《白居易诗集校注》，第 2539 页。

③ 《刘禹锡集笺证》，第 1231—1232 页。

明，他们都了无间断地向对方献出心底的歌吟，并及时得到对方一往情深的和鸣。每当新岁来临时，他们免不了要相互造访，举杯为贺。且看刘禹锡《元日乐天见过因举酒为贺》一诗：

渐入有年数，喜逢新岁来。
震方天籁动，寅位帝车回。
门巷扫残雪，林园惊早梅。
与君同甲子，寿酒让先杯。[①]

残雪未融，早梅已绽。在新年来临时，这两位同龄且同心的诗友相互举杯祝寿，盛入酒杯的既有一元复始、万象更新的欣喜，又有老境见迫、来日无多的忧虑。

春光乍泄时，他们当然也会以唱酬的方式互致问候，让温馨的友情交融于“沾衣欲湿杏花雨”和“吹面不寒杨柳风”[②]。刘禹锡《洛中早春赠乐天》一诗说：

漠漠复霭霭，半晴将半阴。
春来自何处？无迹日以深。
韶嫩冰后水，轻盈烟际林。
藤生欲有托，柳弱不自任。
花意已含蓄，鸟言尚沉吟。
期君当此时，与我恣追寻。
翻愁烂熳后，春暮却伤心。[③]

在这阴晴相间、乍暖还寒的早春时节，轻烟漠漠，芳意浅浅，新藤抽孽，弱柳扶风。诗人欲待与白居易相约追寻春天的足迹，期望春光能早日烂漫，却又担心转瞬之后花事凋零，落红成阵，触发伤春怀抱。这就曲尽其致地表现了诗人“惜春长怕花开早”[④]的特殊心理，更深一层地揭示了诗人对春光的珍爱与眷恋。

夏日来临，他们酬唱的热情不减，攫入笔端的题材却转为“新蝉”和其他夏日景象。刘禹锡《谢乐天闻新蝉见赠》一诗说：

碧树有蝉后，烟云改容光。
瑟然引秋风，芳草日夜黄。

---

① 《刘禹锡集笺证》，第 1264 页。

② 《全宋诗》，北京：北京大学出版社，1991 年，第 27690 页。

③ 《刘禹锡集笺证》，第 1244 页。

④ 邓广铭：《稼轩词编年笺注》，上海：上海古籍出版社，2007 年，第 68 页。

夹道喧古槐，临池思垂杨。
离人下忆泪，忠士激刚肠。
昔闻阻山川，今听同匡床。
人情便所遇，音韵岂殊常？
因之比笙竽，送我游醉乡。①

诗人所要表现的主题或许是：年年闻蝉，感觉各有不同；人人闻蝉，感受亦自有别。是啊，往年与白居易山川阻隔、天各一方，蝉声带给他们的多为欲断还续的相思之苦；而今同处东都舒适的“匡床”之上，蝉声则如同宴会时助兴佐欢的“笙竽”般将他们送入醉乡。环境的差异，导致了闻蝉心境的差异。这是诗人所要表达的一层意思。另一层意思是，身份的区别，同样会造成闻蝉心情的区别。“离人下忆泪，忠士激刚肠”，便是对此的艺术再现。诗人由此得出的结论是：“人情便所遇，音韵岂殊常？”意即蝉声本无殊异，只因人们闻蝉时的处境及身份有异，感受才千差万别。这就不仅见出诗人体察之深刻，而且具有某种哲理意味了。

秋高气爽时，他们聚饮更勤、过访更频，彼此间唱酬的作品数量也就更多了。就中，刘禹锡首唱的有《新秋对月寄乐天》：

月露发光彩，此时方见秋。
夜凉金气应，天静火星流。
蛩响偏依井，萤飞直过楼。
相知尽白首，清景复追游。②

中间四句刻划秋夜景色，以“月露”作为画面的中心视点，而依次烘托以“金气”、“火星”、蛩声、萤光等物象，申足题意。篇末对月怀人，虽无新警之处，却也意到笔随，不失章法。

刘禹锡这类吟咏晚秋的唱和之作，虽不免展示秋景的萧索，从总体上看，却用笔闲淡，力避衰飒之气，表现出远比常人豁达与开朗的胸襟。如《和乐天早寒》：

雨引苔侵壁，风驱叶拥阶。
久留闲客话，宿请老僧斋。
酒瓮新陈接；书签次第排。

---

① 《刘禹锡集笺证》，第 1256 页。

② 《刘禹锡集笺证》，第 1257 页。

倏然自有处，摇落不伤怀。[1]

苔藓侵壁，黄叶拥阶，而这又是“雨引”、“风驱”的结果。景色本身是萧瑟，甚至有点凄凉的。但面对这一景色的诗人却气定神闲，殷勤待客，潇洒饮酒，轻松读书。“倏然自有处，摇落不伤怀”。“倏然”，形容无拘无束的样子，出自《庄子·大宗师》：“倏然而往，倏然而来而已矣。”[2]诗人自感已脱略精神羁绊，找到心灵的安顿处，所以不会因“草木摇落”而悲伤。这即便不是一种具有写实意味的自述，也是一种带有理想色彩的自励。

冬日风雪肆虐时，他们自也唱和不辍，因为这也是一种抱团取暖的方式。《和乐天洛下雪中宴集寄汴州李尚书》一诗说：

洛城无事足杯盘，风雪相和岁欲阑。
树上因依见寒鸟，座中收拾尽闲官。
笙歌要请频何爽，笑语忘机拙更欢。
遥想兔园今日会，琼林满眼映旃竿。

岁末宴集雪中，别有一种况味。诗人以“相和”形容风雪，表明他当时的心情并不孤寂、并不枯涩。而以树上的“寒鸟”与坐中的“闲官”两相映照，不仅衬托出宴会的热烈气氛，而且增添了一种特别的谐趣。“笙歌”二句更是略无叹惋流年、自伤老暮的悲颓情绪，相反倒喜气流溢、笑语荡漾，与室外朔风凛冽、天寒地冻的景象形成极大的反差。“频何爽”、“拙更欢”，通过程度副词的巧妙连缀，将诗人陶然于这类频繁再现的“宴集”的爽快心情袒露无遗。

可以说，当禹锡晚年放歌洛阳时，白居易始终以他略带苍老、疲惫却不失圆润、婉转的歌喉为其发出和谐的共鸣。他们不断转换角色，互为对方伴奏，互为对方喝彩，互为对方充当难抑仰慕之情的听众，在诗与诗的交流中，促进了心与心的交融，不仅共同成为“刘白诗人群”的翘楚人物，而且为洛阳文酒之会平添一段令后人不胜欣羡的佳话。

---

① 《刘禹锡集笺证》，第 1074 页。

② （清）郭庆藩撰，王孝鱼点校：《庄子集释》，北京：中华书局，1961 年，第 229 页。

梦境与现实的交织

——谈唐代写梦小说的虚实空间特色

高祯霙

[摘要] 借着梦境，人类的精神与心志，自由、方便又快速地穿梭于不同的空间，梦境的开启与结束，也成为现实世界与所有他界空间交错的中介，这些虚实空间的交错转换，常常充满了真假难辨的趣味。唐代写梦小说利用各种虚实空间交错转换的繁复变化，发挥极丰富的想象力，将梦的功能与特质，转化为深富审美趣味与人生义涵的创作元素。本文试将唐代写梦小说对虚实空间处理的特色，略分为五种模式："进出冥界魂游他方"、"异时代的时空交会"、"梦境与现实的等值对应"、"多元空间的并存融合"、"梦境与现实空间的互窥"等，每一部分举其较重要的典型代表作，作为讨论说明之例。

[关键词] 唐代小说　写梦小说　梦境　现实　虚实空间

一、虚实空间的转换作用

梦境虚幻似真却又难以捉摸的特质，往往使人产生神秘莫测的感受，从《左传》、《史记》的记载可知，古人遇事必卜、有梦则占，占梦之后则多有梦验[①]，在传统的概念中，梦被认为具有特殊的力量与意义，甚至具有预示未来的功能，或借以表达天意神旨的作用。因此，原本只是因人类精神、心理或生理现象所产生的梦，经过历代各类作品不断的叙写与创作，加上佛教经典以梦来诠释教义、昭显

---

① 参见李鹏飞：《唐代非写实小说之类型研究》第三章《唐代梦幻类型小说的渊源与流变》第一节，北京：北京大学出版社，2004 年。

佛迹的影响[①]，梦的虚幻与神秘特质渐渐成为解释人生、生命与死亡的重要元素，也借着梦境的虚实变换，阐释出各种丰富的哲思与寓意。

唐代小说承继六朝志怪余风而来，征奇记异、作意好奇是唐人创作灵感的来源。自六朝以来，许多人认为鬼神精怪与梦境都是真实存在的[②]，但人类要如何从自己存在的空间跨越到另一个虚幻幽冥的非现实空间？幻化迷离又如实似真的梦，便成为沟通现实与虚幻，以及到达他界场域的重要方式。唐人对于鬼神精怪以及梦的特质，仍然抱持着相当浓厚的好奇心与兴趣，这从唐人以叙写梦境为主要内容的小说比例即可得知，例如《太平广记》卷二七六至二八二，共有170则梦类故事，其中多属唐人之作，又有许多篇章直接以"梦"为篇名者，如《三梦记》、《秦梦记》、《异梦录》。此外，还有集结前代梦类故事的专集，如《梦记》、《梦书》、《梦苑》等。[③] 重要的是，许多写梦的故事不再只是如六朝"残丛小语"式的简单记述，而是发挥了极丰富的想象力，在作品中出现各种虚实空间相互交叉转换的繁复变化，将梦的功能与特质，转化为深富审美趣味与人生义涵的创作元素。

人类的身体存在于现实理性的空间，有其不可随意改变的限制与束缚，而睡眠使身体停止了看得见的对外活动，让潜意识以及各种心理状态得以突显，精神与心理在睡眠中可以摆脱身体及现实空间的限制，还能自由的跨越至非现实、非理性的虚幻空间，因此许多写梦的作品，都是透过睡眠、酒醉致疾或病危中的昏死等身体无知觉状态[④]，作为产生梦境而不受现实空间限制的起点，而这些状态同时也是沟通现实与非现实之间的管道。随着梦境的引导，故事主角的神灵或魂魄离开现实空间，进入或感受到另一个原本因身体限制而无法跨越的他界空间。[⑤] 梦境中的他界空间千奇百怪又多姿多彩，可以包括死亡后的冥界、上清神

---

① 参见贺湘丽：《论佛教对唐代写梦小说的影响》，《零陵师范高等专科学校学报》2002年23卷3期。

② 如干宝于《搜神记》之序中即明言其创作之旨在于"发明神道之不诬"。干宝：《搜神记》，台北：里仁出版社，1999年，第2页。

③ 参见李剑国：《唐五代志怪传奇叙录》，天津：南开大学出版社，1993年，第216页。

④ 例如：《枕中记》因"目昏思寐"而入梦，《南柯太守传》因沉醉致疾而"昏然忽忽，仿佛若梦"，《薛伟》因病重七日而奄然若往，家人不忍即敛，入梦化鱼神游二十日而惊觉。

⑤ 先秦即有魂魄观念，如《礼记·郊特牲》："魂气归于天，形魄归于地。"《春秋左传·昭公七年》："赵景子问焉，曰：伯有犹能为鬼乎？子产曰：能。人生始化曰魄，既生魄，阳曰魂，用物精多，则魂魄强，是以有精爽，至于神明。"唐孔颖达注云："魂魄，神灵之名，本从形气而有，形气既殊，魂魄亦异，附形之灵为魄，附气之神为魂也。"这显示在中国传统概念中，灵魄神魂与人的形气结合有关，而且形气可以分离，魂魄可以离形游走。《礼记》，台北：艺文印书馆影印《十三经注疏》本，1986年，第507页。

人般的仙界、异物精怪的妖界、千百年前的朝代、他人的梦境空间，以及同步进行中的他人现实生活空间等。[①]

人类的精神借着梦境，自由方便又快速地穿梭于不同的空间，一旦梦醒，又立刻回到被身体限制的现实空间，梦境的开启与关闭，成为现实世界与所有他界空间交错的中介，而整个现实空间与梦境空间的交错转换，则往往充满了真假难辨的趣味。因此当我们以这样的空间转换来检视唐代写梦小说的架构时，可以概略地将写梦小说的空间书写分为三个区块：

现实空间→梦境空间→现实空间

（入梦前）（梦境）　　（出梦）

亦即由醒到梦，再由梦回到醒，三个部分结合成一个完整的故事，人物则在入梦到出梦的整个过程中，从现实空间跨越至他界空间，再由他界空间循环回到现实世界。而人物的精神与心理，就在进出梦境之间，经历了两次不同空间的转换，人就在这入梦与出梦的参照对应中，产生互补互摄的心理效应，心境与视野也因此有了不同的广度和宽度，进而由此得到压力的释放、欲望的满足或内心的觉醒，甚至是对生死与人生价值的全新体悟。

以下将唐代写梦小说对虚实空间处理的特色，略分为五种模式："进出冥界魂游他方"、"异时代的时空交会"、"梦境与现实的等值对应"、"多元空间的并存融合"、"梦境与现实空间的互窥"等，每一部分举其较重要的典型代表作，作为讨论说明之例。

二、进出冥界魂游他方

不论是中国原有的生死观或是印度传来的佛教，皆有死后如黄泉、泰山、地狱等等空间的想象，尤其六朝时期的释氏辅教之书，对于人类死亡后的冥界阴间更是多所描绘，借此达到宣扬善恶报应与六道轮回的宗教思想。唐代的入冥故事，在六朝冥界想象的基础下继续开展，并多以魂游他方冥界的情节为主题，其叙事多以由生入死，再由死而复生的过程为重点，而死亡之后冥界空间的概念，从此渐渐深入人心。

当人类进入睡梦状态，梦境成为一个极富想象变化的空间，人借着梦幻魂

---

① 叶庆炳先生依他界结构的特质分为：冥界、仙乡、幻境、梦境等四种结构。叶庆炳：《六朝至唐代的他界结构小说》，《台大中文学报》第3期，1989年2月，第7—28页。

游，可以完全不受身体昏睡或重病濒死的限制，而在另一个死亡的冥界空间进出游历。例如在《玄怪录·吴全素》[①]中，吴全素于夜梦中为两个白衣人所召，不得以只好随二人而行，当他离开城门二百步后，沿途尽是拽倒枷杻、囊盛其头与面缚者，且人人皆行于深泥之中，后来吴全素始悟己身已死，且身处于地府冥界之中，经地府审判，吴全素尚有三年人间衣食之寿，故请求重回人间。吴全素沿途所见不同于人间的特殊景象，即是非现实世界的冥界空间，而人间与冥界之间，则是以冥吏的唾液作为相通的方式。正如文中冥吏所云："以吾唾涂人大门，一家睡；涂人中门，门内人睡；涂堂门，满堂人睡。可以手承吾唾而涂之。"由此可知，将鬼的唾液涂于门上，可以使人入睡致梦，然后人也由入梦而得以入冥界。若欲由冥界回到现实世界，则一样需有冥吏为向导，除了冥吏从冥界用力将人推回人间外，冥吏还需大声呼唤其名，使人出梦觉醒。而当人由冥界回到人间时，整个人就如同失足下坠，且头昏迷惑而难受，这是人类借梦境进出冥界的感受与方式。

《玄怪录·南缵》[②]则叙写一个即将上任担任同州录事的崔生，途中恰遇一位青袍人，也说是同州录事，于是两人同至一城郭，其妻也被胥吏所追而留于此处，崔生请求录事释放妻子回家，自己留滞半日后亦被请回，始知同州阴阳两界各有所司，且自有其管辖之界。回至家中，妻子已病七八日，期间冥然无知且神不识生，此时才刚刚病愈一日，崔生计算时间，正是妻子从冥界放回之日，崔生告知妻子，妻子始悟病中之梦。可知人类往往以自己所处的世界去比拟对照冥界的空间概念，冥界不只是个可以透过梦境与魂魄进出的空间，还有可以模拟于人间的官府管辖，只要年寿未尽，经过审判或求情之后，仍有归返人间的可能，然其进出冥界的感受则如同梦中之景。

另外，陈玄佑的《离魂记》[③]虽未言为梦，但实则借由睡梦的状态，使身体与魂魄同时存在于两个不同的现实空间。与王宙私奔的并非倩娘的形体本身，而是倩娘的魂魄，就在倩娘魂魄与王宙于异乡结婚生子的五年中，倩娘的身体却在与此并行的五年间，卧躺于家中病榻之上，亦即在同一段时间而不同的现实空间中，人类的身体与魂魄分别各自的活动，当肉体在某一个现实空间中处于生病卧躺的状态下，魂魄则可以独自化形，自在的外出游走他方，在另一个现实空间中自由活动。《离魂记》中倩娘的离魂状态，打破了现实时空的限制，使一个人在同

① (唐)牛僧孺：《玄怪录》，台北：文史哲出版社，1989 年，第 91—94 页。

② 《玄怪录》，第 71 页。

③ 汪辟疆：《唐人传奇小说》，台北：文史哲出版社，1983 年，第 49—51 页。

一段时间中，进行两件不同的事。然而身体与魂魄终需回归一体，文载云："室中女闻，喜而起，饰妆更衣，笑而不语，出与相迎，翕然而合为一体，其衣裳皆重。"身体在没有魂魄结合的状况下，也可以有喜笑的心情和动作，而魂魄在未有身体结合的实际运作下，亦可以化为有形而结婚生子，且不被人觉察有异。等到身体与魂魄处于同一现实空间时，则以重迭二形合而为一的方式回归一体。正如《类说》卷二十八《异闻集》中，一段异于《太平广记》版本之文字云：

> 镒曰："自宙行，女不言，常如醉状，信知神魂去耳。"女曰："实不知身在家。出见宙抱恨而去，某以睡中怆惶走及宙船，亦不知去者为身耶，住者为身耶？"①

此五十六字可为全篇点题之语，"不言"、"常如醉状"、"神魂去耳"皆是身体没有魂魄附合之状的表现，而倩娘则自以为处于睡梦状态，以为自己在睡梦中仓皇的跑去寻找王宙，完全不知自己的身体仍在家中，也不知魂魄已离开身体，更分不清楚在家与离家的自己何者为真。

《离魂记》利用梦境魂游他方的特质，使身体与魂魄于同时并行的时间中，在不同的现实空间中各自独立活动，并且时间长达五年之久，除了具有离奇的趣味外，也塑造出女主角真挚而坚定的形象，同时表现出一种深情相慕的审美经验。正如明人钟瑞先评论云："词无奇丽，而事则微茫有神。至翕然合为一体处，万斛万想，味之无尽。"②杨义也认为：

> 一旦用了离魂幻想，就在审美层面上奇迹般地超越了世俗伦理，而且灵魂愈被拘执捆绑，愈显得精诚所在。③

这种精诚所至的奇迹，对后世许多为了与至爱相守不渝，魂牵梦系、死而复生的故事影响深远，其中唐人小说中的离魂故事还有《灵怪录·郑生》、《独异记·韦隐》等④，而后世作品如元郑光祖《迷青琐倩女离魂》、明汤显祖《牡丹亭》、明王骥德《倩女离魂》、清蒲松龄《聊斋志异·阿宝》，亦皆如此类。这些故事都是利用睡梦状态，借身体与魂魄的分立分行，实现人生于现实世界中无法达成的爱情与想望。

---

① 王汝涛等：《类说校注》卷二十八《异闻集》，福建：福建人民出版社，1996年，第842页。

② （明）袁宏道评注：《虞初志》，北京：人民日报出版社，1997年，第36页。

③ 杨义：《中国历朝小说与文化》，台北：业强出版社，1993年，第134页。

④ 《太平广记》卷三百五十八"神魂"类及卷三百七十五至三百八十六"再生"类，多为生而离魂或死而离魂的故事。其中卷三百五十八《幽明录·庞阿》为较早的离魂故事，陈玄佑《离魂记》即为其相似题材的承衍与扩写。（宋）李昉：《太平广记》，台北：文史哲出版社，1987年。

三、异时代的时空交会

沈亚之的《秦梦记》[①]是一篇异时代时空交会的典型作品。故事以沈亚之自己为主角，在梦中穿越时光隧道，进入千年以前春秋时期的秦国，不仅为秦穆公献策，受到秦穆公的赏识，又辅佐西乞攻打河西，帮助秦国收回五座城池，因此秦穆公将死了夫婿的弄玉公主嫁给沈亚之，最后因公主过世，沈亚之终返故邦。梦醒之后，沈亚之发现其所投宿之处，正是秦穆公陵墓遗址所在之地。沈亚之在《秦梦记》的故事中，夹杂了自己的四件作品，一是为弄玉公主所作的挽歌，二是为公主所作之墓志铭，三为离开秦国前于宴席所作之歌，最后则是临去秦国时于宫门所题之诗。

沈亚之的另一篇作品《异梦录》[②]的后半部，则是叙述王炎在梦中游历春秋时期的吴国，又服侍吴王一段很长的时间，当西施离世殡葬之时，王炎为悲伤的吴王作挽歌以悼西施。《异梦录》与《秦梦记》的故事内容都相当简单，没有过多曲折离奇的情节，且两篇略有其相似之处，可视为唐人于梦中完成美好婚恋与功名，以寄托个人失意心灵的白日梦作品。[③]

在西汉刘向《列仙传》中，弄玉与萧史是一对已成仙的眷属，沈亚之却让自己这个生活在千年以后的失意文人取而代之，还参与了秦穆公的军事战争，这些情节等于改写了原本的历史发展或传说人物事迹。异时代的时空交会以穿越千年时空，在梦境空间中遇见古人古事为主，塑造出异时空间并置的奇想，虽然这样的内容并不符合历史原貌，但同时跨越时间与空间的藩篱，让唐代士子借着梦境穿越时空，来到千年以前的古代王国，又因为文才而受到君王的赏识，这种异时空间的想象，具有弥补现实世界欲望的心理作用。尤其，沈亚之不断刻意地在梦境情节中穿插自己的诗文作品，无非是希望借此展现文笔才华。在现实生活中，许多文人士子难以得到发挥才能的仕途机会，或许是作者在阅览古籍时，一时有

---

① 《唐人传奇小说》，第162—163页。

② 《唐人传奇小说》，第160—161页。

③ 沈亚之的《异梦录》写于元和十年(815)，《秦梦记》写于太和初年(827)，《异梦录》的雏形在较晚创作的《秦梦记》中，包括诗文与情节的安排上仍可见其相似的形貌，又从其篇幅的长度来看，《秦梦记》亦可视为《异梦录》的扩写与再发挥，太和初年时，沈亚之在仕途上已经历多次挫折，因此《秦梦记》的内容应是他失意心情的寄托与写照。

了神识穿越时空,进入古代的突发奇想,亦或许是借异时代的时空幻想,满足自己于现实中难遇伯乐与挫败的遗憾。

因此,当异时代的时空交会结束,美妙的梦境空间对现实生活来说,仅是一场倏忽即逝,且永远不可能真实存在的幸福,但梦中荣枯盛败与死生诀别的场景,却正是主人公人生经历与失意心情的写照。因此当沈亚之在《秦梦记》最后,梦醒回到现实空间时,他反而自问:"呜呼!弄玉既仙矣,恶又死乎?"做白日梦的沈亚之反思自己梦中的妻子究竟是仙人或是凡人,究竟是长生或死亡的矛盾时,内心充满了对生死空间的隔绝以及仙凡之别的无奈,而这种生死仙凡空间异隔的失落感,正是现实生活中失意与成功,挫败与幸福之间的对比表现。整个作品就在这种异时代的时空交会中,形成一种带有荒谬感的自我嘲讽。杨义先生也认为这是"在带荒谬感的自嘲自讽中化解恋仙情节,因而结构软件的密码带有心理学的深度"[①]。

另外,《周秦行记》[②]的文本中虽不言为梦境,但主人公于夜半迷途中,幻梦似的与历代后妃欢聚宴饮,亦是一篇异时代时空交会的作品。暂且不论该文的政治意图与无礼犯上的亵渎行为,事实上其故事本身,即是唐人小说中,常见书生艳遇的情节模式,同时也是唐代士子狎妓行为的原型反映,但将主人公所艳遇的对象全部改为历代后妃,而且每位后妃皆来自不同的时代,每个人也各有其不同的遭遇与特质,而作者却让她们同处在一个时空下与主人公欢宴,的确富有大胆奇异的想象力。此外,《纪闻·牛肃女》[③]、《宣室志·陆乔》[④]、《河东记·王锜》[⑤]、《纂异记·三史王生》[⑥]、《纂异记·张生》[⑦]等,皆是这种跨越千百年的历史时空,与各朝人物共处互动的故事,这些历史人物带着原本的时空背景,却与唐人在另一个时空下,一起另写一个新事迹,在虚实真假的错乱混置中,形成一种异时空交会的奇想趣味。

---

① 杨义:《中国古典小说十二讲》,香港:三联书店,2006年,第282页。

② 《唐人传奇小说》,第151—153页。

③ 《太平广记》卷二七一,第2135页。

④ 《太平广记》卷三四三,第2717页。

⑤ 《太平广记》卷三一〇,第2453页。

⑥ 《太平广记》卷三一〇,第2456页。

⑦ 《太平广记》卷二八二,第2250页。

四、梦境与现实的等值对应

自六朝以来即有人化为异物的人畜变形故事，这种变形故事的渊源，来自于佛教因果报应的轮回思想，认为人因为罪孽果报，死后受恶业而投胎为动物，具有教戒善恶的警世作用。例如《广异记·张纵》[①]、《玄怪录·张宠奴》[②]、《酉阳杂俎·韩确》[③]皆是这一类的作品。《续玄怪录·薛伟》[④]即是以此概念为基础，发挥想象力的创作，借着梦境将人幻化为动物，利用摆脱人形与身体的限制，产生因动物特质所获得的异类功能，带来新的生命力与成长蜕变，因此《薛伟》将人畜变形作品的意义，提升为一篇写作细致而内涵丰富的佳作。

故事一开始，作者在不说明任何原因之下，让主人公薛伟在病中梦醒的第一时间，有如未卜先知般，吩咐仆人立刻请正在食鲙的诸同僚罢箸停餐来到他的病榻前。不仅故事中正在食鲙的同僚感到惊讶，读者对于薛伟为何在昏迷二十日后，一醒来即知同僚正在食鲙，也感到非常好奇，整个作品就从薛伟梦醒后，责备同僚为何吃鲙开始写起。就在现实时空中同僚举箸食鲙的同时，薛伟在他自己的梦境时空中，正梦见自己所变成的赤鲤被同僚宰杀作脍，而整个梦境经历只有薛伟自己清楚，因此故事便从这个现实与梦境的巧合对应中，让薛伟以第一人称的叙事方式，开始讲述自己变为赤鲤的经历。

薛伟任职清城县主簿，因为热病昏迷，奄然若死，他的魂魄策杖出游，来到江畔，见到江潭清净，便思浴水以图凉快，他一人水中适意快活，又思变为鱼身自在悠游，旋即被河伯变成一条赤鲤鱼。却因为饥饿而贪食鱼饵，最后被众人宰杀作鲙，就在他以鱼身被斩首的刹那，梦境结束，恢复人身，回到现实人间觉醒。在梦境中，最有趣也最引人注意的是，已经变成赤鲤鱼身的薛伟，却仍然自以为是人间的县主簿，并且私心认为，不论如何他都只是暂时为鱼，他的同僚们岂会宰杀他。但当他上钩被提之后，事实却完全非如他所想，他虽然不断地对同僚急切大声呼救，但在整个待宰的危机中，同僚们却只见鱼口动，而没有一个人听得到他的声音。声音与语言的无效，象征着薛伟在现实世界中原本身为县主簿的权势地位，已因他

---

① 《太平广记》卷一三二，第 942—943 页。

② 《玄怪录》，第 103—105 页。

③ (唐)段成式:《酉阳杂俎》续集卷三，上海，上海古籍出版社，2000 年，第 731 页。

④ 《唐人传奇小说》，第 225—227 页。

化形为鱼而完全没有任何作用，穿上了鱼服等于脱去了官服，没有官服限制的薛伟，虽然可以自在悠游，却仍然必须面对因为鱼服所带来的限制与危机。

从入梦到出梦，薛伟在梦境中同时具有人与鱼两种身份，他同时由人观鱼，也由鱼观人，形成一种多元视角的生命观点。一开始薛伟因为热病所逼，恶热求凉而脱衣戏水，在江潭中回归到儿时自然的闲适之乐，因而有化鱼之思，这是从人的观点去思考鱼的生活，去看待鱼在水中从容悠游之乐，类似庄子在鱼乐之辩中，以人类心理直观的移情作用，透过人之乐去感受、呈现鱼之乐。但等到薛伟化形为鱼，他则同时以人也以鱼的观点来看待世界和人类的行为，正如薛伟一开始放身而游，意往斯到，莫不从容，这是回归自然享受鱼身之乐，但后来饥饿见饵，心亦知戒时则曰："我人也，暂时为鱼，不能求食，乃吞其钩乎！"但随即又以为"我是官人，戏而鱼服，纵吞其钩，赵干岂杀我？固当送我归县耳"。他不忘自己是人，更重要的还是官人，总认为同僚不应该会为了口腹之欲去伤害朋友的性命。这种心是人而身是鱼的矛盾，以及人和鱼在现实与虚幻空间中错位矛盾的冲突，具有特异新奇的创意与象征性。但不论是人或是鱼，都必须面对各种身份所带来的束缚，而面临生命危机与死亡时所产生的求救心理，也都同样的急切与无奈。

在《薛伟》一文中，梦境里的时间空间与现实世界的时间空间，几乎完全等值对应。亦即薛伟在梦境中化为赤鲤悠游江潭的时间点，与他在现实世界的同僚们正准备钓鱼、买鱼、脍鱼同时，而他化形为赤鲤自在游乐的江潭空间，也正是同僚们钓鱼、买鱼的地点，又当同僚于砧上斩鱼头时，庖厨中鱼头落下的同时，也正是病榻上薛伟梦醒惊悟之时。薛伟在现实空间中重病的身体，虽未曾移动改变，但在梦境中所化成的鱼身，却同步的与现实世界的一切不断互动、纠缠。人心鱼服的薛伟在梦境空间中，同时体验着身为鱼，而心却为人的奇特生命经验，在水中的他，虽然去除了身体的限制、人形的束缚，可以随心所欲自由快活的悠游四海，但万万没想到，原来身为鱼，也有鱼身的限制与痛苦，当他用全力以人的身份与思考，想扭转鱼的命运时，却是完全枉费心力。所以当现实时空中被宰杀作鲙的赤鲤，竟然就是梦境时空中身处于刀俎中的自己时，这种生命经验对任何人来说，都具有相当强烈的震撼力。

五、多元空间的并存融合

最富想象力的空间处理，莫过于原本因人类身体无法随意通达的多种空间，借由梦境的融合让他们并存相通于同一时空之中。《南柯太守传》便是一个大胆幻化梦境空间的典型作品，康韵梅即认为本篇作者是刻意经营出与现实牵扯甚深的梦境：

> 种种将现实之过去带入梦境和将梦境所经带入现实之未来，牢牢地把现实与梦境因果交迭。[①]

这种现实与梦境因果交迭的效果，来自于作者在梦境中刻意融合了人间、妖境、冥界、仙界等多种不同空间的架构，让原本现实中完全相异的多元空间并存相通。

其一，《南柯太守传》打破了人与异类之间的界限，让蚁国、蚁群的世界幻化为人间之事，主人公淳于棼在梦中娶妻生子，与蚁类生活在一起，却完全不觉得自己生活在异境之中，也不觉得蚁类的长相、行动和生活有任何特别奇异之处，举目所见所闻皆“一如人间”，这是将蚁类的生活空间完全人间化。

其二，在蚁国中，不仅蚁王能接收到淳于棼在冥界亡父的允诺，对蚁国公主与淳于棼的婚姻产生主导力，淳于棼也能在蚁国与亡父互通讯息，甚至亡父还能预言淳于棼未来的死期，约定两人于冥界再相见的时间，生人与已死之人在属于蚁类的异界互通讯息，等于人间、蚁国和冥界三个不同的空间和时间，可以彼此等值相通，这实在是小说在多元空间设置上的奇异想象与笔法。

其三，淳于棼在蚁国所相遇的朋友，最后都在蚁国或病或亡，当他梦醒遽遣家僮急往问候时，他的朋友们果真如梦境所云，亦在现实的世界中或病或亡。尤其当他梦醒后，寻槐树、发蚁穴，所有的现实景象完全与梦境所见一一相应，仅有大小比例的差异，梦境中的奇遇与预言，竟然与人世间的一切无异。

其四，在梦境婚礼前所遇见的群仙女，竟是淳于棼在人间寺院听佛经时所巧遇的美女，人间的美女可以是仙界的仙女，而仙界的仙女不仅可以到人间活动，又可以出现在蚁国的妖界。

因此，在《南柯太守传》中，人间与蚁国妖界、冥界、仙界之间的空间可以完全自由相通，年月日时间的计算可以等值，信件讯息也可以互相传达，而在梦境中蚁国所发生的事情与景物，又可以与现实世界完全对应融合。这种多元空间与时间的并存相融，表现出人类对多元空间想象的包容力与创造力，也因为这种对多元空间兼并融合的包容力，使得《南柯太守传》的梦境更具深刻的美感，亦较其

---

① 康韵梅：《唐代小说承衍的叙事研究》，台北：里仁出版社，2005年，第110页。

他几篇题材相似的作品具有更丰富而多重的意义。[①]

蝼蚁是极卑微轻贱之物,冥界是令许多人心生畏惧而不愿靠近之地,仙界则是令人向往的享乐国度。从《南柯太守传》篇末李公佐云:"而窃位著生,冀将为戒,后之君子,幸以南柯为偶然,无以名位骄于天壤间云。"以及李肇的赞语"贵极禄位,权倾国都,达人视此,蚁聚何殊"来考察,作者实欲借淳于棼在蚁国权贵变化的历程,对比不断利用权势追逐名利地位的人间,不论一个人的地位如何尊崇、如何荣华富贵,最终都必须结束生命,必须面对那个不愿靠近的死亡世界,由此来看,倏忽无常的人生与蝼蚁的世界何异?因此作者让蚁国、冥界、仙界与人间等多元空间并存融合,以卑微轻贱的蝼蚁、无法摆脱的死亡,对比虚浮短暂的现实人生,实具有批判性的讽喻意义。

六、梦境与现实空间的互窥

白行简的《三梦记》[②]也是一篇非常诡异的写梦作品,由三个不相连贯的梦境故事组成,三个梦并没有完全一致的主题,作者只是将三个特殊的梦境合写在一起。白行简在篇末对这三个梦特别提出说明:

> 行简曰:《春秋》及子史,言梦者多,然未有载此三梦者也。世人之梦亦众矣,亦未有此三梦。岂偶然也,抑亦必前定也?予不能知。今备记其事,以存录焉。

白行简认为这三个梦非常特殊,不同于一般世人的梦,因此特别将它们记录下来。但这三个梦究竟是偶然?还是前有所定?他自己也不能确定。因此白行简在篇首即针对此三个异梦的特质做了提纲挈领式的论述:

> 人之梦,异于常者有之。或彼梦有所往而此遇之者;或此有所为而彼梦之者;或两相通梦者。

两个人彼此处于不同的现实空间,但其中一人在现实空间里所发生的事,与另一人的梦境空间可以完全相通,一种是从现实空间中窥见他人的梦境空间,另一种

---

① 《杨林》、《卢汾》、《枕中记》与《南柯太守传》为四篇题材相似,且具有前后启发和影响的相关作品。参康韵梅书,第二章《〈南柯太守传〉的叙事动机——以〈杨林〉〈卢汾〉〈枕中记〉为参照的考察》。

② 《唐人传奇小说》,第108—109页。

是从梦境中窥见他人在现实空间中所做的事。又或者，两个处于不同现实空间的人都做了梦，不仅他们的梦境可以相通，而且梦境与现实世界中所发生的事情也完全符合。白行简将这三个奇特的梦境写成《三梦记》，一个“异”字已引出了全篇的重点。

第一则故事写刘幽求奉使夜归，在途中经过一佛堂时，窥见自己的妻子与许多陌生男女杂处共食，他心生怀疑，又生气又矛盾，于是掷瓦块击中罍洗，但整个景象却在瞬间消失，等到他急忙赶回家中，得知途中所见，竟与妻子所梦完全相符。这个故事的奇异之处，在于妻子所处的梦境空间以及梦中所发生的事情，竟然可以被处于现实空间的刘幽求所窥见，而刘幽求还可以用现实中的瓦块，击中妻子梦境中的罍洗，但刘幽求以瓦击中罍洗后，所有的景象却倏忽不见，那么刘幽求所看见的究竟是实景还是幻觉？等到刘幽求回家后，其妻方寝，丈夫归家才醒，由此可以说明妻子真的是在睡梦中经历了某事，但问题是，妻子在梦境中因为有人以瓦击中罍洗而惊醒的那个瓦块，却是刘幽求于现实世界中所掷出的实体物质，因此不论刘幽求所看见的是实景还是幻觉，瓦块都成为穿越虚实空间的重要连结体，梦境与现实之间，则因此产生可以让实体物质同时并存或穿越的沟通管道，这形成一种类似三度空间并存相通的情况，而且是一种同时跨越虚实空间的奇异现象。

现实世界所看见的一切人事物，可以因掷出瓦块而如幻觉般在瞬间消失，而梦境也因为瓦块的穿越而被整个实质化，因此刘幽求的故事可以解释为：以梦境来证实人物视觉所见之真实，同时也是以视觉来证实梦境之真的一个异梦，而且处于现实空间中的人还可以看见或介入、干扰他人的梦境，正如白行简所谓：“彼梦有所往而此遇之者”。段成式《酉阳杂俎》也引李铉的评论云：

> 李铉著《李子正辩》，言至精之梦，则梦中身人可见。如刘幽求见妻，梦中身也，则知梦不可以一事推也。①

在这个故事中，虚实空间之间的跨越与错置，对任何一个时代的读者而言，都会产生一种奇特的审美趣味与惊异的感受，因此唐代即有薛渔思的《河东记·独孤遐叔》②以及《纂异记·张生》③，将刘幽求故事重写为更细腻的作品。

第二则故事写白居易兄弟与李杓同游曲江，饮酒作诗之余，白居易想起出使

---

① 《酉阳杂俎》前集卷八，第 619 页。

② 《太平广记》卷二八一，第 2244 页。

③ 《太平广记》卷二八二，第 2250 页。

剑外的元稹，便在壁上题诗，十几日以后，有使者带来元稹的信函，文后附有《纪梦诗》一篇，其中所描述的情景，正是当时好友们欢聚的景象，而且信件注明的日期，正与当时游赏题诗的日子完全相符，白行简认为这就是所谓“此有所为而彼梦之者”。现实空间中所发生的真实事件，与朋友梦境中的景象完全相同，做梦的时间点，也与现实世界中所发生事件的时间相同，这与第一则刘幽求故事的情况恰好相反，刘幽求是从现实空间进入他人的梦境空间，窥见、干扰他人梦境中的景象，而元、白的故事，则是做梦者借着梦境进入他人的现实空间，看见他人在现实空间中所发生的事情，这两者都是梦境与现实互窥、互证的表现。

第三则故事写窦质在旅途中，梦见自己到了华岳祠，见到一位赵姓女巫，第二天他到了华岳祠，果然有位与梦中完全相同的女巫来迎，而女巫则说她昨夜也梦到一个与窦质完全相同的人来华岳祠祝祷，供奉的金额也完全相同，整个事情发生的过程，与两人梦境中的景象完全吻合。白行简认为这就是所谓“两相通梦者”。两个不认识的人，各自在不同的梦境时空中，做了同样的梦，第二天两人梦境中所发生的一切，竟然也在现实的世界中真实发生。

窦质故事中的两梦相通，基本上就是两人同梦[①]，这与《三梦记》前两个故事略有不同，刘幽求与元、白的故事都是其中一方处于现实空间，而另一方处于梦境空间，表现的是虚实空间之间的互窥相通。两人同梦故事的特别之处，则在于两个人的梦境空间可以完全迭合，而这个迭合又可以在现实空间中被验证，是以虚幻空间验证虚幻空间的真实，同时又以现实空间验证虚幻空间的正确性。

鲁迅论《三梦记》时云：“三事皆叙述简质，而事特瑰奇，其第一事尤胜。”[②]汪辟疆也说：“白氏所记三梦，洵奇矣。刘幽求一事，尤为唐人所艳称。”[③]可知《三梦记》的写作笔法虽然简单质朴，但在故事内容上则相当奇特，展现出唐人对梦境空间的复杂概念，以及喜用神秘色彩包装梦境的心理。如果想从简单或理性的角度解释这三个诡异的写梦故事，以及现实空间与梦境空间之所以可以相通互见的原因，大概只能用两人“心有灵犀一点通”的现象来说明，在感情真挚的夫妻或深切思念的知己之间，所谓日有所思而夜有所梦的强烈期盼，是有可能产生某些心灵相通的感应情况，同时这也是一种可以被理解的心理因素。

---

① 白行简《三梦记》之前或同时，即有同梦故事的载录，如《搜神记·谢郭同梦》、《广古今五行记·徐庆》、《广异记·李捎云》、《续定命录·李行修》等，皆是两人以梦相通的类型。

② 鲁迅：《中国小说史略》，台北：谷风出版社，1988 年，第 83 页。

③ 《唐人传奇小说》，第 110 页。

七、结语:虚实空间交织的审美趣味与寓意

梦的产生就是一种心志追求的表现,所谓心之所之,在心为志,表之则为梦。梦的形式功能与内在象征意义,被唐人转化为写梦小说的创作元素,这些写梦作品将人类对梦境与虚实空间的想象发挥至极致,借由梦的特质融合丰富又繁复的空间概念,将原本受束缚的人身,破除原有单一而规律的空间限制,借着身体与魂魄的分立分行,自由穿梭于各种不同的他界空间,不论是魂游他方冥界,乃至千年以前的异时代,或是让多元空间之间并存融合、穿越对应、互窥互证等,梦境与现实空间之间的交织变化及参照对比,都巧妙地互融为一,往往在实中有虚,虚中有实,又能够实事虚写,虚事实写,充满了自由、包容又奇特的审美趣味与写作艺术效果。叶朗在《中国小说美学》里分析说:

> 艺术欣赏的美感,不是一种单纯的心理状态,而是一个对立统一的过程,及从忧转化为乐,从惊吓转化为快活的过程。这种对于美感经验的分析是很深刻的。情节奇险的要求,就是建立在这种美感分析的基础之上的。[①]

唐代写梦小说的虚实空间处理特色,在其梦境与现实交织变化中所传达的审美趣味,正是如此的感受。

真实的人生虽然充满了挫败、失望与痛苦,但梦境却可以承载希望、满足欲望、达成愿望,因为虚幻的梦境寄托的是人间所有真实的情感。做梦的人在梦境中往往感觉梦境是如此真实不虚的存在,一旦出梦,又始知梦境的虚幻不真。而我们虽身处于现实世界,但随着生命时间的衰老变化,又何尝不时时以为人生如梦境般的倏忽而逝且虚幻不真?《金刚经》云:"一切有为法,如梦幻泡影,如露亦如电,应作如是观。"生命的过程看似是有,实际上却如泡影露电在瞬间消逝,有如水中月、镜中花一般。短暂的人生与虚幻无实的梦境有何不同?而梦境中如同真实般的感悟又与现实的人生有何不同?正如我们在生命历程中所经历的人事物与情意心志的感受,当无法忽视它曾是如此真实的存在过。善于做梦的唐人,融合了梦境与现实之间的吊诡异常,透过虚幻与真实两疑的奇异交织,在其作品中对生命所阐释的审美趣味与人生义涵,正是唐代写梦小说的价值所在。

---

① 叶朗:《中国小说美学》,台北:里仁书局,1987 年,第 120 页。

白居易:杭苏宦情与江南诗意

子 张 夏庶琪

[摘 要]唐代诗人白居易先后任职于杭、苏二州,除了居官杭苏时所写几十首有关江南的诗章之外,北归特别是定居洛阳之后忆写杭州、苏州的作品仍有不少。而且,正由于别后回忆,杭苏之美所代表的"江南"经由时间的淘洗反而更清晰、更明媚、更令诗人憧憬了。从某种意义上说,这些"回忆中的江南意象"构成了唐诗、更是白居易本人诗歌中最为动人的部分,或者说构成了中国传统文学中有关"江南意象"的最具经典意义的原型。

[关键词]白居易 杭州 苏州 诗词 江南意象

江南好,风景旧曾谙。日出江花红胜火,春来江水绿如蓝。能不忆江南?
江南忆,最忆是杭州。山寺月中寻桂子,郡亭枕上看潮头。何日更重游?
江南忆,其次是吴宫。吴酒一杯春竹叶,吴娃双舞醉芙蓉。早晚复相逢?

——白居易《忆江南词》

一

白居易活了七十五岁,这在唐代诗人中应该算是高寿了。七十五年当中,从三十一岁出仕校书郎到七十岁自太子少傅分司任上自动退休,居官的日子倒差不多有四十年,这在众多的唐诗人里也属于少见。只是这居官的近四十年,虽有江州司马之三年迁谪的"困顿",但平心而论,大抵尚属平顺。然在白居易,无论是刑部侍郎还是太子少傅分司,却似乎都少有自我价值实现的良好感觉。读其诗,给人印象最深的,竟是对仕宦生涯一而再、再而三的厌倦,而微乎其微的快乐感往往只产生于每次卸任之时。

例外似乎只有一次，那是他出任杭州刺史的三年岁月。

二

说来，杭州和苏州，曾经是白居易少年时代所经历的一个真实的梦境。

多少年后，当他果真由杭州而苏州，作为苏州郡最高行政长官第一次举行盛宴款待郡僚的时候，不禁在诗酒酣宴之余提笔写下一篇《吴郡诗石记》，提到了自己于贞元初年避兵江南期间深慕当时两郡刺史韦应物、房孺复的往事："贞元初，韦应物为苏州牧，房孺复为杭州牧，皆豪人也。韦嗜诗，房嗜酒，每与宾客一醉一咏，其风流雅韵，多播于吴中。或目韦、房为诗酒仙。时予始年十四五，旅二郡，以幼贱不得与游宴，尤觉其才调高而郡守尊。……翌日苏、杭苟获一郡足矣！"以江南雄郡郡守之尊而兼有诗酒游宴之享，却又远离京中是非，自然是那个时代难得的理想人生，何况是少年时代留在心底的美梦呢！

或者这也就是后来他罢去京中官职而"乞求外任"的心理动因之一？

本来，摆脱了贬谪的厄运，由偏远寒荒的忠州而重返京城，又在"归朝"后的两年之内连续"三迁"，自司门员外郎擢升为主客郎中兼知制诰，不久又拜中书舍人，白居易理应知足常乐了，何以偏偏要寻求外任呢？身在庙堂自然不好直抒心曲，然而一旦走出长安、特别是踏上奔赴杭州的南行之路时，那种"遍寻山水自由身"的轻松和愉悦就再也掩抑不住了。

"杭州五千里，往若投渊鱼。虽未脱簪组，且来泛江湖……秋风起江上，白日落路隅。回首语五马，去矣勿踟躇。"这种心情，岂不正是诗人"久在樊笼里，复得返自然"之本性的真实流露？

此后三年，他携妻将雏在杭州度过一生中最轻松愉快的日子。作为郡守，他意识到杭州之于朝廷的重要性和自己的责任，决心"夙兴夕惕，焦思苦心。恭守诏条，勤恤人庶。下苏凋瘵，上副忧勤"。事实上在历任杭州地方官中，他的确也是不但留下美好政声而且又深得百姓爱戴的一位。其中，称得上功在当时、利在千秋的德政应为治理西湖、疏浚李泌六井的工程了。史书有载："（居易）迁杭州刺史。始筑堤捍钱塘湖，锺泻其水，溉田千顷。复浚李泌六井，民赖其汲。"（《新唐书·本传》）即如白居易本人，对此也似乎颇感欣慰甚至自豪，三年后任期已满而不得不离开杭州时有《别州民》诗云："税重多贫户，农饥足旱田。唯留一湖水，与汝救凶年。"到了北宋，另一位大诗人苏东坡任职杭州时也对这位前辈的政绩称赞不已,其在《六井记》中提到:"唐宰相李公长源始作六井,引西湖水以作民用。其后刺史白公乐天治湖浚井,刻石湖山,至于今赖之。"

自然,使君原本是诗人,对于杭州的湖山之美自然是不会轻易放过的。"公事渐闲身且健,使君殊未厌杭州"(《腊后岁前遇景咏意》)。三年中,西湖之美,江潮之壮,市井之喧,山寺之幽,这位诗人长官真可谓足迹殆遍殆遍,题咏不厌其烦。已有学者提到:"从有关文献看,历代文人品题杭州山水名胜的诗作,当以白居易的作品数量最多,影响也最大。如果说题咏天竺灵隐二寺的作品,在白居易之前,已有初盛唐诗人宋之问、李白的诗作流传;那末,对杭州最著名的风景区西湖的题咏,则自白居易始。……白居易不仅是最早题咏西湖的诗人,而且就其咏西湖风景诗作的数量和质量而言,在我国古代诗人中,亦无出其右者。"(蹇长春《白居易评传》)此说或者还可以略加斟酌,但除了苏东坡,似乎也真没有"出其右者"的了。

早在 20 世纪 70 年代末,杭州市园林管理局曾编选过一部《西湖诗词选》作为内部资料印发,全书从五十二种包括《全唐诗》、《全宋词》在内的古今诗词集中选辑了近六百首吟咏杭州湖山的诗词,其中苏轼和白居易的作品最多,分别是三十四首和二十三首(实际数量并不止于此),而白氏之"乱花渐欲迷人眼,浅草才能没马蹄"与苏氏之"水光潋滟晴方好,山色空蒙雨亦奇"的名句也早就成了介绍西湖美景的经典解说词。看来,若要索解中国文人的江南情结以及文人诗词中的江南意象,白苏二人是绝对绕不过去的话题。

三

白居易有关杭州湖山的诗词,大部分写于官居杭州三年时期,小部分写于晚年定居洛阳之后,因有眼前风物与忆中景色之分。

眼前风物又有全景扫描与局部特写之别。《余杭形胜》、《杭州春望》、《答客问杭州》和《正月十五夜月》当为全景扫描诸作中的佳品,城市之概观,湖山之形态,人文之脉络,以及诗人之心象,皆款款道来,为后人想象唐朝时候的钱塘形胜提供了足够丰富的凭依。而《湖亭晚归》是叙写醉卧湖亭之懒散的,《钱塘湖春行》是描摹西湖沙堤一带之熔融春景的,《西湖晚归,回望孤山寺》和《夜归》所写皆为湖滨夜景,《忆杭州梅花》、《孤山寺遇雨》以及《题玉泉寺》、《题石门涧》、《潮》诸首,或忆写春梅,或点染雨景,或抒发思古幽情,或感慨潮去潮来,都算是大杭州下的小景观,相当于局部特写。《钱塘湖春行》写孤山下、白堤边春景,历来令人陶醉，自不必说，而另一首《寄韬光禅师》之写杭州城外韬光寺的七言律诗似乎也不容轻忽，而该视为白诗中的精品。诗曰：

一山门作两山门，两寺原从一寺分；
东涧水流西涧水，南山云起北山云。
前台花发后台见，上界钟声下界闻。
遥想吾师行道处，天香桂子落纷纷。

这是白居易几年之后在苏州刺史任上写的。由此诗，不但可以感受白氏闲适诗灵动飘逸的一面，而且可以想见此老官居杭州时的另一种生活心态：他没有脱却浸染已深的宗教信仰，反而在杭州诸寺氤氲的香火中找到了更多的宁静。且看《题玉泉寺》中的诗人："湛湛玉泉色，悠悠浮云身。闲心对定水，清净两无尘。手把青筇杖，头戴白纶巾。兴尽下山去，知我是谁人。"这当然不像一位高官，而只能是一位心净无尘的居士矣！还有一首《留别天竺灵隐两寺》大概是离别杭州前所写，更是明确不过地表明了他在杭州时对佛道的热情："在郡六百日，入山十二回。宿因月桂落，醉为海榴开。黄纸除书到，青宫诏命催。僧徒多怅望，宾从亦徘徊。寺暗烟埋竹，林香雨落梅。别桥怜白石，辞洞恋青苔。渐出松间路，犹飞马上杯。谁教冷泉水，送我下山来。"

一方面是世俗的职责，一方面是诗人的雅兴，另一面则是精神的依托，对于白居易来说，这三个方面的意向离奇而又和谐地寓于一体，共同形成了他的看似复杂、其实单纯的人格。

"看似复杂"，是说他的许多次选择不能为深陷红尘的人们所理解，譬如在京中做官可以更多接近上层因而更易于升迁，为什么偏偏选择外任？譬如一个身在官府而又不算年老的诗人，何以那么热衷于释梵佛道？"其实简单"，则是觉得白居易秉承儒教，青年时代即立志报效朝廷，无奈宦途艰险令他日益灰心，早就产生了"朝隐"的念头，故所到之处绝不贪恋权柄而只对湖山佛寺感兴趣。据说白居易离开杭州的时候，把自己本不丰厚的俸钱"多留守库"(《唐语林》卷二)，又说杭州老百姓为送别他们敬重的"市长"，出现了"耆老遮归路，壶浆满别筵"(白居易《别州民》)的场面，白居易自己也有诗为证："三年为刺史，饮水复食蘖。唯向天竺山，取得两片石。此抵有千金，无乃伤清白。"(《三年为刺史二首》之二)在很长一段时间内，我们总以为封建时代的官员无官不贪、无官不坏，又以为遵奉佛道的人大抵"虚伪"。可是看看白居易之所作所为，再看看那些现代官僚和贪官污吏之衮衮诸公"无所畏惧"的嘴脸，该会感到多少困惑！而就是这样，当学者们写到白居易之乐山向佛时，还禁不住连说几个"消极"、"局限"！那么，我们自己可有局限?

诗人远去,湖山依然青绿,而吟咏江南风物的诗章更是历久常新。“新篇日日成,不是爱声名。旧句时时改,无妨悦性情。但令长守郡,不觉却归城。只拟江湖上,吟哦过一生。”这包含着幽远、淡泊的人生意蕴的诗句大概是作为诗人的白居易为杭州留下的更为宝贵的遗产,较白堤更具意义的艺术创造。

多年以后,他总是抱着怅惜的心情怀念他的三年杭州生涯:

为我踟蹰停酒盏,与君约略说杭州。
山名天竺堆青黛,湖号钱塘泻绿油。
大屋檐多装雁齿,小航船亦画龙头。
所嗟水路无三百,官系何因得再游。

四

白居易少年时代因羡慕韦应物、房孺复诗酒风流而发出的“翌日苏、杭苟获一郡足矣”的感喟,竟然变成了现实,这使白居易深感欣慰。唐长庆四年暮春,三年杭州刺史任满,这位诗人长官恋恋不舍地离开杭州转赴太子左庶子新职,“处处回头尽堪恋,就中难别是湖边”,是他离杭时心境的写真。考虑到当时长安复杂的政治格局,白居易于秋季行到洛阳,即向朝廷(穆宗崩,长子李湛即位,为敬宗。)提出“分司东都”,得到同意。只是让他没有想到的是,在洛阳刚刚安顿好,转年(宝历元年)即接到新的任命:到苏州做刺史。

这是否就叫作“梦想成真”?

“江南诸州,苏州为大。兵数不少,税额至多。土虽沃而尚劳,人徒庶而未富……即奉成命,敢不誓心。必拟夕惕夙兴,焦心苦节。唯诏条是守,唯人瘼是求。”这是白居易上任甫始所作《苏州刺史谢上表》中的表白,可以看出他对又一次江南宦居生活的兴奋以及欲勤力王事、效忠朝廷的心意。此心意,在当时诗作《自到郡斋仅警讯曰坊专公务未及宴游偷闲走笔题二十四韵兼寄常州贾舍人湖州崔郎中仍称吴中诸客》也有流露:“渭北离乡客,江南守土尘。涉途初改月,入境已经旬。甲郡摽天下,环封极海滨。版图十万户,兵籍五千人。自顾才能少,何堪宠命频!冒荣惭印绶,虚奖负丝纶。候病须通脉,防流要塞津。救烦无若静,补拙莫如勤。削使科条简,摊令赋役均。以兹为报效,安敢不躬亲?”

白居易虽为诗人,又兼以宦情淡薄,但也许是心情好的缘故,他在杭苏任上总还是工作第一、恪尽职守的。“移领钱塘第二年，始有心情问丝竹”（《霓裳羽衣歌·和微之》）。到了苏州，尽管没有留下类似在杭州治理西湖、疏浚六井那样的工程（或者与时间短暂有关），而烦剧的郡务已令诗人“清旦方堆案，黄昏始退公。可怜朝暮景，消在两衙中”（《秋寄微之十二韵》）。有时甚至达到“经旬不饮酒，逾月未闻歌”（《题笼鹤》）的程度。直到几个月之后，才引领政务走上轨道，也才有余暇宴郡僚、登阊门、酬诗酒。资料记载：

> 中幅极尽理烦治剧之略，盖到郡经旬，而规模已定矣。一结即先忧后乐意，乃知居易实具经世之才，而当时未竟其用为可惜也。分司以后，时不可为，不得已托诗酒以自娱耳。“救烦无若静，补拙莫如勤”十字，凡为令守者，当录置左右。（《唐宋诗醇》卷二五）

当然，白居易这次领苏州刺史的原因，与在朝中高位上的老朋友李程、窦易直、裴度关系甚大。故在《去岁罢杭州今春领吴郡惭无善政聊写鄙怀兼寄三相公》表示：“为问三丞相，如何秉国钧？那堪最剧郡，付与苦慵人？岂有吟诗客，堪为持节臣？不才空饱暖，无惠及饥贫。昨卧南城月，今行北境春。铅刀磨欲尽，银印换何频？杭老遮车辙，吴童扫路尘。虚迎复送空，惭见两州民。”这首诗不似一般性的应酬诗，因为除了对友情的答谢，也还委婉而得体地透露出白居易对自己任职杭苏而不负“上”望的某种政治表态成分。

似乎也还可以猜测，白居易在知天命之年能先后任职杭苏二郡，实现了“苏杭之风景，韦房之诗酒，兼有之”的旧梦，或者皆与他这些高官老友的相助有关？也许在某时某刻、偶然之间，他曾经向友人们透露过这少年时代的梦境，而被哪位友人听到耳中、又记在了心里？

可惜的是，与杭州三年不同，这次苏州刺史的任职却因为突然出现的“健康原因”而中断了……

第二年早春时节，白居易先是出游坠马，摔伤了腰脚，好不容易渐渐痊愈，又新添了眼疾，一时满眼朦胧：“散乱空中千片雪，蒙笼物上一重纱。纵逢晴景如看雾，不是春天亦见花”（《眼病二首》之一）在这种情况下，工作的热情大打折扣，又萌生了“休官”的念头：“公私颇多事，衰惫殊少欢。迎送贵客懒，鞭挞黎庶难。老耳倦声乐，病口厌杯盘。既无可恋者，何以不休官？”（《自咏五首》之三）又说：“日觉双眸暗，年惊两鬓苍。病应无处避，老更不宜忙。徇俗心情少，休官道理长。今秋归去定，何必重思量。”（《重咏》）

于是请了百日长假，百日假满即告自行休官。当年秋天，白居易与妻子女儿乘船循运河回到了洛阳。离开苏州时，吏民夹岸相送长达十余里，令白居易深为感动。和州刺史刘禹锡有诗《白太守行》纪其盛:“闻有白太守,抛官归旧溪。苏州十万户,尽作婴儿啼。太守驻行州,阊门草萋萋。挥袂谢啼者,依然两眉低……”白居易则答曰:“去年到郡时,麦穗黄离离。今年去郡日,稻花白霏霏。为郡已周岁,半岁罹旱饥。襦裤无一片,甘棠无一枝。何乃老与幼,泣别尽沾衣。下惭苏人泪,上愧刘君辞。”(《答刘禹锡白太守行》)

虽然是来去匆匆,但是苏州就如杭州一样,永远地留在了白居易的诗中和心里。他曾在郡务之暇一登阊门,饱览苏州的繁华与胜景,描绘了“处处楼前飘管吹,家家门外泊舟航”的富庶之乡的风俗;他曾经骑马出城,游览天平山上白云泉和砚石山上灵岩寺;他也曾借公务泛舟太湖,留下了“渐看海树红生日,遥见包山白带霜”以及“掩映橘林千点火,泓澄潭水一盆油”的漂亮诗句;更是写出了表现歌舞和音乐演奏的名诗《霓裳羽衣曲》、《小童薛阳陶吹觱篥歌》。在与郡僚欢宴之际,他通过一首《九日宴集醉题郡楼兼呈周殷二判官》如此描写他所看到的“江南秋景”:

江南九月未摇落,柳青蒲绿稻穗香。
姑苏台榭倚苍霭,太湖山水含清光。

以及令人陶醉的苏州歌舞:

胡琴铮鏦指拨刺,吴娃美丽眉眼长。
笙歌一曲思凝绝,金钿再拜光低昂。

几年之后,当他又一次请了百日长假,假满自动罢去刑部侍郎而定居洛阳之后,他寄给继他之后任职苏州的好友刘禹锡一首《忆旧游》,款款流露出他对苏州以及僚友的怀念之情:

忆旧游,旧游安在哉?
旧游之人半白首,旧游之地多苍苔。
江南旧游凡几处,就中最忆吴江隈。
长洲苑绿柳万树,齐云楼春酒一杯。
阊门晓严旗鼓出,皋桥夕闹船舫回。
修娥慢脸灯下醉,急管繁弦头上催。
六七年前狂烂漫,三千里外思徘徊。
李娟张态一春梦,周五殷三归夜台。
虎丘夜色为谁好,娃宫花枝应自开。
赖得刘郎解吟咏,江山气色合归来。

五

其实，打开一部《白居易集》翻翻，就会看到除了居官杭苏时所写几十首有关江南的诗章之外，北归特别是定居洛阳之后忆写杭州、苏州的作品仍有不少。而且，正由于别后回忆，杭苏之美所代表的“江南”经由时间的淘洗反而更清晰、更明媚、更令诗人憧憬了。从某种意义上说，这些“回忆中的江南意象”构成了唐诗、更是白居易本人诗歌中最为动人的部分，或者说构成了中国传统文学中有关“江南意象”的最具经典意义的原型。

不用说，三首《忆江南词》的意义就体现在这里。

《乐府诗集》卷八三云：“《忆江南》，一名《望江南》。《乐府杂录》曰：《望江南》，本名《谢秋娘》。李德裕镇浙西，为妾谢秋娘所制，后改为《望江南》。因白氏词，后遂改名《江南好》。”由此可见白氏这三首词的影响之大。

历来诸家选词，皆由唐、五代词开始，而白氏之《忆江南词》总在必选之列。这固然是从文体演变的角度着眼，而这一组有关“江南”的文学意象本身，亦如上面所说早已成为中国文学中的一个原型。只是随着时代演变和批评理论新说（譬如否定说）的出现，近年忽有一种说法，即认为白居易这组“忆江南词”虽以“江南”为题，而具体所写并无真正的“江南特征”，如此文不对题，算不上佳作。此说似乎标新立异，但仔细一想，却又难免令人生疑。

江南也罢，塞北也罢，从地理角度说，四时风物不同只是相对而言，实则同属中土，你中有我，我中有你，难分难解。所谓泾渭分明，也只是就其最表面的颜色区分着眼，哪能理解为水火不容的关系？况且考虑到白居易壮年遭贬、中年奉佛以及仕途险恶的身世之慨，其诗歌中的“江南”已经不是一个单纯的地理概念，怎么可以单单从地理环境的“江南特征”方面对《忆江南词》做出否定性的酷评呢？

不错，与他大量表现杭苏风物的诗章一样，这组词也从大处着眼描摹了他记忆中的“江南”景致，而且写来颇有层次。第一首是宏观的整体印象，突出“江花”之“红”与“江水”之“绿”；第二首继写杭州之忆，突出的是“山寺月中寻桂子，郡亭枕上看潮头”的闲趣；第三首再忆苏州，突出的则是“吴酒一杯”和“吴娃双舞”的享乐。但是透过这些赏心乐事，还应该看到白居易由此生发出的对“江南”意象的精神性吁求，因为在他生命的旅程中，早在少年时代就已形成的“江南情结”经过中年时代五年杭苏生活的再体验，此时在他的老年也已经变成了一个不能重温的梦幻。就是说，对白居易而言，“江南”可绝不仅仅是一个地理概念，而更像一个类似于精神家园的词汇。白氏固然缺少一点仙风道骨,但又总是试图把并不美满的、纷扰的现实世界改造成自己的精神乐园,于是最终,他发现精神的乐园只能由自己的心灵产生。有诗为证:“心泰身宁是归处,故乡可独是长安?”又曰:“大隐住朝市,小隐入丘樊。丘樊太冷落,朝市太嚣喧。不如作中隐,隐在留司官。似出复似处,非忙亦非闲。不劳心与力,又免饥与寒。终岁无公事,随月有俸钱……人生处一世,其道难两全。贱即苦冻馁,贵则多忧患。唯此中隐士,致身吉且安。穷通与丰约,正在四者间。”(五十八岁在洛阳作《中隐》)

而他之所以在京官与外任之间选择外任,在长安与洛阳之间选择洛阳,无一不是这种“中隐”心态的具体体现。自然,在老年之后卜居的洛阳城里,刻意营造他那所有着江南“水之媚”的住所,在池塘边竖起他从杭苏二州带回的天竺石、太湖石,在池中栽种上属于江南的白莲花,又常常荡舟池中,以得之于西湖的鱼宴招待他的诗友们,实在也就不难理解了。

是呵,“吴苑四时风景好,就中偏好是春天。霞光曙后殷于火,水色晴来嫩似烟。士女笙歌宜月下,使君金紫称花前。诚知欢乐堪留恋,其奈离乡已四年”!(《早春忆苏州,寄梦得》)

能不忆江南?

“魂从知己，竟忘死耶”

——试探《聊斋·叶生》

李　李

[摘　要]蒲松龄《聊斋·叶生》一文，巧借离魂，书写士子忘死以酬报知己，饱蘸了作者血泪身影；强调识才知遇难得，并批判科举之失主在考官而非考制。

[关键词]聊斋　叶生　知己　报恩　离魂

一、前　言

《聊斋志异》是中国古典文言短篇小说之巅峰代表，作者蒲松龄（1640—1715），字留仙、一字剑臣，别号柳泉居士；生于明末崇祯十三年，卒于清初康熙五十四年。蒲氏一族堪称科甲相继，然家道中落，父亲蒲盘不得不弃儒学贾；而蒲松龄除了卅一岁应同邑友人孙蕙之聘，任江苏宝应知县幕宾年余外，均居乡梓——山东淄川（今淄博）为缙绅西席，七十古稀方撤帐归家。

蒲留仙十九岁应童子试，以县、府、道三第一，补博士弟子员，山东学使施闰章（号“愚山”）盛赞其制艺“百年如有神”、“运笔如风”①。《聊斋·胭脂》篇末，异史氏曰：“……愚山先生，吾师也。方见知时，余犹童子。窃见其奖进士子，拳拳如恐不尽。小有冤抑，必委曲呵护之，曾不肯作威学校，以媚权要。真宣圣之护

---

① （清）蒲松龄：《蒲松龄全集》第三册《蒲松龄年谱》，上海：学林出版社，1998年，第3365页。盛伟按语指出，试题《蚕起》——施之批语为：“首艺空中闻异香，百年如有神，将一时富贵丑态，毕露于二字之上，直足以维风移俗。”试题《一勺之多》——施之批语为：“观书如月，运笔如风，有掉臂游行之乐。”

法,不止一代宗匠衡文无屈士已也。而爱才如命,尤非后世学使虚应故事者所及。"[①]惜弱冠采芹仅春风一度,后竟功名蹭蹬,临终前三年,方补了个岁贡生,得到"候选儒学训导"之虚衔。蒲松龄长子蒲箬于《清故显考岁进士、候选儒学训导柳泉公行述》中,缕缕款陈:"先父天性慧,经史皆过目能了,处士公(蒲盘)最钟爱之。十九岁弁冕童科,大为文宗师施愚山先生之称赏。……癸亥年(康熙二十二年,公元 1683 年,蒲松龄四十四岁),我父食饩[②]。其时惨淡经营,冀博一第,而终困于场屋。至五十余尚希进取。我母止之曰:'君勿复尔!倘命应通显,今已台阁矣。'自是我父灰心场屋,而甄匋一世之意,始托于著述焉。思所及,中人情之膏肓,笔所书,导物理之肯綮;至于蕴藉恢谐,一着纸而解人颐,犹其末也。"[③]参加秀才考试前,蒲松龄也曾得淄川县令费祎祉的赏识,《聊斋·折狱》异史氏曰:"我夫子有仁爱名,……方宰淄时,松才弱冠,过蒙器许,而驽钝不才,竟以不舞之鹤为羊公辱。"[④]其以《世说新语·排调》中,羊叔子善舞之鹤竟在客人面前不肯起舞,使主人尴尬之事,巧拟自己科举一再受挫,实有负县令青睐。

仕宦无门,只得勉为塾师。清顺治好德堂刊本《一片情》中,曾戏言坐馆先生"第一要趋承家长,第二要顺从学生,第三要结交管家。三者之中,缺了一件,这个馆就坐不成了"[⑤]。此说看似夸张,其实恰恰点明西宾的困窘处境,然而毕家却给了蒲公最大的尊重与信任,故坐馆长达卅年。馆东毕际有之父毕自严乃明崇祯间户部尚书,而毕际有原任扬州府通州(今南通市)知州,罢归优游林下,诗酒自娱,与塾师蒲松龄甚相得。康熙三十二年(1693)毕际有逝世,蒲松龄《哭毕刺史》其三曰:"海内更谁容我放?泉台无路望人归。"[⑥]其七曰:"最悼十年同食

---

① (清)蒲松龄:《全本新注聊斋志异》下册,北京:人民文学出版社,1995 年,第 1363 页。

② 指经过科考取得廪生资格的生员,得享廪膳补贴,亦即成为"廪生"。

③ 《蒲松龄全集》第三册《参考资料》,第 3438—3439 页。

④ 《全本新注聊斋志异》下册,第 1248 页。

⑤ 《一片情·第四回 浪婆娘送老强出头》:"因说徽州府休宁县,一人姓程名埛,家事素封,年华五十,才生一子,仅七岁,请先生命名上学。程埛对先生道:'学生年老止生此子,欲取一名。今观俗称,非金即玉,孩子恐折他福;取低微些,非猫即狗,又近于畜生所生。求先生取一名,只要微贱些,不近于禽兽罢了。'先生道:'取为"先生"何如?'程埛道:'先生又来取笑了!世上至尊贵者,莫如师范。'那先生道:'你不知道!先生高贵么?第一要趋承家长,第二要顺从学生,第三要结交管家。三者之中,缺了一件,这个馆就坐不成了。如何不微不贱?'程埛道:'先生戏言耳。也罢!"先"字改了"生"字,叫做"生生"罢!'故取名为生生。"刘世德等主编:《古本小说丛刊》第三辑,北京:中华书局,1990 年,第 2048—2049 页。

⑥ 《蒲松龄全集》第二册《聊斋诗集》,第 1758 页。

友，不曾言别已分襟！”[①]

毕家提供蒲松龄一个比较舒适的授课、读书与写作环境，且有丰富藏书可供参看；同时，也让其拥有接触骚人墨客、达官显要的机会，尤以与当时丁忧居丧之诗坛盟主王士禛[②]的往还，影响最为深远。王士禛于《题〈聊斋文集〉后》称美曰："聊斋文不斤斤宗法震川（归有光），而古折奥峭，又非拟王（世贞）、李（攀龙）而得之，卓乎成家，其可传于后无疑也。"[③]其曾借阅《聊斋志异》稿本，还写了评点，对《聊斋》的流传，起了不少推动作用；且在卷末题上一首七绝："姑妄言之姑听之，豆棚瓜架雨如丝。料应厌作人间语，爱听秋坟鬼唱时。"[④]既喟叹蒲松龄才高不遇，并婉转点出其之创作底蕴。康熙二十七年（1688）蒲因兹作《偶感》诗曰："潦倒年年愧不才，春风披拂冻云开。穷途已尽行焉往？青眼忽逢涕欲来。一字褒疑华衮赐，千秋业付后人猜。此生所恨无知己，纵不成名未足哀。"二十八年，答谢王士禛遥馈香茗，作《次韵答王司寇阮亭先生见赠》云："《志异》书成共笑之，布袍萧索鬓如丝。十年颇得黄州意，冷雨寒灯夜话时。"[⑤]康熙四十年（1701）《与阮亭王先生书》则云："十年前一奉几杖，入耳者宛在胸襟。或云老先生虽有台阁位望，无改名士风流，非亲炙謦欬者，不能为此言也。……前拙《志》蒙点志其目，未遑缮写。今老卧蓬窗，因得以暇自逸，遂与同人共录之，辑为二册，因便呈进。犹之《四本论》，遥掷急走，惟先生进而教之。古人文字多以游扬而传，深愧谫陋，不堪受宣城奖进耳。"[⑥]

无论是对施闰章、费祎祉、毕际有或王士禛，蒲松龄均具穷途知己实难再逢之浩叹，而《聊斋·叶生》[⑦]，正是一篇攸关知遇报恩的故事，其中深刻烙印下作者血泪身影。

---

① 《蒲松龄全集》第二册《聊斋诗集》，第 1759 页。

② 王士禛，号阮亭，别号渔洋山人，人称王渔洋。王士禛死后，因避雍正帝讳——胤禛，被改称王士正。乾隆帝赐名"士祯"，并追谥"文简"。

③ 《蒲松龄全集》第二册《聊斋文集·附录》，第 1547 页。

④ （清）蒲松龄著，张友鹤辑校：《聊斋志异会校会注会评本（一）·各本序跋题辞》，台北：里仁书局，1991 年，第 34 页。"姑妄言之"，用苏轼喜客谈，强人说鬼的典故；"鬼唱时"，借用自李贺《秋来》诗。

⑤ 《蒲松龄全集》第二册《聊斋诗集》，第 1723 页。

⑥ 《蒲松龄全集》第二册《聊斋文集》，第 1134—1135 页。

⑦ 《全本新注聊斋志异》上册，第 84—86 页。

二、文本研析

《叶生》写一位"失其名字"之叶姓书生,虽"文章词赋,冠绝当时",却"所如不偶,困于名场"。幸蒙县令丁乘鹤垂青关照,"使即官署,受灯火"[①]、"时赐钱谷恤其家";更为之"游扬于学使,遂领冠军"。秋闱乡试后,县令"索文读之,击节称叹";"不意时数限人,文章憎命","依然铩羽"。叶生"嗒丧而归",因"愧负知己,形销骨立,痴若木偶",丁县令大加宽慰,允诺任满"携与俱北";"无何,寝疾",而"服药百裹,殊罔所效","公遗问不绝"。主角境遇之顺逆交迭,吊足读者胃口;"骨立"、"木偶"之形容,"服药百裹"之夸饰,非但有以简驭繁之修辞效果,且为后文起了铺垫作用。

丁乘鹤因忤逆上官而解职,函告叶生:"所以迟迟者,待足下耳。足下朝至,则仆夕发矣";生于卧榻"持书啜泣",寄语来使:"疾革难遽瘥[②],请先发。""公不忍去,徐待之"。丁公归心似箭,犹坚持等候叶生病愈、相偕返家的描写,简练勾勒出怜才惜人之盛情厚意。"逾数日,门者忽通叶生至",公喜其"可从杖履",即刻束装同回关东。"抵里,命子师事生,夙夜与俱"。丁之"公子名再昌,时年十六,尚不能文,然绝慧,凡文艺三两过,辄无遗忘";经叶生调教年余,"便能落笔成文";继"以生平所拟举子业,悉录授读,闱中七题,并无脱漏,中亚魁"。丁再昌全靠死记叶生之八股闱墨,竟获乡试第二名,不免让丁父慨叹:"君出余绪,遂使孺子成名,然黄钟长弃奈何!"不论仕或不仕,贤才惨遭埋没,实为丁公、叶生共同之憾恨;而叶生此处的回答,更是通篇关键,其云:"是殆有命。借福泽为文章吐气,使天下人知半生沦落,非战之罪也,愿亦足矣。且士得一人知己,可无憾,何必抛却白纻,乃谓之利市哉。"正话反说,将科场蹭蹬归诸天命,承前——"文章憎命达,魑魅喜人过"[③]的叙述,表面写命限福薄才高天妒,实则暗讽考官昏聩不辨贤愚;强调若幸逢知己肯定,必生死以报,倒不一定非得高中功名,才算发迹走运。

丁乘鹤恐叶耽误岁试,"劝令归省,生惨然不乐,公不忍强,嘱公子至都为之

---

① 让其暂住县衙,并资助照明等学习费用。

② 革,同"亟"。此指病重难以速愈。

③ 杜甫《天末怀李白》:"凉风起天末,君子意如何。鸿雁几时到,江湖秋水多。文章憎命达,魑魅喜人过。应共冤魂语,投诗赠汨罗。"(清)彭定求等编:《全唐诗》卷二二五,北京:中华书局,1980 年,第 2424 页。

纳粟”。丁再昌“又捷南宫，授部中主政。携生赴监；与共晨夕”。年余，叶生参加北京举行之乡试，得中举人；喜从公子“奋迹云霄，锦还为快”的劝说，“择吉就道”荣归故里。

本篇描摹，采古典小说惯用之第三人称全知视角，情节节奏舒缓；至此，突转入第一人称限知视角，带出反转高潮。公子命仆马护送，叶生“归见门户萧条，意甚悲恻，逡巡至庭中，妻携簸具以出，见生，掷具骇走”。生凄然曰：“我今贵矣。三四年不觌，何遂顿不相识?”自认终获追求已久之显贵，不解结发人畏惧、生疏之由；妻遥谓曰：“君死已久，何复言贵？所以久淹君柩者，以家贫子幼耳。今阿大亦已成立，将卜窀穸。勿作怪异吓生人。”蒲松龄巧妙运用妻子“掷具”、“骇走”、“遥谓”三个动作，揭穿夫君“魂从知己，竟忘死耶”之事实；“生闻之，怃然惆怅，逡巡入室，见灵柩俨然，扑地而灭”，“衣冠履舄如脱委焉”。其写形消魄散宛若蝉蜕，极富凄美玄意，一如凡尘士子毕生慕求功名，多半难逃冀望幻灭之苦。中举归家、庭中遇妻、视柩扑灭，在得丧、悲喜、死生、虚实间，迅速推动情节，且回扣篇首叶生病入膏肓药石罔效的暗示。

抱衣悲哭大恸之叶妻，“细询从者，始得颠末”。从者返告，公子衔悲吊丧，出橐资以孝廉（举人）礼葬之，“又厚遗其子，为延师教读，言于学使，逾年游泮”，成了秀才。故事于此，以恩义作结。

三、文本寓意

冯镇峦于《叶生》篇末评点曰：“余谓此篇即聊斋自作小传，故言之痛心。”① 无论是人生际遇、科场沉沦，文学上之自我肯定或他人评价，甚至靠妻子勘破迷津，叶生一角，都有很浓的作者身影投射。蒲松龄采《左传》“君子曰”、《史记》“太史公曰”笔法，在某些篇后附上“异史氏曰”②，既可不破坏小说结构，又能借兹申发议论感慨、补充说明；而《叶生》之寓意，全在“异史氏曰”。

其首，强调知己难得，可让人离魂梦寻，甚或忘死。康熙十年（1671）卅二岁的蒲松龄已有伯乐难遇之叹，《中秋微雨，宿希梅斋中二首》之二诗云：“龙门御李

① 《蒲松龄全集》第二册《聊斋文集·附录》，第85页。

② 《聊斋志异》一书，例将“异史氏曰：至于篇末；然亦有置于篇首，如《念秧》；偶置文中，如《霍生》者；而《折狱》，则有两段“异史氏曰”。

真欺我,世上何人解怜才。"[①]康熙十三年《大江东去寄王如水》词:"天孙老矣,颠倒了天下几多杰士。蕊宫榜放,直教那抱玉卞和哭死!病鲤暴腮,飞鸿铩羽,同吊寒江水。见时相对,将从何处说起?每每顾影自悲,可怜肮脏骨销磨如此!糊眼冬烘鬼梦时,憎命文章难恃。数卷残书,半窗寒烛,冷落荒斋里。未能免俗,亦云聊复尔尔。"[②]而《上健川汪邑侯启》亦曰:"遍游沧海,知己还无;屡问青天,回书未有。惟是安贫守拙,遂成林壑之痴;偶因纳税来城,竟忘公门之路。漫竞竞以自好,致落落而难容。膏火烧残,欲下牛衣之泪;唾壶击缺,难消骥枥之心。"[③]不过,明扬仄陋、登庸贤隽之渴盼,终成奢望。浩叹"遇合难期,遭逢不偶";"古今痛哭之人,卞和惟尔;颠倒逸群之物,伯乐伊谁?抱刺于怀,三年灭字;侧身以望,四海无家。"

其次是批判科举之失,在考官而非考制。康熙四十七年(1708),六十九高龄的蒲公"薄游稷门,适值试士。少见多怪,因志所感,索和同人",作《历下吟》五首之一,刻画科场试子惨况——"试期听唱名,攒弁类堵墙。黑鞭鞭人背,跋扈何飞扬!轻者绝冠缨,重者身夷伤;退后迟嗷应,逐出如群羊;贵倨喜嫚骂,俚媟甚俳倡;视士直草芥,而不齿人行!帖耳俱忍受,阶此要宠光。此中求伊周,亦复可恻怆!"[④]五首之三,痛斥考官贪贿舞弊——"……朱标案将出,红笺报已投。处处皆尔尔,无人问所由。独乃至般阳,妄听怒嘲啁。云此有关节,案名一笔勾。佳文受特知,反颜视若仇。黜卷久束阁,凭取任所抽。颠倒青白眼,事奇真殊尤。贤守为宽譬,拗怒无夷瘳。良士亦何辜?陷此壑谷幽!芹微亦名器,掷握如投骰!翻覆随喜怒,吸呼为弃收。古来仅一见,闻者心骇忧……"[⑤]不遇知己伯乐,拥才德者难免远落孙山之外,以致"须发之条条可丑"、"文章之处处皆疵"。

---

① 《蒲松龄全集》第二册《聊斋诗集》,第 1623 页。

② 《蒲松龄全集》第二册《聊斋词集》,第 1986 页。

③ 《蒲松龄全集》第二册《聊斋文集》,第 1222 页。

④ 《王子安》:"异史氏曰:'秀才入闱,有七似焉。初入时,白足提篮,似丐。唱名时,官呵隶骂,似囚。其归号舍也,孔孔伸头,房房露脚,似秋末之冷蜂。其出场也,神情惝怳,天地异色,似出笼之病鸟。迨望报也,草木皆惊,梦想亦幻。时作一得志想,则顷刻而楼阁俱成;作一失志想,则瞬息而骸骨已朽。此际行坐难安,则似被絷之猱。忽然而飞骑传人,报条无我,此时神色猝变,嗒然若死,则似饵毒之蝇,弄之亦不觉也。初失志,心灰意败,大骂司衡无目,笔墨无灵,势必举案头物而尽炬之;炬之不已,而碎踏之;踏之不已,而投之浊流。从此披发入山,面向石壁,再有以"且夫"、"尝谓"之文进我者,定当操戈逐之。无何,日渐远,气渐平,技又渐痒;遂似破卵之鸠,只得衔木营巢,从新另抱矣。如此情况,当局者痛哭欲死;而自旁观者视之,其可笑孰甚焉。'"《全本新注聊斋志异》下册,第 1234—1235 页。

⑤ 《蒲松龄全集》第二册《聊斋诗集》,第 1882 页。

《司文郎》篇，曾提及一位瞽僧，是“最能知文”的奇人，焚稿鼻嗅即可断高下。发榜后，原得其颔首称妙者竟下第，让其咳逆欲呕之劣作主人，反而高中。僧人获知结果后，叹曰：“仆虽盲于目，而不盲于鼻；帘中人并鼻盲矣。”①《贾奉雉》篇，写“才名冠一时，试辄不售”之贾某，“集其𦶜茸泛滥、不可告人之句，连缀成文”，“竟中经魁”②。帘中阅卷官龙蛇不辨、良窳不分，势利贪婪、立场摇摆，正是蒲松龄对科举制度最大不满之处。《三生》写“以千万计”被绌落愤懑而卒者，叫嚣要求阎罗对“黜佳士而进凡庸”之闱场主司，“是必掘其双睛，以为不识文之报”、“剖其心”，因“所见鄙耳”。③

话虽如此，坚信自己“良马非不骏，盐阪徒悲鸣；美玉非不贵，抱璞为世轻”④，又难消骥枥之心，所以蒲松龄六十三岁时，还是参加了山东乡试，落榜后作《寄紫庭》：“良禽高飞尽，吾鄙数何奇！莫下陵阳泪，三年黍一炊。不恨前途远，止恨流光速。回想三年前，含涕犹在目。三年复三年，所望尽虚悬。五夜闻鸡后，死灰复欲然。”⑤

四、小　结

当岁月不待，蒲松龄犹“频居康了之中”，不得不“合眼放步，以听造物之低昂而已”。毕竟，洵如《文心雕龙·知音》所云：“知音其难哉！音实难知，知实难逢，逢其知音，千载其一乎！”⑥知遇荣辱，最终仅能诉诸天命！

---

① 《全本新注聊斋志异》中册，第1100—1101页。

② 《全本新注聊斋志异》下册，第1351—1352页。

③ 《全本新注聊斋志异》下册，第1324页。

④ 《蒲松龄全集》第二册《聊斋诗集·咏史》二首之一，第1661页。

⑤ 《蒲松龄全集》第二册《聊斋诗集》，第1812页。由《寄紫庭》可知，非如某学者所云：“在稍纵即逝的生命历程中，许多人曾经花费莫大心力在追逐身外物名，据此以观，叶生故事或可视为是一个文学隐喻，试图借此点醒身处此一情境中的世人，对此不宜再盲目追索，……相对于叶生之毕生追寻而终无所获者，他早已化身成为文学疗愈的象征，宛若灯塔一般，指引着众多在人生方向上有所迷失的芸芸众生。”

⑥ 杨明照：《增订文心雕龙校注》下册，北京：中华书局，2000年，第591页。

古代小说中天书叙事的道教文化渊源

万晴川　王　毅

［提　要］在古代小说中的“天书”描写，对人物形象刻画和故事情节的构建起着重要作用。道教关于道经书写、出世、收藏、授受的观念，形成了古代小说中的“天书”叙事方式；而小说中一些人物性格和命运的转变，与获得天书密切相关。小说中的天书描写，也是古人急于求成心态的体现。

［关键词］天书　道经　传授　心态

在古代小说中，有许多有关天书的描写，并在人物形象刻画和故事情节的构建方面发挥着重要作用。天书母题历史久远，一直延续到现代，很多武侠小说的核心情节就是围绕着正、邪两派争夺所谓“秘籍”而设置。可见，这是一个很重要的文学和文化现象。

天书最早可追溯到汉代谶纬，谶纬中已有“真文”、“天文”等名词①，后来道教继承并发展此说，将道经视为天书。《太平经》中已有天书、“天文”、“真文”之说，并给天书定义道：“天明知下古人且愚，难治正，故为其出券文，名为天书。”②后来的灵宝、上清诸派都称自己的经书为天书。

灵宝派认为，“天书玉字，凝飞玄之气以成灵文，合八会以成音，和五合而成章”③。意思是说，天书由天上的飞玄之气凝结成文，然后降示人间，乃“自然而

① 安居香山、中村璋八编：《重修纬书集成》卷六，东京：明德出版社，1978年，第110、105页。

② 罗炽：《太平经注译》，重庆：西南师范大学出版社，1996年，第711页。

③ 《太上灵宝诸天内音自然玉字》卷一，《道藏》第二册，北京：文物出版社，上海：上海书店，天津：天津古籍出版社，1988年，第532页。

有，非所造为”[1]，即天书没有作者，乃自然形成，即为神启。针对汉魏六朝时的乱世，道教提出“开劫度人”的思想，建立了一套异于历史学家的神话时间观，其目的即为传下救度世人的经文诀法，经诀的出世就是天书的出世。道教关于道经书写、出世、收藏、授受的观念，对古代小说中的天书叙事方式产生了巨大影响。

一、天书的性质

由于天书是用凡人不认识的天文书写而成，所以被说成是“无字天书”或“素书”，只有遇到有缘者，字迹才会显现。如冯梦龙改编本《三遂平妖传》第 11 回写蛋子和尚从白云洞摹得天书回来，展开来看时，“原是一张素纸，何曾有一点一画？每张检看，都是如此”。蛋子和尚不觉心下酸痛，放声大哭，欲去深潭自尽。路上遇见白须老者，告知缘由，老者道：“天书不比凡迹，况明授者属阳，私窃者属阴。日光下之阴气伏藏，自然不见，此阴阳相克之理也。要辨得有缘无缘，须于戌亥子三个时辰，择个月盈之夜，在旷野无人处，将纸向月照之，隐隐有绿字现出，这便是机缘已到。若没字时，便是无缘了。”蛋子和尚照老者所说，“将右壁上摹过的纸月中照看，果然隐隐现出绿色字样，细字有铜钱大，粗字有手掌大，但多是雷文云篆，半点不识”。

为了保密，道经的叙述语言常使用拆字、离合、隐语等方式写成，这是道教内部的规矩。《魏书·释老志》云：“其书多有禁秘，非其徒也，不得辄观。”所以，道教强调学道者须明师指点，口授要诀，否则不易知解。在此基础上，道教就将道经天书化，认为天书乃用“雷文云篆”写成，深奥难懂。《无上秘要》引《洞玄诸天内音经》描述天书道：

> 忽有天书，字方一丈，自然而见。空玄之上，五色光中，文彩焕烂，八角垂芒，精光乱眼，不可得看。天尊普问四座：大众灵书八会，字无正形，其趣宛奥，难可寻详。天既降应，妙道宜明，便可法笔，解其正音，使皇道统既畅，泽被十方。[2]

高道传经，就是将符篆天文或无字天书“译出”或“注解”的过程。天书由圣

---

① （唐）魏徵等：《隋书》卷三五，北京：中华书局，1973 年，第 1091—1092 页。

② 《太上灵宝诸天内音自然玉字》卷一，《道藏》第二册，第 545 页。

真训释之后，圣、真、仙、人依次相授，从天上一直传到人间。[①] 这是道教宗经、征圣思想的体现。

道教认为，天书乃世界之本原或最高法则，所谓“五文开廓，普殖神灵。无文不光，无文不明，无文不立，无文不成，无文不度，无文不生”[②]。内容十分重要，关系个人生死、国家兴亡、战争成败，所以道教就特别重视对天书的收藏和传授。道经天书被译成下世的凡俗文字后，都要先秘藏于天界宫府中，责由神人守护，而汉魏时期，随着南方地理的开发，许多溶洞被发现，从而形成“洞天福地”说，石洞既成为道士修炼之所，也是道经的收藏之地，于是乎就有了天书藏于石洞的说法。早在《吴越春秋》卷六《越王无余外传》中，就载大禹治水无功，翻检《黄帝中经历》，见其中云：“在于九山东南，天柱号曰宛委。赤帝在阙。其岩之巅，承以丈玉，覆以盘石，其书金简，青玉为字。编以白银，皆瑑其文。”于是：

> 禹乃东巡登衡岳，血白马以祭，不幸所求。禹乃登山，仰天而啸，因梦见赤绣衣男子，自称玄夷苍水使者。“闻帝使文命于斯，故来候之。非厥岁月，将告以期，无为戏吟，故倚歌覆釜之山。”东顾谓禹曰，“欲得我山神书者，斋于黄帝岩岳之下，三月庚子，登山发石，金简之书存矣”。禹退又斋，三月庚子，登宛委山，发金简之书，案金简玉字，得通水之理。

此后，道家都自称本派的“道经”乃大禹传下的“金简之书”。《抱朴子·辨问》中说，《灵宝经》中的《正机》、《平衡》、《飞龟授袟》三篇文字，“皆仙术也。吴王伐石以治宫室，而于合石之中，得紫文金简之书，不能读之，使使者持以问仲尼，而欺仲尼曰：‘吴王闲居，有赤雀衔书以置殿上，不知其义，故远谘呈。’仲尼以视之，曰：‘此乃灵宝之方，长生之法，禹之所服，隐在水邦，年齐天地，朝于紫庭者也。禹将仙化，封之名山石函之中，乃今赤雀衔之，殆天授也。’以此论之是夏禹不死也，而仲尼又知之；安知仲尼不皆密修其道乎？”[③]六朝时的道教派别皆有道经宝藏的思想。如灵宝经《太上玉佩金珰太极金书上经》中说：元始天尊开经讲法时，“以金青盟天，告灵九空，禀受上真，铸金为简，刻书灵文；使龟母按笔，太一拂筵；盛以云锦之囊，秘以郁森之笈，封以玉清三元之章，付仙都左公、侍仙羽郎，藏太素瑶台、玄云羽室”[④]。上清经《上清外国放品青童内文》曰：“玄文宝经、隐

---

① 卿希泰、詹石窗：《中国道教思想史》，北京：人民出版社，2009 年，第 417 页。

② 《原始无量度人上品妙经》卷一，《道藏》第一册，第 3 页。

③ （东晋）葛洪：《抱朴子内篇·辨问》，上海：上海书店影印《诸子集成》本，1986 年，第 56 页。

④ 《太上玉佩金珰太极金书上经》，《道藏》第一册，第 896 页。

书古字，有千二百亿万言，在玄圃之上、积石之阴，仙人有九万人，皆散停于灵山。”[①]又谓《九阴九真玉经》等，“皆刻于东华仙灵台，不宣于世上，自非宿有仙名者，不得闻见也”[②]。当时的道教传记中，也有关于天书封藏的描述，如《神仙传·阴长生》谓阴君裂黄素书《丹经》，一通封文石之函，置嵩高山；一通黄栌之简，漆书之，封以青玉之函，置太华山；一通黄金之简，刻而书之，封以白银之函，置蜀绥山；一封缣书，合为十篇，付弟子，使世世当有所传付。可见，这些经文或刻写、书写在玉块、金块，石块、绢帛上，以云锦包裹，装在木质或银质或石质的盒子中，最后盖上印章，珍藏起来。

因《吴越春秋》中写到仙猿化成老人袁公与越女比试剑术，故后世天书（或兵书）就与白猿联系在一起了；此外，汉代纬书《龙鱼河图》云：“黄帝摄政时，有蚩尤兄弟八十一人，并兽身人语，铜头铁额，食砂石子，造立兵仗刀戟大弩，威震天下，诛杀无道，不仁不慈。万民欲令黄帝行天子事，黄帝仁义，不能禁止蚩尤，遂不敌。黄帝仰天而叹。天遣玄女，下授黄帝兵信神符，制服蚩尤，以制八方。”[③]这个故事不但使玄女与天书关联在一起，而且奠定来了后来正邪斗法的叙事模式：在正、邪两派争斗时，因邪方力量强大，正方渐渐不支，在这紧要关头，天遣法力胜过邪方的神仙前来支援，终于将邪方打败。玄女将天书、“法宝”传授给她理想中的英雄，让他用以化解今后遇到的困难，而赢得玄女的帮助，也使其被贴上了“正义”的标签。这样，在小说中，白猿、玄女遂成为天书的守护者、传播者和传授者。

古代小说中有关天书书写、收藏的描写，皆出自道经。如《酉阳杂俎·韩佽》（《太平广记》卷三百六十五）中，封盈因见黄蝶数十而逐之，至大树下而灭，“掘得石函，素书大如臂，遂成左道”。《三水小牍·侯元》（《太平广记》卷二百八十七）中侯元靠在一块巨石上休息，石忽豁然而开，走出一老人，授其天书。《神仙感遇传·李筌》（《太平广记》卷十四）中李筌则是从虎口岩中得到。《三国志平话》中学究随一臣蟒入石洞，不见其蟒，却见一石匣，用手揭起匣盖，见有文书一卷，取出看罢，即是医治四百四病之书。《何道士因术成奸周经历因奸破贼》（《初刻拍案惊奇》卷三十一）中唐赛儿是在祭奠亡夫的路上，走到古墓中，发现一个小石匣，里面有部天书。《禅真逸史》中林澹然在狐精的引导下，走入洞天深处，有块大青石；“方围高四尺有余，四边俱蔓紫苔，石面平如明镜，光润细洁。倚着一株

---

① 《上清外国放品青童内文》，《道藏》第三十四册，第 8 页。

② 《上清太上帝君九真中经》，《道藏》第三十四册，第 43 页。

③ 《龙鱼河图》，禹航陈世望对山问月楼，清嘉庆十七年（1812）刻本。

大柏树，顶上覆着柏叶，团团如盖”。林澹然用左手石上依样画符一道，轻轻扣了三下，只听得豁刺地一声响，此石分为两下，就如刀削一般，两块裂开，中间有一石匣，匣内有书三册。林澹然顶礼三匝，然后取出。可见天书都藏在人迹罕至的隐秘地方，得者有蝴蝶、蟒蛇、狐狸等引导，皆是有缘人。

天书获得叙述最为生动的要算《英烈传》和《三遂平妖传》。《英烈传》第17回写刘基山洞获天书：青田县城外有座高山，非常险峻，传说山中常有妖精作怪。刘基辞官归里，进山读书，忽一日，崖边豁地一声响，只见石门洞开。刘基将书丢下，大步跨入空谷中，转弯抹角，来到一石室，上有七个大字道：“此石为刘基所破。”刘基知是天意，遂抬个石子，向那石上猛击一下，只见毫光万道，实时裂开，内中有抄写的兵书四卷。刘基将书怀在袖中，正欲走出，忽听得壁厢豁喇一声，枯藤上跳出一只白猿来，望着刘基张口扑来。刘基大喝道：“畜生，天赐宝贝，原说与我刘基的，你待怎样？”那猿便拜伏在地，忽作人言曰：“自汉张子房得黄石公秘传之后，来辟谷嵩山，半路之中，将书收藏在内。便命其六丁、六甲，拘本山通灵神物管守之。丁甲大神见小猿颇有些灵气，便拘我到张子房面前。张子房许我在此，平日只是到山上山下走动走动，从未外出游玩。今日，天意将此书付与先生，辅主救民，要我在此无用。望先生方便破开圆圈，把小猿宽松些也好！”刘基便对他曰：“天书我虽取得，其中方法竟未曾看着，待我回家细看，倘其中有破开圆圈方法，我方好放你。目下，我如何会得？”白猿只是苦苦哀求说：“先生此时不放我去，何时再得进来？我从前被留侯拘束时，曾问他何年放我，他便曰：‘留着，留着，遇刘方放着。’今日遇着‘刘’，便须遇着‘放’。先生只是可怜见宽，小猿则感恩不浅！”刘基看他哀求不过，便从袖中扯出天书来看，谁知袖子太小书本过大，只扯出一本来，将手翻开，恰是落末一本，凑巧簿面上写着：拘收自猿管守天书事情，看到后面，果有打破圈箍放白猿的神法。刘基心中原要试验一番，却又不解此中原是咒语，只好将他当书诵读。谁想把宽放他的法儿读完，只见那白猿朝着刘基拜了几拜，竟从山后跳出去了。刘基也不顾他，遂放开大步，复从原路而回。回头一看，那石壁依然合了。这些描写极力渲染刘基获得天书乃是“天意”，其目的就是神话朱明王朝。

《三遂平妖传》述蛋子和尚三盗天书。第1回写玄女带袁公上天，朝见玉帝。玉帝见袁公好道，封为白云洞君，教他掌管着九天秘书。天书以金匮玉箧收藏，每年由修文舍人来查点一次，加上御封一道。只有得到混元老祖、九天玄女娘娘和玉帝三人中的任一位法旨时才能打开。后来袁公违反天条，私自发看“道字号”天书，“袁公扯开御封，双手去揭那箧盖时，却似一块生成全然不动，再用尽平生之力狠揭一下，那玉箧儿恰似重加钉钉，再用金镕，休想动得一毫”。于是袁公双手捧着玉篋，跪下叫道："吾师九天玄女娘娘，保佑弟子道法有缘，揭开篋盖，永作护法，不敢为非。"连磕了三四个头，爬起再揭，那篋盖便随手而起，内有火焰般绣袱包裹。打开细看，书上皆是"道家一百零八样变化之法，三十六大变，应着天罡之数，七十二小变，应着地煞之数，端的有移天换斗之奇方，役鬼驱神的妙用"。袁公又将天书上的内容写在石壁上。

王帝得知袁公私发秘书，大惊道："这如意册乃九天秘法，不许泄漏人间，只因世上人心不正，得了此书必然生事害民，那畜生兽心未改，有犯天条，不可恕也！"当即令天将将袁公擒来，鞫问正法。星君和修文舍人为袁公求情，奏玉帝道："袁公犯罪虽深，情词可悯；况且混元老祖曾遗下四句云：玉篋开，缘当来；玉篋闭，缘当去。缘者袁也，或者袁公有缘，所以玉篋自启。他既无邪心，宜看九天玄女面上，从宽释放为便。"玉帝准奏，免其死罪，革去白云洞君之号，改为白猿神，着他看守白云洞石壁。又先发下天符一道，着本境城隍土地，逐去猿子猿孙，一切党类，十里之内，不许停留，单单只容一个袁公居住。如若妄传凡人，生灾作耗，一体治罪。玉帝又传旨，将御前白玉宝炉赐与袁公。这炉名为自在炉，若袁公在洞修行时，炉中香烟缭绕，自然不断，直透天门；倘或袁公离了洞门，香烟便熄。又令从天库中拿出宝贝"雾幞"交与袁公，展开尺余，便有十里雾气，罩住山洞。可见采取了严密的防范措施。

接着写蛋子和尚三盗天书。第 8 回先通过一山僧之口，渲染山洞雾气之浓，石桥之险。第 9 回写蛋子和尚进山，通过描写山中景色，坐实山僧之言。蛋子和尚虽已进洞，但因贪看洞中美景，误了寻找天书的时间，白猿将归，只好慌忙退回。第 10 回，写一年后，蛋子和尚做了充分准备，再次进入洞中，但因忘了携带抄录的纸墨笔砚而失败。两次失败，蛋子和尚伤心至极，不觉放声大哭，连哭三日三夜。这时，走来一白发老者，问知情由，对他说：我少年时也曾去过白云洞，但没看到天书。后来遇到一个全真道人，告诉我说，天庭秘法不比凡书可以抄写。要传法时，也不用笔临，也不用墨刷，只用洁白净纸，带去到那白玉香炉前，诚心祷告，发誓得天书后愿替天行道，不敢为非。祈祷过了，便将素纸向石壁有字处摹去，若是道法有缘的，就摹得字来，若无缘时，一个字也没有。第 11 回，蛋子按老者的说法，第三次进入白云仙洞，先到白玉炉前，双脚跪下，磕头发誓，情愿得天书后替天行道，倘作恶为非，天诛地灭。发罢愿，才开始摹写石壁上的天书。但拿回后，素纸上又不见字迹，这时老者再次出现，教给他现字的方法。最后，蛋子找到圣姑姑辨认，才将天书"译出"。

冯梦龙用了整整三回的篇幅来描写蛋子和尚盗天书的过程，极摹得天书之曲折艰难。后来因为天书，促使王则起事，小说中的许多故事情节都是根据天书中的内容演绎而成。这些描写，形象地诠释了道教关于天书封藏、出世、传授的思想。

可见，天书用云篆书写，秘藏在石洞石函中；得天书者，乃是有缘者；天书出世，乃是不可改变的“定数”。

二、天书的内容和功能

小说中的天书一般按天、地、人“三才”分为上、中、下三卷。这种分法与《易》有关。《易·说卦》云：“是以立天之道，曰阴与阳；立地之道，曰柔与刚；立人之道，曰仁与义；兼三才而两之，故《易》六通而成卦。”大意是说，构成天、地、人的都是两种相互对立的因素，卦是象征自然现象和人事变化的符号，以阴阳爻配合而成，三个爻组成一卦。“天、地、人”说明内容无所不包。道书也多为三卷，如《洞真太上素灵洞元大有妙经》云：经有三品，道有三真。[①] 三皇派把《三皇经》三卷说成分别是天皇、地皇、人皇所授。在小说中，《禅真逸史》中林澹然得到的天书有“天枢秘籍”、“地衡秘籍”和“人权秘籍”三卷；《幻中游》中秋英得到的三卷天书分别是“天时”、“地利”、“人和”；《蜃楼外史》中沈楚材和张文龙获得的三卷天书，上卷观天文，下卷察地理，中卷是行兵布阵玄妙阵图。也有按道、法、术分的，如《神仙感遇传·李筌》中李筌得到的天书，上有神仙“抱一”之道，中有富国安民之法，下有强兵战胜之术。

根据古代小说中的描写，概而言之，天书主要有兵法（如《神仙感遇传》、《杨家府演义》、《说岳全传》、《归莲梦》、《五虎平南演义》、《后宋慈云走国全传》、《异说反唐全传》、《后三国石珠演义》等）、修炼（如《神仙感遇传》、《永庆升平》等）、治国（如《神仙感遇传》、《觚剩续编》卷三“猿风鹰火”等）、法术（如《三遂平妖传》、《水浒传》、《杨家府演义》、《女仙外史》、《五虎平南演义》、《永庆升平》、《绮楼重梦》等）、占卜（如《说岳全传》、《归莲梦》、《绮楼重梦》等）、治病（如《三国志平话》、《白猿经》、《永庆升平》、《绮楼重梦》等）、婚姻（如《画图缘》）等内容。由于老子《道德经》中的许多思想与兵书相同，被视为“阴符”，乃兵家之祖。而历史上传说中的隐者（后来又被拉进神仙队伍）如姜太公、范蠡、鬼谷子、黄石公，都是著名的军事家，因而，军事知识成为天书的核心内容。当然，天书的内容一般是综合性的，可涵盖上述内容中的数项或全部，是用来解决所有问题的“百宝书”，所谓“理

① 《洞真太上素灵洞元大有妙经》，《道藏》第三十三册，第415－418页。

国则太平，理身则得道”。[1] 但概括起来，不外乎事业、婚姻、身体三大宗。而在小说中，通过天书的使用实践，也印证了天书的强大功能。如《绿野仙踪》中的冷于冰按天书修炼，能知天地始终定数，日月出没根由，本领通天，事事前知；《英烈传》中的刘基，在获得天书后，参赞机要，辅佐圣主，扭转乾坤；《水浒传》中宋江、《幻中游》中秋英、《北宋志传》中杨宗保、《说岳全传》中诸葛锦、《说唐演义后传》中薛仁贵、《忠孝勇烈奇女传》中李靖、《忠烈全传》中孙梦兰、《绮楼重梦》中小钰等，依靠天书，平定叛逆，打败夷敌，开疆拓土；《女仙外史》中唐赛儿、《后宋慈云走国全传》中刘迪、《粉妆楼全传》中祈巧云、《说呼全传》中呼延庆、《孙庞演义》中孙膑等，凭着天书除奸复仇，再造乾坤；而《酉阳杂俎》中封盈、《三水小牍》中侯元、《三国志平话》中张觉、《何道士因术成奸　周经历因奸破贼》中唐赛儿、《永庆升平》中毕道成、《归莲梦》中白莲岸等，则因为得到天书，自以为邀天之眷，野心膨胀，欲图王称霸，利用天书蛊惑百姓，聚众谋反。

因此，天书是把双刃剑，根据拥有者或使用者的品行不同，而会产生绝然不同的结果，好则封妻荫子，坏则覆宗绝嗣。所以，神仙在授天书前后，总要谆谆告诫、反复叮嘱受者，要慎重使用。《三水小牍》中神君告诫侯元道：天书“宜谨密自固，若图谋不轨，祸必丧生”！《三国演义》中南华老仙对张角说：“汝得之，当代天宣化，普救世人；若萌异心，必获恶报。”《水浒传》中九天玄女告诫宋江说：“宋星主！传汝三卷天书，汝可替天行道为主，全忠仗义为臣，辅国安民，去邪归正。”并说天书只可与天机星同观，他人皆不可见。功成之后，便可焚之，勿留在世。《女仙外史》中九天玄女指出：天书若“真人得之，可以上天下地，驾雾腾云，超生脱死，为人圣之阶梯；邪人得之，用以惑世乱国，终干天谴。”《幻中游》碧霞娘娘要求秋英“成功以后，仍把这书与兵符交还于我”。

敦煌抄本 S.1351《太极左仙公请问经》谓“天书弘妙，非世贤可思议者”。人若洞晓了天书，就掌握了宇宙的奥秘，可以像神仙一样能力巨大，自在不朽。[2] 道经谓天书的符字，乃“以道之精气，布之简墨，会物之精气，以却邪伪，辅助正真，召会群灵，制御生死，保持劫运，安镇四方”。[3]《洞真三元玉检经》云：“玉检之文，出于九玄空洞之仙，结自然之炁，以成玉文，九天分判，三道演明。天无此

---

① 杜光庭：《墉城集仙录·骊山姥》，《太平广记》卷六三。

② 《中国道教思想史》，第 424 页。

③ （宋）张君房：《云笈七签》卷十四《三洞经教部·本文》，北京：华夏出版社，1996 年，第 36 页。

文，则三光昏翳，五帝错位，九运翻度，七宿奔精。”[①]这解释了天书具有巨大功能的原因。在道教的典籍中，道经就被赋予救劫度人的功能，《太平经》的作者就自称该书是部可以帮助统治者实现天下太平的天书。《洞玄诸天内音经》中说，该经可使“皇道统既畅，泽被十方”。早期正一道就认为，通过诵经万遍，道士可以达到修道成仙、与神沟通的目的。如《黄庭遁甲缘身经》云通过诵经，“上消天灾，保镇帝王；下禳毒害，以度兆民”。[②] 这样，道经也就具有了特别重要的功能。

三、天书的授受

在道经中，天书被说成是神仙所授，陈国符指出：“道书述道经出世之源，多谓上真降授。实则或由扶乩；或由世人撰述，依托天真。”[③]在古代小说中，天书的授者几乎都是道教神仙，既有东岳大帝、鬼谷子、广成子、谢应登、诸葛亮等男性神，也有九天玄女、女娲、碧霞娘娘、骊山老母、擎天老母等女性神；既有东岳大帝、九天玄女等虚构的道教神仙，也有王禅老祖、诸葛亮等神化的历史人物；既有人神，也有动物神。但不管他们的身份如何，都与兵家有关。

那些获得天书者，或因邂逅神仙，或游山偶然发现，或梦中遇神仙授予，总之都是道经中所谓具有“金名玉格”、“金骨玉髓”、“名书青宫”、“骨相合仙”的有缘者。授者对受者的挑选非常严格。《忠孝勇烈奇女传》中，龙母在赠李靖天书前，故意遣二个美女侍奉李靖，以观其“心术”，见李靖“心术正大”，才敢出书授他。但神仙也有看走眼的时候，在受者中，有人会凛遵神仙的教诲，如《幻中游》中秋英“把兵法神书秘秘收好，总不肯告诉别人”，“白日不敢明看，俱是晚间，夜静无人时，方才展开细玩”。这些人在受书和用书时，都非常虔诚恭敬，如《禅真逸史》中的林澹然，“顶礼三匝，然后取出”；《女仙外史》中的唐赛儿，“五体投地，八拜接受，供于上面香案中间”；《说唐演义后传》中的薛仁贵，“凡逢患难疑难之事，即排香案拜告”；《忠烈全传》中的孙梦兰“渴望天书，在花园中摆下香案拜仙师请求传授，拜了二十四拜后在灯下摊开天书，上面即有字迹”。有人则忘却劝诫，违禁使用天书，结果造成灾难性的后果。如《三水小牍》中的侯元，神君因他“合于至法进身”，不顾其“面有败气未除”，把天书给了他，侯元后来举兵叛乱，失去神君的

---

① 《无上秘要》卷三一《洞真三元玉检经》，《道藏》第二十五册，第 100 页。

② 《云笈七签》卷十四，第 81 页。

③ 陈国符：《道教源流考》，北京：中华书局，1963 年，第 8 页。

信任,致使“施符念咒,一毫不灵,被斩于阵”;《三国演义》中的张角得天书后,借治病为名,聚众谋反,结果兵败被杀;《归莲梦》中的白莲岸,得天书不是“救世安民”,而是“兴兵构怨”,贪恋情欲,以致“道性日减”,上帝责备白猿老人托付非人,命他索回兵书。白莲岸自失去兵书后,勇略消解,失败被擒;《初刻拍案惊奇》卷三十一中的唐赛儿也是得了天书后,妄图称王图霸,结果身死人手;钮琇《觚剩续编》卷三“猿风鹰火”中的徐纬真,不知敬畏天书,随意亵玩,致干神怒,遭冥诛。作者暗示,神仙之所以看错人,乃是劫数使然;天书之所以会给这些人带来悲剧命运,在于他们人品有问题,甚至取得天书的手段不正,或是偶然拾得,或是偷窃而来。所以《初刻拍案惊奇》卷 31 中总结道:“可见悖叛之事,天道所忌,若是得了道术,辅佐朝廷,如张留侯、陆信州之类,自然建功立业,传名后世。若是萌了私意,打点起兵谋反,不曾见有妖术成功的。从来张角、微侧、微贰、孙恩、卢循等,非不也是天赐的兵书法术,毕竟败亡。”这就说明,天书中的技术和古代士人学成的“文武艺”一样,是用来货与帝王家的,而不是图个人私利的。一切的知识都是帝王的专利,用来护国佑民,这才是“正道”;用来图王称霸,就是“邪术”。界定“道术”的性质,全看主人公如何使用天书,为谁使用。

天书的授受既有一定的规定,也有一定的程序。授者依科而传,受者盟誓而受。道经中说,天书藏于高圣玉虚七映紫房,直到劫中该运之时,才得择人依科盟传,“辅统圣治”,以度神民。[①] 道教在建立经典传授制度的阶段,显然有意表现其经诀“神授”的性质,当时教内人士为了表现宗教上的神秘体验,叙述每部经的“经德”都会形成一套天书出世的模式。如《上清黄庭内景经》云:

> 扶桑大帝君命旸谷神仙王传魏夫人《黄庭内景》者,受者斋九日,或七日,或三日,然后受之。授者为师,受者奉焉。结盟立誓,期以勿泄。古有盟用玄云之锦九十尺,金简凤文之罗四十尺,金钮九双,以代割发歃血勿泄之约。此物是神乡之奇帛,非赤县之所有也。今锦可用白绢,罗可用青布,钮可用金钚,亦足以誓信九天,制告三官矣。皆奉有经之师,散之寒栖。违盟负约,七祖受考于旸谷河源,身为下鬼,考于风刀。诸有此经,能辟百邪。[②]

《太上玉晨郁仪奔日赤景玉文、结璘奔月黄景玉章》谓该经“乃太上玉帝君之灵秘篇也,藏之于九天之房,丹瑶之台,非勤心好真,宿有飞玄天仙之骨箓者,应得而见闻也。闻其篇目,皆不可妄言称及,犯者受考三官,天地不赦。初令三百

---

① 李丰楙:《仙境与游历:神仙世界的想象》,北京:中华书局,2010 年,第 147—148 页。

② 《云笈七签》卷十一,第 56 页。

年得宣传一人，却后七百年乃复得一人。若神真宣告有宜授者，传之也。传授之法，皆师友相受，以宗玄科也。授非其人，不遵法度，为泄宣天文也。漏慢违誓，死为下鬼，乃七祖受考风刀之罪。自非同气，宁当闭口”①。此外，《上清太上帝君九真中经》②、《灵宝洞玄自然九天生神章经》③、《北极七元紫庭秘诀》④等文中，皆有类似的说法。《抱朴子内篇·勤求》云：长生之方，“故血盟乃传，传非其人，戒在天罚。”⑤他又在《遐览》篇中说：拥有《五岳真形图》的道士，“若不能行仁义慈心，而不精不正，即祸至灭家，不可轻也”⑥。《道藏》本《汉武内传》写紫微夫人降见时，有一段颇长的诰语，解说仙真降诰的因由、真书出世的禁重，因此真书只能“口口而授，不得妄传，子不示父，臣不奉君，惟在金简书名玉篇，轻泄秘文，殃及七玄，身为下鬼，充塞河源，案如神真，秘而奉焉”。《神仙传·孔元方》中神仙把二卷素书交给冯遇时，告诉他传授原则道：“此道之要言也，四十年得传一人。世无其人，不得以年限足故妄授。若四十年无所授者，即八十年而有二人可授者，即顿接二人。可授不授为‘闭天道’；不可授而授为‘泄天道’，皆殃及子孙。我已得所传，吾其去矣。”

可见，道经的传授时间有严格的规定，受者必须是经过严格挑选的有缘人，传授仪式非常庄重，受者需诚心斋戒，拜师盟誓。《洞玄明真经》中解释道：“天文秘中，非信不宝。故上圣以信效心，无信则为贱道，无盟则为轻宝。”⑦盟誓是尊重经文的表现。如若泄露天书内容，将受到最为严厉的惩罚。

四、结　语

由上论述可知，古代小说中有关天书的性质、出世、内容、功能、获取、传授等描写，都受到道教的深刻影响。

在古代小说中，作者一般安排主人公在小说的开头或中间得到天书，如《图画缘小传》（第 1 回）、《后三国石珠演义》（第 1 回）、《平闽全传》（第 3 回）、《五虎

---

① 《云笈七签》卷二三，第 132 页。

② 《上清太上帝君九真中经》，《道藏》第三十四册，第 39 页。

③ 《云笈七签》卷十六，第 91 页。

④ 《云笈七签》卷二五，第 141 页。

⑤ 《抱朴子内篇·勤求》，第 60—61 页。

⑥ 《抱朴子内篇·遐览》，第 98 页。

⑦ 《无上秘要》卷三四《洞玄明真经》，《道藏》第二十五册，第 115 页。

平南传》(第 4 回)、《孙庞演义》(第 4 回)、《青红帮演义》(第 5 回)、《英烈传》(第 17 回)等小说在前面;《忠烈全传》(第 21、31 回)、《异说反唐全传》(第 36 回)、《说岳全传》(第 64 回)等小说在中间。若在小说开头,则更重视描写天书对主人公成长的影响。主人公自得天书后,自此人生发生重大转折,由凡超圣,拥有了凡人所不具有的异能,并由此萌发报国的雄心或称帝的野心;若在小说中段,则更重视天书对小说情节发展的引导作用。主人公一般在形势危急或遇到棘手难题一筹莫展时获得天书,这样,天书便成了扭转败局或颓势的关键物。而且,天书的内容介绍,也具有一种暗示功能,预示主人公将来会遇到需要使用天书才能解决的困难,因而,小说中的许多故事情节都与天书有关联。

从文化上说,宝经或神化经典,是许多宗教流派甚或哲学流派共同的做法,佛教不用说,儒家也有半部《论语》治天下的说法。因此,天书崇拜其实是古人经典崇拜的反映。另外,小说作者无限夸大天书的功能,谓某人因偶然获得天书,便立即具有了超常的本领,而且把历史上建立了不朽功勋的人物都想象成是得天书之助。这也是古人轻浮急躁和急于求成心态的体现。作者面对众多的社会难题,束手无策,因而幻想有一本能解决社会、人生中棘手问题的宝书;而那些帝王宝座的觊觎者,面对强大的对手,也希望获得一种秘密武器。这样,在历史上和小说中,天书就成为喜剧和悲剧的制造者。

第三辑　现代文学研究

以科学定律为词的创作

——周厚复《浣溪沙》(牛顿三定律)词论析

李剑亮

[提　要]民国教授词人周厚复曾创作了以科学定律和科学研究对象为表现内容的诗词作品。这些作品收录在由其后人刊印的《春云秋梦诗词合刊》中。在周厚复的这些作品中,有三首《浣溪沙》词,是以牛顿三定律为表现对象。这三首词一方面选择自然界与艺术作品中那些能支撑牛顿三定律的具体的、个别的现象与形象来表现;另一方面又将科学家证明科学定律的思维方式与词人创造艺术形象的思维方式加以转化与互通,从而使这三首作品,在实现其表现牛顿三定律的创作目标的同时,又具有其独立的艺术价值。

[关键词]周厚复　词　牛顿三定律　创作思维　艺术价值

一、问题的提出

民国时期浙江大学化学系教授周厚复与其夫人江芷的诗词,在其身后由其子女汇编成《春云秋梦集诗词合刊》。作为一名从事化学研究的教授,周厚复所写之词,有其独到之处,那就是将一些科学定律和科学研究对象作为表现题材与表现内容。如《蝶恋花》(光)三首,《蝶恋花》(声)三首,即以艺术的手段表现"光"与"声"这些被科学研究者所关注的命题,从而让人感受到文学与科学的相融之美。

然而,将科学定律或科学命题作为文学作品的表现对象,且能创造出应有的审美效果,对作者来说,无疑是一种极具挑战性的创作。

为此,我们以《春云秋梦集诗词合刊》中收录的周厚复教授的三首《浣溪沙》(牛顿三定律)词为例,探讨周厚复词如何将科学定律以艺术的手法来表现。

这三首《浣溪沙》词的原文如下：

其一（第一定律）

大地横空一叶流，素娥何日驻银钩，美渠终古似飞鸥。画里绿杨长映郭，山前江影久当楼，泰华千载望中州。（宇宙间当无绝对之动与静。兹所举者，只就其相对之点言之耳。）

其二（第二定律）

一滴辞云弱露零，穿林俄听矢铮铮，绝湍投壑万山惊。电迹才疑粘卧轂，飈痕旋见轶飞尘，人间动力涩初程。

其三（第三定律）

劲翮无端欲戾天，锦鳞有意跃深渊，此情迫似桨催舷。急瀑欺岩飞玉屑，修瑚击柱起朱烟。自来无激不成漩。

由于这三首词以牛顿三定律为表现内容，因此，我们先回顾一下牛顿三定律。

众所周知，牛顿三定律是力学中重要的定律，是研究经典力学的基础。其中：

牛顿第一定律的内容为，任何物体都保持静止或匀速直线运动的状态，直到受到其他物体的作用力迫使它改变这种状态为止。

第二定律的内容为，物体受到合外力的作用会产生加速度，加速度的方向和合外力的方向相同，加速度的大小正比于合外力的大小，与物体的惯性质量成反比。

第三定律的内容为，两个物体之间的作用力和反作用力，在同一条直线上，大小相等，方向相反。

那么，周厚复的三首《浣溪沙》词是如何表现这三定律的呢？

二、三首《浣溪沙》词与牛顿三定律

先看第一首《浣溪沙》（第一定律）是如何表现牛顿第一定律的。

牛顿第一定律表明，任何物体都具有保持静止或匀速直线运动状态不变的特性，也就是说，物体具有保持其速度不变的特性，这个性质称之为惯性，所以牛顿第一定律又称为惯性定律。

那么，什么样的物体是处在一种运动的状态？什么样的物体又是处在相对静止的状态？

对此，词人在该词的上阕表现处于运动状态的物体，在下阕表现处于静止状态的物体。

上阕三句，词人以"大地横空一叶流，素娥何日驻银钩，羡渠终古似飞鸥"，描述物体处在运动时的状态。具体地说，词人以"一叶流"来描述地球在宇宙空间中的运动状态，以"似飞鸥"来描述月球在宇宙中的运动状态。这里，词人将原本抽象的"任何物体都具有保持匀速直线运动"这一科学定律，通过地球与月球的运动状态来表达，且又运用比喻的修辞手法，即以"一叶流"、"似飞鸥"来形容地球与月球在宇宙中的运动状态。如此表达，一方面表现了定律的内容，另一方面，又使这一表现方式具有形象生动的特点。人们可以借助这样的比喻来理解地球与月球的运动状态。

词的下阕，则以"画里绿杨长映郭，山前江影久当楼，泰华千载望中州"三个场景来描述物体处在相对静止的状态。第一个场景为绘画作品中的场景。画中的绿杨与村庄（郭），能长久地互相映照。这是因为这幅画将画中的物体定格。后面两个场景为自然界中的场景，一为山、江与楼的场景。由于这三者的位置不变，因此，江中常常存有山的倒影和楼的倒影。另一个为泰华与中州两地的场景。由于泰华与中州处于相对静止的状态，因此虽历经千年，仍能维持互相对望的状态。

可见，词人在这首《浣溪沙》词中将原本抽象的定律，通过对支撑定律的具体现象的艺术表现，即以自然界或艺术作品中那些具体的处于运动状态或处于相对静止状态的物体作为表现对象，从而将抽象的定律转换成形象的艺术。

再看第二首《浣溪沙》（第二定律）。

牛顿第二定律强调的是，物体受到合外力作用后会产生加速度，从而可能使物体的运动状态或速度发生改变。

词的上阕，选择"一滴辞云弱露零"，在"穿林俄听矢铮铮"后，最终"绝湍投壑万山惊"的运动，来表现物体受到合外力作用后而产生加速度的情景。如此描写，同样也是将原本高度概括的定律作形象化的表达，即把"物体受合外力作用而产生加速度"这一定律，通过"一滴弱露""辞云"之后的运动来生动地表现。

词的下阕，则以电机运动为例，来说明物体受合外力作用而产生加速度。最后一句，"人间动力涩初程"，则从另一个角度来论证物体未受合外力作用时的状态。以此与前两句"电迹才疑粘卧毂，飚痕旋见轶飞尘"，即物体受到合外力作用后的运动状态作对比，从而帮助人们加深对物体受合外力作用而产生加速度这一科学定律的认识。

最后看第三首《浣溪沙》(第三定律)。

牛顿第三定律表明,要改变一个物体的运动状态,必须有其他物体和其相互作用,并且指出力的作用是相互的,有作用力必有反作用力。

为此,词人在词中选择“劲翮无端欲戾天”、“锦鳞有意跃深渊”、“急瀑欺岩飞玉屑”、“修瑚击柱起朱烟”等多种自然现象,来表现“作用力与反作用力的关系”。从而将这一相对抽象的科学定律得以生动的表现。而且为了让读者更清晰地理解上述现象与“作用力与反作用力的关系”之间的联系,还在上阕的最后一句,用读者更熟悉的现象“桨催舷”作进一步说明。在词的最后,则以“无激不成漩”来进一步概括作用力与反作用力之间的关系。

通过上述分析,我们认为,周厚复的这三首《浣溪沙》词,分别与牛顿三定律的内容存在着相互对应的关系。

三、对牛顿定律的艺术表现

众所周知,牛顿三定律原本属于科学研究与科学书写的范畴。这些定律,是科学家科学研究所得。具体地说,是科学家对自然界的许多具有内在联系的个别的现象进行充分研究后,所得出的一个具有普遍意义的结论。从思维方法的角度看,这些结论的获得,经历了从个别到一般的归纳过程。而词人的创作,一般来说,则以具体的艺术形象为表现对象。词人在其创作过程中,往往通过个别的、具体的意象来表达其内心的思想与情感。可见,词人创造艺术形象的思维方法与科学家归纳定律的思维方法正好相反。

由于这种相反性的存在,当词人将科学定律作为其艺术创作的表现对象加以表现时,就需要将这两种不同的思维方法作合理的转换与互通,如此才能将原本属于科学范畴的内容真正成为艺术创作的表现对象。

那么,周厚复的这三首《浣溪沙》词是如何实现这样的转换与互通,从而将牛顿三定律这些原本属于科学范畴的内容作为词的表现题材而加以形象地表现?

这里,我们且以《浣溪沙》(第一定律)为例展开讨论。

词人在词后有自注,曰:“宇宙间当无绝对之动与静。兹所举者,只就其相对之点言之耳。”可见,该词主要说明相对运动与相对静止这两种自然现象。

所谓“宇宙间当无绝对之动与静”的观点,便是词人对牛顿第一定律中所揭示的“运动的相对性”(relativity of motion)的一种阐释。为此,词人强调,该词旨在说明相对运动与相对静止这两种现象以及对这两种现象的感悟。

从哲学的角度看,运动和物质是不可分割的,运动是物质存在的形式。世界上一切物质都是处于永恒的运动状态之中,除了运动着的物质之外,自然界中也就不存在任何东西了。宇宙间的任何物体都在永不停息地运动着。所以,在哲学上谈物质存在的形式时,说运动是绝对的。这里所说的运动,包括一切变化,而不仅局限于位置的变化,这就是运动的绝对性的含义。在物理学中,描述每个具体物体的机械运动情况时,首先都要选定一个参照物(参照系)。描述同一个物体的运动,会因为所选择的参照物不同,而得出不同的结论。运动的相对性是就这一事实而说的。

概括起来说,运动的绝对性,是哲学上就物质存在形式而言的;运动的相对性,是物理学中从描述机械运动的角度来说的。词人注语曰:"宇宙间当无绝对之动与静",则是从物理学的角度来说的。

那么,词人是如何将此物理原理通过文学的形式来表达?

前文我们已经指出,该词的上阕写动(相对的动),下阕写静(相对的静)。这里作进一讨论。

上阕。"大地横空一叶流",地球在宇宙中不停地运动(转动),就像一片树叶在风中飘动。地球以每秒 30 公里的速度围绕太阳转。但地球的这种运动,住在地球上的人仿佛难以感觉到。这是由于人们是以地面(即地球)为参照系。当人们以太阳或宇宙中的其他星星为参照物时,即当人们站在太阳或其他星星上来看地球时,则会感觉到地球的运动(转动)。这就是地球运动的相对性。为此,词人以树叶在风中飘动现象作比喻,使人理解地球在宇宙中的运动,犹如树叶在地球上的运动一样。

素娥,即嫦娥,中国民间有嫦娥奔月的传说。驻银钩,即所谓的奔月。银钩,比喻弯月。宋李弥逊《游梅坡席上杂酬》之二:"竹篱茅屋倾樽酒,坐看银钩上晚川。""何日驻银钩",表示嫦娥奔月时间之久,由此引出下一句"羡渠终古似飞鸥"。这里的"渠",指代嫦娥。羡慕嫦娥像飞鸥一样在天地间长久地自由地飞翔。此句与苏轼《赤壁赋》中的"挟飞仙以遨游,抱明月而长终"几句,有相似之处。相似之处在于对月亮与"长终"之间的关系的认知。即以月亮作为永恒不变的象征。正因为如此,人们常常幻想借助月亮的力量使自己也能永久存在。"羡渠终古",就是羡慕嫦娥因借助月亮而长久存在。词人为了将"终古"这一时间概念形象化,故又增加了"飞鸥"这一意象。从另一角度看,这一句也在写月亮的转动与飞鸥的飞行仿佛是同步进行。这一点又像王勃《滕王阁序》中写的那样:"落霞与孤鹜齐飞。""落霞"与"孤鹜",原本是各自运动,互不相涉。但在诗人眼中,好像呈现出"齐飞"的景象,这其中也蕴含了对物体运动的相对性的认知。

下阕。“画里绿杨长映郭”，因为是画中之景，所以那棵杨树可以是长青的，不会像自然界的杨树那样会随着季节的变化而由绿变枯黄。“长映郭”说明绿杨树与村郭(即村庄)的关系，即互相映照，不即不离。上述关系的体现，是因为画中的绿杨与村郭，被画家定格在画面中，因此不管时间是否变化，它们之间的位置一直保持不变，任何一方相对于对方始终处于静止的状态，故能“长映”。

“山前江影”与“楼”之间也形成“久当”的关系。这是因为“山”、“江”与“楼”三者之间的位置也保持不变，即保持相对静止的状态。因此，互相之间能保持“久当”的关系。

“泰华千载望中州”句，意谓千百年来泰华与中州始终能遥望。原因也在于“泰华”与“中州”两者在地球上的位置一直不变，始终处于相对静止的状态。这句与上句所选景物与物体，虽有大小之别，但其用意相同，都在说明物体的相对静止性。这里所谓的相对静止的状态，均是以地球本身为参照系。假如，以地球之外的物体如太阳或其他的星球为参照系的话，上述诸物也是运动的。只是由于他们在以同一种速度(即地球自身的转动速度)运动，因此每一组物体之间能保持不即不离的关系。

通过对《浣溪沙》(第一定律)的分析，我们看到，词人在表现牛顿第一定律的本质内容时，是通过自然界以及艺术品中的诸多个别的现象来表现的。为了表达其对牛顿第一定律的认识与理解，词人选择了那些在他看来能支撑牛顿第一定律的具体的、个别的自然现象与艺术形象。词人在进行选择以及在选择之后通过作品加以表达的过程，实际上就是词人将创造艺术形象的思维方法与科学家归纳定律的思维方法互相转换的过程。

四、以科学定律为表现题材的词学价值

词作为唐五代时期形成的一种新的文学样式，最初以男女爱情为主要的表现题材。到了宋代，经过柳永、苏轼、辛弃疾等人的不断创新，词的题材突破了传统的藩篱，不断拓展。周厚复作为民国时期的一位教授词人，以其科学家的专业背景来写词，将科学现象与科学定律引入创作对象中，从而使词的表现题材再一次得到开拓。

当然，我们如果将视线转向古代诗词作品，不难发现，在一些古代诗词作品中也蕴含着这样的表现内容。如唐李白《望天门》诗曰:“天门中断楚江开，碧水东流至此回。两岸青山相对出，孤帆一片日边来。”诗中后两句，以江中的行舟作

为参考系，故两岸青山"相对出"。诗歌把静止的青山变成了动态的生命，青山从远处走来，又从船旁徐徐向后退去，似乎忙于列队迎候客人。

又如敦煌词《浣溪沙》曰："五两竿头风欲平，张帆举棹觉船轻。柔橹不施停却棹，是船行。满眼风光多闪烁，看山恰似走来迎。仔细看山山不动，是船行。"和李白的《望天门》一样，词中描写的也是青山夹江，舟行江上的景象。上阕中的"是船行"是以青山为参考系的结果，下阕中的"看山恰似走来迎"则以流逝的江水或行舟为参考系。"仔细看山山不动，是船行"则是参考系变化所带来的运动的变化。

不过，这些作品与周厚复的三首《浣溪沙》词相比还是有所不同。上述作品所蕴含的科学命题，是作者不自觉的表达。因为，在李白时代，还未总结出类似于牛顿定律这样的科学定律。但牛顿定律所反映的科学现象与科学规律，已先于牛顿而存在。因此也能被李白等诗人所感受，并在诗词中有所表现。而到了周厚复生活的时代，牛顿定律已经被科学界广泛接受。周厚复创作这三首《浣溪沙》词，是一种有意识的创作。其创作的目的，就是为了拓展与丰富词的表现题材。

当然，创作题材的拓展与丰富，并不意味着作品艺术价值的自然提升。作品的艺术价值更重要的是取决于作者对新题材的创新性表达。否则，就很容易沦落为对科学定律的简单图解。

那么，周厚复在以词来表现牛顿三定律从而丰富词的表现题材的同时，是否也丰富了词的艺术价值呢？

我们知道，文学创作究其本质就是运用"言"来表达"意"。周厚复的这三首《浣溪沙》词亦如此。当然，这三首词所要表现的"意"，不是一般的"意"，而是作为科学定律的牛顿三定律。因此，词人的创作首先要完成这一表"意"目标。但同时还要表达更丰富的内涵。因为，如果这些作品仅仅完成其宣示的目标意义（即牛顿三定律），则很难成为真正意义上的文学作品。要使它们成为真正的文学作品，就要使这些作品在表现目标意义（牛顿三定律）的同时，还要表现出更丰富的文学意义。

通过前文分析，我们认为，这三首《浣溪沙》词在创作方法上，一方面选择自然界与艺术作品中那些能支撑牛顿三定律的具体的、个别的现象与形象来表现，另一方面又将科学家证明科学定律的思维方式与词人创造艺术形象的思维方式加以转化与互通，从而使这三首作品，在实现其表现牛顿三定律的创作目标的同时，又具有其独立的艺术价值。换言之，即使读者忽略词人在词序中所宣示的创作用意，也能从全词丰富、生动的意象中获得审美享受。

这是因为词人所选择的那些能支撑牛顿定律的具体的、个别的意象，本身具有某种让读者可以自由联想与想象的意义指向。而从符号学(Semiology)的角度来看，文学所使用的文字原本只是一个意符(signifier)，用来意表作者与读者彼此间共有的经验或意义，也就是意指(signified)。同样，科学所使用的数字或公式，原本也只是一种符号系统，本身并没有意义，但却可以用来表达自然界物质性质之间的关系。所以文学与科学的关系并不应建立在其表象(representation)或意符的关系，而是内在所意指的对象彼此间的关系。文学显然是人类所发明的，所以也只能表达关于人的主观经验与生命；但科学的结果却是先于人所存在的，科学家只是将之发现出来而已，所表达的是客观世界存有的规律。也正因为如此，周厚复的这三首以表现牛顿三定律的词，在其完成对牛顿三定律内容的表达目标后，以其自身的独特的艺术表现创造出超越于牛顿三定律这个意义指向的艺术内涵，从而使读者能同时领悟到其中所蕴涵的科学命题与艺术魅力。

惊艳的初啼:论徐志摩康桥时期诗作的外来影响

方爱武

[提　要]康桥时期是徐志摩诗歌创作的初啼阶段,这一时期徐志摩置身于英国文学的深厚滋养中,创作出蕴藏着他一生书写得以依傍的重要情感元素的诗作。在这些诗歌中,徐志摩的创作有着与华兹华斯的精神相遇之处,也有着与雪莱灵魂同构的色彩,还有着与哈代的心灵相契之悟。徐志摩的这些康桥诗作展现出他归国后诗作所缺乏的绝对的清丽与单纯、厚重的质感与刚性。因而研究徐志摩康桥时期的诗歌创作对于完整了解徐志摩的精神世界有着重要的认识价值。

[关键词]徐志摩　康桥时期　诗歌　浪漫主义　外来影响

对于徐志摩这样一个浪漫主义个性诗人的认识,我们以前显然过多关注的是他成熟时期的诗歌创作,却很少了解康桥时期(即留英时期,1920 年 9 月—1922 年 8 月)徐志摩诗歌的整体概貌,他后期诗歌的绚烂很多时候让我们忽视了他早期诗歌的初啼。在早期这一诗情的初“爆发期”,徐志摩在康桥留下的诗歌不过 30 首,虽然稚嫩与清浅是显而易见的,但也绝不如徐志摩所说的是毫无顾虑地胡乱爬梳的,“几乎全部都是见不得人面”[①]的东西,而是有着深厚思想与艺术根基的探索之作,有着来自英国文学的鲜明影响。

① 韩石山编:《徐志摩散文全编》,天津:天津人民出版社,2005 年,第 1305 页。本文所选徐志摩散文均出自此书。

一、自然之思：与华兹华斯的精神相遇

卞之琳在论述徐志摩诗歌创作时曾说："尽管徐志摩在身体上、思想上、感情上，好动不好静，海内外奔波'云游'，但是一落到英国、英国的19世纪浪漫派诗境，他的思想感情发而为诗，就从没有能超出这个笼子。"[①]事实确是如此，英国浪漫主义诗人对徐志摩诗歌创作的影响是终其一生的，这我们可在徐志摩不同时期的创作中找到明证。而在徐志摩诗歌的初创期，英国早期浪漫诗派——湖畔派的影响痕迹最为明显。徐志摩1922年7月创作的诗歌《夜》就是他对湖畔诸诗人最早的赞美诗，而在湖畔诸诗人中徐志摩对华兹华斯情有独钟。1922年1月徐志摩就曾翻译了华兹华斯的抒情力作《葛露水》；徐志摩把华氏隐居的Grasmere湖区称为"柔软的湖心"，并把它当作自己神往的境界（《夜》）；1923年归国后不久徐志摩在《晨报副刊》上曾撰文认为"宛茨宛士是我们最大诗人之一"（《天下本无事》）。在徐志摩的内心他一直把华翁的诗歌视为"不朽的诗歌"（《话》），可见崇敬与仰望之深。在康桥时期，徐志摩诗歌创作的激情喷发、浪漫情怀的尽情倾泻，都呈现出与华兹华斯极为相似的韵味。

在湖畔诗人的浪漫团体中，华兹华斯无疑是其灵魂人物，华兹华斯因其一生对自然的关注与讴歌被誉为"自然诗人"，华兹华斯的自然观是其诗学思想的基础。华兹华斯的自然诗不是纯粹的写景诗，而是常常借物抒情或状物抒情，即借大自然来抒发诗人的情怀。18世纪的欧洲工业发展迅猛，物质文明的高度发展使人们的精神世界变得荒芜与混乱，而英国作为最早进入工业化社会的国家，也相应出现了很多自然世界与人性世界的神性光芒的陨落，华兹华斯对资本主义的发展感到恐惧和担忧，他认为要把人类从资本主义工业化文明的灾难性后果中解救出来，就必须到自然中去寻找自发的智慧和真理。对华兹华斯而言，尘世拖累我们太多，自然界显然是对人类的一种救赎与荡涤灵魂的所在，我们人类能从自然中感觉到一种无所不在的宇宙精神和智慧，而这种精神和智慧能使人们思想感情的元素趋于净化，能使人们摆脱生活的重压，从而恢复人的性灵。显然，华兹华斯发现的是自然的神性一面，他推崇的是自然能净化人性的神性力量。因而在华兹华斯的笔下，自然永远是宁静深远的，是远离尘世物质文明的侵

---

① 卞之琳：《徐志摩诗重读志感》，见《徐志摩评说八十年》，北京：文化艺术出版社，2008年，第276页。

扰的，而处于这样环境里的人类也同样是欢快而充满智慧的。华兹华斯曾说："我通常都选择微贱的田园生活作题材，因为在这种生活里，人们心中主要的热情找到了更好的土壤……因为在这种生活里，人们的热情是与自然的美而永久的形式合而为一的。"[①]如《致云雀》中的云雀与那些快乐的精灵显然代表着一种美好的所在，作者希望自己能与云雀一起飞升，脱离已令他神疲意倦的俗世，这种物我合一的美丽境界永远是华兹华斯向往的圣境。

与华兹华斯同为剑桥大学校友的徐志摩同样重视人的精神生活，厌弃物质文明，在这点上徐志摩与华兹华斯的相遇是必然的。刚从物质文明畸形发展的美国逃脱出来，置身于康桥这样宁静、幽深而充满灵性的环境，徐志摩欣喜若狂，他同样发现了大自然的神奇。在他眼里，康桥的美感"简直是神灵性的一种"（《我所知道的康桥》）。1922年8月徐志摩在留英时期的散文《雨后虹》中充分表露了他对于自然的崇拜，并直言"我生平最纯粹可贵的教育是得之于自然界"。徐志摩崇尚自然，这其中有发自内心的渴求，有康桥环境的催化，更有华兹华斯的启悟。徐志摩对华兹华斯的自然诗是十分欣赏的，他曾说："华茨华士见了地上的一棵小花，止不住惊讶与赞美的热泪；我们看了这样纯粹的艺术的结晶，能不一般的惊讶与赞美？"（《征译诗启》）徐志摩的自然情怀不仅体现在他对华兹华斯的欣赏与自然美景的观赏上，而且还拿起笔来抒写自己心目中的自然。康桥时期，徐志摩写了很多描绘自然景色的诗篇，如《春》、《夏日田间即景》、《沙士顿重游随笔》、《康桥西野暮色》、《康桥再会吧》等。对徐志摩而言，自然就是他的神秘而又亲切的老师，他从它聆听种种教诲与启迪。徐志摩曾说："宛茨渥士说的自然'大力回容，有镇驯矫饰之功'，这是我们的真教育。"（《话》）显然，华兹华斯所追寻的能改造人类精神世界的神奇与力的自然观对徐志摩有着一定的启迪。如华兹华斯一样，徐志摩也常能从自然中感受一种力的美，并用此来净化自己的心灵，来感奋自己的情绪。记得康桥时期，徐志摩为了领略雨中大自然神奇的冲击力与奔腾的气象，曾在大雨中驻足亲身体验感受！并且热情洋溢地说道："我们爱寻常上原，不如我们爱高山大水，爱市河庸沼，不如流涧大瀑，爱白日广天，不如朝彩晚霞，爱细雨微风，不如疾雷迅雨。"（《雨后虹》）

在徐志摩的自然诗中，徐志摩看重的显然也是自然对人心智的净化与精神的提升的力的作用。在徐志摩的笔下，他清纯亮丽的青春之心能毫无保留地与自然相契合："赖你和悦宁静/的环境，和圣洁欢乐的光阴，/我心我智，方始经爬

① 转引自伍蠡甫、胡经之：《西方文艺理论名著选编》（中卷），北京：北京大学出版社，2004年，第42页。

梳洗涤，/灵苗随春草怒生，沐日月光辉，/听自然音乐，哺啜古今不朽/——强半汝亲栽育——的文艺精英。”[①]（《康桥再会吧》）再如《春》中诗人在春天里走走看看，观赏这青透春透的园囿，看到“树尽交柯，草也骈偶，/到处是缱绻，是绸缪。”面对情意绵绵的春景的熏染，作者不禁热奋震颤：“答应这青春的呼唤，/燃点着希望灿灿，/春呀！你在我怀抱中也！”诗中展现出诗人渴望摆脱俗世，与天地合一飞升物化的思想。在徐志摩眼里，大自然同样是超越现实、对抗与改造社会现实的有效手段，就像他在《地中海》中所展现的地中海一样，洋溢着神奇的力量，保存着青年的颜色，继续着自在无挂的涨落，翻新着浪花的样式，依旧不停地冲洗着欧亚非的海岸。众所周知，徐志摩的社会理想是建立一个充满了爱、自由和美的社会，而要建立如此的社会，我们每个人都不能受任何有形或无形东西的束缚，放松心情，走进大自然，汲取积极的引导与启悟，提炼心智，净化人性，就是徐志摩建构与实现理想的一剂良方。

显然徐志摩形成于康桥时期的自然观成了他对抗社会、救赎现代个体的一种积极方式，而不是消弭了斗志沉溺于风花雪月中的一种消极逃遁。从这点上看，徐志摩这时的自然观与华兹华斯确有着共趋的取向，美国批评家艾布拉姆斯在论及英国浪漫派时就曾这样说道：“将英国浪漫主义解读为逃避主义，即认为它是对变化、暴乱和丑恶等现代工业和政治世界里的现代问题的逃避是不公允的。事实上，这些作家对当代现实的关注是无与伦比的。”[②]但问题是随着创作的发展，徐志摩后期的自然观却逐渐丧失了初期这一绚丽与积极的色彩，而仅成了逃避现实的不二选择，相较而言这早期的初啼却实为难能可贵。

二、爱情之望：与雪莱的灵魂同构

在中国现代诗坛徐志摩似乎就是雪莱的化身，吴宓教授曾说：“以志摩比拟雪莱，最为确当。凡是志摩相识友人，亦莫不将志摩认作雪莱。”[③]徐志摩开始接触雪莱应该就是在康桥时期，因为在 1923 年 6 月归国后不久，徐志摩就发表了

---

① 徐志摩著，顾永棣编注：《徐志摩诗全编》，北京：学林出版社，1997 年，第 105 页。本文所选徐志摩诗歌均出自此书。

② Northrop Frye: *Romanticism Reconsidered*, York and London: Columbia University Press, 1963, p. 43. 原文为英文，笔者译。下同。

③ 吴宓：《徐志摩与雪莱》，见《徐志摩评说八十年》，第 161 页。

《诗人与诗》一文宣告自己对于雪莱的钟情,没有对雪莱的深入了解是不可能有如此情定意明的论断的,徐志摩说:“我最爱中国的李太白,外国的 Shelley(雪莱)。他们生平的历史就是一首极好的长诗。”(《诗人与诗》)1923 年 11 月徐志摩又在《读雪莱诗后》诗评中大赞雪莱的诗“这种美的感觉,音乐的领会,只有自己在那一瞬间觉得,不能分为旁人的”[①]。言谈间颇与雪莱心心相契。雪莱作为英国 19 世纪上半叶杰出的积极浪漫主义诗人,其作品大部分是抒写个人情感,表现他对人类的爱和对自由的热情,以及改造世界的理想。他的诗就是他追求充满了爱美善未来的见证:“只见遥远的地方,/人类的爱在瞭望,/它眼光看到哪里,哪里便是天堂。”[②](《解放了的普罗米修斯》)并且他对未来充满了希望:“如果冬天来了,春天还会远吗?”[③](《西风颂》)徐志摩欣赏雪莱:“他是爱自由的,他是不愿受束缚的……他之所以成为伟大的诗人是因为他对于理想的美有极纯挚的爱。”[④]很明显,雪莱对爱、自由和美的热烈追崇与徐志摩有着灵魂同构的色彩,徐志摩对雪莱的追崇自然也在情理之中了。

徐志摩曾说:“雪莱想飞入云端,他的诗是用恋爱的黄金线织成的。”(《近代英国文学》)在雪莱的诗歌创作中,爱情诗作占了他诗歌创作的重要内容,因为对雪莱而言,对爱情的大胆追寻是他向世界宣战的最直接有效的方式。在爱情婚姻方面,雪莱曾与 16 岁的姑娘哈里特·韦斯布鲁克相爱,不顾父母反对私奔逃到爱丁堡结婚,后为追求激进社会哲学家高德文年轻漂亮的妹妹玛丽而抛弃前妻,在前妻绝望自杀后,雪莱最终移居意大利。雪莱的爱情追求在各种非议与蔑视中轰轰烈烈地前行。徐志摩同雪莱一样把自由美好的爱情作为生活与生命中最重要的现实内容和理想追求首先拿来实践的。康桥时期,为了爱的自由,为了理想的生活,他置宗法家风、师友的忠告于不顾,甘愿被指责、被嘲讽,热烈追求心中的爱恋,果断解除了束缚他心灵的包办婚姻。这种对爱的追求与抗争,显然是诗人向美向善向自由所发起的最坚定有力的冲击。如果一个诗人连自己个人的幸福都怯于追求与表达,那他诗中所有动人的诗句无疑都是苍白无力的,雪莱与徐志摩的爱情诗因为有着现实爱情的映衬就显得更为意义深远。

虽然同为追求爱情的勇士,但在爱情诗歌的表达方面两人还是存有不同的。雪莱的爱情诗创作与现实爱情生活呈现出互补同构的状态,相对于现实爱情追

---

① 徐志摩:《读雪莱诗后》,《文学周报》1923 年第 95 期。

② 王钦峰主编:《拜伦雪莱诗歌精选评析》,郑州:河南大学出版社,2006 年,第 198 页。

③ 《拜伦雪莱诗歌精选评析》,第 193 页。

④ 徐志摩:《读雪莱诗后》,《文学周报》1923 年第 95 期。

求的大胆奔放，他的爱情书写则更倾向于节制与审慎的审美，正如苏曼殊所说的："虽然他是一个恋爱的信仰者。雪莱审慎而有深思。他为爱情的热忱，从未表现在任何强烈激动的字句里。"[①]譬如在《爱底哲学》中，诗人把对爱情的渴慕融入对自然景物的抒发中，把情感诗意化，使诗歌对爱情的书写具有一种节制的审美。即便是诗人献给自己第二任妻子玛丽的情诗《给玛丽》也还是以含蓄性见长。相对于雪莱的节制与审慎，徐志摩在表达爱情这方面大胆奔放且酣畅淋漓，很有些青出于蓝而胜于蓝的意味，他的爱情书写与现实爱情呈现的是相得益彰的状态。这一时期，徐志摩写了很多有关爱情的诗篇，表达了对爱情的大胆执着追求。譬如《月夜听琴》里对美好爱情的感悟："我听，我听，我听出了/琴情，歌者的深心。/枝头的宿鸟休惊，/我们已心心相印。……松林中的风声哟！/休扰我同情的倾诉；/人海中能有几次/恋潮淹没我的心滨？/……我多情的伴侣哟！/我羡你蜜甜的爱焦，/却不道黄昏和琴音/联就了你我的神交！"(《月夜听琴》)为了实现这难得的爱情梦想，诗人愿意为之献身。1922 年 6 月徐志摩创作了《情死》一诗，用象征的手法热烈表白了在庸俗的世界追求真爱的勇气与果敢，作者这种直抒胸臆的爱情表白，具有一定的象征寓意："玫瑰！我顾不得你玉碎香销，我爱你！/花瓣、花萼、花蕊、花刺、你，我——多么痛快啊！——/尽胶结在一起；一片狼藉的猩红，两手模糊的鲜血。/玫瑰！我爱你！"(《情死(Liebstch)》)徐志摩的诗显然就是他心迹的真实流露。1922 年 3 月徐志摩在与张幼仪离婚之后，特意创作了《笑解烦恼结》一诗充分彰显了他争取爱情自由的决绝姿态："此去清风白日，自由道风景好。/听身后一片声欢，争道解散了结儿，/消除了烦恼！"(《笑解烦恼结》)然而在束缚重重的年代，真正性灵的爱情是很难寻觅的，所以徐志摩也很冷静与清醒地感觉到了那追求不到的浓烈忧伤，并在诗歌中一一吐露，如《人种由来》、《"两尼姑"或"强修行"》、《小诗》、《私语》、《威尼市》、《秋月呀》等等。在物质文明高度发达的社会里，在人类性灵正日益被吞噬的年代，真正的爱情犹如纯洁的童心、圣洁的自然一样，心满意足地获取是很有些任重而道远的。但忧伤虽在，追求却并不熄灭，正如徐志摩在《笑解烦恼结》中所言的："莫焦急，万事在人为，只消耐心/共解烦恼结。/虽严密，是结，总有丝缕可觅，/莫怨手指儿酸、眼珠儿倦，/可不是抬头已见，快努力！"在 20 世纪 20 年代初的中国诗坛，如此大胆的爱情呐喊显然是不多见的，它凸显了徐志摩那期待于行动并敢于行动的叛逆姿态。

---

① 转引自刘介民：《不可或缺的"类同原则"——徐志摩和雪莱诗歌的血缘关系》，《广州大学学报》(综合版)2001 年第 1 期。

徐志摩的爱情生活追求,如雪莱一样,走的是一条冒天下之大不韪的道路,做的是一般人想做而不敢做的事情。而他的爱情诗创作一如他的现实生活,同样无所畏惧地面对传统道德,把对爱的追求作为发展个性实现自我的重要途径,其价值与意义显然超越了个人私生活方面,而具有一定的思想启蒙命意,直接契合了五四时期的时代精神。正如茅盾所说的:"我以为志摩的许多披着恋爱外衣的诗,不能够把来当作单纯的情诗看的;透过那恋爱的外衣,有他的那个对于人生的单纯信仰。"①徐志摩的爱情诗正是他追寻理想真实的思想轨迹,是他实现理想人生的部分实践,并且一直贯穿在他归国后的创作中,成了他诗歌创作的颇为出彩的华章。有了康桥时期爱情诗书写的积淀,我们也就很能理解他中后期诗作中的"这是一个怯懦的世界:/容不得恋爱,容不得恋爱!"(《这是一个怯懦的世界》)的现实诅咒与"等铁树儿开花我也得耐心等"(《翡冷翠的一夜》)的爱情坚贞了。

三、忧郁之力:与哈代的心灵相契

在徐志摩一生的创作中,哈代的影响是非常显在的。徐志摩一生写过很多有关哈代的诗文,譬如诗作《哈代》,散文《汤麦司哈代的诗》、《厌世的哈提》、《汤麦士哈代》、《谒见哈代的一个下午》等等;还翻译过哈代的诗歌 21 首,可见对哈代的偏爱之深。美国著名中国文学专家西利尔·伯奇就曾说过:"如果无视徐志摩对哈代的崇敬仰慕和偶然模仿,就不能解释他诗歌生涯中的一个重要问题,即他的忧郁。"②而这种影响显然要溯源至徐志摩的康桥时期,否则徐志摩也不会在刚刚回国后不久就相继发表了哈代诗歌的译作。1922 年 10 月徐志摩由英国回到上海,1923 年就相继发表了哈代的译作《窥镜》、《伤痕》、《分离》等,1924 年更是写了介绍哈代诗作的长文《汤麦司哈代的诗》,充分表露了他对哈代的欣赏,徐志摩的这种对哈代的隔海瞭望显然有着深厚的康桥时期的阅读积淀。

哈代是英国 19 至 20 世纪著名的悲观主义诗人,英国 19 世纪维多利亚时代的历史背景和社会从资本主义走向垄断帝国主义时期的剧变现实给哈代诗歌抹上了焦虑、绝望、悲怆、无奈的心理色彩。众所周知,在哈代诗作中常有 6 个基本的主题,即爱情、战争、宗教、自然、时间和死亡,其中相当一部分是表现伤感和悲

---

① 茅盾:《徐志摩论》,见《徐志摩评说八十年》,第 210 页。

② 西利尔·伯奇:《论哈代对徐志摩的影响》,《淡江评论》1977 年第 8 期。

观的情绪，因为“在哈代的作品中，有一个中心思想：生存的痛苦”[①]。在哈代的作品中俯拾可见那人类生存的苦难与不幸，譬如战争的不幸（《1924 年圣诞节》）、爱情的不在（《呼唤声》）、社会的阴暗（《与失望相会》）、人类的麻木（《我对爱神说》）等。徐志摩作为一个生活在 20 世纪中国动荡年代的惯于思考的青年，在他的个人气质中也天然有着忧郁的气息，徐志摩 1931 年在回忆自己最早作诗的缘由时曾这样说：“我们都是受支配的善良的生灵，那件事我们作得了主？……一份深刻的忧郁占定了我；这忧郁，我信，竟于渐渐的潜化了我的气质。”（《〈猛虎集〉序》）这也是他接受哈代的情感基础，只有与自己心灵相近的人才有可能去熟悉去认同。

作为一个不满国家现状、出国寻找救国良策的青年，徐志摩的留英经历虽然使他发生了从仰慕布尔什维克者到亲近缪斯女神的嬗变，但他内心关心政治、关注人类生存的信念并没有消失。康桥时期，诗人目睹世界的现状，挂念动荡的祖国，诗中不由流淌出深切的同情与悲悯的情愫。徐志摩写于 1922 年的《悲观》就深刻表达出了他作为诗人的悲悯情怀，“这心头/压着全世界的重量，咳！全宇宙”，并为“这黑昏昏、阴森森、鬼棱棱”的宇宙忧心不已。而在《听槐格讷乐剧》中作者感叹音乐是悲天悯人的艺术天才！认同作为艺术家、诗人作品中必须具有这悲悯的情愫，就如他在《地中海中梦埃及魂入梦》中所言“我梦魂在海上游行，/听波涛终古的幽骚，/终古不平之鸣”。徐志摩感动并欣赏那古往今来的悲悯之声，且也经常发出那悲怆之音，譬如在《马赛》里，他同情于衣裳褴褛的难民，痛恨繁华声色的都市的堕落，感叹真挚人情的难以寻觅，字里行间充满着对惨淡的马赛的同情与感叹及无奈。这一时期诗人悲凉于物质世界与精神世界的一切，并由此写下了很多感人的篇章。但如果诗歌的创作仅仅流于忧郁气质与悲悯情怀的展现，那这些诗歌还不具备足够的触动人心的审美感受力。哈代之所以被后人津津乐道，被徐志摩终生所崇敬，显然不会仅于在哈代诗歌中那人类生存的呻吟之声的揭示之上。徐志摩挚爱哈代，因为他把摸到了：“哈代不是一个武断的悲观论者，……在他最烦闷最黑暗的时刻他也不放弃他为他的思想寻求一条出路的决心——为人类前途寻求一条出路的决心。”（《汤麦士哈代》）确实如此，面对自己所目睹的悲惨世界，哈代就曾指出：“我的座右铭是，首先是确定病症——在这种情况下是人类的疾患——接着再找出病因，然后再寻找有无治病的良

① 颜学军：《哈代诗歌研究》，北京：人民文学出版社，2006 年，第 113 页。

药。"[①]哈代一方面对现实深感绝望,同时另一方面又对将来充满希望:"晚霞色彩正艳,/不久就会有灿烂的明天——/不久!"[②]这种灵魂的挣扎与抗争显示出哈代诗歌向上的种种努力,而这正是徐志摩特别钟爱哈代的原因所在。显然,从忧郁中感发出一种力这便是康桥时期徐志摩诗歌与哈代诗歌中最为相似的内质。

在英国培育了自己"爱、自由和美"单纯信仰的徐志摩,他的理想不仅仅要实现理想的爱情,更要实现理想的社会与人生。因而在康桥时期的诗歌中徐志摩还有这样一类心怀天下的充满刚性的诗歌,呈现出了诗人最为动人的探索意识,表达出了他对于哈代诗歌的最为积极的呼应。1921 年 11 月徐志摩在他留英期间最早的诗歌《草上的露珠儿》中表露了他作为诗人的情怀与职责,这首诗像一支嘹亮的号角吹响了徐志摩关于诗人的呐喊:"诗人哟!/你是时代精神的先觉者哟!/你是思想艺术的集成者哟!/你是人天之际的创造者哟!/……你是高高在上的云雀天鹨,/纵横四海不问今古春秋,/散布着希世的音乐锦绣;/你是精神困穷的慈善翁,/你展览真善美的万丈虹,/你居住在真生命的最高峰。"(《草上的露珠儿》)在英国目见与感受了英国民主的政治体制后,徐志摩坚定了他崇尚自由民主政治的精神信仰,表现出强烈的问世精神。因此徐志摩这一时期表达政治抱负,呼唤理想实现的诗作就显得分外振奋人心。譬如在《青年杂咏》中,徐志摩先是否定了青年们耽乐于悲哀的生活,"无聊,宇宙,灰色的人生,/你独生在宫中,青年呀,/霉朽了你冠上的黄金!"呼吁青年们怀抱理想,"你的心是自由梦魂心",并抛弃过往,"为这大自在的无终始,/任凭长鲸吞噬,亦甘心"(《青年杂咏》)。只有青年才能勇敢地走向革命,且牺牲于革命,在遗骸遍布的华族,在惨如鬼哭的中原,在风云黯淡的人间,力挽狂澜,造福人类!这就是徐志摩《青年杂咏》中对青年的期盼与歌咏!再如在《梦游埃及》、《地中海中梦埃及魂入梦》中诗人表达出的对偶像与勇士、创造与理想的崇拜:"颠破了这颠不破的梦壳,/方能到真创造的庄严地。"(《地中海中梦埃及魂入梦》)这如大海般澎湃的入世激情与慷慨诗意正是他这一时期诗歌的价值所在!也是他后期诗歌中所缺乏的最为激动人心之处!

在徐志摩归国后的创作实践中,随着理想人生追求的坎坷与幻灭,徐志摩时常感受着"不论你梦有多么圆,/周围是黑暗没有边"(《活该》)的寂寥,开始慢慢

---

① Florence Emily Hardy: *The Life of Thomas hardy 1840—1928*, London: Macmillan & Co Ltd. 1962, p. 383.

② 哈代:《希望之歌》,见《徐志摩散文全编》,第 1118 页。

流入怀疑的颓废。虽然徐志摩说“我要在残破的意识里/重兴起一个残破的天地”(《残破》),但事实是后期诗歌的质感却愈来愈萎靡,不是沉溺于《别拧我,疼》的男欢女爱里,便是感觉到“一切事都已到了尽头,/我只等待死,等待黑暗”(《爱的灵感》)。徐志摩后期的诗作愈来愈忧郁,但它愈来愈缺乏的是一种忧郁之力,严重丧失了哈代诗歌中所具有的倔强的疑问与反抗精神,这是诗人的不幸,也是诗歌的不幸。相比而言,这早期的康桥诗歌就显得愈发珍贵与难得。

在徐志摩的诗歌创作历程中,这早期缤纷的花雨是素来被他自己、读者与研究界所共同忽视的,因此我们所熟悉的诗人就是通过阅读他中后期诗歌而得来的既定印象,我们很难想象惯于自我思考的诗人,在康桥时期他的诗歌却有着很纯情的情怀与对未来的憧憬,有着很刚性与行动的色彩,有着心怀天下的很强烈的力与豪情的体现。因此关注徐志摩康桥时期的创作,对于透视徐志摩诗歌创作变化的运行轨迹,对于完整了解徐志摩的精神世界无疑有着重要的认识价值。

现代情怀与古典操守

——施济美小说《凤仪园》再读

左怀建

[摘　要] 20 世纪 40 年代上海著名青年女作家施济美的中篇小说代表作《凤仪园》塑造了融现代情怀与古典操守于一体的女性形象，彰显了当时上海文坛雅俗互动互融小说创作路向的典型特征，形成缱绻悲绝、清幽华贵的艺术风格，成为中国现代文学史上不可多得的美的篇章。

[关键词]《凤仪园》　现代情怀　古典操守　艺术风格

在中国现代文学史上，一般被称为海派作家，也是"东吴系女作家"领军人物的施济美不是有太大成就的作家，但确是勇于探索、形成自己鲜明艺术个性的作家，因此在当时的上海文坛也拥有广泛的读者，有的甚至自称"施迷"。其中篇小说代表作《凤仪园》①写苏州豪门庭院凤仪园的荒凉颓败，其女主人冯太太有孤高寂寞的情怀，深婉微妙的心理，风华绝代的仪表。小说通过冯太太与大学生谢康平之间的一段故事，写出传统与现代之间的碰撞、对话、交流，彰显出时间对人命运特别是对女性命运的支配。小说因此形成缱绻悲绝、清幽华贵的风格，可谓风情备至，感人至深。

一、融现代情怀与古典操守于一体的人物形象

小说主要塑造了冯太太这一女性形象。冯太太原是某大学高才生，能歌善

---

① 发表于 1946 年 11 月上海《幸福》第 1 年第 4 期，后收入作者第一部小说集《凤仪园》，上海：大众出版社，1947 年。

舞，多才多艺，又天生丽质，多年后仍引起许多熟悉她的教授的夸赞和同学的爱慕。但是她大学未毕业就结婚了。此后就成为凤仪园的女主人。从小说前后对她的情怀和品格的描写看，她应该不是为父母包办而结婚，也不是为急于享受豪门庭园的华奢生活而结婚，而是为爱情而结婚，而且这爱情应具传统与现代双重内涵。换言之，她的婚姻是中（传统）西（现代）思想观念、情感追求相结合的宁馨儿，她的婚姻是理想美满的婚姻。这就埋下了今后悲剧的种子。

新婚不久，冯太太鼓励丈夫出远门接受生活的磨炼，但仅这一次，凶险的大海就夺去了丈夫宝贵的生命。从此，十三年，冯太太日日夜夜地等待。她不相信丈夫从此与她生死两分。为了表达对丈夫的思念，钢琴锁起来，从此不再欢歌；两个遗腹子生下来，一个取名盼回，一个取名望回，孩子长大后也不让接触任何明显有抒情性的文字、歌曲，她自己则躲在楼上房间里反复回忆、阅读、思考。谢康平可以看到整夜整夜冯太太房间里透出的紫色的灯光。冯太太身上明显有中国古代节妇、贞女的影子①。

冯太太是压抑的，所以也是痛苦的。在这种情况下，上海某工科大学学生谢康平来凤仪园做家庭教师。此前，凤仪园从来不请男家庭教师，但此时改变了。康平一进凤仪园的大门，就为它的堂宇轩昂、古色古香、荒凉颓败所吸引，更为它的主人冯太太两个星期都不跟他见面感到神奇。康平没有为冯太太的"怠慢"而懊恼，反而为凤仪园和它的主人的神秘气息完全征服了。康平感情上慢慢疏远未婚妻，而接近冯太太。一次家庭舞会后，康平完全被冯太太的风仪所迷惑，狂热之中两次冲进冯太太楼上的房间，终于与冯太太有了一夜之欢。如果就这样发展下去，冯太太至少可享受一段甜蜜的生活，参考现代（都市）人生活的状况，也许这还是更时髦更令人艳羡的，如刘呐鸥、穆时英、施蛰存、张爱玲、苏青、予且笔下所描绘的，然冯太太第二天就将康平辞退，从此两人不再相见。冯太太渴望异性爱，包括肉体爱，如前所述，她也受过良好的现代教育，懂得现代人的生活欲求和情怀，但她又无法忍受没有传统道德观约束的生活。在她看来，爱与道德、责任是联系在一起的，爱是有长度的，爱不能随便有也不能随便变的，但是康平"现在的爱果然变了"。康平已经背叛了自己的未婚妻。当冯太太将他辞退，还他自由身时，他并不理解冯太太难得的用意，而只是觉得冯太太欺骗了他，玩弄了他的感情。"可怜的孩子，他气得那样，以为我玩弄了他，他哪里知道，我玩弄的只是我自己。"小说由此提出两个问题：人与人之间真的可以相互了解么？现代人的爱还靠得住么？显然，小说提供的答案是否定性的。

---

① 这一点，可参考笔者《论施济美的小说创作》，《中国现代文学研究丛刊》2002年第1期。

小说假设两人如真能了解，也应是康平老的时候，那时他会懂得冯太太为什么马上将他辞退，他会加倍珍惜当年一段情，然那又怎样？玫瑰早已凋谢，郁金香酒早已变成白开水了。时间的不可重复性告诉人们相互了解还是不可能。看来，人生注定要感情误读、命运交错，而爱情也变得扑朔迷离、难以把握了。现代人的心灵都是向己的，神经都是高度敏感的，朋友之间稍有不慎就会变成路人，爱人之间稍有不慎就会变成敌人，对于女性来讲，又特别有身处边缘、华年早逝、青春短暂之慨。所以，在那种情况下，冯太太只能有那样的选择。

有人说，冯太太缺乏走向新生活的能力，所以她只能退向狭窄的天地，固守住那荒凉颓败的凤仪园终其后半生。其实，这是误解。这不是能力问题，这是文化问题，是命运问题。如前所述，一般女性没有冯太太那样的姿色和才情的，她能一等丈夫十三年，说明她的意志力是异常强盛的，她又广泛阅读古今中外宗教、历史、文学书籍，对人生的了解也不是一般人所能赶得上的，然而她还是与一般人所艳羡的所谓现代（都市）生活告别，表明她的人生追求远在所谓现代（都市）生活之上，而是理想型的、超越性的。难怪康平不能理解了。康平不是一般都市中浮浪弟子，小说还专门介绍他旧家出身，在上海也经受过不少人世沧桑，对于爱是认真的，对于人生也有一定鉴别力的，但是注定的他也只能成为对冯太太误解和怀恨的人——那么其他人呢？

在爱欲与德性不可兼得的时候，冯太太选择了德性，舍弃了爱欲。她知道自己又做了一次“牺牲自我的英雄”。但这不等于冯太太否定了爱欲。如此，冯太太就成了传统与现代强烈碰撞、交流、对话的最佳场域。她享受着传统的典雅，也感受到传统的压抑，她看到现代带来的一线生机，但是她又害怕由现代携带而来的更大的失落和危机。高迈的生命追求与这种追求实际上不可能实现之间巨大的差距（一种巨大的割裂）使冯太太精神上、心理上格外痛苦。如此语境下，一个怀抱喜悦和忧伤、内涵丰富、情感幽深、仪态万方的冯太太形象就豁然站立在读者面前。

二、雅俗互动互融的小说艺术

施济美虽被有的学者称为海派作家，但与张爱玲、苏青等经典海派作家还是有很大不同。具体到《凤仪园》，施济美翻转了经典海派作家笔下“一夜情”的书写套路，注重在人物精神层面上探索它的意义，从而完成了对冯太太这一深具高雅情怀、超越意向的女性形象的塑造。冯太太是一个常年守寡的人，按照张爱玲、苏青对寡妇心理和寡妇人生的判断，冯太太应是一个性欲狂者、心理变态者，但冯太太不是。冯太太理智得很。冯太太以古典反现代，以理性矫感情，以退为进，以丢弃达到生命信念的充盈。冯太太的形象告诉人们，人是可以靠信念、靠理想(梦想)生活的。作家无意忽视冯太太最后人生选择的悲剧感甚至宿命感，让冯太太在康平走后终于打开封锁了十三年的钢琴，反复弹奏那几句："It was best to leave you thus. Best for you, and best for me"(这样离开你，对你对我都最好)，表达她在拒绝康平的同时又怎样深情地留恋。留恋是认俗，所谓"凝目处，从今又添一段新愁"，说明冯太太并非不食人间烟火。明知是"牺牲"，还要"牺牲"，明知是走向悲剧，还要走向悲剧，这是怎样崇高的选择，脱俗的品格！

现代是一个不断世俗化的过程，所以尼采在19世纪末就宣布：上帝死了。但人们往往忽视尼采宣布上帝之死的前提，即上帝是被现代人杀死的。现代人生的物质化、欲望化、人工化、技术化、粗鄙化使人生越来越缺乏诗意，而《凤仪园》却为人们创造了一个诗意盎然的世界。小说不仅写冯太太精神品格、心理情愫的诗意，而且着意打造一个与冯太太精神品格、心理情愫相匹配的诗意家园世界。小说上来就借康平之笔写道："在这古色古香的凤仪园，我像走进一百年前的岁月，你知道，那些富丽而又陈旧的东西，我不喜欢，因为太易引起童年时节的想忆。这褪色的朱红油漆，斑驳的泥金楹联，断了的雕栏和石桥，古柏苍松，修竹老梅……描绘了一个豪华门庭的兴亡，每一个徘徊是叹息，每一个踯躅是惆怅，我猜想这峨奇的门第是衰微了，但是人家说并不，只是冯太太，凤仪园的主人，酷爱这种荒凉寂寞的美而已，一个多么奇特的人！"小说有意将冯太太与凤仪园对应着来写，用冯太太的精神追求、美学趣味来引领凤仪园，用凤仪园的神韵、气息来衬托冯太太。凤仪园是渐趋衰败的精神家园的象征，而冯太太是这精神家园"最后"的守望者①。

小说叙事上很有特色。可以将小说叙述的时间流程都看作冯太太复杂幽微的心理活动的展示。在聘请家庭教师特别是聘请男性家庭教师的时候，冯太太不可能对来应聘的人不做任何了解和考察，她总多少了解一些来应聘者的情况的，那么，对于来应聘者与自己之间将有什么样的关系，她也应多少有所想象、觉察，甚至设计。从这个角度讲，冯太太对康平是有些诱惑之意的，至少对康平于她的迷恋没有做明确的及时的制止。有人就从这里将冯太太与康平的关系等同于张爱玲笔下范柳原与白流苏之间的高级调情，其实这两者形同而质离。范柳

---

① 左怀建：《精神守望者的哀歌——论施济美小说精神内蕴的价值特征》，《社会科学》2002年第11期。

原式的调情有后现代的成分，期待“情”（真情）的同时又消解“情”（真情），冯太太的生命焦渴却是一种真诚的期待，她的顾虑重重、行动缓慢、巧设玄机，都是唯恐失败，唯恐不达，唯恐因此丧失女性人格与尊严，其叙事上真正的用意是故意把时空放大、拉长，目的还是为了反衬两人疏离、分手之轻、快、易，从而凸显人生与传统和现代的复杂关联！再一点，小说并不直接写冯太太的丈夫怎样出海，怎样遇难，只交代结果，不叙述过程，这种叙述方法与西方现代派、后现代派小说叙事中时空断裂、事件因子缺失等技巧相仿佛，深化了对当时非理性人生语境的表现，也反衬了冯太太对精神家园“最后”坚守之难得。

小说格调舒缓，气韵清爽，语言色彩凄艳华美，注重烘托、渲染、比喻、暗示，既凸显了冯太太超尘脱俗的精神品格和美学趣味，也有助于作品缱绻悲绝、清幽华贵之艺术风格的形成。如下面两段文字：“太阳下山的时候，他们在荷花池畔，阴历七月初七，满池的花都开了，红荷带咨含羞的酡颜，白莲妩媚的娇笑，西天的云霞，金黄，淡紫，浓红……从不曾有过的美丽，从不曾有过的绚烂，啊！太阳下山的时候……”“一种神韵的美！……这苍白而枯槁的女人，在盛开着的红白荷花前，在七月的巧云彩霞的天空下，……荒凉的园子是琼宫仙境，这黑衣的憔悴的女人有一种难以比拟的孤清，凄凉的华贵，神韵的美，那是康平从未感到过的。”像这种文字所显豁的格调和情韵，在当时的上海文坛也非一般读者所能品赏的。

小说有一定的颓废—唯美色彩，虽难说与西方颓废—唯美思潮绝缘，但总的来看，与西方以王尔德等为代表的颓废—唯美文学还是有很大不同。《凤仪园》里有一首《茶花女祝酒歌》，带有西方颓废—唯美色彩，但是细察作品，它并不代表冯太太的追求。冯太太可以欣赏，但并没有完全认同。冯太太欣赏的是“留下残荷听雨声”，“喜欢凋谢了的东西，甚似它茂盛的时候”，一种由“凋谢和荒凉”所产生的“神韵的美”，这些更多地属于中国美学—文化范畴，而王尔德等人创作中的颓废—唯美则是典型的西方式的。《凤仪园》的唯美是以自然美为前提、以德性美为根本的。李今评价这种美：“古典美学的美，……美与德是一体的，在理性与非理性、理智与本能、责任与自我的冲突中，坚持前者本身就是美，有德就是美，无德就是丑，反映了美与善高度统一的秩序。”[①]与作者同时代的谢紫也论及她的“唯美，不是指狭义的唯美派，而是说她极力追求美丽，极力避免丑恶”[②]。《凤仪园》的颓废色彩也只是指向德性人生的颓败，不是否定德性本身。而王尔

---

① 李今：《海派小说与现代都市文化》，合肥：安徽教育出版社，2000 年，第 332 页。

② 谢紫：《施济美的作品》，《幸福》1947 年 2 月（第 1 年第 6 期）。

德等人创作中的颓废—唯美却是以反自然、反道德为归旨的。他宣传人生模仿艺术，善是实际的邪恶，美来自说谎。《凤仪园》张扬的是古典的健康的美，王尔德等人张扬的是现代的病态的美。

小说也有一定的通俗成分，如构设青年大学生与中年寡妇的爱恋，揭示中年寡妇的隐秘心理，叙述上一再烘托气氛，制造悬念(俗称卖关子)，故意逗引读者的好奇心和窥视欲等。如吴福辉《都市漩流中的海派小说》所分析："施济美《凤仪园》的成功，一部分就来自于故事的神秘气息。青年家庭教师爱上了守寡的中年女主人，是与他探明这古色古香荒寂庭园家宅的种种怪事，如楼上不灭的紫色灯光，长年锁着的钢琴，不许孪生女儿学文学的规矩、深夜被误以为是男主人的鬼魂等等，而女主人又迟迟地'难见庐山真面目'的过程，相一致的。……深受当时市民读者的喜爱。"[①]这正是与以张爱玲为代表的经典海派小说相通的地方。然而由于小说总体价值取向上是以古典救现代，以德性抑欲望，拒俗求雅，所以，雅与俗之间就形成稀有的张力，反而使小说的风情和魅力增加了。

① 吴福辉：《都市漩流中的海派小说》，长沙：湖南教育出版社，1995 年，第 242 页。

情感与形式:《茶馆》的悲剧性

张晓玥

[摘　要]《茶馆》是一部具有鲜明中国诗情风格的悲剧。“配合不上”的焦虑中产生的《茶馆》,创作意图与意图实现之间存在着难以弥合的距离。剧作埋葬了三个旧时代,却没有简单地许诺“光明”。主情性是《茶馆》的艺术灵魂。老舍的悲悯情怀,贯穿于他的个性化戏剧形式探索——“人多事繁”、“非冲突化”、“开口就响”,创造性地构筑起的“叙情戏剧”的独特体式。

[关键词]《茶馆》　“配合不上”　悲悯　叙情戏剧体式

在20世纪50—70年代文学中,《茶馆》是一个独具艺术光彩的存在。它以独特历史眼光、历史情感和历史叙述方式而显出艺术的个性。《茶馆》的艺术诉求与表现,“诗史”般的忧患沉郁的悲剧美学,是至今还相当通行的说法——“埋葬三个旧时代”、揭示新中国诞生的历史必然性——所难以涵盖的。《茶馆》体现了当代中国话剧迄今所达到的最高艺术成就,与《雷雨》遥相呼应,构成了中国话剧双璧。不同于《雷雨》更多运用来自西方的戏剧形式,《茶馆》是一部地地道道的中国戏,它以鲜明的民族化诗情风格,创造了话剧舞台上深沉隽永的中国剧诗。

一、“那就配合不上了”

1949年以后,老舍主要创作身份是剧作家,有《方珍珠》、《龙须沟》、《一家代表》、《生日》、《春华秋实》、《青年突击队》、《西望长安》、《秦氏三兄弟》、《茶馆》、《红大院》、《女店员》、《全家福》、《神拳》等一大批剧作。这些大多是“配合政策”、

"赶任务"的产物，诸如人民代表选举、"三反"、"五反"、"人民公社"、"文艺大跃进"等等。《茶馆》本来也不例外。1954 年，共和国宪法颁布，老舍想要写一部歌颂普选、反映人民当家做主的戏，名为《秦氏三兄弟》。剧本计划从"戊戌变法"一直写到解放后，其中第一幕的场景是清末民初的一家大茶馆。1956 年 8 月，老舍把剧本朗诵给曹禺、焦菊隐、赵起扬等，大家一致认为第一幕第二场最精彩。一两天后，曹禺等建议老舍索性写一个茶馆的戏。"老舍听了以后最初是有惊无喜，只是习惯性地反应一下：'那就配合不上了。'这句话很快在北京文艺圈小范围内传开了，成了当时经典的内部名言。"①《茶馆》一反当时新旧对照的写法，只截取旧时代的三个断面。开始，老舍的写作并不顺畅。康濯曾回忆："老舍先生说，在美国时就考虑写一个北京的茶馆，写一个时代。他描述了第一幕情节，大家一听叫好，第二幕写了民国、国民党时代。老舍发愁的是怎么写下去：'最大的问题是解放后的茶馆怎么写？现在茶馆少了，没有生活了。想去四川看看，但不能把四川搬到北京来。戏拿不出来呢？'我们说：'老舍先生，别写这一幕了。'他很惊讶：'不写可以吗？''当然可以。''不写就不写。'他把手杖一立，起身说：'走，解放了我一个问题，我要回去写了。'"②

《茶馆》创作过程中"配合不上"的焦虑，映现着文学在当时的处境。而"配合不上"的最终选择，看似偶然，实则必然。这首先是作家艺术个性和自我意识的曲折伸张的结果。老舍有意要选择一种更能发挥自己艺术优势的"配合"方式，即所谓"侧面地透露一些政治消息"③。另一方面，"配合不上"又是在曹禺、焦菊隐等的直接"干预"下做出的必然选择。这种"干预"是戏剧必然要经历的二度创作。戏剧是一种"写—演—观"的艺术。如果说文艺是人的观念的对象化，相对于其他形式来说，戏剧的对象化过程则更富有流动性和多重性，是在剧作家、表导演和观众多方参与中完成的。尽管戏剧由于自身的社会公共性而很容易与非艺术因素发生关联、甚至被掌控和利用，但自身"写剧—演剧—观剧"的三元生命结构，又天然地蕴藏着突破和超离种种羁绊的内在力量和多重可能性。五六十年代，老舍的戏剧创作始终是在与北京人艺的互动中进行的。正如英若诚所说，"老舍先生给剧院的东西很多，不光是那些仍然是剧院保留剧目的精彩的剧本，而且通过演他的戏，培养了剧院的一代演员。反过来，剧院对老舍的创作生活也

---

① 陈徒手：《老舍：花开花落有几回》，《读书》1999 年第 2 期。

② 陈徒手：《〈茶馆〉诞生始末及命运》，《畅销书摘》2000 年第 11 期。

③ 老舍：《答复有关〈茶馆〉的几个问题》，《剧本》1958 年第 5 期。

有很大影响”[1]。在老舍与北京人艺的不断交流中,《茶馆》曾几易其稿。据于是之回忆,其中有一稿以“茶馆说书”为结尾。说书人是个革命者,通过说书宣传革命,不幸暴露,王掌柜则为了掩护他自己中弹身亡。对此,于是之提出过不同看法:“我希望戏的最后有一小段‘几个老头话沧桑’的戏,然后王利发就拿着一个他常用的道具进屋上吊去了。”[2]老舍当时并未明确表达自己的意见,但几天后的修改稿中,结尾则改成了三个老人撒纸钱自祭。人艺的艺术家们,不仅创造了《茶馆》的舞台艺术,也在《茶馆》剧本创作中起到过不可忽视的作用。

“埋葬三个旧时代”、揭示新中国必然诞生的主题是通过“侧面透露”的方式展开的,借以“侧面透露”的直接载体又是茶馆“小社会”中的“小人物”的生活变迁,《茶馆》自然与当时流行的正面突出、高亢昂扬的颂歌型文艺拉开了很大距离。1957年召开的一次座谈会上,林默涵提出:“作者向我们暗示了一种潜在的力量,这个力量会给我们带来一个新的时代,新的生活。这是从剧本里可以感觉到的。但我觉得,对这种力量的反映,也是不够充分。”[3]既然是只能被“感觉到”,而且“不够充分”,《茶馆》受到更严厉的责难也就不可避免了,甚至能不能上演都是问题。林连昆后来回忆:“我们剧院上演老舍《茶馆》,开始命运也不好,三大罪状是一无党的领导,二是小业主不能为戏剧主角,三是一代不如一代的满清贵族的没落的思想感情。当时险遭禁演。”[4]1958年的《茶馆》演出在“大跃进”时代当然是个异数。当时,文化部一位副部长曾严厉地批评北京人艺:“《茶馆》第一幕为什么搞得那么红火热闹?第二幕逮学生为什么不让群众多一些并显示出反抗的力量?……”他发出郑重警告:“离开政治风格讲艺术风格就要犯错误。”[5]随后,《茶馆》“被贴上了‘怀旧’、‘低沉’、‘感伤’、‘自然主义色彩’等等标签”[6]。

这当然是特定历史环境中所产生的政治苛责。问题的复杂性在于,被苛责的是艺术的“问题”。抛开苛责本身的价值取向不谈,苛责所提出的“问题”究竟存不存在,实在值得玩味。《茶馆》首演后两个月,张庚发表剧评说:“这个戏里的根本之点,在于作者悼念的心情太重。他对旧时代是痛恨的,但对旧时代里的某

---

① 刘章春主编:《〈茶馆〉的舞台艺术》,北京:中国戏剧出版社,2007年,第203页。

② 于是之:《情泉》,北京:商务印书馆,2010年,第110页。

③ 《座谈老舍的〈茶馆〉》,《文艺报》(半月刊)1958年第1期。

④ 《老舍:花开花落有几回》,《读书》1999年第2期。

⑤ 《〈茶馆〉当初险遭禁演的三大罪状》,《文艺理论研究》1996年第5期。

⑥ 《〈茶馆〉的舞台艺术》,第286页。

些旧人却又过多的低徊凭吊之情。凭吊也是人之常情，未可厚非，但相形之下，对于那些也是生活在旧时代，但却在其中热情蓬勃地斗争着，甚至付出了自己生命的人们仿佛有些冷淡了。这一点，导演和演员仅凭舞台形象上的设法，是难以补救的。”①不难看出，张庚对待《茶馆》是善意的，但在关键问题上不容一丝含糊。他的艺术评判以鲜明的特定立场和倾向为基点。这就显示出了一个复杂的问题：《茶馆》所呈现出的情感态度和作家交代的观念意图之间是有距离的。

这一点也可以在后来西方人对《茶馆》的评论中得到映证。1980 年，《茶馆》赴德国、法国、瑞士访问演出。欧洲人在《茶馆》中看到了革命的必然性，同时，也发现了必然性中的复杂性：“《茶馆》的结局把当时的国情描绘得过于消沉”；“《茶馆》并没有以振奋人心的飘飘红旗作为结局，所有的一切都是那样的现实而富有人情味”；“对一个欧洲人来说，《茶馆》的故事最异乎寻常、最动人心弦的地方，莫过于它的悲观情调”；“和契诃夫一样，老舍描写的是过渡，是变化，是决裂。”“（《茶馆》是）怀旧的、模棱两可的诀别之作……作为艺术家的老舍，对人们在漫长的世纪里经营过的这个已经腐朽没落的旧社会，似乎不无惋惜之意。”②

文化官员当时的政治责难，剧评家基于特定立场的艺术评判，后来的西方人的看法，实际可谓“殊途同归”。他们以不同的价值态度发现了同一个问题——《茶馆》的创作意图与意图实现之间存在距离，或者说，作家的主题预设与艺术审美表现并非高度统一。所谓“怀旧”、“感伤”的凭吊的意味，固然称不上是《茶馆》的主题思想，但却可能正是剧作的审美情感的潜在主流。老舍满腔悲愤地描画了历史生活中的种种肮脏和罪恶，《茶馆》毋庸置疑地是一部批判旧时代的作品。不过，批判常常是受思想和观念驱遣的，但以情感化的方式展开的艺术的批判却不尽然。情感的复杂性、丰富性、多义性和流动性，决定了它难以被具体的思想观念完全规约。艺术的批判在情感化过程中，不可避免地存在着逸出、超越甚至背离立意本身的各种可能。创作是这样，阅读也不能例外。如果承认《茶馆》是艺术作品，就必须正视它作为艺术作品所可能存在的复杂性。

这首先要从《茶馆》的戏剧结构谈起。三幕剧展示了三个时代的历史生活，从清末戊戌变法失败后的 1898 年初秋，到袁世凯死后军阀混战的民国初年，再到 40 年代抗战结束、内战爆发前夕。第一幕曾被曹禺誉为是“古今中外剧作中罕见的第一幕”，这里大茶馆生意兴隆，革新派、改良派、反动派，大人物，小人物，得意的，失意的，百无聊赖的，各色人等，你方唱罢我登场；而到第二幕的民不聊

---

① 张庚：《〈茶馆〉漫谈》，《人民日报》1958 年 5 月 28 日。

② 史燕生、郭安定节译：《西欧报刊评〈茶馆〉》，《文艺研究》1981 年第 1 期。

生、第三幕的凄凉灭寂,氛围和调子逐渐清冷低沉下去,戏剧最后以三个老人的自我祭奠落幕。如果把《茶馆》比喻成一条河,它是裹挟着泥沙经过三次跌宕,最终干涸湮灭的。当时李健吾曾形象地分析了《茶馆》的结构:"这个戏有这个戏的特点。用中国话说,这是'图卷戏',是三组风俗画。每幕每场都是珍珠,不是波浪。本身都很好,但不能向前推动。"[①]《茶馆》不是在冲突累积逐渐达到戏剧高潮,而是以散点布局的方式在普通生活中透露历史变迁。值得深思的是,既然艺术的方式已经决定了戏剧性是"不能向前推动"的,那么剧中本就没有直接表达而是要"侧面透露"的剧外的政治信息,究竟能否被真正"推动"出来?更进一步,即使"推动"出来了,是否又仅仅是"原意"本身呢?1979年《茶馆》第三期演出后不久,胡絜青动情地说:"《茶馆》在打倒'四人帮'之后的今天演出,受到比以往更加热烈的欢迎,还有它的新原因:看着舞台上《茶馆》的情节,人们会发现,刚刚过去的由林彪、'四人帮'制造的这场浩劫和历史上的灾难相比,竟有它极为相似之处。当秦二爷惨痛地哀叹'工厂拆了,拆了!'的时候,台下的知识分子就会联想到他们自己辛勤工作过的实验室、教室和苗圃被'四人帮'毁了,拆了;当王掌柜和康妈妈互相祝福'硬硬朗朗的'之后又跟自己的小孙女、儿媳离别的时候,人们回想起自己被赶到干校、'牛棚'和隔离室去的时候和亲人告别甚至永别的心情;当常四爷和松二爷因为一句话被逮捕的时候,人们想起了那些指鹿为马的暴虐文字狱和各种各类的冤案、错案、假案;当三个老人用捡来的纸钱祭奠自己的时候,人们想起了那些震撼天地的诅咒和反抗……"[②]老舍夫人基于切身之痛的抚今追昔,道出了《茶馆》来自生活又超越生活、源于历史又穿透现实的艺术力量。回头看是更容易看清楚历史的。但是,历史其实不仅此时此地的后来发现,它始终无可改变地在彼时彼地存在着。沿着胡絜青老人的思路,回到1958、1963年《茶馆》两次公演的历史现场,种种"历史的灾难",种种"暴虐文字狱和各种各类的冤案、错案、假案",其实在《茶馆》的前前后后不断发生着。因此,一种不容回避的历史可能性就是,胡絜青1979年的观剧感受未必不会发生于五六十年代的《茶馆》演出现场,与此同时,老舍在《茶馆》创作过程中所投入的情感态度甚至思想观念,也未必如他当初所交代得那样确切。

《茶馆》是通过小人物来书写大历史的。老舍从贫苦的生活中走来,他熟悉过往时代的小人物,了解他们的局限同时又满怀同情和悲悯。他的小人物书写总是充满了人情味,笔端蘸满了感情。《骆驼祥子》、《月牙儿》的来自生活底层的

---

① 《座谈老舍的〈茶馆〉》,《文艺报》(半月刊)1958年第1期。

② 《〈茶馆〉的舞台艺术》,第288—289页。

“命运”的无常感,《断魂枪》的“东方大梦”已逝的文化的沧桑感,已经内化为老舍的独特的精神气质和艺术敏感。这种从生活本身习得的个性气质又铸就了老舍的饱含忧患的气节。祥子“奋斗—失败—再奋斗—再失败”的起起落落,未免不是老舍的坚忍自我的投射,祥子的自暴自弃中也包藏着老舍面对苦难生活的无奈的愤怒。《茶馆》的王利发、秦仲义和常四爷,都是过着平民生活的旗人,他们物质上落魄,却在精神世界里始终坚持着希冀。王利发委曲求全,骨子里却从不服输;秦仲义傲然耿直,他有维新救国的梦;常四爷有点顽固,却又刚强、倔强,“我是旗人,旗人也是中国人哪!”他的话铿锵有力。戏剧落幕前三个老人重聚于裕泰茶馆,把捡来的纸钱撒向天空自我祭奠,这是荒诞的滑稽,又是悲凉的困惑,是无奈的调侃,更是绝望的挣扎。常四爷“虽年过七十,可是腰板还不太弯”,王利发最后的自杀也表现出生命的气节。旗人出身的老舍对自己的民族文化世相有着既批判又眷恋的复杂情感,作为文人的老舍也在他的人物中渗透了的无奈中的自尊。王利发的爱干净、爱整洁,常四爷的仗义,秦二爷的爱国,以及松二爷的穷讲究,都不乏老舍自我性格的投射。这正是他作为一个贫苦的旗人子弟自小被旗人文化所陶冶出来的①。爱国却最终成为日渐衰颓腐朽的国的弃儿,也是旗人历史命运的写照。舒乙曾说:“老舍先生是一个很有气节的人。他把气节当做文人最重要的一件事,他认为一个文人没有比气节更重要的了,所以他的死是一种气节的表现。在王掌柜身上他赋予了很多这样的东西。我觉得王掌柜之死很大程度上是老舍之死。”②王利发的死并不能简单地理解为逃避、软弱,这是一个绝望者最后的绝望抗争。他一生是为茶馆而活,茶馆对于他,不仅仅是谋生的饭碗,而且是梦,是理想,是精神生活的全部。茶馆被剥夺,他就失去了作为一个人而活下去的全部理由和可能性。他无法亲手将茶馆奉送于劫掠者而后独自偷生,哪怕它已经像自己一样苍老,一样弱不禁风。于是之关于王利发之死的表演是一个不断探索的过程,在探索中实现了杰出的舞台再创造。1979年《茶馆》重新排演,增添了过去演出中所没有的一些舞台动作——王利发目送常四爷走出大门后环视空洞的茶馆,拾起几张散落的纸钱,认真地数了数又摞整齐,一抬头看到了椅背上搭着的腰带,定定地停顿了片刻,走向椅子,再稍停,一把抓起腰带,把手里的纸钱奋力向上一撒,双手捧着腰带走向后院……这在三个老人自悼之后,构成了王利发又一次的自我祭奠,凝聚并表现出他对于茶馆的全部情感,

---

① 参见关纪新:《旗人作家老舍》,载傅光明主编:《老舍的文学地图》,北京:新世界出版社,2005年。

② 《〈茶馆〉的舞台艺术》,第295页。

他在不甘、不忍、不舍中所完成的绝望的决断。他选择死,是作别了茶馆,又是意欲与茶馆相伴始终。如同松二爷全部的人生寄托就是那笼黄鸟,茶馆与王利发,其实也就是笼与鸟。笼围困着鸟,鸟也眷恋着笼,鸟儿早已习惯了与笼的厮守。笼子毁了,鸟儿无力也无意去飞了。于是之关于"王利发之死"的创造性表演探索,想必也包含着他对于"老舍之死"一种特殊体验,那挣扎中走向茶馆后院的垂老的背影,让人仿佛中看到了一个默默走向太平湖的老舍。

二、"有点新的尝试"

《茶馆》无疑是"话剧民族化"的典范,这显著体现在它具有浓浓的"北京味儿",在地道的中国生活与中国心灵的书写中寄予深沉的历史感。而且,它突破了西方话剧的一贯写法,也没有走戏曲化的道路,创造出具有鲜明本土色彩和现代戏剧形式。用老舍的话说,《茶馆》的"写法多少有点新的尝试,没完全叫老套子捆住"①。政治上"配合不上"的《茶馆》,对于各种戏剧理论话语,诸如"写实"与"写意"、"三大演剧体系"等等,同样"配合不上"。

首先是"人多事繁"、散点透视的戏剧结构。从人和事的角度看,《茶馆》没有主角,没有核心情节,六十多个人物"你方唱罢我登场",二十多件事情来来去去。而且,人、事转换变化,没有直接的因果联系,只以大跨度的断面连缀显示时代转换。这种人像展览的结构方式,既非西方戏剧传统,也不是中国戏曲传统。西方自亚里士多德主张"悲剧是一个行动的模仿"并强调"因果率",至古典主义高乃依标榜"在一天,一地完成一个事件"的"三一律",再到浪漫主义的雨果的"奇情剧",继而是易卜生的"回溯式",接着又有奥尼尔表现主义的心灵"外显"的象征结构,乃至荒诞派戏剧的非逻辑,无论单线复线、连贯断裂,《茶馆》均逸出其外。中国古典戏曲是以整一性为基本特点的,主角贯穿全剧,他(她)的行动轨迹构成全剧的线索,即李渔所归纳的"减头绪"、"立主脑"。《茶馆》显然也打破了这种成规。不过,《茶馆》的戏剧结构却又是基于中国文化艺术传统的。它的结构思维与中国图卷画的布局是相通的,诸如《清明上河图》、《南都繁会图》、《姑苏繁华图》一类;在场景和人物的安排上,它又好像吸纳转化了中国史书的体例,但又不拘一格,是纪传、编年、断代的取舍融会;其演出方式,则与中国戏曲的折子戏集中展演的体制有部分形似。

---

① 《答复有关〈茶馆〉的几个问题》,《剧本》1958年第5期。

其次是"非冲突化"的戏剧思维。从亚里士多德的"悲剧的冲突成了人和命运的冲突",到恩格斯的"历史的必然要求和这个要求的实际上不可能实现之间的悲剧性的冲突",以及黑格尔的"基本的悲剧性就在于这种冲突中对立的双方各有它那一方面的辩护理由",没有冲突就没有戏剧,几乎成了戏剧思维的定律。而《茶馆》"人多事繁"的结构布局,决定了它"非冲突化"。老舍在谈到自己的戏剧创作时说:"我老是以小说的方法去述说,而舞台需要的是打架。我能创造性格,而老忘了'打架'。我能把小的穿插写得很动人(还是写小说的方法)而主要的事件却未能整出整入的掀动、冲突。结果呢,小的波痕颇有动荡之致,而主潮倒不能惊心动魄的巨浪接天。"[①]所谓"打架"是戏剧冲突的形象、通俗的比喻。与其说老舍是"忘了"冲突,不如说这是一种独出心裁的探索。《茶馆》追求的不是"激变",而是在人事变迁中隐含情感的流动,这种流动没有起伏跌宕,也没有上扬出"顶点",而是不断地向下沉,下沉的过程中又始终守护着一点点无望的希望。《茶馆》的戏剧冲突不表现为情节层面剧中人的矛盾对峙,而是体现老舍面对他所同情、所悲悯的人生世态时的自我心灵的探索,这种探索过程中的矛盾重重、左右为难。

此外,还有"开口就响"的戏剧语言。"话剧表达故事的方法,主要是用对话","话剧的生命,就是对话"[②]。老舍非常重视剧本的可演性。《茶馆》不以冲突和情节取胜,通过走马灯式的人像展览展开,每个人物,不论正反主次,皆能形神兼备,各不雷同,出场即出彩,全靠"开口就响"的语言魅力。老舍的戏剧语言是以"作诗"来要求的:"在动笔写剧本的时候,我们应当要求自己是在作'诗',一字不苟。"[③]"诗歌的格律限制叫我懂了一些造句遣词应如何严紧。这就大有助于我在写散文的时候也试求精简,不厌推敲。"《茶馆》运用的是地道而又精粹的生活化语言,通俗,简洁,响亮,嘎崩脆,却又有味儿,既有画龙点睛之妙,烘托氛围之巧,常常弦外有音,皮里阳秋,惟妙惟肖,让人会心一笑且嚼出苦味、涩味。这种语言又是与人物性格互为表里的。老舍从小说创作经验中提炼出了戏剧写作的"人物—说话"原则:"第一是作者的眼睛要老盯在书中的人物,不因事而忘了人,事无大小,都是为人服务的。第二是到了适当的地方必须叫人开口说话,

---

① 老舍:《老舍全集》第16卷《闲话我的七个话剧》,北京:人民文学出版社,1999年,第210页。

② 洪深:《从中国的新戏说到话剧》,《民国日报》1929年2月23日。

③ 老舍:《话剧的语言》,《剧本》1962年第1期。

对话是人物性格最有力的说明书。"[①]诸如借李三之口说出的"改良、改良,越改越凉,冰凉",常四爷的"我爱咱们的国呀,可是谁爱我呀",王利发"不解"地问"'罢课'改了名儿,叫'暴动'啦",以及沈处长的六个"蒿"("好"),还有那讳莫如深的"莫谈国事",几乎已经成了《茶馆》的标记。

《茶馆》的对话是诗的语言,《茶馆》也是对话酿就的剧诗。"剧诗最大的特点是模仿人物的声口来表现他的性格。……剧诗必须掌握同时代诗艺的最高成就,但是作为它的最独特的东西,还是人物性格语言的诗化"[②]。《茶馆》的对话艺术,得益于老舍对他笔下的生活和人物的熟悉,更重要的,是他对自己的人物满怀同情,他是含着悲悯去体验人物该怎么想、怎么说,哪怕"召之即来、挥之即去"的小角色。松二爷是位丧失了"铁杆庄稼"的破落旗人,胆小怕事,游手好闲,尽管"瞪着眼挨饿",一身衣裳让自己都觉得都不像个人,可让他脱下大褂干点粗活,还是拉不下这脸,提笼架鸟的做派一点儿不肯变,别人一提他的黄鸟他精神头就来了:"我饿着,也不能叫鸟饿着!(提起鸟笼,拉开罩子,眉开眼笑)你们看看,看看,多么体面!一看见它呀,我就舍不得死啦!"这充满喜剧性的台词是含着悲感的,自慰、自夸中却有一股子挣扎的劲儿,鸟的"体面"是人的一去不返的体面的留恋、想象、重温以及其中难易言传、萦绕心头的伤感。松二爷容易让人联想到阿Q、孔乙己。不同于鲁迅的"哀其不幸、怒其不争",老舍是哀与怜,哪怕他们"不争",也始终抱有一份同情。对他们,老舍是温婉悲凉的幽默,而非辛辣犀利的讽刺,而且从他们的"不争"里还看到了辛酸的较劲。舒乙说老舍最重文人的气节,"认为一个文人没有比气节更重要的了",在王利发身上"他赋予了很多这样的东西",其实,松二爷的"体面"也正是这个人物的气节所在。老舍的文人气节,虽不同于松二爷的"体面",但老舍却是用自己对待文人气节的态度和情感,去表现松二爷那种生命化了的"体面"。这个看似滑稽的小人物那里,有着说不尽的蕴藉与丰富。

三、"因看不见悲剧而有些不安"

1980年《茶馆》赴欧演出成功,西方学界认为它与布莱希特戏剧之间有诸多相似,老舍一度还被称为"中国的布莱希特"。有人把《茶馆》和布氏的《大胆妈妈

---

① 老舍:《戏剧语言——在话剧、歌剧创作座谈会上的发言》,《剧本》1962年第4期。

② 张庚:《张庚文录》第三卷《关于"剧诗"》,长沙:湖南文艺出版社,2003年,第300页。

和她的孩子们》并论，名之“来自中国的‘大胆爸爸’”[①]，认为“该剧在很大程度上效仿了西方话剧，特别是其叙事诗般的讲述方式与贝尔托德·布莱希特的剧作十分相似”[②]。国内也有研究者持类似的观点[③]。应该说，就“广阔地叙事”、“开放的形式”[④]来说，《茶馆》与布莱希特“叙述体戏剧”不无相近。但就“叙述体戏剧”的核心“间离效果”来说，《茶馆》去与之截然不同。“间离”主要有两层含义：“1. 演员将角色表现为陌生的；2. 观众以一种保持距离（疏离）和惊异（陌生）的态度看待演员的表演或者剧中人。”[⑤]但《茶馆》无论是剧本、表演还是观剧，都不表现为“陌生”的“间离”，作家与人物、演员与角色、观众与舞台之间都体现为充分体验的心灵交融，不是“出戏”，而是“入戏”，不是“陌生”，而是感同身受的“熟悉”。最根本的，布氏“叙述体戏剧”是一种“思索”的戏剧，《茶馆》是一种“感受”的戏剧，前者以理智主导，后者以情感动人。

《茶馆》饱含悲悯和忧患之情，没有那么深沉的情的投入，就不可能包容那么多辛酸、卑微、无奈、颓唐和惊恐，与其中的不能湮灭也不肯放弃的骨气、韧劲，以及小心翼翼的呵护。主情性是《茶馆》的艺术灵魂，情感整合着“人多事繁”、“非冲突化”、“开口就响”的形式，形成了它独特的“叙情性”的戏剧体式。无论叙事的写实戏剧观，还是抒情的写意戏剧观，都无法涵盖《茶馆》。《茶馆》是通过以情带事、事中含情的叙情方式展开的，在情感的流动中写人记事。

叙情是中国民间的一种艺术传统。曲艺、民歌大多是叙情性的，北方的鼓词、西北的信天游、南方的吴歌都有这种特点。吴歌《白六姐》中的“大熬郎”，依时序从正月唱到腊月，有十二个段落，数百句唱词，围绕一个“熬”字，铺展出自然气候、花草农物、耕织劳作、往事回忆等方方面面，希冀与落寞相交织的心理情感流淌其间。民间艺人常常没有太深刻的思想，也很难去锤炼精雕细刻的抒情辞章，他们就是朴素地叙说自己所闻所见的生活，在叙说中饱含感情，这种感情又因演唱或伴奏的音乐性被加强并且条理化，于是情和事融在一起，以叙的方式言情说事。老舍熟悉也钟爱民间文艺，曾热情地写作过很多鼓词。在他看来，鼓词

---

① [德]萨雷尔：《来白中国的“大胆爸爸”》，《东方舞台上的奇迹》，北京：文化艺术出版社，1983 年，第 72 页。

② [德]阿诺尔德·佩特森：《老舍的〈茶馆〉——社会的熔炉》，《东方舞台上的奇迹》，第 49 页。

③ 如史承军、武斌：《老舍与西方现代派文学》，《上海师范大学学报》1994 年第 4 期；杨迎平：《老舍与〈茶馆〉》，《文艺争鸣》2009 年第 6 期。

④ [德]施伦克尔著，舒雨译：《老舍和布莱希特》，《外国文学评论》1991 年第 2 期。

⑤ 王晓华：《对布莱希特戏剧理论的重新评价》，《外国文学评论》1996 年第 1 期。

甚至可以和新诗并提[①]。老舍的剧本多是可以颂读的,他自己就经常与人朗读,声音使情感外化,有声的剧本是与情感并茂的。《茶馆》的叙情性戏剧体式不是牌子曲、大鼓书、数来宝,这就像它的北京口语一样,是生活化的语言,但并非土语,而是经过艺术提纯的精粹的形式。

第一是情感的节奏。三幕戏是人来事往中情调不断向下走的过程。第一幕是生意兴隆、色彩浓郁的热烈,第二幕是民不聊生、纷乱压抑的惨淡,第三幕是自我祭奠、凄惶悲凉的灭寂,整体上构成"改良、改良,越改越凉"直到"冰凉"的线条。《茶馆》第三幕里有一段值得注意的戏。评书名角儿邹福远、京戏艺人卫福喜和大厨明师父,三个身怀绝活的人都没法子过活了——"这年头就是邪年头儿,正经东西全得连根儿烂!"这里饱含着对旧时代的严正批判,但同时也融入着深沉的感伤之情。因为有了这种情的灌注,批判才愈发显出力量而不是空洞。借张庚当时的评论话语来说,老舍在这出戏里"悼念的心情太重"。老舍所悼念的,不是那个荒谬的历史环境本身,而是荒谬历史环境中来自最底层的坚忍和持守。《茶馆》的情感节奏是"下楼梯"式的,最后推挤出一个反弹。三个老人的自悼看似一派灰飞烟灭,内里却有着类似鲁迅的"于无所希望中得救"的味道,是一种"绝望的抗战",但它不是集聚的,而是趋于弥散的,呈现无奈而微渺的色彩。

第二是情感的层次。《茶馆》以"埋葬"的方式写"挽歌",也以"埋葬"来求取"新生"。王利发作为茶馆主人和茶馆世界兴衰的见证者,老舍让他不断地有所希冀,又不断地在他希冀的同时赋予他希冀瓦解的无可奈何。常四爷也是每况愈下,但在每况愈下中他始终有所秉持,而他所秉持的又不断被嘲弄和否定。这种微渺的趋上的情感和沉重的下落的情感不断交织,后者把前者一点一点、一滴一滴地拉下去,直至湮灭。西方有剧评家曾这样感叹老舍的心曲:"和契诃夫一样,老舍描写的是过渡,是变化,是决裂。和契诃夫一样,老舍叫我们了解,有朝一日,可能就在这片废墟上,会诞生一个新的世界,一个公正而美好的世界。然而,这样的世界,老舍只能约略见其端倪如果谈得上端倪的话,因为他一九六六年就与世长辞了。这不禁使人产生这样的想法作为艺术家的老舍,对人们在漫长的世纪里经营过的这个已经腐朽没落的旧社会,似乎不无惋惜之意。"[②]

第三是情感的色调。《茶馆》是具有一定喜剧色彩的悲剧,悲是主调,笑是穿插其间的音符。悲喜融合、"含泪的笑"本质上都是悲剧性的,《茶馆》并不例外,但它有自己的独特性:

---

① 老舍:《鼓词与新诗》,《人民文学》1950 年第 2 期。

② 《西欧报刊评〈茶馆〉》,《文艺研究》1981 年第 1 期。

其一，一般戏剧中的悲都体现正价值，笑联系负价值，而《茶馆》却"笑中有正"。典型的代表就是松二爷。老舍并非只是嘲弄或批判他的自慰自欺，而是更多带有一些欣赏的眼光，从中提炼出隐隐的生命的较劲和小心呵护的人生的梦。就如上文所分析的，老舍是把松二爷的"体面"作为人物的"气节"来体验和书写的。这和鲁迅写阿Q不一样，鲁迅是用启蒙的视角向下看，所以他写得比较彻底，老舍则带着同情与之平等交心，所以更含温情。第一幕中那个娶媳妇的庞太监也是一例。故事背景是"戊戌变法"刚刚失败，所以庞太监以胜利者自居，在所有人物中他的身份地位也最高。太监娶媳妇，这样的咄咄怪事让人哭笑不得，也引出常四爷的结论："大清国要完！""该完！"这本是一个绝对反面的讽刺。但是，太监为什么要娶媳妇？这实在是让人费解的问题。角色扮演者童超通过走访当时尚在一位老太监，发现了其中的心理依据。他是"恨自己丧失了娶媳妇儿的条件"，所以"非要娶个媳妇儿给旁人看看不可"[①]。这是演员体验角色的二度发现，其实也正是老舍剧本中所蕴涵的丰富的意味。太监娶媳妇不仅仅是一个单纯的政治讽喻，这里面还有人性扭曲的必然性。

其二，《茶馆》的"悲"中也常常含"笑"。曾怀实业救国理想的秦二爷在第三幕上场，发出的是自嘲："应该劝告大家，有钱就该吃喝嫖赌，胡作非为，可千万别干好事！告诉他们，秦某人七十多岁才明白这点小道理！他是个天生来的笨蛋！"常四爷最后的话也是挖苦："我爱咱们的国呀，可是谁爱我呢？"他们和王利发的自我祭奠在悲怆中不免是荒诞滑稽的。所以，尽管说其中有点"于无所希望中得救"的味道，但这种味道又被它的形式所冲淡，最终还是无望。就是因为掘出这样一个不见底的深渊，老舍所倾注的追怀和凭吊就愈发显出沉重。一般的荒诞是主"理"的，老舍的荒诞是含"情"的。

老舍曾说："我并不想提倡悲剧，它用不着我来提倡。两千多年来它一向是文学中的一个重要形式。它描写人在生死关头的矛盾与冲突，它关心人的命运。它郑重严肃，要求自己具有惊心动魄的感动力量。因此，它虽用不着我来提倡，我却因看不见它而有些不安。"[②]《茶馆》正是他的"不安"之作。因为"不安"，才有了他"配合不上"的《茶馆》。1966年8月，老舍自沉于北京太平湖。"配合不上"，究竟是老舍之不幸？还是老舍之幸呢？

---

① 《〈茶馆〉的舞台艺术》，第109页。

② 老舍：《论悲剧》，《人民日报》1957年3月18日。

话语模式的建立：从铁凝《玫瑰门》中的女性谈起

严纪华

[摘　要] 铁凝是大陆新时期文学中一位具有鲜明艺术特色的作家。本文以其长篇小说《玫瑰门》为主，观察其如何运用话语模式呈现受虐／自虐／虐人的“女性们”在一个动荡的环境、失序的时代里建立主体性、寻找出路的历程。其中，分别从话语研究模式的几个方面：人物关系、叙述视角、复调理论、第三性视角等，探讨作家通过“声讨”与“想象”所揭示的情欲图绘，所形成的独特的荒诞残酷的书写风格。而当作家在尝试关注女性问题、探索人性本质的当下，也昭示出建构女性自我的难度；在揭发丑恶阴暗、进行反思的同时，也提供了自我救赎。

[关键词] 铁凝　《玫瑰门》　文化创伤　审美建构

一、前　言

1988年，铁凝完成第一部长篇小说《玫瑰门》①，这完全不同于原初创作中一个乡村纯洁明净少女的“香雪”形象的塑造。作者描绘出了受虐／自虐／虐人的“女性们”在一个动荡的环境、失序的时代里建立主体性、寻找出路的故事。其中，司猗纹正像一朵浸在毒汁里盛开的罂粟花。相对于前期的“一往情深”的灵性诗意的成长小说所蕴藏着暖意与善的发现，“玫瑰之门”无疑是一“女性的生命

---

① 铁凝：《玫瑰门》，1988年9月在《文学四季》创刊号上发表，随即作家出版社发行了《玫瑰门》单行本，北京：作家出版社，1989年。以下引文采此版本，不复详注。

之门”[①]，它充满苦难、但也有生命的芬芳[②]。在这场“玫瑰战争”中，作者笔劲森冷，“追问”了人类之恶，在人性的挖掘清理上写出了一些惨烈的东西，但是也写出了一些生命被塑造的可能。尽管这样的文风变异，重新刷写了女性特殊的生命景观，也标示了铁凝写作思路不同的流动，但铁凝坚持着她的“核”是一直存在的，是从《哦，香雪》开始，到《玫瑰门》里都有着支撑她写作的不变的“底色”——即在变与不变之中去追寻一种永恒的东西，维持着爱，给人世间带来温暖[③]。

由于铁凝努力要求自己在面对女性题材时，能摆脱纯粹女性的目光，让写作的灵魂自由奔腾，因此，铁凝创作风格的转变令人瞩目。她的作品图像是这样约化呈现着：清纯洁净的“香雪时期”(1975—1985)、众声喧哗的“玫瑰门时期”(1986—1996)、探索灵魂的“大浴女时期”(1997—2000)，还有接续着 2006 年的透过历史、窥视“日子的表情”的“笨花”(2006)出版到近期刊出的新作《1956 年的债务》(2010)、《火锅子》(2013)等。随着铁凝作品面向取材手法的多元(例如由乡村到都市、审丑与审美的观照的移动)、内容纵深更趋成熟与宽容(包括欲望的探测与心灵的沉浮)，以及 90 年代初期，中国当代女性文学批评的风起云涌，对《玫瑰门》的研究，也从 80 年代批评视野围绕人物塑造、作品美学风格方面展开，比较注重文学的社会性，到针对铁凝是否持有女性主义或伸张女权主义的旗帜进行了讨论与解读[④]。有些人认为她表现了强烈的现代女性意识，有着典型的女性主义立场。贺绍俊指出：“《玫瑰门》是一部典型的女性写作的成功之作，而且，是一部真正具有女性觉醒意识的作品；更为重要的是，以女性觉醒意识而言，《玫瑰门》是新时期文学以来的第一部长篇小说。这是《玫瑰门》所具备的最重要的文学史意义。”[⑤]于展绥认为“铁凝只是一个在现代外衣包裹下的传统女人”[⑥]。而铁凝自己却说在写作的时候，并没有很鲜明的女性主义立场。因为“文学本质上是一件从人出发的事情，有的时候纯粹的女性作家她会退居第二

---

① 铁凝：《铁凝文集》第 4 卷《玫瑰门·写在卷首》，南京：江苏文艺出版社，1996 年。

② 许志英、丁帆主编：《中国新时期小说主潮》上卷，北京：人民文学出版社，2002 年。

③ 铁凝：《像剪纸一样美艳明净》，北京：人民文学出版社，2006 年，第 209—210 页。

④ 举如 1994 年戴锦华《真纯者的质询——重读铁凝》、王绯《铁凝：——关于小说集〈对面〉》中肯定了铁凝的叙事方式具有极为鲜明的女性写作特征，也对铁凝非女权主义文本进行女权主义批评。1995 年又有易光《愤怒之舞——铁凝小说一解》的翻案，认为戴、王二人的批评是对铁凝的“误读”。

⑤ 贺绍俊：《快乐地游走在“集体写作”之外》，《当代作家评论》2003 年第 3 期。

⑥ 于展绥：《从铁凝、陈染到卫慧：女人在路上 80 年代后期当代小说女性意识流变》，《小说评论》2002 年第 1 期。

位。但当然你本身就是女性,在提性别的时候,你不能说你是一个自然的生理的身份,但是一个作家确实应该有超越你的性别身份的这种意识,或者说希望获得一种更好的能力、更开阔的心胸"①。这位河北作家是以捍卫人类精神健康的创作态度的主张、开拓了的超越性别视角的表达方式以及在颠覆中构建所带来的阅读趣味,扣敲着人类心灵的深处,在派别林立的文坛,获得肯定,进入了文学史②。

本文选取铁凝《玫瑰门》进行研究梳理,主要是以女性主义叙事学的"话语研究模式"为借鉴基础尝试着异于前贤诸作的再展开。顾名思义,"女性主义叙事学"是将女性主义或女性主义文评与经典叙事学(结构主义)结合的产物;前者通常多聚焦于叙事结构的性别政治,后者则属于强调形式主义修辞性的叙事话语的析评③。在 80 年代末和 90 年代初美国出现的两本重要的女性主义叙事学著作——开创者苏珊·兰瑟(Susan S. Lanser)的《虚构的权威》和沃霍尔(Robyn R. Warhol)的《性别化的干预》中一致阐述了"将女性主义文学批评引入对叙事结构的研究"的基本立场。兰瑟主张:"实际上,文学是两种系统的交合之处——既可以从模仿的角度(女性主义的倾向)将文学视为生活的再现,也可以从符号学的角度(叙事学的运用)将文学视为语言的建构。"④是以,女性主义叙事学是修正了经典叙事学忽略社会历史语境(包括性别、种族、阶级等因素)的偏差,并在女性主义批评仅聚焦于故事层,忽略表达层的不足做了补充。对作品的阐释而言,这一"跨学科"批评实践的研究方法为叙事研究领域发展提供了新的视角及方法,并证实了叙事学也可以被用于揭示性别差异、性别歧视,成为女性主义批评的有力工具⑤。以下即从文学作品的双重性质进行考察,观察其运用着话语模式的几个特殊形式的表达——包括人物关系的建构、叙述视角的转变、复调

① 《像剪纸一样美艳明净》,第 214 页。

② 盛英主编:《二十世纪中国女性文学史》,天津:天津人民出版社,1995 年,已列出单章节分析了铁凝和她的创作。孔范今编:《二十世纪中国文学史》,济南:山东文艺出版社,1997 年,将铁凝作为河北作家的代表作了简要的综述及作品评价。陈思和主编:《中国当代文学史教程》,上海:复旦大学出版社,2008 年。许志英、丁帆主编:《中国新时期小说主潮》,北京:人民文学出版社,2002 年。孟繁华、程光炜编:《中国当代文学发展史》,北京:人民文学出版社,2004 年。以上著作,都从不同方面肯定了铁凝的文学成就。

③ 《从铁凝、陈染到卫慧:女人在路上 80 年代后期当代小说女性意识流变》,第 276 页。

④ 《从铁凝、陈染到卫慧:女人在路上 80 年代后期当代小说女性意识流变》,第 280 页。

⑤ 《从铁凝、陈染到卫慧:女人在路上 80 年代后期当代小说女性意识流变》,第 277—281 页。

理论的运用、历史语境与"第三性"视角的开拓等，探讨作家通过"声讨"与"想象"所揭示的情欲图绘，形成了独特的荒诞残酷的书写风格，从而对应出其身处不幸命运的历史经验与社会环境所烙印的难以磨灭的文化创伤。

二、话语模式的研究

在区分叙事层次时，"故事(story)"与"话语"(discourse)①极容易产生混淆。法国结构主义叙事学家托铎洛夫在1966年提出这两个概念来区分叙事作品的表达对象与表达形式，亦即前者所涉及的是"叙述了什么"(what)，包含事件、人物、背景等，后者则为"怎么叙述的"(how)，包括各种叙述形式和技巧。而女性主义叙事学的作品分析基本上多聚焦于"话语"研究模式的交流与展开。以下便分从几个面向作一观察，以掌握《玫瑰门》的意义指涉。

(一)人物关系的建构

铁凝以为"关系"在小说中是很重要的一个词。她说："小说反复表现的是人和自己的(包括自己的肉体和自己的精神)的关系，人和他人的关系，人和世界的关系以及这种关系的无限丰富的可能性。"②在《玫瑰门》里，人物关系正是以多层次的网状交织呈现。存在着"一个隔代的人与人的纠缠，中间这代人缺席，或似隐似现，它拉开了一段距离，退远了看，又有纠缠有一定的隔膜，厮守着，这样一种特定的关系"③。其中女性的进退与去留成为小说的主轴，男性角色的塑造或遭挖空，位置退到边缘。她们看待生活、检视传统的态度，有的"站出来"，有的"怎么着都行"，有的"什么也不为"、有的"笑而不答"，有的认为"活该这样"，有的"爱之欲其死"，有的"恨之欲其生"；她们的觉醒从自我的身体出发，并以之成为欲望的载体进行斗争——从报复矫正牺牲，以背叛交换自由，自困境破茧而出，一路打进压制女性的历史，并以赤裸伙同暴力的叙述，颠覆男性话语书写。文本中位居中心的第一代司猗纹顽强/昂然的贯彻着这样的生存意志，她的一生贯穿全书，围绕着的男性角色们：包括公公、丈夫(庄绍检)、初恋情人华致远、朱吉开、

① 申丹、韩加明、王丽亚：《英美小说叙事理论研究》，北京：北京大学出版社，2005年，第13—14页。

② 《像剪纸一样美艳明净》，第189页。

③ 《像剪纸一样美艳明净》，第213页。

达先生、儿子庄坦;以及女性角色们:小姑(姑爸)、儿女、妹妹(姨婆)、儿媳(竹西)、外孙女(苏眉)、罗大妈,彼此交互错综着伦理/情欲、合作/敌对、复杂/简单、公开/隐密、看/被看、优势/劣势、宰制/被宰制的变动关系网络。其中第二代竹西(庄坦妻)是以“猎鼠”行动扬起“性自主”的大旗,不但造成庄坦的意外死亡,又牵连出与罗大旗、叶龙北的爱恨纠缠,并时的,罗、叶二人又分别都与“玫瑰春秋”的见证者——第三代外孙女苏眉有着“接触”与“启发”。小说中一再强调着司猗纹与苏眉的“像”[①],苏眉惧怕这种隔代的酷似,却屡屡在克服这种共同中失败,然后又在粉碎了世界再将它完整[②]。“这是谁?”的疑问一直牵连到苏眉的同学马小思(达先生的外孙女)家碰到的顾问——赫然是脑功能萎缩,却永远定格于司猗文的华致远[③]。于是,眉眉的生命历程在玫瑰门中“惊醒”、“成长”、“逃离”、“回看”,结尾处,当苏眉剖腹生产,女婴额头上的新月疤痕一如司猗纹被庄绍检酒瓶击中所留下的伤痕,符码的再现暗示了轮回/再生,是惊心的;其他几个特殊的片面——庄坦的无止尽的打嗝被视为庄绍检对司猗纹的形态与气味的留存,是难堪的;至于姑爸惨遭文革小将假公济私的暴行而吃猫的疯狂,叶龙北行前掐死自己饲养的鸡群的无情、竹西解剖怀孕母鼠的冷漠、姨婆被自己姊姊出卖、遭亲生儿子泼油烫胸的恐怖、最后司猗纹停格于死亡的微笑,这些荒诞残酷的行动/情节充满原欲的恶魔性、私心的阴暗面,建构出你死我活——最亲密等于最敌对的人类关系,而一切关系又都制约于“命运”[④],令人战栗。在《玫瑰门》中,铁凝处理这些人物关系的系联时,除了使用情节的忆述铺陈,更采用了一种十分简洁、甚至刻意复迭的对话形成戏剧性的话语展示了人类关系的“复杂”。举如:苏眉、竹西“处理司猗纹”之后的对话[⑤]:

> “也许你是对的。”竹西对苏眉说。
>
> “也许你是对的。”苏眉对竹西说。
>
> “你完成了一件医学界、法学界尚在争论中的事。”
>
> “你完成了一个儿媳和大夫的双重身份的任务。”
>
> ………
>
> “你爱她吗?”竹西问苏眉。

---

① 《玫瑰门》,第 401—403 页。

② 《玫瑰门》,第 265 页。

③ 《玫瑰门》,第 459 页。

④ 《像剪纸一样美艳明净》,第 250 页。

⑤ 《玫瑰门》,第 513—514 页。

“我爱。”苏眉答。

“你爱她吗?”苏眉问竹西。

“不爱。”竹西答。

“所以我比你残忍。”苏眉说。

“所以我比你有耐性。可我没有一丝一毫虚伪。”

“你是说我有……虚伪?”

“不是。从我们见面那天起我就没有这样想过你。今生也不会这么想。我是说你爱她,你才用你的手还给她以微笑。我不爱她,我才用我的手使她的生命在疼痛中延续。”

“你愿意看到这种残忍的延续?”

“假如你认为我给予她生命的延续就是残忍,那么我愿意看到。”

“我是这么想的。”苏眉说。

“我是这么做的。”竹西说。

“我是多么羡慕你。”

“我是多么感谢你!”

从表面上看,这段对话出现两种行为态度:即“爱之欲其死”与“恨之欲其生”,颠覆了常态观点;同时又表达了两种感情倾向:即“爱之欲其死”者“羡慕”“恨之欲其生”者。而“恨之欲其生”者“感谢”“爱之欲其死”者,呈现矛盾的纠结。我们可以感觉到:作家着力于个体与个体间的纵深刻画,交织人与人与世界的图阵,进行多方位的探索。不但揭示了文本话语的复杂,也呈现了人物关系的复杂、与人类的“复杂”。[①]

(二)叙述视角的转变

《玫瑰门》中充满着“复杂”的人物关系与“进攻性”[②]行动情节,已如上述。那么,作者究竟选择着什么观察点切入,如何塑造出功能型的人物去推动情节,以及心理型的人物来审视人性?[③] 众所周知,叙述视角是小说发展的有力环节,女性主义叙事学中除了强调叙事视角所呈现的性别政治,同时关照该视角所体现故事的戏剧性以及叙事者与聚焦人物的对照关系。在这场玫瑰战争中,各种

① 《玫瑰门》,第256—260页。

② 申丹、王丽亚:《西方叙事学:经典与后经典》,北京:北京大学出版社,2010年,第170—171页。

③ 《英美小说叙事理论研究》,第52—55页。

类型包括通过叙事者、特定人物眉眉、司猗纹等的视角被采用着，有时是第一人称，有时是第三人称来推展故事、表达内心思想，这些叙述声音在流动的情节时间与代表性的象征空间里交叉组构了“玫瑰门”里的日夜春秋，形成特殊的形式结构，向读者展示现实人生。以“响勺胡同”中的光阴故事为例，作者运用着一个特殊的手法——大多是通过女主人公苏眉的童年视角和成人视角，跨越过去与现在，总结了人物的经验与回忆，并现着身体与心理反应，建构了女性成长的心路历程。试看以下两段关于“响勺胡同”的空间叙述：

(1)苏眉在响勺胡同里走。眼前闪过那些关着的开着的院门。关着的、开着的门都仿佛是一些说话说累了不愿再说的嘴，那些年，门的话说得也太多了。门不愿说了，胡同里显得很寂静。苏眉觉得眼下的寂静有点怡然自得，她走得也有点怡然自得。她本是带着小时候的印象走进这里的，那时胡同在她心中长远而又高深。现在她觉得原来它并不那么高深，墙很矮路也很短，以至于还没开始走就走到了“勺头”，眼前是那个堂皇的大黑门。黑门大开着，门上有牌子，写着区政协委员会。

她走过了，还得往回走。

婆婆的院门没开也没关，门虚掩着，她一推就进了院。她看见迎门那棵老枣树一点也没有变，那粗糙的树皮、黝黑的树干，那枝杈的交错方向如同十几年前一样。仿佛枣树的不变就是在等眉眉的归来，树愿意把从前的自己留给眉眉。①

(2)灰色胡同永远封闭着自己仿佛世世代代拒绝着世界的注视就像没有门窗的通道。但当你破门而入闯进被它的灰脸所遮挡的院落又发觉门窗太多太多，彼此的注视太多太多。这封闭的注视或者注视的封闭压抑着你怂恿着你，你歪七扭八地成长起来你被惊吓过却从来没有被惊醒过。当你怀着茫然的优越神情步入你的青春岁月时你仍然觉得那胡同里的隐私是你最最恐怖的终生大敌。②

上述第一段引文中苏眉重返胡同，叙述者从苏眉的观察角度出发，这段“往回走”的路，空间淀积着时间，环境与心境相映照，召唤了记忆：“三”个人物（苏眉、眉眉、婆婆）在其中或隐或现。其中“门寂静着像不愿说话的嘴到连带着枣树都有了想法”这一段，表面上似乎搁置了那些逝去的岁月，实际上却深深嘲讽着

---

① 《玫瑰门》，第461—462页。

② 《玫瑰门》，第263—265页。

时代的荒凉。中间穿插以叙述者视角，展现故事中真实的空间，同时又投射着人物的心理活动——是苏眉不愿再提但永远无法忘怀的部分，这个矛盾照看第二段引文“灰色胡同里的成长”：“当你怀着茫然的优越神情步入你的青春岁月时胡同里的隐私是你最最恐怖的终生大敌”，早已预示对峙：这穿梭于时间隧道的对立暗寓赋予了响勺胡同一个极大的空间容量。

再看司猗纹的“一石二鸟”之计：

> (1)至于她为什么非要眉眉先走一步去充当这个马前卒……她并没有多想。
>
> (2)为什么非要假定这个马前卒就是眉眉呢？那分明就是她自己，她不过是让一个自己走在另一个自己的前边，然后让这一前一后的两个自己汇集在一起。那时这个从里到外都力大无比的司猗纹才能去面对那个从里到外都力大无比的宋竹西。一句话，她愿意四只眼睛共同看一个热闹，那热闹就显得更逼真更有趣更具立于不败之地的味道。(3)自己看没意思，没准儿别人还认为你什么也没看见。你也讪。她终归又不是为了竹西这个热闹而来。她为什么专门看儿媳妇的热闹，让眉眉也跟着脸一红一白的。她还是为了那更实际的目的。
>
> (4)有时人为了实现一个目的就得有个垫背的，那么宋竹西就算是个垫背的吧。
>
> (5)你的背也不算不厚实。
>
> (6)司猗纹的真正目的在北屋，真正看热闹的应该是罗大妈。……

这段设计“苏眉‘误打误撞’揭发了竹西与罗大旗的私通让罗大妈难看”的文字包括了叙事者的叙说(1)(6)、评断(4)、司猗纹的内心独白(2)以及自由间接引语(3)(5)等话语技巧，使得叙述具有了层次性。因为与叙述者视角相比，采用人物视角的描写常常更倾向于展现人类的心理活动。而观察的对象可以是真实的空间，也可以是想象的空间。此外，在红彤彤的时代，司猗纹上缴了庄家值钱的家具——麻将桌，又被罗大妈凭了贫农票买回了。一张庄家麻将桌的进进出出，见证了人情物事，召唤着过去的司猗纹，以及她对旧社会(包括自己)的痛恨。铁凝在《玫瑰门》里除了讲述，许多冲突建构于内聚焦和展示的叙事情境，在整篇作品中除了故事外的“叙事者”，也有故事中的人物充当叙述，这时叙述者成了故事中的“主人公”、“目击者”(如眉眉)，“受害者”亦成为“迫害者”(如司猗纹)，是以故事中人物的进场出场俱或仍在历史传统的框架下，但话语层次已然挑战着传统宏大阳性主导的声音。如此戏剧性的场面分别演示个中人物生命不同方式的延续,有利于读者从事更深度的探索。

(三)复调小说理论的运用:

《玫瑰门》中叙述结构的另一个独特点是复调小说理论的运用。根据米哈依尔·米哈依洛维奇·巴赫金(Mikhail Mikhailovich Bakhtin,1895—1975)的“复调小说理论”,复调小说的核心是“自我意识在自我与他者的对话中的形成过程”,同时因为“人的自觉意识永远具有未完成性和不确定性,为了完成自我必须创造一个他者”[①]。是以复调叙述中,并不存在作者的至高无上的统一意识,而是由互不兼容的各种独立意识,各具价值的多重声音所组成[②]。在《玫瑰门》中,偶数篇章的最后一节(即标号逢 5 的小节),都出现苏眉与眉眉各自以第一人称发言的心灵对话,前者是年长的、成熟的、洞察的、真的“我”的“自审”;后者是年轻的、无知的、遮蔽的、“好”的“我”的“自诉”,举如第 5 小节:

> (苏眉)我守着你已经很久很久了眉眉,好像有一百年了。我一直想和你说些什么,告诉你你不知道的一切或者让你把我不知道的一切说出来。你沉默着就使我永远生发着追随你的欲望,我无法说清我是否曾经追上过。……我想起你推过妈的肚子。你说是因为那个肚子太难看其实那是不真实的,这么多年来我一直想告诉你那是不真实的。
>
> (眉眉)你追随我可我常常觉得你对我更多的是窥测,苏眉。我想我恨那个肚子是真实的,要是它不难看为什么我会恨它?我推妈的时候也只是想把它推倒推走推掉。
>
> (苏眉)我一直惊奇你在五岁时就能给自己找出这么真实完美的道理眉眉。你滑过了那最重要的关节重要的不是肚子难看而是你恨它,因为你恨它所以它才难看了。你滑过了最重要的环节你知道那肚子里生长的是什么,你知道那里有个将与你共同存在的生命……假如你成功了你也不会担负法律责任……

这些精神与灵魂的对话形成苏眉与眉眉的分裂论辩——在荒诞与真实中不断地意图拼凑自己内心的完整,正对应了巴赫金谈及复调理论的基本公式:“人物自

---

① 铁凝:《铁凝文集·女人的白夜》,南京:江苏文艺出版社,1996 年,第 12—14 页。

② 刘康:《对话的喧声——巴赫汀文化理论述评》,台北:麦田出版股份有限公司,2005 年,第 261—262 页。

身内心的对话。”[1]而在第35小节，主人公苏眉除了继续与童年眉眉（自己）说话（如：但我总在追赶你就像追赶我自己，也许有一天我能够追上我）之外，苏眉的内心世界还塞满了许多声音：有苏玮的话（很久之后当我听见念初中的小玮回家来平静地说着精子与卵子相遇什么的）、有更衣室老女人的数落（更衣室里的老女人不动声色地收了你们的澡票，但就在你们脱光了衣服的一刹那她突然像抓住了贼一样地喊道：“站住！喂，你们俩！”）、有马小思“胡同里的特产”的谈话（做了母亲的马小思笑着谈起那一幕说那纯粹是胡同里的特产，再也没有比胡同更有利于那些玩意儿展示的场地了）、甚或把他人意识作为内心的一种对立的话语进行对话（这是一种精神眉眉，灵魂常常受着精神的欺骗虽然在生命的长河里灵魂终究会去欺骗精神），而意识认知与价值转述在其中隐然成形，接续下来的一连串“你是在那一夜被惊醒的？”的问句标示了“生命的惊醒使我亲眼看见我的成长”[2]。

“你是在那一夜被惊醒的？在那一夜你走出了那放射着暧昧潜伏着隐私的胡同你成长了？在那一夜你不再怨恨那生命之根的本身？………”

“你是在那一夜被惊醒的？那一夜粉碎了你又完整了你使你想粉碎这世界再将它完整？”

“你是在那一夜被惊醒的？那一夜告诉了你如果这是世界，那就在里面生活吧。”

“你终于走到里面去也可以说你终于走到外边来。面对一扇紧闭的门你可以任意说，世上所有的门都是一种冰冷的拒绝亦是一种妖冶的诱惑。”

在此，铁凝认知着“每个个体都拥有‘视域剩余’，对于自我，必须成为一个他者，即必须通过他者的眼睛来观察自己”[3]。当作家以一个多声部小说和她的读者沟通，一方面展现了外在真实的争议性，也同时指向了内在想象的模棱两可性。是以独特视角呈现了人世的观察——纯洁与邪恶、出卖与忏悔全凭女主人公感知的眼睛铺陈[4]，“她者”的声音诉说，颠覆父权叙述权威。

（四）“第三性”视角的开拓

铁凝写作的突变伴随新时期的女性叙事进程，从持有回归母体、拒绝长大的

---

① 《对话的喧声——巴赫汀文化理论述评》，第263页。

② 《玫瑰门》，第262—266页。

③ 《铁凝文集·女人的白夜》，第22—23页。

④ 《英美小说叙事理论研究》，第215页。

"女儿情结"到承接张爱玲笔下的"彻底人物"曹七巧,演化出《玫瑰门》中的司猗纹类型,她以母性的内在分裂性,颠覆了"母亲神话",面对周遭的变化主动出击、能屈能伸,强悍冷酷的活存下来。铁凝以为:"在中国,并非大多数女性都有解放自己的明确概念,真正奴役和压抑女性心灵的往往也不是男性,恰是女性自身。"所以当她落笔女性,采取了一种"跳出性别赋予的天然的自赏心态",提炼出了一种"第三性"视角——她选择了离开女人中心论以及男女二元对立的思考立场,审视男权文化,也审视女性自身。这样"女性的本相和光彩才会更加可靠。进而你也才有可能对人性、人的欲望和人的本质展开深层的挖掘"[①]。这是一种双向视角的书写(女性视角和男性视角的融合):一方面记录着女性真实的、内在的生存境况的艰难;一方面同时又清醒地叙写了女性的负面表象,对一切人性、人的欲望和人的本质展开深层的挖掘。无疑的,作家这种在女性的普遍历史的空洞化以后,给女性以命名,将女性迁入历史,让女性在历史中活跃起来的探索性的实践[②],冲击了传统的小说叙事模式和鉴赏经验。

以"第三性"视角观看文本中关于老中青三代几个女性的"身体写作"的情节铺排及细节刻画为例:司猗纹的磨难与裂变,与身体的声讨密切相关:新婚之夜。司猗纹的"不洁"的身体被她的丈夫庄绍俭刻意在明如白昼的灯光下羞辱式地摆弄检视,成为"被声讨"的客体[③],而若干年后一个月光、微风的晚上,司猗纹亦以赤裸着身体展现了美的恐怖,"声讨"了她的公公[④]。随之,她由被窥视的卑贱不堪到养成窥视的扭曲的乐趣,周遭人物几乎无一幸免(窥视行为发生在祖孙、婆媳、姊妹等亲人之间、也发生在朋友、邻居、陌生人身上),最后这个顽强的女人瘫在床上,她的身体成了寸草不生的荒地,下体进入坏死溃疡期,再度饱尝被观看的羞辱,仍然要求活着[⑤]。姑爸的身体变装,起因于原性别(阴性)在男权社会中遭到拒斥,从而以消灭自己的性别重新寻找自己的外部特征,册封自己既是姑又是爸,四处猎击着他人的耳道,从事非常态的"骚扰",又极端地宠爱一头男猫大黄,后来大黄偷肉惨遭打死,姑爸意图以完成大黄的完整等同换来自己那彻底的完整——她终于自己亲口吃了大黄,也噎死了自己[⑥]。然而这样的"阳性仿同"、

---

① 《铁凝文集》第4卷《玫瑰门·写在卷首》。

② 《中国新时期小说主潮》,第467页。

③ 《玫瑰门》,第141—143页。

④ 《玫瑰门》,第206—207页。

⑤ 《玫瑰门》,第505—507页。

⑥ 《玫瑰门》,第34—39、43—50、156—167页。

对社会的一种变相的挑衅，却完全失败了——在历史的暴力下，男权使用一根通条再次确认了“她的性别”，昭示着无论在历史传统或现实语境中，女性的无法逃离／拒斥自己的身份性别。竹西的身体释放则与欲望的主导同步，透过了数个环节突围而出：从与庄坦两性关系中打嗝的声音的克服、老虎民间故事中（老虎作为可怕的性暗喻）的改写、诱引大旗与叶龙北的坦荡与自由被视为女性主体／身体欲望的觉醒，正面挑战了以男性为中心的人类文化历史上对女性欲望遮蔽的文化虚构。而苏眉的惊吓与惊醒的成长，亦从身体的认识开展：从帮舅妈竹西洗澡[①]是眉眉一次带有探秘寻幽性质的对女体的直视与赞美——将“撩水洗背”比拟作一条条金色的小溪从欢乐的山直淌而下。如此羞涩惊奇而愉悦的观看体验不仅延展了眉眉与竹西的沟通之路，也开启了眉眉认识自我身体的启蒙之门——包括 12 岁那个特别玫瑰的春天，苏眉感应着肉体的觉醒和女性生命意识的萌动；继之，从工厂浴室里面裸体穿过众多女性眼光的注视——尤以面对老女人扫射自我女体的刻毒眼光中的狼狈不堪[②]，还有眉眉尝试着挣脱酷似婆婆的自己对自己的观察[③]，以及成为画家后，通过穿衣镜中不厌其烦地凝视赤身裸体的激动／落落大方[④]。这些司猗纹、竹西、苏眉的“被看与看”，是既属于女主人公文本，又不仅限于女主人公的文本，而经由她们的视觉观察（对自我生命的期盼）与超越性的他人眼光的阐释（对人类生命的礼赞与矫正）扩大了小说故事的话语能量。从女性主义叙事学的角度分析，当叙事视角（聚焦者）是女性，不同于女性主义批评通常以作为凝视对象的女性人物是受压迫的标志，女性主义叙事学批评家更着眼于其观察过程如何体现女性经验和重申女性主体意识，其中眉眉自己的眼光与故事外读者的凝视合而为一，而不必隐密；而竹西的随性与自然，犯规中带着一种故意地被发现；这是历来经由男性眼光审视女体的成规的悖离。而司猗纹更是在通过特殊的历史场景，现实社会环境的多重压迫：包括性别秩序的围困、时代创伤、感情空缺、生理压抑甚至女性世界内部的互相倾轧中翻身，“站出来”、凭着斗争杀出血路、发展了她的极限，而不必尽善；此即淡化／隐蔽了女性意识。如此，《玫瑰门》跨越了男性或女性的范畴／定见，真实而彻底地解构二元对立（或曰双重平衡）：游移在外在表象／内在价值、精英型理念/颓废式欲望、正统书写/犯规书写、窥看／被窥看、公开／隐密、沉默/躁动，进行欲望

---

① 《玫瑰门》，第 106—109 页。

② 《玫瑰门》，第 264 页。

③ 《玫瑰门》，第 403 页。

④ 《玫瑰门》，第 456 页。

的探索、人性的深度的勘测,超越了单一性别的限制。

三、结　论

通过女性主义叙事学的话语研究为基础①,观察铁凝《玫瑰门》,可以发现作家建构了以下几种权威虚构话语:一个以女性社群存在为前提的生活空间(如"响勺胡同"——可以分别是司猗纹、罗大妈、竹西、苏眉或姑爸的),并制定出她们能借以活跃期间的"定率"权威;重新定义了女性气质的权威;以及形成某种以女性身体为形式的女性主体的书写。在这阶段的女性描写中,前者重拾形式主义结构学所忽略的以女性之声为前提的话语与故事相互制约的关系,后二者则不仅限于女性主义所强调的女性作家如何抵制权威,复考察了偏离规约的小说中叙述权威得以生存的不同方式:是真实的叙写女性的生存方式、生存状态和生命过程,在包容这个道德系统的同时又有着对这个系统的清醒的批判意识中,标示了女性自我觉醒、自我建构。同时作家在写作的时候,穿越人生的经历,关合着时代、社会及接轨历史的使命,将笔触深入到女性生命的隐秘层次,将女性在现实生活中困窘、被扭曲甚至变态的一面冷峻地挖掘了出来。因而,这部"女人的小说"关注的不仅仅是社会的性别歧视和不公正,而是经由女性地位的放置以及女性命运的探寻做深度的检视,并针对她们的生存状态和中国社会及其文化对女性的精神束缚与毒害进行了反省和批判。②

同时,铁凝在《玫瑰门》中展现了最有效的叙事方式,她将叙述者、受述者和所述对象亦如故事剧情般视为权力斗争关系,是从性别的角度展示了人性的复杂,同时开展女性身体的叙述以及对女性性心理的剖析(包括视觉的观察和阐释),女性的眼光成为话语的中心和受述者(无论是公开的或私下的)交流的手

① 《从铁凝、陈染到卫慧:女人在路上 80 年代后期当代小说女性意识流变》,第 208—210 页。

② 《当代西方文艺理论》,第 26 页。

段，男性在小说的疆界里被驱逐、压抑、弱化。在这种‘花木兰式境遇’[①]的女性写作里，“她不曾表达对男性的崇高与拯救，所以她也不必表达对男人的失望与苛求……在不期然之间，铁凝完成了将女性写作由控诉社会到对女性自我的质询、解构自我的深化”[②]。耐人寻味的还有小说的结尾，写苏眉的生产——似乎宣告女主人公的成长梦魇结束，终将开启新的命运之门，故事从打结迈向解结。未料“新生女婴的月牙伤痕浮出、苏伟将狗狗结扎、苏眉想给她的女儿取名狗狗”的线索埋入、复以“她爱她吗”问句阖书。铁凝在此悬置叙事线条，暗示着“故事”并未真正的终结，意义放空，而话语仍将继续。

铁凝说：“当我写作长篇小说的时候，我常常想到‘命运’；当我写作中篇小说的时候，我常常想到‘故事’；当我写作短篇小说的时候，我常常想到‘景象’。”[③]她同时认为如果不写出女人的卑鄙、丑陋，反而不能真正展示女人的魅力。所以她的小说看上去对生活是不大恭敬的，那是因为她企望生活能更神圣[④]。然命运充满可以把握和不可捉磨，生命走向充满可知与未知，铁凝的长篇小说《玫瑰门》是从命运、故事、景象、生活与书写魅力各方面上，为新时期女性小说开辟了一个灵魂自审的视域。

---

① 戴锦华观察铁凝、刘索拉、残雪、刘西鸿，方方、池莉等重要作家，发现女作家作品中时隐时现的女性视点与立场的流露，提出了女性写作的“花木兰式境遇”——化妆为超越性别的“人”而写作的追求，在撞击男性文化与写作规范的同时，难免与女性成为文化、话语主体的机会失之交臂，并在有意无意间放弃了女性经验的丰富庞杂及这些经验自身可能构成的对男权文化的颠覆与冲击。参见戴氏著《真淳者的质询——重读铁凝》(《文学评论》1994 年第 3 期)。收入《涉渡之舟新时期中国女性写作与女性文化》，北京：北京大学出版社，2007 年。

② 《涉渡之舟新时期中国女性写作与女性文化》，第 28 页。

③ 《像剪纸一样美艳明净》，第 249—250 页。

④ 《西方叙事学：经典与后经典》，第 205 页。

第四辑　文艺学研究

审美乌托邦:孔孟荀的制度美学思想及其内在困结

程 勇

[摘　要]儒家制度美学是一种以审美制度建构为关注核心、以审美功利主义为基调的美学视野。孔子依据仁学重构了具有审美乌托邦性质的礼乐文明;孟子进而从内在人性层面与外在国家政治层面,为儒家的审美乌托邦提供论证;荀子则以礼法一体的思路,使儒家制度美学具备了从知识话语向意识形态转化的可能。儒家审美乌托邦的实质是对周代礼乐文明的文化改制,儒家制度美学的实质即关于这一文化改制的思想布局与话语表达,是为实现儒家向往的好政治而对审美生活所做的规划。

[关键词]儒家　礼乐文明　制度美学　审美乌托邦　审美功利主义

作为对人类审美生活及其相关问题的思考,儒家美学并非一种具有清晰的边界意识与严密的学问体系的专家之学,亦不在于满足人们的求知欲与理性表达的愿望,而是致力于为个体精神超越与理想社会秩序构建提供行动方案,亦因此决定其生成性、建构性的思路。据此儒家思想的内在视野,儒家美学的精神逻辑与话语建构转化生发自儒学内圣外王的思想结构,内圣发展出以个体精神超越为关注核心、以性与天道相贯通为最高境界的心性美学,外王发展出以审美制度建构为关注核心、以审美功利主义为基调的制度美学。前者铸就了华夏美学仁爱为怀的情感肌质,后者奠定了古代中国审美文化"道一风同"的制度根基,共同维系着华夏民族的审美文化认同,一体两面,不容偏废。与儒家思想的制度化同步,儒家美学对古代中国文艺审美制度建构的积极影响肇始自汉代,儒家制度美学思想逐步转化为王朝国家的美学意识形态,儒家知识人亦因此成为国家美学意识形态的代言人,但在先秦,孔、孟、荀三大师已有深邃的洞见,其所构想并致力实现的礼乐文明秩序的实质是一种审美乌托邦。

一、孔子仁学视域中的审美乌托邦想象

正如罗伯特·P.克雷默正确指出的，儒家致力于“保存并传下古代传统；在变动不定的世界秩序中检讨这些传统的意义”①。在夏商周三代审美文化传统中，儒家选择了“监于二代，郁郁乎文”(《论语·八佾》)②的西周礼乐，这在某种程度上决定于其与孔子生命境界的相互生成。聂振斌先生指出：“西周的礼乐至少有三种意义或三个层面：第一，在社会政治层面上，它是制度，以此来区分尊卑贵贱的等级和社会地位，礼乐起到法的作用；第二，在人伦关系层面上，它是道德规范的美感形式，以此来区分长幼亲疏的‘差等’，使人养成文明守礼和道德自律的习惯；第三，在人际交往和庆典活动中，它是必不可少的优美仪式。无论作为制度，还是作为规范或作为仪式，其形式都是由美感形式或艺术形式构成的，并以美感愉悦为纽带，把不同的等级、不同的人群联系、调和起来。”③然而这种高尚优雅的审美性的文明/政制何以竟至于陷入“礼崩乐坏”的境地？又如何使其复返于“正”？孔子试图从价值本源入手为其重新奠定基础，遂有儒家仁学的萌蘖与审美乌托邦的想象。

“仁”并非孔子的发明，孔子的伟大贡献在于依据真切的生活经验与深厚的文化经验，从生命的真性情解释“仁”，使其成为诸种德性的核心，遂使发缘于“夷人”之“德性”和“尸方”之“美德”的“仁”转化成为普遍性、人类性的美德④，并以之为文化反思、社会批判、秩序重建的核心观念，儒家的世界观、价值观、美学观即据以开展。践行“仁道”既是“我欲仁，斯仁至矣”(《述而》)之简易而切近的生活原则，也是君子理想的精神境界：“被称为全德之名的仁，不是泛指任何一种精神境界，而是确指最高的境界——天地境界”⑤，还是“泛爱众而亲仁”(《学而》)

---

① 崔瑞德、鲁惟一等：《剑桥中国秦汉史》，北京：中国社会科学出版社，1992年，第802页。

② 本文所引《论语》、《孟子》均出自：北京：中华书局影印清阮元校勘《十三经注疏》本，1980年；所引《荀子》，出自(清)王先谦：《荀子集解》，北京：中华书局，1988年。文献首次出现用全称，其后则只标注篇名。

③ 聂振斌：《儒学与艺术教育》，南京：南京出版社，2006年，第2页。

④ 庞朴：《中国文化十一讲》，北京：中华书局，2008年，第99—106页。

⑤ 冯友兰：《对于孔子所讲的仁的进一步理解和体会》，《孔子诞辰2540周年纪念与学术讨论会论文集》，上海：上海三联书店，1992年，第1005页。

的社会文化理想。据此反思西周礼乐文明/政制,则"人而不仁如礼何？人而不仁如乐何?"(《八佾》)"礼"的秩序原则与"乐"的和谐原则都需以"仁"为价值本源,从中生长出来,方能成其为"礼"、成其为"乐"。故需"损益"周礼以求合乎"道"的理想,所谓"齐一变至于鲁,鲁一变至于道"(《雍也》),而"大道之行也,天下为公。选贤与能,讲信修睦,故人不独亲其亲,不独子其子;使老有所终,壮有所用,幼有所长,矜寡孤独废疾者皆有所养;男有分,女有归"(《礼记·礼运》),关键在于以"仁"为根基,依"仁"释"礼",而能"道之以德,齐之以礼"(《为政》)。经由此种价值转换,宗周礼乐文明体现的"崇德贵民的政治文化、孝弟和亲的伦理文化、文质彬彬的礼乐文化、天民合一的存在信仰、远神近人的人本取向"[①],得到来自于人性、人情、人心深处的动力支撑,礼乐文化亦因此成为新的人文化成之路:"若臧武仲之知,公绰之不欲,卞庄子之勇,冉求之艺,文之以礼乐,亦可以为成人矣。"(《宪问》)

在仁学视域中,礼乐文明/政制具有"身家国天下"的一体性,因为"对于孔子来说,人格的培育与对共同体的责任是相互蕴涵的","政治上的责任和道德上的发展是两个不可分离、相互关联的方面"[②],亦"不以经济关系的维系和'种族—族群'及民族国家的区分和疆域化为基础,而是以'有教无类'的观念形态为中心来呈现人们对世界的认识"[③],造就和谐相敬、"文明以止"(《易·贲·彖辞》)的"天下"秩序。这个秩序以"仁"为精神动源、以"礼"为制度架构、以"德政"为政治理念、以"教化"为实现途径而展开,是"近者悦,远者来"(《子路》)的政治秩序,亦是"和而不同"(《子路》)的文化秩序。它体现为由内向外展开的同心圆结构,其根本功能在于"位育""文质彬彬"(《雍也》)的君子,是将"仁"的境界转化到人生之中,是"仁人"与"仁政"的互动生成。在此世界图景中,"孔子的以德、礼治国,也就是以礼乐教化来治国,旨在恢复、激发、维持人生的意义机制,从性质上就超出了只追求某种利益的因果利害权衡的治国之策"[④],这种对政治运作的诗性理解决定了"政治风俗的理想境界乃是一种审美的境界"[⑤]。

---

① 陈来:《古代宗教与伦理:儒家思想的根源》,北京:生活·读书·新知三联书店,1996年,第16页。

② 郝大维、安乐哲:《汉哲学思维的文化探源》,南京:江苏人民出版社,1999年,163页。

③ 王铭铭:《作为世界图式的"天下"》,《年度学术2004:社会格式》,北京:中国人民大学出版社,2004年,第59页。

④ 张祥龙:《孔子的现象学阐释九讲——礼乐人生与哲理》,上海:华东师范大学出版社,2009年,第288页。

⑤ 叶朗:《中国美学史大纲》,上海:上海人民出版社,1985年,第44页。

这一政治理想的实质是审美乌托邦，意味着其展开图景与实现手段都是审美性的，文艺审美因而被赋予某种根源性质，所谓“不能诗，于礼缪；不能乐，于礼素”(《礼记·仲尼燕居》)，就是要求“以美作为净化人性的手段，以达到合乎礼的要求，而后能立于礼，成于乐”[①]，如此则“礼不再是苦涩的行为标准，它富丽堂皇而文才斐然，它是人的文饰，也是引导人生走向理想境界的桥梁”[②]。文艺审美亦体现为世俗政治/伦理秩序的象征，审美生活秩序的僭越同时亦是政治/伦理秩序的僭越，审美活动的正当性/合法性即决定于“身家国天下”一体性的审美/政治/伦理秩序，故此季氏以八佾舞于庭、三家以《雍》彻，就遭到孔子的严厉批评(《八佾》)。这使得儒家美学一开始就确立了审美功利主义基调，而非如法家和墨家的政治功利主义与实用功利主义的美学观，区别在于儒家要求通过文艺审美内在提升人的精神境界，进而“依靠每个有道德的君子去恢复那失去了的黄金时代的文化”，最终目的乃是“为了在将来可以实现完美”[③]，而不是强调文艺审美直接参与政治运动和道德说教，此诚如宗白华先生所体会：“孔子是为中国社会奠定了‘礼’的生活的。然而孔子更进一步求‘礼’之本。礼之本在仁，在于音乐精神。理想的人格，应该是一个‘音乐的灵魂’。”[④]所以孔子说：“知之者不如好之者，好之者不如乐之者”(《雍也》)，而“‘无利害性’完全可以把德性的道德修养与同样具有内在性的审美修养内在地统一起来，在这个意义上，美育和德育也完全可以是一致的”[⑤]，正是这种美育、德育的一体性使审美教育(礼乐)成为“成人”教育(全人、成其为人)。

既然如此，在“身家国天下”的一体性架构中，通过政治、社会、教育种种制度的设立，对文艺审美的类型、方式与品质进行建设性的规划，就显得十分重要，这种重要性决定于诗性政治的先验性。故此颜渊问“为邦”，孔子曰：“行夏之时，乘殷之辂，服周之冕，乐则《韶》《舞》。放郑声，远佞人。郑声淫，佞人殆”(《卫灵公》)，对前代的审美文化资源不能不有所拣择，而乐教则是治国安邦的基本途径，故曰：“入其国，其教可知也。其为人也，温柔敦厚，《诗》教也……广博易良，《乐》教也……属辞比事，《春秋》教也”(《礼记·经解》)；孔子亦“闵王路废而邪道

---

① 杨向奎：《宗周社会与礼乐文明》，北京：人民出版社，1997 年，第 377 页。

② 《宗周社会与礼乐文明》，第 381 页。

③ 张隆溪：《乌托邦：世俗理念与中国传统》，《中西文化研究十论》，上海：复旦大学出版社，2005 年，第 229 页。

④ 宗白华：《美学与意境》，北京：人民文学出版社，1987 年，第 239—240 页。

⑤ 杜卫：《审美功利主义——中国现代美育理论研究》，北京：人民出版社，2004 年，第 204 页。

兴，于是论次《诗》《书》，修起礼乐”，“三百五篇，孔子皆歌之，以求合《韶》《武》《雅》《颂》之音”[①]，花费极大心力，整理礼乐文化经典，确立文艺审美典范；而“子之武城，闻弦歌之声。夫子莞尔而笑，曰：‘割鸡焉用牛刀？’子游对曰：‘昔者，偃也闻诸夫子曰：君子学道则爱人，小人学道则易使也。’子曰：‘二三子！偃之言是也，前言戏之耳。’”（《阳货》）“这一段话里暗示三种意思：一是弦歌之声即是‘学道’。二是弦歌之声下逮于‘小人’，即下逮于一般百姓。三是弦歌之声可以达到合理的政治要求。这是孔门把它所传承的古代政治理想，在武城这个小地方加以实验，所以孔子显得特别高兴”[②]。在孔子看来，并非所有文艺活动都具有政治上的合法性与道德/审美上的正当性，文艺审美亦非纯然个体性活动，而是事关个人切身利益的社会事业，因此需要通过设立文教/审美制度，这就是“天下主义”的政治/文化体制、《韶》《舞》《雅》《颂》的文艺经典系统、“学道”“成人”的审美教育体系、“学而优则仕”（《子张》）的知识、德性与社会权力的转换机制，实现文艺审美的建制化，鼓励和倡导在精神内涵上合乎仁的要求——“无邪”（《为政》）、具备“中和”的审美品质——“乐而不淫，哀而不伤”、“尽美矣，又尽善也”（《八佾》）、活动方式亦合乎“礼制”规定而不僭妄的文艺审美类型，抵制拒斥如“郑声”之类在情感品质与表现方式方面缺乏节制的文艺审美类型。

二、孟子的仁政构想与审美乌托邦的存在证明

孟子服膺孔子的道德文章，坦言“乃所愿，则学孔子”（《孟子·公孙丑上》），亦具有强烈的道义担当精神与救世热忱：“如欲平治天下，当今之世，舍我其谁也？”（《公孙丑下》）然而如何使天下脱出“率兽而食人”（《梁惠王上》）的无道状况？又如何能在一个普遍混乱的时代建立儒家的理想社会秩序？孔子设计的外推思路如何不至于发生弱化和断裂？孟子依托“性善论”描述了一个“仁政”的理想社会，而这同时亦从内在人性层面与外在国家政治层面为儒家的审美乌托邦提供论证，因为“儒者理想中的社会秩序不是依靠外在的法律约束而是依靠人内在的道德自律意识和外在的礼仪象征仪式维持”[③]，至于审美与此社会秩序则是互为生成的关系。

---

① （汉）司马迁：《史记·儒林列传》，北京：中华书局，1959年，第3115页。

② 徐复观：《中国艺术精神》，沈阳：春风文艺出版社，1987年，第7页。

③ 葛兆光：《中国思想史》（第一卷），上海：复旦大学出版社，1998年，第262页。

儒家审美乌托邦的建立前提，是对人之本性、道德力量、可完善性以及可以通过内在修养达到人性的圆满实现的信念。孔子说“为仁由己”，即包含这一信念，然而对人性本身，孔子只说“性相近也，习相远也”(《阳货》)，孟子则认为善是“人性”所固有与“人心”本然状态：“恻隐之心人皆有之，羞恶之心人皆有之，恭敬之心人皆有之，是非之心人皆有之。恻隐之心，仁也；羞恶之心，义也；恭敬之心，礼也；是非之心，智也。仁义礼智，非由外铄我也，我固有之也”，圣人与常人并无本质差别：“圣人，与我同类者”，而且这种“善性”得自“天”的赋予：“仁义忠信，乐善不倦，此天爵也”(《告子上》)。孟子进而认为，“天”、“性”、“心”具有一体通贯性：“诚者，天之道也；思诚者，人之道也”(《离娄上》)，“天”的本性是“诚”，也就是真实无妄的善，所以人不但具有成为“完人”的内在力量：“有四端于我者，知皆扩而充之矣。若火之始然，泉之始达。苟能充之，足以保四海；苟不充之，不足以事父母”(《公孙丑上》)，而且可由扩充己心之“善端”而体验“天道”流行之诚实无妄，进而使个人精神与宇宙精神融为一体，达到事天、乐天的高妙境界：“尽其心者，知其性也；知其性，则知天矣。存其心，养其性，所以事天也。”能“知性”“知天”，则“万物皆备于我矣。反身而诚，乐莫大焉”(《尽心上》)。这一“天人合德”的自由境界同时也是审美境界，“个体心态感到自身完满无缺，与天地宇宙相通，因而生机畅然。德感不仅内在地规定了自足无待于外的精神意向，而且规定了生命体自显的求乐意向。健动不息的生命力无需再有外在的目的、对象和根据，自身的显发就可以获得恬然自得、盎然机趣的生命流行之乐”①。如此则德性修养就不是道德规范的内在化，而是由此确立自我存在、敞开世界之意义的途径，而由“乐感”的萌发使“道德”与“审美”相通，就为儒家的审美功利主义奠定了心理学基础。

理想的政治即依据“天”、“性”、“心”的一体通贯性展开，“天下之本在国，国之本在家，家之本在身”(《离娄上》)。既然人皆具有内在的可完善性，则国家制度设立的根本目的即在激发、呵护、引导、培育人的善性，亦即实现人的道德的完善：“人之有道也，饱食暖衣，逸居而无教，则近于禽兽。圣人有忧之，使契为司徒，教以人伦：父子有亲，君臣有义，夫妇有别，长幼有序，朋友有信。”(《滕文公上》)因而“国家的存在是因为它应当存在”，起源于人伦的“国家是一个道德的组织，国家的元首必须是道德的领袖”②，所以理想的政治也就必然是由“圣王”推行的“仁政”、“王道”：“以力假仁者霸……以德行仁者王……以力服人者，非心服

---

① 刘小枫：《拯救与逍遥》，上海：上海三联书店，2001年，第144—145页。

② 冯友兰：《中国哲学简史》，北京：北京大学出版社，1996年，第64页。

也，力不赡也。以德服人者，中心悦而诚服也”（《公孙丑上》）。能否施行“仁政”是国家兴衰存亡的根本：“三代之得天下也以仁，其失天下也以不仁，国之所以废兴存亡者亦然”（《离娄上》），而推行“王道”乃是合乎人性的必然：“先王有不忍人之心，斯有不忍人之政矣。以不忍人之心，行不忍人之政，治天下可运之于掌上”（《公孙丑上》），并无奥妙，易如反掌，只需王者“善推其所为”，“老吾老以及人之老，幼吾幼以及人之幼”（《梁惠王上》），“所欲与之聚之，所恶勿施尔也”（《离娄上》），如此则“乐民之乐者，民亦乐其乐；忧民之忧者，民亦忧其忧。乐以天下，忧以天下，然而不王者，未之有也”（《梁惠王下》）。由“圣王”推动的“仁政”的结果是人人丰衣足食而能尽其人伦义务与责任的“和谐社会”，而尽“伦”亦即尽“性”，因而“仁政”乃是人人都能充分实现和发展其“善端”的政治，国家则必然是“仁政”与“仁人”互动生成的机制，因为外在的“仁政”与内在的“善性”存在一体通贯性。

在“仁政”的制度构想中，文艺审美乃是重要的建构力量。《尽心上》说：“仁言不如仁声之入人深也，善政不如善教之得民也。善政民畏之，善教民爱之。善政得民财，善教得民心。”赵歧解释说：“仁言，政教法度之言也；仁声，乐声雅颂也。”则“善教”也就是“乐声雅颂”的礼乐教化：“仁之实，事亲是也；义之实，从兄是也……乐之实，乐斯二者，乐则生矣，生则恶可已矣，恶可已则不知足之蹈之，手之舞之。”（《离娄上》）这种“乐”并不需要也不指向外在对象，亦非单纯生理感官享受，而是由于对“仁义”的悦慕因而同时亦是对自我价值的肯定而引发的内在体验，作为人生的意义机制，这一内在体验是审美体验与道德体验的同体，并先于二者的分化。至于何以“仁声”可以为“教”，则从人性论而言，人心皆具“善端”：“口之于味也，有同耆焉；耳之于声也，有同听焉；目之于色也，有同美焉。至于心，独无所同然乎？心之所同然者何也？谓理也，义也。圣人先得我心之所同然耳。故理义之悦我心，犹刍豢之悦我口。”（《告子上》）从国家论而言，既然国家存在的根本意义在于充分实现和发展人心所具之“善端”，则设立文教/审美制度以激发“善性”、存养“人心”，所谓“求其放心”（《告子上》），也就是能使国民心悦诚服的合理性的政略，而“得其心，斯得民矣”（《离娄上》）。孟子更依据“性善论”与“仁政论”，认为“今之乐犹古之乐”，王者应当“与民同乐”（《梁惠王下》），而这正是“圣王”意识的当代体现：“古之人与民偕乐，故能乐也”（《梁惠王上》）。这一思想看来超逸出孔子“放郑声”的规制，但孟子同样排斥“淫”“乱”失度、不合“仁义”原则的文艺审美活动，所以称述孔子“恶郑声，恐其乱乐”之论，并说“君子反经”，以为“经正则庶民兴，庶民兴，斯无邪慝矣”（《尽心下》），若此则“今乐”“古乐”之辩的真实意义在于强调“评价音乐高下应看音乐本身，不在其时代的今古或其他”[①]，因而是从儒家思想内在视野出发而在“新乐”勃兴的战国时代要求重建儒家礼乐秩序。这就明确了儒家审美乌托邦建构的两条思路，一条是自上而下的“仁声”之“教”，意在通过文艺审美而“己欲立而立人，己欲达而达人”（《论语·雍也》）；一条是自下而上的“与民同乐”，意在通过文艺审美而“汎爱众而亲仁”，最终都服务于实现审美性的政治风俗境界。

然则由谁来担承文艺审美的制度建构？谁是儒家审美乌托邦的守护人？尽管审美的实质是由悦慕“仁义”而生发之内在且具有超越性的存在体验，凡人皆具“恻隐羞恶恭敬是非之心”，故从逻辑上说均有同质的审美判断的精神能力，又具有相同的审美感官，但孟子以为“无恒产而有恒心者，惟士为能”（《梁惠王下》），“人之所以异于禽兽者几希，庶民去之，君子存之”（《离娄下》），“王子垫问曰：士何事？孟子曰：尚志。曰：何谓尚志？曰：仁义而已矣”（《尽心上》），则唯有以“道”自任的儒家知识精英“能够超越个人的工作岗位（职事）和生活条件的限制而以整个文化秩序为关怀的对象”[②]；另一方面，尽管王侯握有实际的政治权柄，但孟子说：“古之贤王好善而忘势，古之贤士何独不然？乐其道而忘人之势，故王公不致敬尽礼，则不得亟见之。见且由不得亟，而况得而臣之乎？”（《尽心上》）故“以位，则子君也，我臣也，何敢与君友也？以德，则子事我者也，奚可以与我友？”（《万章下》引子思语）则唯有以“道”自任的儒家知识精英握有“道”的权威，是“道”的承担者，因而理所当然地成为儒家制度美学思想的承载者与贯彻者，若此则必须转换“政统”中的“君臣”关系为“道统”中的“师弟”关系，以“王者师”的身份实现“德”与“位”的配合。在战国政统与道统日趋分途之时，这一自我身份认同与制度构想的意义不仅在于“试图在权力与道德、知识之间建立一个制约圈。君主的权力在现实生活中是至上的，但道德、知识在观念范围内又高于权力，从而给权力以制约”[③]，而且也试图建立“修学”“德行”与社会权力的转换机制，如此则知识精英依据儒家制度美学思想设计国家文教/审美制度、精神价值秩序，并据此规范社会审美文化品质，也就具有道义正当性与实践可能性。

---

① 顾易生、蒋凡：《中国文学批评通史·先秦两汉卷》，上海：上海古籍出版社，1996年，第110页。

② 余英时：《士与中国文化》，上海：上海人民出版社，1987年，第9页。

③ 刘泽华等：《中国古代政治思想史》，天津：南开大学出版社，1992年，第83页。

三、荀子的礼法一体与审美乌托邦的定型

尽管孔孟已经朦胧意识到"宗教思想、道德思想、实践思想、美学思想也必须由强有力的社会集团承载，才能产生强大的社会作用。必须有人尊崇这些思想，鼓吹这些思想，捍卫这些思想，贯彻这些思想。要想在社会中不仅找到其在精神上的存在，而且找到其在物质上的存在，就必须将这些思想制度化"[①]，然而诚如《韩非子·显学》批评儒者"不善今之所以为治"、"不审官法之事"，孔孟的精神气质及其所处时代的基本问题使其对于行政的技术意义少有切实关注，这就使其审美乌托邦的想象难以转化为切实的行动方案。与其不同，"对于发展之中的君主专制和官僚政治，荀子是作为必须接受的前提和应促其完善的事物来看待的"[②]，故荀子倡言"性恶"而尊"君"重"势"、"王""霸"兼采、"礼""法"兼综，"表现为由'礼'到'法'的学术流变的中心一环，表现为集权主义的拥护者"[③]，使儒家制度美学具备了从知识话语向意识形态转化的可能。

荀子的思想以礼为核心，将礼视作"圣人化性而起伪"(《荀子·性恶》)的伟大创造、天地自然和社会运行的共同法则、修身行事治国的根本纲领，表现出对于兼容制度、文化、风俗的周代礼治的整体继承。同时又因应社会分化和政治官僚化的时势，详论兵刑钱谷、考课铨选等制度，其精深严密颇有类于法家，但法家是将实现官僚机器的精密高效作为至上目标，而荀子始终坚持道义对社会的整合、对政治的指导，故说"礼义生而制法度"(《性恶》)，其理想的政治图景依然是以"仁义"为价值理念而由"圣王"担当的"王道"的开展："非圣人莫之能王"(《正论》)，"王者先仁而后礼"(《大略》)，"挈国以呼礼义而无以害之，行一不义、杀一无罪而得天下，仁者不为也"，"故用国者，义立而王，信立而霸，权谋立而亡"(《王霸》)，试图以道义扭转充盈天下的"霸道"："今亦以天下之显诸侯诚义乎志意，加义乎法则度量，箸之以政事，案申重之以贵贱杀生，使袭然终始犹一"(《王霸》)，使其向上升进至"王道"的境界："四海之内若一家"，"天之所覆，地之所载，莫不尽其美、致其用"，"万物皆得其宜，六畜皆得其长，群生皆得其命"(《王制》)，这是一个"大一统"的雄大伟美的境界，其乌托邦性质昭然若揭。而要达此境界，文艺

---

① 克利福德·格尔兹：《文化的解释》，上海：上海人民出版社，1999年，第359页。

② 阎步克：《士大夫政治演生史稿》，北京：北京大学出版社，1998年，第196页。

③ 侯外庐、赵纪彬、杜国庠：《中国思想通史》，北京：人民出版社，1957年，第530页。

审美维系社会、统合人心的建构功能不容小觑："乐在宗庙之中，君臣上下同听之，则莫不和敬；闺门之内，父子兄弟同听之，则莫不和亲；乡里族长之中，长少同听之，则莫不和顺"，使"耳目聪明，血气和平，移风易俗，天下皆宁，莫善于乐"（《乐论》）。荀子最高的政治风俗境界依然是基于西周礼乐文明而复古开新的审美乌托邦。

这种对理想社会的认同不悖儒家大旨，但孔孟强调其作为"仁人"与"仁政"的互动生成性质，而文艺审美旨在恢复、激发和维持内在于人性的生命意义机制。荀子则对人性的阴暗面有更多的体认，尽管对人体现至善、成为"完人"仍有充分信念，所谓"涂之人百姓，积善而全尽，谓之圣人"（《儒效》），因其"皆有可以知仁义法正之质，皆有可以能仁义法正之具"（《性恶》），但"谓人之性恶，乃谓人性中本无善端。非但无善端，且有恶端"①，"现实生命是昏暗的、是陷溺的，需要净化、需要提升"②，文艺审美就是要以"礼义"即真实的价值净化、转化感性情欲的原始生命："雕琢刻镂黼黻文章，所以养目也；钟鼓管磬琴瑟竽笙，所以养耳也"（《礼论》），"为之雕琢刻镂黼黻文章，使足以辨贵贱而已，不求其观；为之钟鼓管磬琴瑟竽笙，使足以辨吉凶、合欢、定和而已，不求其余"（《富国》），使情欲与理性和谐，"由此道德理性的生命，以担承自己，担承人类的命运"③。这一转化之所以无比重要，是因为"人无礼则不生，事无礼则不成，国家无礼则不宁"（《修身》），而"礼"并不能从人的本性中生长出来，"无伪，则性不能自美"（《礼论》）；这一转化之所以具有可行性，是因为"礼"并不外于人情，而是"称情而立文"（《礼论》），而为"人情之所必不免"的"乐者，所以道乐也。金石丝竹，所以道德也"，"乐行而志清"，"穷本极变，乐之情也"（《乐论》），文艺审美源自人的心理需要，亦能深入触动、深刻改变人的心性。

这种强调文艺审美是包含情性的"心"的修养的审美功利主义思路，充分表明荀子的儒家立场，但基于对人性阴暗面的体察，荀子更看重"礼义"的规范性与刚性，因而也就更重视文艺审美的制度建构。在荀子看来，求美求愉悦是人的本性："目好色，耳好声，口好味，骨体肤理好愉佚，是皆生于人之情性者也，感而自然，不待事而后生之"（《性恶》），耳目感官亦具有天然的审美感知能力与分辨能力："目辨白黑美恶，耳辨音声清浊，口辨酸咸甘苦，鼻辨芬芳腥臊，骨体肤理辨寒暑疾养，是又人之所常生而有也，是无待而然者"（《荣辱》），但并非由此发展出来

---

① 冯友兰：《中国哲学史》，上海：华东师范大学出版社，2000 年，第 218 页。

② 张灏：《幽暗意识与民主传统》，北京：新星出版社，2006 年，第 34 页。

③ 徐复观：《谈礼乐》，《徐复观文集》第二卷，武汉：湖北人民出版社，2002 年，第 97 页。

的所有文艺审美活动都具有正当性,因为“乐则不能无形,形而不为道,则不能无乱”,“以欲忘道,则惑而不乐”(《乐论》),自然欲望得到满足而产生的快感并不是真正的快乐。文艺审美接受不但有情欲所向善恶之别:“妖冶之容,郑、卫之音,使人之心淫;绅、端、章甫,舞《韶》歌《武》,使人之心庄”,亦有精神趋向高下之分:“君子乐得其道,小人乐得其欲”(《乐论》),因而不能不作拣择。然而,正如人性“本恶”不能发展出对于“礼”的自觉自主的追求,文艺审美的正当性诉求亦不能建基于人的心灵自觉,而必须借助政治、教育、社会制度的规范。尽管荀子依然坚持儒家“天下主义”的制度文化理念,将“天下”视为较“国家”更高的政治/文化单位,“国家”的正当性决定于“天下”:“用国者,得百姓之力者富,得百姓之死者强,得百姓之誉者荣。三得者具而天下归之,三得者亡而天下去之。天下归之之谓王,天下去之之谓亡”(《王霸》),因而“夺之者可以有国,而不可以有天下;窃可以得国,而不可以得天下”(《正论》),但在政治策略上不能不给予国家及等位的君主以更多的重视,所谓“国者,天下之制利用也;人主者,天下之利势也”(《王霸》),“无君以制臣,无上以制下,天下害生纵欲”(《富国》),由此发展出以“国家”为思想单位的“国家美学”思路。

荀子强调审美建构对捍卫国家主体性的积极意义,因为文艺审美关乎社会风俗与精神气象的“清浊”“正邪”“顺逆”:“凡奸声感人而逆气应之,逆气成象而乱生焉。正声感人而顺气应之,顺气成象而治生焉”,继而影响国家的“兴衰”“存亡”“强弱”“治乱”:“乐中平则民和而不流,乐肃庄则民齐而不乱,民和齐则兵劲城固,敌国不敢婴也。如是,则百姓莫不安其处,乐其乡,以至足其上矣。……乐姚冶以险,则民流僈鄙贱矣。流僈则乱,鄙贱则争,乱争则兵弱城犯,敌国危之。如是,则百姓不安其处,不乐其乡,不足其上矣”,“故乐者,治人之盛者也”(《乐论》)。这种积极意义的发生有赖于文艺审美所具有的不同于经济调控、法律制裁的功能,所谓“不美不饰之不足以一民也,不富不厚之不足以管下也,不威不强之不足以禁暴胜悍也(《富国》)。按照荀子的“礼治主义”,“天下之公患,乱伤之也”(《富国》),因为“人生而有欲,欲而不得,则不能无求;求而无度量分界,则不能不争。争则乱,乱则穷”,“礼”因此而生,“以养人之欲,给人之求,使欲必不穷乎物,物必不屈于欲”(《礼论》),因而以“礼”为核心理念的经济调控、法律制裁即旨在通过“节欲”的手段以“养欲”,即排除人与人争夺的可能性而实现国家的富裕与社会的安定,这就与国家秩序构成互为生成的关系。文艺审美的目的亦在“养欲”、“节欲”,因而与国家秩序同样存在互为生成的关系,但因其与人情的直接相关性而具有“入人也深,其化人也速”、“其移风易俗易”的优越性,“乐合同”(《乐论》)的功能论只有在国家秩序的诠释语境中才能成立。

从国家层面看待文艺审美，则文艺审美活动应当体现国家意志，而国家意志的体现者是“王”，其作为是确立文艺审美典范，并率先垂范，所谓“制《雅》《颂》之声以道之，使其声足以乐而不流，使其文足以辨而不諰，使其曲直繁省廉肉节奏，足以感动人之善心，使夫邪污之气无由得接”，“以道制欲，则乐而不乱”(《乐论》)。国家亦拥有文艺审美活动的裁断权：“声，则凡非雅声者举废；色，则凡非旧文者举息”(《王制》)，这是因为“民有好恶之情而无喜怒之应”，如对文艺审美的品质类型方式不加裁断，则有堕入乱世的危险。“假如一个政府愚蠢到纵容甚至支持淫邪低俗、粗鄙弱智的审美生活，就几乎是在为亡国亡天下创造条件。庸俗的审美生活使人民弱智化和丑怪化，它所生产的愚民和暴民是乱世之根，这是一种政治自杀”[①]，“其服组，其容妇，其俗淫……其声乐险，其文章匿而采”(《乐论》)正是乱世的征象。而要保证国民审美生活贯彻与体现国家意志，实现文艺审美维护国家秩序的积极功能，需要在分官任职的官僚体制内设立相应的职能部门，如“掌教六诗”的太师有审查文艺合法性之责：“修宪命，审诗商，禁淫声，以时顺修，使夷俗邪音不敢乱雅，太师之事也”，若封建诸侯与地方长官亦有推行监督之责：“劝教化，趋孝弟，以时顺修，使百姓顺命，安乐处乡，乡师之事也”，“论礼乐，正身行，广教化，美风俗，兼覆而调一，辟公之事也。”(《王制》)如此则一国之君与政府官僚就成了文艺审美制度建构的实际承担者，但其正当性仍需限定，荀子的思路仍然是以“天下”规定“国”，以“圣”规定“王”，又通过对“士君子”与“官人百吏”的区别强调“道义等级”与“政治等级”的相合相应：“虽庶人之子孙也，积文学，正身行，能属于礼义，则归之卿相士大夫”(《王制》)，“循乎制度数量然后行，则是官人使吏之事也，不足数于大君子之前”(《王霸》)，“械数者，治之流也……君子者，治之原也”(《君道》)，按其思想的内在逻辑，文艺审美制度建构是一项事关社会道义、人心价值的公共事业，理应由儒家知识精英/官僚承担，所谓“儒者在本朝则美政，在下位则美俗”(《儒效》)，这类被反复申说的命题表明荀子并未放弃儒家的基本文化价值理念，而是以灵活务实的政治理性为实现儒家的审美乌托邦寻求具有可操作性的思路。

---

① 赵汀阳：《坏世界研究：作为第一哲学的政治哲学》，北京：中国人民大学出版社，2009 年，第 109 页。

四、作为理念的审美乌托邦:儒家制度美学思想的内在困结

孔孟荀的上述思想构成了儒家制度美学的基本框架——这些思想也在儒家早期经传中得到呼应或推衍,但他们并未将其思想理论化,因此这一框架是依据其内在思想视野而做出的文化重构。这种重构的好处是可以清晰地解释那些零散的思想观念的内在联系,同时也可能实现某些特指命题的形式化,因此而更能在思想空间里进行指认审察,亦提供了一个用以观察历史与思想互动情形的结构图。假如我们试图从中寻求智慧,这种重构就是作为解释者的我们所必需的。

儒家审美乌托邦的实质是对周代礼乐文明/政治的文化改制,儒家制度美学的实质亦即关于这一文化改制的思想布局与话语表达,是为实现儒家向往的好政治而对审美生活所做的规划。这决定了儒家制度美学首先是一种"文化美学",这意味着:(1)文艺审美的制度建构是通过制度力量建构一个好的文化生态与文化秩序;(2)因此文艺审美的制度建构必得由先进文化引导并体现文化的先进性——在儒家看来,文质彬彬的周代礼乐文化正是这样一种先进文化;(3)因而文艺审美的存在根据即正当性就在于是否体现先进文化——在儒家看来,周代礼乐文化的先进性并不能因礼坏乐崩的事实而取消,并实现文化的目的。在中国语境中,文化被恰当而智慧地理解为"人文化成"。显然,儒家也十分清楚:"人之为人的显著特征就在于,他脱离了直接性和本能性的东西,而人之所以能脱离直接性和本能性的东西,就在于他的本质具有精神的理性的方面"①,"因此,教化作为向普遍性的提升,乃是人类的一项使命。它要求为了普遍性而舍弃特殊性。但是舍弃特殊性乃是否定性的,即对欲望的限制,以及由此摆脱欲望对象和自由地驾驭欲望对象的客观性"②。而发现文艺审美的教化性——作为"教化"的"礼乐"没有"成人"以外的目的,表明儒家实具有高明的美学智慧。

儒家制度美学同时也是"政治美学",这意味着:(1)文艺审美是要借助政治权力才能使其人文化成(教化)的功能普遍化,这既是因为人民保持"恒心"的困难使然,亦是政治分内的事情——在儒家看来,政治的成功决定于文化的成功;(2)因而"政治"就必得发明出恰当的制度,对文艺审美进行划圈、命名、裁定、规

---

① 伽达默尔:《真理与方法——哲学诠释学的基本特征》,上海:上海译文出版社,1999 年,第 14 页。

② 《真理与方法——哲学诠释学的基本特征》,第 15 页。

范、分配，通过审美教化实现人心的“同化”——在儒家看来，这种“同化”应当被理解为人性舍弃特殊性而向普遍性的提升，进而实现政治认同，由于“得民心者得天下”的政治正当性论证，而民心总是希望得到幸福(乐)，因而好政治几乎必然是审美性的，体现为天下一家、四海升平、其乐融融；(3)并且文艺审美必定是政治性的，文艺审美是政治的文化表征、象征系统，审美秩序与政治秩序是一体的，因而文艺审美的正当性决定于政治。在儒家看来，“只有当人被转化为道德人，才能够达到心之治，而心之治是政之治的根本保证，如果能够解决治心问题，就能够从根本上解决冲突问题。在这个意义上，治心就是根本性的政治问题”，而“乐是用来表现普遍人情从而沟通心灵的方式”。相信“礼乐兴而天下兴”，这是儒家典型的一厢情愿，“不过儒家对审美生活的重视却是天才的政治意识”①。就此而言，儒家的审美乌托邦思想似乎也是一种“审美救世论”。

对儒家制度美学而言，“文化美学”与“政治美学”的逻辑关系是“并且”而非“或者”，保证这一逻辑关系成立的条件是“圣王”理念。“圣人”代表文化领域的最高境界，“王者”代表政治领域的最高境界，因而圣王“身上应该包含圣人所具有的全部美德以及帝王所要做的全部工作”②。二者缺一不可，所谓“虽有其位，苟无其德，不敢作礼乐焉；虽有其德，苟无其位，亦不敢作礼乐焉”，“非天子，不议礼，不制度，不考文”(《礼记·中庸》)，而“圣”之于“王”又具有根本性：“非圣人莫之能王”。这意味着：(1)文艺审美的制度建构涉及文化权力与政治权力，文化权力的正当性基于完美的德性智慧，因而政治权力不能必然地等价转化为文化权力；(2)文艺审美的制度建构既是文化事业，亦是政治事业，审美生活秩序因而同时是文化秩序与政治秩序；(3)文艺审美必得在文化权力与政治权力的互动结构中才能得到理解，文艺审美的正当性亦决定于能否实现文化与政治的良性互动。“圣王”理念暗含着儒家制度美学的方法论，即美学问题必须与文化问题、政治问题合并思考并一起得到解决，“如果这些基本问题不被放在一起来思考的话，就只能产生残缺的世界和生活，而且任何一个事情都难以被恰如其分地理解”③。

显然，儒家制度美学关心的是文艺审美的正当性问题。实际上，这也是儒家“心性美学”的问题意识。这就决定了儒家美学并非“微观美学”，而是“大局观美学”，我们因此可以理解为什么儒家美学没有提供关于文艺审美的细节知识。儒家美学的方法论也决定了在儒家思想内部不可能发展出建基于知识分化的独立

---

① 《坏世界研究：作为第一哲学的政治哲学》，第107—109页。

② 王文亮：《中国圣人论》，北京：中国社会科学出版社，1993年，第217页。

③ 赵汀阳：《没有世界观的世界》，北京：中国人民大学出版社，2003年，第2页。

的美学系统。我们完全可以依据现代学科制知识生产方式,以之为儒家思想的缺陷而批评指责或引以为憾,但不能不承认儒家美学将文艺审美与政治实践、社会生活、个人存在通盘考虑的思想方式是深刻而智慧的。这体现在:既然人生在世无可避免地担负着制度,而政治又是全方位的,那也就不存在自在透明的文艺审美,文艺审美总是在一定制度中建构起来的,文艺审美的生产方式、传播方式、意义生成方式,文艺审美创造的资源利用途径与范围、文艺审美文化功能的发挥以及艺术品经典性质的赋予,都与政治、社会、经济、教育种种制度息息相关,审美主体的审美需要、审美能力、审美意向,审美活动的品质类型、实现方式及程度,均孕育生成于一定政治/审美文化秩序,为特定的审美机制所造就。

以周代礼乐文明/政制为蓝本而创作的审美乌托邦就是儒家理想的政治/审美文化秩序,试图一体化解决美学问题、文化问题、政治问题。因此之故,实现这一审美乌托邦遂成为后世以“华夏国家礼制”传承为在世担当的儒生的精神动力,而经由“道统”与“政统”的博弈——这意味着儒生的妥协与“道义的出让”,儒家制度美学亦由儒家精英的知识话语转变为王朝国家的政治/美学意识形态。尽管如本田成之所说:“儒教即孔、孟的德治政治,在实际甚形困难,但如果一般社会,不能彻底地进行于文化的话,到底能不能行这种理想主义实是疑问。这以孔子时代为始,无论怎样的时代,真正儒教的理想主义实行的时代总是没有的”①,但在事实上,儒家的建制化发展使得“上自朝廷的礼仪、典章、国家的组织与法律、社会礼俗,下至族规家法、个人的行为规范”,“凡此自上而下的一切建制之中则都贯注了儒家的原则”②。儒家制度美学的意识形态化不仅“使得中国的政治意识形态和政治运作方式兼容了礼乐与法律、情感与理智”③,具体化为“大一统”的政制类型与文化模式、由“兴废继绝”的“圣王”意识引导建立的国家审美导向机制、由诗文取士制度确立的国家审美文化中心与奖励机制,儒家教育的国家化则实现了审美主体人格的全面建构,经学思维促成了文艺审美意义生成机制及批评模式,经典范型奠定了文艺审美的精神气象及其展开方式,乐府等国家文艺机构的设立实现了对于多元文化的整合与推广;亦造就了古代中国“三分天下”的审美文化图景,此即以“秩序象征”为构型原则的“宫廷审美文化”、以“道义担当”为内源动力的“士林审美文化”、以“天下同风”为意义规约的“民间审美文

---

① 本田成之:《中国经学史》,上海:上海书店出版社,2001年,第104页。

② 余英时:《现代儒学的回顾与展望》,北京:生活·读书·新知三联书店,2004年,第178页。

③ 《中国思想史》(第一卷),第378页。

化”，铸造了中华民族的审美心性及建基于此的审美文化认同。审美性的中华文化继继绳绳，历经战乱而不曾断裂，实有赖于儒家制度美学的理论与实践。

儒家的制度美学思想体现出超前智慧与高明气象，然亦有其内在困结，而这意味着一种结构性的思想症结：(1)儒家试图把美学问题与文化问题、政治问题合并思考并一起解决，这种关系存在论的知识论在提供“大局观”的同时，也可能造成对细节知识的疏略与轻蔑，使美学生活、文化实践、政治运作都不能得到充分发展，而这又会反过来影响问题的最后解决，这很有可能使儒家的审美乌托邦失去创造的活力与感召力；(2)儒家制度美学是一种审美功利主义，因为“德性”作为包含着“性情”的“心”的修养在内在性与无功利性上与审美是相通的，人、己、物、我、天之间的交流通贯亦以“德性”为纽结，审美、文化、政治都是“德性”的开展或开显，这造就了明朗纯净优雅高尚的古典审美世界，然而制度美学的规范性又必然要求从“道德”走向“伦理”，即通过文艺审美实现人心的“格式化”，而使儒家的审美乌托邦理念变得僵硬枯燥；(3)“圣王”理念寓含着“王者应有圣德”与“圣人应为王者”两方面的崇高期待，是保证儒家制度美学作为文化美学与政治美学合一的关键，然而儒家对社会联结体的独立性缺少足够的重视，只从“血缘性的自然总体”与“人格性的道德总体”立论，因而无法保证实现其崇高期待，儒家制度美学因此可能折断其文化美学一翼，文艺审美的制度建构于是成为清洗过滤思想意识的意识形态机器。既然是结构性的思想症结，则这些困结就不是儒家制度美学自身所能解决，亦可以说，儒家制度美学内部已经潜含着解构力量。这注定了儒家的审美乌托邦只能是一个理念，是一个关于政治、文化与审美的理想模型。

《文心雕龙·养气》篇探析

朱雅琪

[摘　要] 创作论可说是《文心雕龙》一书中十分重要之理论，也是今日众多学者认为最有价值之部分。谈到创作论，一般学者所关注的多是《神思》、《体性》与《风骨》等居前的篇章，对于接近末尾的《养气》则颇有忽视之嫌。然则，《养气》一篇虽为余义，却可补《神思》篇之不足，是了解刘勰整体创作论不可或缺之一环。为了对《养气》篇有所认识，进而深刻地掌握刘勰对养气与创作间之观点，吾人有必要先就“养气”一词进行释义，以明养气本身之义涵。其次，有必要深入《养气》篇，扣紧刘勰行文之本义做一详细的探索，以明了文章之主旨。在此基础下，吾人方能进一步探讨“养气”与“创作”之关系，乃至明了“气”在刘勰创作论体系中之样貌与角色。

[关键词] 文心雕龙　养气　神思　创作论　道家

一、前　言

创作论可说是《文心雕龙》一书中十分重要之理论，也是今日众多学者认为最有价值之部分。谈到创作论，一般学者所关注的多是十九篇中《神思》、《体性》与《风骨》等居前的篇章，对于接近末尾的《养气》则颇有忽视之嫌。然则，《养气》一篇虽为余义，却可补《神思》篇之不足，是了解刘勰整体创作论不可或缺之一环。事实上，位列创作论之首的《神思》篇，在讨论文学创作最重要的条件——想象力问题时，虽曾谈及应借“疏瀹五藏，澡雪精神”以达到“虚静”，进而培养创作文思之观点，然对其中细节与方法则较少着墨，而《养气》一篇正是对此之补遗。可见，若不就《养气》篇作一深刻之探讨，是绝对无法对刘勰创作论有一全面了解的。

诚如篇名所示,《养气》篇全文多环绕在气与养气的问题之上。而"气"之问题,就刘勰创作论乃至整部《文心雕龙》的论述而言,可说是十分重要的部分,例如《神思》、《体性》等篇即不乏对气的论述,历来学者对此亦多所发挥。然则,《神思》与《体性》诸篇虽借"神居胸臆,而志气统其关键;物沿耳目,而辞令管其枢机"、"才力居中,肇自血气;气以实志,志以定言,吐纳英华,莫非性情"等论述,述及了血气与志气连通辞令(辞气)等文章创作之关系,却仍有所不足,只是点到为止。而《养气》一篇,篇幅虽小,却是直接针对为文创作时养气情况之阐述,不仅补述廓清了从血气以迄文气等诸气之关连状况,亦直揭了养气与创作间之重要关系。以此观之,欲明刘勰论气之整体面貌、欲厘清养气与创作间之微妙关系,便不得不对《养气》篇作一深入之探讨。

为了对《养气》篇有一认识,进而深刻地掌握刘勰对养气与创作间之观点,我们有必要先就"养气"一词进行释义,以明养气本身之义涵。其次,有必要深入《养气》篇,扣紧刘勰行文之脉络做一详细的探索,以明了文章之主旨。在此基础下,我们才能进一步探讨"养气"与"创作"之关系,乃至明了"气"在刘勰创作论体系中之样貌与角色。

二、"养气"释义

(一)释"气"

"气"字在甲骨文中原作"三",象云气层迭之状,后为避免与"三"字相混,始改为"气"①。许慎《说文解字》即云:"气,云气也。象形。凡气之属皆从气。"段注曰:"气本云气,引申凡气之偁。象云起之貌。"可见,"气"字原系象云起之貌,指云气,后来凡有云起、氤氲之貌者,皆从"气"以表其形。至于现今用以指涉云气的"气"字,则是假借气廪之"气"字为之,而原来气廪之气则改为"饩"字,成为"饩廪"。

"气"原义虽指天上不断变化之云气,是一种物理性指涉,惟自先秦以降,各家即据此以言人身上之气息、血气、气色或声气等"生理之气"。例如《左传·僖公十五年》即出现"乱气狡愤"之"气",用以指涉的呼吸作用之"气息":

---

① 李孝定:《甲古文字集释》,台北:"中研院"史语所,1965 年,第 158 页。

今乘异产以从戎事，及惧而变，将与人异，乱气狡愤，阴血周作，张脉偾兴，外强中干，进退不可，周旋不能，君必悔之。

《左传·襄公二十一年》则可见到“血气”之辞，意味了血液与气息之结合：

楚子使医视之。复曰：“瘠则甚矣，而血气未动。”

《左传·襄公三十一年》中则可见更具动态感的“声气”：

故君子在位可畏，施舍可爱，进退可度，周旋可则，容止可观，作事可法，德行可象，声气可乐，……谓之有威仪也。

《论语·泰伯》篇所载曾子之语，则可见指涉具有一定条理意义之声音的“辞气”：

鸟之将死，其鸣也哀；人之将死，其言也善。君子所贵乎道者三：动容貌，斯远暴慢矣；正颜色，斯近信矣；出辞气，斯远鄙倍已。

在此同时，除了“生理之气”外，亦出现了将“气”义提升抽象至心灵高度的现象。例如孟子即言“浩然之气”：

我善养吾浩然之气。……其为气也，至大至刚，以直养而无害，则塞于天地之间。其为气也，配义与道；无是，馁矣。是集义之所生者，非义袭而取之也；行有不慊于心，则馁矣！（《孟子·公孙丑上》）

庄子则出现了迥然相异于孟子道德义的“心斋”气义：

若一志，无听之以耳，而听之以心；无听之以心，而听之以气。听止于耳，心止于符。气也者，虚而待物者也。唯道集虚，虚者，心斋也。（《庄子·人间世》）

此后，“气”义更经邹衍等高度抽象化，而出现了诸如“气化宇宙观”等对“气”的各种解释，涵义可谓纷杂多方。依李日刚前辈之研究①，参酌损益其他各家之说法，气义概括而言，可分为五类如下：

1.“物理”之气：“云气”、“气候”等属之。

2.“生理”之气：“气息”、“血气”、“气色”、“声气”、“气力”等属之。

3.“心理”之气：“气志”（或可倒称为“志气”）属之。

4.“性理”之气：指涉心之实质的“气质”、“气分”或“气性”以及指称先天所赋气质的“气禀”等属之。

---

① 李日刚：《文心雕龙“养气”篇题述》，《中华文化复兴月刊》，1982年15卷7期。

5.“辞理”之气：指涉行文气格或风骨的“气骨”，以及指涉笔力或笔势之“气势”属之。

以上“气”义，多数曾出现在刘勰《文心雕龙》一书之中，惟因行文与思想背景之故，有不同之用辞，需小心抽绎，方能大明。依王金凌先生研究，刘勰书中气之意义计有“景物的气势”、“北风”、“风尚”、“声气”、“元气”、“情意”、“个性”、“才能”、“正气”、与“生命力”等十数种①。其中，《养气》篇中之“气”主要则指“元气”(亦即“血气”)而言，详见下文。

(二)释“养气”

“养”字原为“供养”之意，《说文解字》：“养：供养也。从食，羊声”。例如《荀子·礼论》：

> 父能生之，不能养之。(注谓：“哺乳之也。”)

《礼记·郊特牲》：

> 凡食，养阴气也；凡饮，养阳气也。

又《中山经》：

> 霍山有兽焉，名曰朏，朏养之，可以已忧。(注谓：“蓄养之也”)

可见，“养”字，原指“供养”或“畜养”之义，惟后世学者则将其转化引申为“保养”或“培养”之意。徐复观先生更赋予其将生理作用加以“升华”、“转化”为精神之义，养于是成了一种“功夫”②。而刘勰《文心雕龙·养气》篇中所示之“养”，主要为“保养”和“培养”之义。

至于“养气”一词，首见于孟子的“我善养吾浩然之气”，主要指一种纯取之于内心的养气之法。东汉王充《论衡·自纪》篇亦出现有“养气”一词：

> 养气自守，适时则酒，闭明塞聪，爱精自保，适辅服药引导，庶冀性命可延，斯须不老。

在此，“养气”所指与“性命可延，斯须不老”关系密切，与孟子所言“养浩然之气”之“养气”明显不同。而刘勰作《养气》一篇，祖述王充，是以其所谓“养气”所

---

① 王金凌：《论文心雕龙的“气”》，《中外文学》1979年8卷7期。

② 徐复观：《中国文学中的气的问题——文心雕龙风骨篇疏补》，《中国文学论集》，台北：学生书局，1974年，第297—349页。

指亦当如是，是为保养或培养生理血气之意。

三、《养气》篇之篇旨及理论

(一)《养气》篇之写作动机及大旨

刘勰于《文心雕龙·养气》篇开头，即肯定王充制作《养气》之篇，谓其完全根据自身的体验而作，并非凭空捏造：

> 昔王充著述，制养气之篇，验己而作，岂虚造哉！

可见，刘勰阐述道理，是十分注重实际经验的。其对王充之言系“验己而作”的强调，不仅点出了养气之说是有所根据、绝非信口雌黄之言，亦透露了本文旨趣之所在。王充《论衡·自纪》篇云：

> 章和二年，罢州役家居，年渐七十，时可悬舆。仕路隔绝，志穷无如，发白齿落，日月踰迈。贫无供养，志不娱快。历数冉冉，庚辛域际，虽惧终徂，愚犹沛沛，乃作养性之书凡十六篇，养气自守，适时则酒，闭明塞聪，爱精自保，适辅服药引导，庶冀性命可延，斯须不老。

王充于《自纪》篇中所谓“作养性之书凡十六篇”，即刘勰所谓“制养气之篇”，其书今已散佚不传，故详细内容无法得知。然由《自纪》篇之叙述，我们仍可明了：王充由于恐惧己身血气衰老、志气萧索，所以着养性之书，希望借着“养气自守，适时则酒，闭明塞聪，爱精自保”，加上“服药引导”等方法，以达“性命可延，斯须不老”的目的。就此，刘勰想必亦有深刻之体会，亦深得启发，所以会继仲任之后，将其应用在为文写作的道理之上，并写就《养气》一篇，意欲阐明生理血气与心理志气乃至作品文气间一脉相连之关系。刘勰认为，血气和志气是息息相关的，血气健旺，则志气清明；而心理之志气又和作品的文气脱不了干系，志气清明则文气自然流畅。是以，想要志气清明、文气通畅，则首在于保爱精神，使自己的血气健旺。而此，正是刘勰写作本文之动机。

在此基础上，刘勰接着论述了养气对创作的重要性：

> 夫耳目口鼻，生之役也；心虑言辞，神之用也。率志委和，则理融而情畅；钻砺过分，则神疲而气衰；此性情之数也。

他认为创作牵涉了生理与精神两个层面。耳、目、口、鼻可说是生理上所役使的器官;心、虑、言、辞则是精神上运用的工具。作家创作时若能顺应情志、任其自然,即所谓“率志委和”,则义理融通,心情舒畅。反之,若不知顺性而为,不知养气,一味钻研磨砺,超过才分,便会精神疲惫,气力衰颓。就此,刘勰实已揭示了性情表现的必然现象。既知其为必然之道理,则欲通达文思怎可不顺性而为,怎可不知养气之法?于是养气之重要性不言自明。

(二)才士行文养气多异之类属

刘勰在揭示了本篇大旨后,进一步阐述了古今文人才士各种养气之状况与结果。对他来说,文人才士养气之情形是不尽相同的,不管是古今之差或因年岁资质之别,皆有其不同之特点:

1. 养气因时之古今而异

刘勰认为时代古今之差异将会有不同养气的面貌,证之历史,养气之情况可分为如下几个阶段:

(1)适分胸臆的上古、三代

刘勰认为战国之前的时代,是个适应才分、直抒怀抱的时期,包括了辞质的三皇时代、开始注重文采的五帝时代以及文采华丽渐有进展的夏商周三代:

> 夫三皇辞质,心绝于道华;帝世始文,言贵于敷奏;三代春秋,虽沿世弥缛:并适分胸臆,非迁课才外也。

庖牺、女娲、神农的三皇时代以迄夏商周三代,文采虽有进展,人臣奏章也日渐铺陈排比,但皆是恰如其分地表达心中的情志,未尝寻求才力以外的辞藻来勉强加以修饰,“并适分胸臆,非迁课才外也”所指即是。

(2)技诈饰说的战国时代

刘勰认为,三代以降的战国时代,则已非注重“适分胸臆”的时代。相反地,这是一个游士当道,喜用诡诈权谋,处世为文处处讲究修饰说辞的时代:

> 战代技诈,攻奇饰说。

(3)鬻采虑竭的汉世迄今

汉世以降以迄于《文心雕龙》成书的齐梁之际,就刘勰的观察而言,乃是个竭尽心思,卖弄文采,辞藻竞相翻新,争奇斗艳的时代:

> 汉世迄今,辞务日新,争光鬻采,虑亦竭矣。

正因为如此卖弄文采,自然落入了肠枯思竭、神形疲累之状况。

刘勰历数各代养气之不同情况，实更有其深刻的寓意。对他而言，上古三代无疑是最善养气之道、著书立说能优游安闲、进而自然地表现文采的时代。而后世则是个较不懂养气之道的时代，过分强求的结果，不但是创作时易生困顿使精神劳苦，文辞也显得浇薄。是以其说道：

> 故淳言以比浇辞，文质悬乎千载；率志以方竭情，劳逸差于万里；古人所以余裕，后进所以莫遑也。

透过了对古代与今世几个阶段不管在语词、意志、与精神状态的比较，刘勰明示了养气因时代所造成之差异，以及殷鉴之道。

2. 养气因人之年岁、资质而异

养气除了因时代而异外，亦因人之年岁、资质而有区别。一般说来，年轻人见识肤浅而精力旺盛；年长者见识精确而气力衰颓。故刘勰说道：

> 凡童少鉴浅而志盛，长艾识坚而气衰。

他更进一步指出：

> 志盛者思锐以胜劳，气衰者虑密以伤神。

他认为精力旺盛者思考敏锐，是以足堪胜任繁劳之务；气力衰竭者虽然思虑周密，但却容易损伤精神。这都是因为人的神气受到资质、年岁影响所致："斯实中人之常资，岁时之大较也"。由此可见，作者为文哪能不知晓年岁资质对气血神思之影响，而做好养气之功夫。

(三)不养气之害

刘勰于阐述作家行文养气之多异、以明气之当养后，进一步说明了不养气之原因及其害处：

> 若夫器分有限，智用无涯，或惭凫企鹤，沥辞镌思，于是精气内销，有似尾闾之泄；神志外伤，同乎牛山之伐；怛惕之成疾，亦可推矣。

作家行文若不知或不注重养气，结果便会有内在精力日渐消耗、外在神志受到斲伤以至于因忧伤劳瘁而成疾病等害处。然而，为何会如此呢？刘勰指出这乃是不知自身才分智识有限之故。他认为一般作家，容易痛恨自己才智短浅，而羡慕他人才识高深，于是，往往竭力洗练文辞，刻划情思，欲尽所有心血以期文章之有成。殊不知，人之器识才分有一定限度，而智慧之运用却又无穷无尽，往往不是凭着辛勤，文采即可焕然。过度的钻砺有时反而适得其反，只弄得心神疲累而无所得，所以应当明了知所节制的道理。

在此认知下，他进一步举了历史上王充与曹褒二个典型之例，以明不养气之害。观诸史籍所载：

> 王充贫无书，往市中省所卖书，一见便忆，门墙屋柱，皆施笔砚，而著《论衡》。（《北堂书钞·著述》篇引谢承《后汉书》）

又言：

> 褒字叔通，博雅疏通，常恨朝廷制度未备，慕叔孙通为汉礼仪，昼夜研精，沈吟专思，寝则怀抱笔札，行则诵习文书，当其念至，望所之适。（《后汉书·曹褒传》）

由此可知，两者皆是经年累月地消耗心思，日夜不分地煎熬肝胆，钻研过分、未能慎于养气的典型，是以刘勰说道：

> 至如仲任置砚以综述，叔通怀笔以专业，既暄之以岁序，又煎之以日时。

如此看来，曹操担忧写文章会伤害性命，陆云慨叹用心思容易困顿精神，便非无稽之谈了："是以曹公惧为文之伤命，陆云叹用思之困神，非虚谈也！"

(四)以"节宣"为本的养气之法

除揭示养气行文之大旨、养气因时代、年岁与资质而异以及不养气之害外，刘勰更详细论及养气之法，为作者达到虚静之境界，以利行文提供了具体之途径。首先，他区分了进修学业与写作文章之情形，认为两者具有不同之方法：

> 夫学业在勤，故有锥股自厉。至于文也，则申写郁滞，故宜从容率情，优柔适会。

学业的进修，须要勤勉苦读，但写作文章是要抒发内心抑郁之情，所以应该从容不迫地顺应情感，优游自在地适应际会。因而写作时若无灵感，却要勉力为之，则会违反自然之理；神志不清时，却一再思虑，恐怕会愈趋糊涂。是以刘勰说道：

> 若销铄精胆，蹙迫和气，秉牍以驱龄，洒翰以发性，岂圣贤之素心，会文之直理哉！且夫思有利钝，时有通塞，沐则心覆，且或反常，神之方昏，再三愈黩。

在此认知下，刘勰进一步采取了道家摄生之精义，详论养气之方法。他认为从事创作首要懂得"节宣"的道理："是以吐纳文艺，务在节宣。"在此前提下，写作

过程中所须注意的事,约可概括为几个原则如下:

1. 清和其心,调畅其气

在"节宣"的大前提下,对思考力的运用既要有节制,又要懂得因势利导,使心地始终保持清明和乐,意气条达舒畅。

2. 烦而即舍,勿使壅滞

条理能畅达固是可喜,但若感觉感觉烦恼,则须马上停止,不使情志有所壅塞阻滞。

3. 意得则舒怀以命笔

写作过程中,如若有幸刚好涌现灵感,就应把握机会尽情纵笔挥洒。

4. 理伏则投笔以卷怀

创作过程中,如果不幸遇到思路不通之时,则应当停止书写,收怀静养,等待灵思的再度出现,千万不可勉强。

换句话说,即是要把握(1)"逍遥以针劳"——以逍遥自在情绪来解除劳累以及(2)"谈笑以药卷"——用言谈欢笑态度来治疗倦怠的两项要领,在安闲的情境中运用笔锋,展露才华,在闲暇之际鼓起勇气,从事创作,刘勰所谓:"常弄闲于才锋,贾余于文勇"即是此意。因为若能以此方式来从事创作,则文气的流畅当如新磨的刀刃,毫无阻碍。毕竟对他来说,以上所述,虽非引导文思的万灵丹,却也是保养文气的有效办法之一。

值得注意的是,刘勰所揭示的这种保养方法,正好可补《神思》篇之不足。盖《神思》篇虽述及了透过"疏瀹五藏,澡雪精神"以达"虚静"之法,但并无进一步之申论,反倒是在《养气》一篇中,不难看到《神思》一篇尚待补述之部分。由此可见,养气与创作间具有密切的关系,值得吾人在下一节中进一步深入地予以探讨。

四、以道家为本的养气说

刘勰《养气》篇主要涉及养气与文学创作间之诸般问题。由于历代以来,有关于气之论述繁多,杂义纷陈,所以近代学者对刘勰"养气"之意义及论述传承每有不同见解。事实上,自从先秦"气"义开始被抽象化以来,论气或养气之学说即纷纷兴起,依庄耀郎先生研究,先后即曾出现了气之道德性论述、气之自然性论述、气之知识性论述以及气之艺术性论述几大支脉[①]。因此，在刘勰以前或同时，引申发展出“养气说”或“文气说”者实不乏其人。例如孟子即曾提出“吾善养我浩然之气”（《孟子·公孙丑上》）的说法，曹丕亦出现有“文以气为主”（《典论·论文》）之文气说。由于学说分歧，学者对其与刘勰《养气》篇所论之关系亦众说纷纭：有的认为养气一说，与儒家有密切之关系，有的则认为源出道家一脉，有的则认为与文气有所渊源，可谓种种说法，莫衷一是。

事实上，刘勰《养气》篇中养气之观点，应较接近道家自然性论述、着重养生之看法。此可分几点论述之：

首先，刘勰于《养气》篇起始，便开宗明义地引述王充曾根据亲身经验制作《养气》篇一事。可见，刘勰对养气之看法与仲任间可能之承传关系。王充所著篇章于今虽已散佚，然从《论衡·自纪》中“养气自守”以迄“斯须不老”等辞句，仍可见到一些与养气有关之讯息。从这些蛛丝马迹以及《论衡》书中相关论述，可知仲任养气之看法主要系秉承道家黄老一脉。例如：“适辅服药引导”，所谓“引导”一术，即《庄子·养生主》所谓的“吹呴呼吸，吐故纳新”之法。《论衡》书中其他篇章，如《自然》、《谴告》、《对作》等，亦屡屡提及“黄老”一词。刘勰养气之作，开头既祖述王充，与道家当有密切渊源。

其二，《文心雕龙·养气》篇中语词之出处，虽散见于先秦以降诸书之中，如“牛山之木”出于《孟子·告子》上；“节宣”与“烦而即舍”典出《左传》；“夫耳目鼻口，生之役也”与“长艾识坚而气衰”则见于《吕氏春秋》；“胎息”一词则出自《后汉书》。然而，《养气》一篇语典还是以出自老庄书中者为最多：例如“心绝于道华”即引自《老子》；“若夫器分有限，智用无涯”、“率志委和”、“水停以鉴”、“惭凫企鹤”、“尾闾”与“刃发如新”则皆语出《庄子》。可见，刘勰养气与老庄思想密不可分之关系。

其三，根据历来学者如纪昀、黄侃与刘永济等之研究，刘勰所以写作《养气》一篇，乃为了补《神思》篇“陶钧文思，贵在虚静”未竟之义。盖刘勰作《神思》一篇，旨在阐扬创作时想象力培养之问题，惟其虽然提出了应当“养心秉术”以达于“虚静”，自然能神旺思敏之道理，然对于心如何方能虚静却甚少着墨。其虽提出了“疏瀹五藏，澡雪精神”之方法，但并未进一步说明五藏该如何疏瀹、精神该如何澡雪？而《养气》一篇适足以补足如此问题。事实上，刘勰所以提出“率志委和”、“优柔适会”、“节宣”、“清和其心，调畅其气”等养气之原则及方法，莫不希望

---

① 庄耀郎：《原气》，《师大国文研究所集刊》第 29 号，台北：台湾师范大学国文研究所，1985 年。

借此有助于作者达到“虚静”之境界。刘勰此一写作企图,从其篇末赞语“玄神宜宝,素气资养。水停以鉴,火静而朗”即可窥知。因为“水停以鉴,火静而朗”两句,所象征的即是虚静的道理。而所谓“虚静”,正是原始道家修养之路线。例如《老子》书中即屡言摄生、致虚守静之理;《庄子》亦有“丧我”、“心斋”、“坐忘”之主张。由此,再次印证了刘勰养气之说与老庄自然性论述间之密切关系。然而值得注意的是,刘勰养气之说虽承自道家,却已非原始道家冀求绝对自由的超越之义,而沾染了后世保惜形骸的意涵。原始道家本无意追求形骸之长生,而着重在生命真趣境界之追求,然而自春秋后期以降尤其是秦火以后,却掺入了祈求长生之思想,而落实到了保爱精血之层次。刘勰言血气之所以当养,即承传于此。

以此观之,“养气”一词,虽始于《孟子》,但孟子所讲之养气,却明显与刘勰不同。盖孟子所谓养气,主要针对道德义而发,着重“持志”与“正心”之说,乃是一种偏于内之观点;反观刘勰,则重在于使精神勿过于多用,多用则气衰,与王充之说皆偏于外,显然有别于孟子之言。更何况,孟子言养气,并非如刘勰般专门为论文而设。

基本上,刘勰之论养气,乃针对为文创作而发。就此而言,刘勰之前的曹丕,虽亦曾针对文章创作而提出“文气论”,然与刘勰所倡之养气理论亦有所差异。盖子桓所言之气,主要乃作者天才之气,其引音乐为据,认为才气天成,不可改移。子桓说道:

> 文以气为主,气之清浊有体,不可力强而致。譬诸音乐,曲度虽均,节奏同检,至于引气不齐,巧拙有素,虽在父兄,不能以移子弟。

换句话说,气完全来自先天,是不可靠后天培养以导引光大的。但刘勰不然,《养气》一篇中所述之情况,主要虽针对临场创作之情形而发,强调应顺其自然,然而刘勰并不认为气全由天生,不可或改。佐以其他篇章,吾人可知,刘勰认为灵感之培养,除创作时须谨守率志委和的原则外,平常时则当努力学习。其虽不否认天才,但更认为天才应在实际生活中接受锻炼,方能成就美质。此种学习可以辅助才气的观点,在《体性》篇中即可见之:

> 八体屡迁,功以学成,才力居中,肇自血气,气以实志,志以定言,吐纳英华莫非性情。

以此观之,刘勰固认为气与生俱来,更认为平时应借后天教育的力量以培养之。《风骨》篇即列举了如下具体之步骤:

> 镕铸经典之范,翔集子史之术,洞晓情变,曲昭文体,然后孚甲新意,雕

画奇辞。昭体故意新而不乱,晓变故辞奇而不黩。若骨采未圆,风辞未练,而跨略旧规,驰骛新作,虽获巧意,危败亦多,岂空结奇字,纰缪而成经乎。

由上可知,刘勰《养气》篇中所论之气,可说是《文心雕龙》整体对于气之论述的一部分。其篇幅虽然不大,却是了解刘勰整体气论之重要环节。在此篇章中,刘勰不仅说明了养气的重要性,更提供了吾人临文创作时养气之原则,同时也为《文心雕龙》整体气论从血气、志气乃至文气间的整体关系,做了一番最完整的联系。对刘勰来说,创作与肉体的血气及心理的志气是息息相关的,写作虽是精神性之活动,却与生理的机制脱不了关系。血气衰,则志气销,文气自然荡然无存;若能保持血气的旺盛,则志气充足,文气亦自然昂扬。因此,若能把血气养好,文思便可常新,创作自然成功了大半。其中的秘诀,端在节宣,亦即"率志委和"而不使"钻砺过分",因为若能如此,则"理融情畅"而不至于"神疲气衰"。而此,正是养气所以有益于创作的根本道理!

五、《养气》篇的几个相关问题

(一)《文心雕龙》中"气"的变化及文气论的形成

《文心雕龙》一书中屡屡谈及"气"这个概念,然而刘勰并没有为他笔下的"气"建构一个完整的系统,因此全书里"气"的涵义就十分分歧。即不过既然谈到"气",我们不如试对刘勰的"气"观与文气论的形成做一考察,也许能帮助我们对《养气》篇有另一层认识。

由前文我们可以知道刘勰气观的三种意义与层次,也就是由血气而志气而文气。当然在这个过程中,还有不少其他的因素,也是以"气"的形态来表现。从源头上来说,健壮的躯体是生命力最基本的展现,要维持形体健康,就要保有所谓的"元气",也就是"血气"。这也正是《养气》篇的重点,强调保持健朗对文学创作的重要性。《养气》篇中说的"神疲而气衰"、"长艾者识坚而气衰"的"气",都是指"元气",是成为一个作家的最基本条件。

此外,影响作者文学表现的,还有先天上的"个性"与"才能",这两个条件对于一个作家来说,都是没有办法随自己的意愿来决定的。刘勰在《体性》篇说:"公干气褊,故言状而情骇","然才有庸隽,气有刚柔",此处的"气"都是指个性而言,这种"气"会影响到作品的表现。而才能对作家来说,更是一个极端重大的问题，有才与无才，常常关系着作品的好坏，虽然先天的缺憾可以靠后天的学习来补救，但是刘勰仍不得不承认，才能的确有先天的优劣。《风骨》篇云："鹰隼乏采而翰飞戾天，骨劲而气猛也。文章才力，有似于此。"今天我们所说的"才气"，也是比较偏向"天生"而言。

上面三种"根本性"的"气"，融合之后便是一种属于作家自己的基本特质。而此具有个人特质的作家因为外在的感发，内心产生了回应或共鸣，而有一种不得不写的冲动，这一种冲动是还没有落实成文字的原始意念，既澎湃汹涌又飘忽不定，以"气"名之，实在是再恰当不过。因此《神思》篇说"方其搦翰，气倍辞前"，这个"气"就是作者的情意。另外如"观其时文，雅好慷慨，良由世积乱离，风衰俗怨，并志深而笔长，故梗概而多气也"（《时序》）、"诗总六艺，风冠其首，斯乃化感知本源，志气之符契也"（《风骨》）都是这个意思。对于"情意之气"，下一节还有更详细的解释。

既然"情意"是因为作者有所感发，那么感发是从哪里来呢？照刘勰的看法，就是大自然。《物色》篇云："春秋代序，阴阳惨舒，物色之动，心亦摇焉。盖阳气萌而玄驹步，阴律凝而丹鸟羞，微虫犹或入感，四时之动物深矣。"作者本身的才性感情，正好被景物牵引出来，引发了创作的欲望，所以刘勰才会说："若乃山林皋壤，实文思之奥府。""阳气"的"气"正好说明了大自然的流变消长，作家要"写气图貌"，就是要表现对自然的感动。

"气"经过以上一连串的激荡融合，终于使得作家提笔为文，写下具有个人特色的作品。而此作品在文字排列之间，依然有"气"的存在，这就是"辞气"，也称"文气"，通常具有作家个人的特殊风格。这种"气"又特别表现在声律之间，所以有时也称"声气"，是一种在朗诵时流转于音调高低起伏间的韵律感。《章句》篇云："若乃改韵从调，所以节文辞气"，《声律》篇云："韵气一定，故于声易遣；和体抑扬，故遗响难契"，都是指声韵而言。

综合前述，则刘勰的"气"应当从"元气"出发，配合上先天的"个性"之气与"才能"之气，成为一个作家的基本特质，再依靠"景物"之气的激荡引发，转变成充盈胸臆的"情意"之气，最后落笔成文，情意化成语气音调，也就是"辞气"，或称"文气"。以下绘一简图，以明其过程：

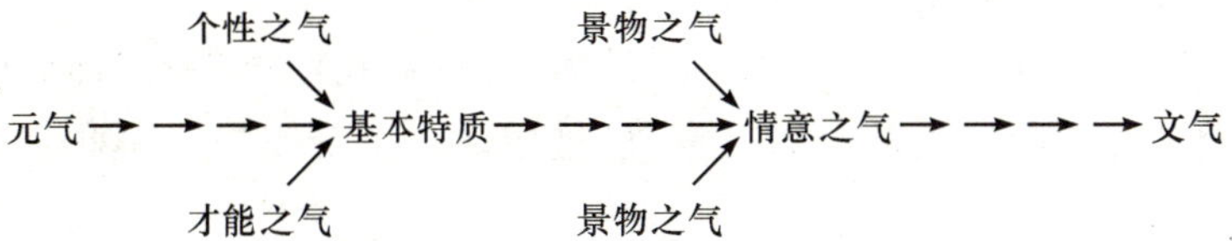

(二)《养气》与《神思》之关系

1. 从“气”考察

严格说起来,《养气》篇所指“气”的主要指“元气”,亦即“血气”,然而刘勰在全书的脉络中,却很明显地将“气”的涵义链接到“神思”篇上,如此一来,“气”的意义就复杂了不少,探讨起来也更形困难。所以本节的探讨方式,大致是以《养气》到《神思》的连结作基础,再旁及其他相关部分,这两篇未探及的,本节也不拟多做讨论,以避免繁琐。

细检《神思》全文,“气”总共出现三次,分别是“神居胸臆,而志气统其关键;物沿耳目,而辞令管其枢机”,“方其搦翰,气倍辞前,暨乎篇成,半折心始”,“王充气竭于思虑”。依王金凌先生之分类,第一与第三条是属于“元气”,第二条则是属于“情意”,我们暂时先采用这种说法,分类如下:

(1)“元气”之气

《神思》篇与《养气》篇之间的线索,第一个是“是以陶钧文思,贵在虚静,疏瀹五脏,澡雪精神”,黄季刚先生在《文心雕龙札记·神思第二十六》“陶钧文思,贵在虚静”条下云:“此与养气篇参看。”①依此类推,应当还包括“是以养心秉术,无务苦虑,含章司契,不必劳情也”,这两句若和《养气》篇的文句相较起来,具有相当高的同构型,甚至放入同篇,也不会有所扞格。这显示它们在理论阐述上有所重迭,若从它们的内容广度与次序先后看来,《养气》应当是《神思》在文思锻炼方法上的补充。因此《养气》篇对于“气”的解释会比较深入而专一,反过来说,《神思》篇的“气”观会比较模糊是可以理解的。

另外一个直接的线索就是王充。《后汉书·王充传》:“(王充)年渐七十,志力衰耗,乃造养性书十六篇,裁节嗜欲,颐神自守。”刘勰循此,《神思》篇云:“王充气竭于思虑”,而《养气》篇落笔即云:“昔王充著述,制养气之篇,验己而作,岂虚造哉?”提出王充最重要的目的,就是要和儒家孟子的“养气”说划出界线,刘勰借着王充,说明为文之道采取的乃是道家的进路,此气指的乃是生理上的“元气”,而非心理上的“浩然之气”。从道家的角度来看,生理之气是比较具体的、量化的,这种“气”才有所谓“竭”的可能,才需要去“保养”。

确定《神思》、《养气》之气是以“元气”为主体后,我们再来看“神居胸臆,而志气统其关键;物沿耳目,而辞令管其枢机”这句话。王金凌先生对此多有阐释,兹

① 黄侃:《文心雕龙札记》,台北:文史哲出版社,1973 年,第 95 页。

引录于下：

> 这段话中的“志气”和“辞令”相对，极易引起误解，而以为“志气”指情意，其实不然。情意是感与思的结果，不可能成为神思的关键。神思的关键在元气，所以下文说：“是以陶钧文思，贵在虚静，疏瀹五脏，澡雪精神。”五脏、精神是元气的比况说法。①

王先生的意思是，“志气”应解为“元气”，不能看作“情意”。不过在《养气》篇中有一句话值得探讨，即“于是精气内销，有似尾闾之波；神志外伤，同乎牛山之木”，“精气”指的当是“养气”篇所重的“元气”，但“神志”是什么意思呢？我们暂且存疑。但可以确定的是此处“精气”、“神志”是内外对言，其意义显然不同。

再回顾王说，他认为“情意是感与思的结果，不可能成为神思的关键”，而断定“志气”必不能为情意。然而，此说法颇值得商榷。如果从《文心雕龙》全书中“志”的意义来作分析，也许立场会比较有力，事实上王先生的确也做到了这一点。他在同书第一章第六节有关“志”的析论时，也曾举出“志”有“元气”的意义。他所举的也是《养气》篇的例子，即“凡童少鉴浅而志盛，长艾识坚而气衰；志盛者思锐以胜劳，气衰者虑密以伤神”，在此“志”“气”都只元气，应无可疑，王先生又补充说：“志本无元气的意义，但因互文的关系而转为元气，在刘书中，这不是常有的用法。”②意思是“志”等于“气”的用法，就只有这一个“孤证”。但是若要列举“志”为“情意”的证据，王书中就有三十三个，是“志”一词最常见的用法。

总而言之，“志气”即“元气”这种说法，其证据是不够的。刘勰在行文中所使用的名词，代表的意义有时并不统一，这虽然是一个小缺点，但我们可以理解措辞上的困难（特别是用骈文撰写），因此毋庸苛责。不过经过更全面的考虑，后学者要逼近原意并非不可能，“志气”之辩，正好可以做一个练习。关于《神思》篇中“志气”的探讨，我们将在下一段作进一步的说明。

（2）“情意”之气

前面曾经提过，因为“神思”篇的“气”观较为模糊，所以无法用“元气”来完全涵盖。其不足之处，窃以为应用“情意”之气来补足。以“志气”为例，王金凌先生指出把“志气”当作“情意”是一种误解，因为“情意不可能成为神思的关键”。然而果真如此吗？我们从上下文来考察，就可以发现它们的关连性。

《神思》篇说：“意受于思，言受于意”，这是一种层层的递降关系，不断向下落

---

① 王金凌：《文心雕龙文论术语析论》，台北：华正书局，1981年，第16页。

② 《文心雕龙文论术语析论》，第90—91页。

实，套到"神居胸臆，而志气统其关键；物沿耳目，而辞令管其枢机"来看，就可互相对应。"神居胸臆"即"思"，"志气"、"物沿耳目"即"意"，"辞令"即"言"。从"神居胸臆"一直到"辞令"，其中的"关键"、"枢机"，其实也就是一种转化的过程，具有很高的困难度，关系着由"思"到"言"的成败，其结果也往往不能尽如人意。在这里的"志气"如果用"情意"来解，就能够使得体系十分完满，如果一定要说是"元气"，解释起来就颇为费神了。《时序》篇也说"情以物迁，辞以情发"，更能解释从"志气"到"辞令"的转变。以下列一简图，以明其相互之关系：

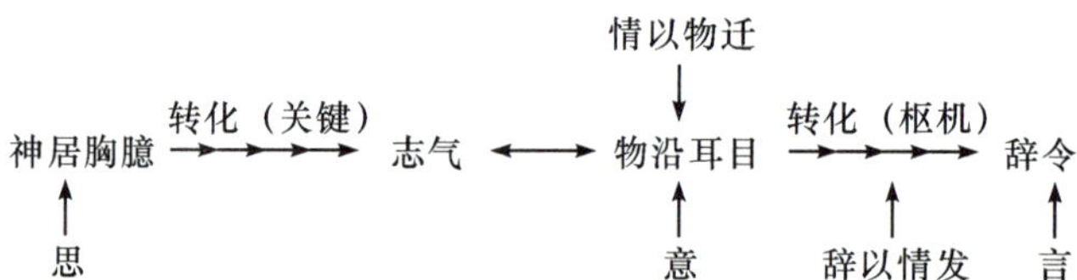

除了"志气"当解作"情意"之气外，《神思》篇中还有一个"气"应解为"情意"的例子。就是"方其搦翰，气倍辞前"之气，这里所讲的就是"神思"和"表达"之间的差距，经由想象转化成情感是比较容易的，因此"情意"之气很容易就涨满于胸，丰富澎湃，但这一切都是在下笔之前，再往下落实就大为不易了，因而"暨乎篇成，半折心始"。从以上的例子可以得知，《神思》篇的"气"，并不像《养气》篇那么"单纯"，《文心雕龙》里的"气"则更为复杂，本节的分析，只是略为管窥而已。

2. 从"养"考察

"养气"篇之"养"，作"保养"解，"保养"的对象是指"元气"而言。然而要成为一个作家，是否仅仅靠"养气"就够了呢？这是本段所要探讨的重点。《神思》篇在"陶钧文思，贵在虚静，疏瀹五脏，澡雪精神"之后紧接着说："积学以储宝，酌理以富才，研阅以穷照，驯致以绎辞。"乍看之下，这两组不同的作文方式一同摆在《神思》里，似乎有些矛盾。按"陶钧文思"一段，是与《养气》篇相呼应，我们知道"养气"之说，主要是采道家的观念，刘勰在写作态度上继承了道家的修养原则，要求"率志委和"，"清和其心，调畅其气，烦而即舍，勿使壅滞"，如果还要"积学"、"酌理"、"研阅"、"驯致"，那自然是非劳心伤神不可，又怎么谈得上养气呢？

不过这一点刘勰并没有忽略，《养气》篇云："夫学业在勤，故有锥股自厉；至于文也，则申写郁滞，故宜从容率情，优柔适会。"就是刘勰基本上认为，写作和做学问的心态完全不同，写作需"率志委和"，否则容易神疲气衰，但学识就要靠不断的勤劳累积，才会有效果。就此，黄叔琳先生评曰："学宜苦而行文须乐。"王元化先生则认为文学创作一方面须靠平日辛勤的磨炼、积累，另方面在行文时，则须自然率情直写胸臆。他说道：

> "苦"正是指辛勤积累,"乐"正是指直接抒写。作家在创作之前必须经过异常复杂、异常艰巨的准备工作,可是当他一旦进入创作过程之后,就往往会产生一种创作激情突然迸发的现象。在这一瞬间,思想豁然开朗,想象分外活跃,无数生动的意象,无数美丽的辞句,万途竞萌,好像全都毫不费力地发自胸臆地发自胸臆,流于笔端。这时,作家沈浸在创作的最大喜悦里面。前人多半把这种现象称为"灵感"。①

可见,为文创作与平日的修习是完全不一样的。刘勰在才气之外虽亦强调学习,但指的是平日之功,而临到写作时,首重的则是顺气而为。

刘勰的"养气"说,重在保持文思的清明畅达,而不是只局限于身心的安逸,除了要"保养元气",使写作"刃发如新"外,也不能忘记"培养"作家必备的基础能力,才能真正让作品有所进步。黄季刚先生有一段话对此作了极好的说明:

> 恒人或用养气之说,尽日游宕,无所用心。其于文章之术,未尝研炼,甘苦疾徐未尝亲验。苟以养气为言,虽使颐神胎息,至于百龄,一旦临篇,还成岨峿。彦和养气之说,正为刻厉之士言,不为逸游者立论也。②

《文心雕龙》的论点皆不离为文之道,《养气》篇亦然,如果把它误解为"养生"或因而荒废学养、纵情逸乐,那就完全曲解刘勰的本意了。

六、结　语

"气"在中国的学术思想中,本来就是一个相当抽象而复杂的概念,也是因为这样,造成后人在面对"气"时总是战战兢兢,并为其背后所蕴藏的庞大内涵苦恼不已。以《文心雕龙》的研究而言,因为对"气"的解释不同而产生的问题着实不少,特别是《养气》一篇,明标"气"字,因此在处理时不免大费周章。不过我们在这里要特别强调的是,"气"在《文心雕龙》里不能完全用哲学的角度去理解,如果不小心落入了对"气"的无尽追逐,而忘了其最后的目的其实是在"为文之用心"的话,那就是舍本逐末了。

刘勰的"气"虽然有众多涵义,然而以保养血气为本,次使志气清明,而后文

---

① 王元化:《释〈养气篇〉率志委和说——关于创作的直接性》,《文心雕龙讲疏》,上海:上海古籍出版社,1992 年,第 231—249 页。

② 《文心雕龙札记》,第 198 页。

气流贯的这一条路线,是可以在全书中见其脉络的。《养气》篇所言,正是这一条脉络的基础,亦即保爱血气,勿使精神过度运用,而致使气衰神乏。虽然采用的是道家的方法,但刘勰的重点并不是要修养身体或性灵,而是希望借此达到志气清明、文章顺畅的最终目的,这就是养气篇在文学创作上的价值。

权力话语分析与文化诗学的政治

岑雪苇

[摘　要] 文化诗学对现代文学批评理论的发展做出了不容置疑的贡献，但也存在一些明显的缺陷和不容忽视的问题。本文以格林布拉特为例，通过对其权力话语分析方法的考察，联系其权力主题与文学政治功能论，阐述了文化诗学所蕴含的政治问题，认为此政治问题表现为政治意识及政治倾向的前现代残余。

[关键词] 文化诗学　格林布拉特　权力　意识形态　政治

20 世纪 80 年代初，新历史主义以反叛形式主义、挑战旧历史观的姿态，崛起于文艺复兴文学研究领域。它彻底终结了持续半个多世纪不问社会历史的所谓内部研究，使文学研究面向现实的社会与人生。同时，它彻底颠覆了人们对于历史、文学及其关系的传统理解，建立起从权力、意识形态视域考察文学审美现象的文化诗学。新历史主义，或以其最重要的代表人物斯蒂芬·J. 格林布拉特(Stephen Jay Greenblatt，1943—)更愿意接受的命名曰文化诗学，对现代文学批评理论的发展做出了不容置疑的贡献。

但是，文化诗学也存在一些明显的缺陷和不容忽视的问题。不少论者业已指出，因过于强调历史的文本性，文化诗学表现出历史虚无主义的倾向；因过于突出权力与意识形态，文学的政治功能压倒了对审美问题的关注，如此等等，均是公正持平之论。本文以格林布拉特为例，认为作为一种政治性的文化批评，文化诗学基于"新的"历史观，以权力的话语分析为基础，在强调文学与历史的互塑，强调历史、文学与人的生成时，其诗学所隐含的政治意识和政治倾向存在一些更为基本的问题。

一、权力主题与文化诗学的政治性

文化诗学的政治问题可以从两个层面来考察:批评实践及其理论所关涉对象的政治性,和理论与实践在关涉政治性对象时本身所隐含的政治性。

文化诗学最重要、最吸引人兴趣也是最多争议的课题,是权力在文学话语领域的运作:文学话语如何在权力的制约下颠覆作为权力表现的社会秩序,权力进而如何抑制这种颠覆以维护、强化社会秩序,一句话,权力作为话语实践如何操控历史与文学的生成。

需要说明的是,权力概念在文化诗学具有宽泛的含义。它不单纯指国家为维护社会秩序稳定而行使的具有组织性的强制力,虽然格林布拉特常常在这一意义上使用这一概念。文化诗学的权力概念接近福柯的用法,指以社会文化结构形式存在的各种力量关系的动态集合。权力是一种看不见但可以觉察到的无处不在的社会力量,文化诗学通常视这种社会力量为意识形态力量。作为一种无以匹敌的因素,权力统御了整个文学活动,贯串文学与历史的互相塑造过程,并对人的自我建构发挥作用。

权力主题在文化诗学中占有极其重要的位置。乔·多利莫尔对格林布拉特的文化诗学的重点作过概括,认为文化诗学的"研究兴趣大多集中在文艺复兴时期文学中权力的表现。……它大体研究这一时期国家权力和文化形式的相互作用,更具体来说,它关注的是田园牧歌、假面舞剧和艺术赞助机构,诸如此类有关国家政权与文化最明显地融合一体的文学类型和实践。新历史主义分析早期现代英国的权力,把它看作本身即带有浓厚戏剧化的东西,从而把剧院看成权力得以表现自己和取得合法化的主要的场所"①。权力、意识形态、颠覆、抑制等核心概念本身即表明文化诗学的研究对象具有极强的政治色彩,所以菲尔皮林说,文化诗学所使用的"历史的证据",也就是"所研究的作者和文本,被宣布是'政治的'——这似乎是最普遍的工作假设"②。

而文化诗学本身的政治意识与政治倾向看起来却是隐蔽的、含混而矛盾的。

---

① 乔·多利莫尔:《莎士比亚,文化唯物主义与新历史主义》,王逢振主编:《2000年度新译西方文论选》,桂林:漓江出版社,2001年,第230—231页。

② 菲尔皮林:《"文化诗学"与"文化唯物主义":文艺复兴研究中的两种新历史主义》,王逢振主编:《2000年度新译西方文论选》,第202页。

虽然菲尔皮林指出，文化诗学是“双重政治的，它们不仅仅对它们所选的文本的政治动机感兴趣，而且，它们本身所产生的文本也是具有政治的利害关系的，而一般说来又对此毫不隐讳——在这方面它又与旧历史主义形成对照”。而这种毫不隐讳的“政治的利害关系”，只是“试图创造不同的历史文本”①，其政治意识与政治倾向并不显豁。有别于相类颇多的英国文化唯物主义，文化诗学把权力、意识形态置于重要地位，却又把它们限定在文艺复兴时期而很少涉及当前现实，这可能有出于抑制批评实践的现实政治倾向的考虑。文化诗学另一重要人物孟特罗斯曾明确指出，美国的文化诗学明显缺乏英国文化唯物主义的那种政治关怀。就是谈论“美国日常行为的诗学”，格林布拉特也只做现象的描述与技术性分析，很少涉及价值评判，特别是政治性评判。而从格林布拉特自身遵循批评客观性的主观意愿看，他曾一度淡化新历史主义的名称，更倾向于使用文化诗学的称谓，表明自己以中立而无中心的文化多元观点而非所谓的新历史主义立场来审视历史与文学。

但另一方面，格林布拉特又不避文化诗学与现实政治的关系。他在《莎士比亚式的协商》前言中声明，不可能有无动机的创造，因此也不可能有无动机的阐释。在《回声与惊叹》中，他明确指出：“不参与的、不作判断的、不将过去与现在联系起来的写作是无任何价值的。”②确实，文化诗学研究英国文艺复兴文学，并不是为了发思故之幽情，从故纸堆里复活古典文学，而是为了借古讽今、补偏救弊，以反思、批判现代文明。“作为从中世纪到现代英国的过渡时期，十七世纪是历史变体(alterity)和当代本体(identity)之间、文化差异与文化在场之间的汇合点”③，这一“早期现代”是西方重要的历史时段，是现代政治的源头，联系着现代文明和社会秩序。文艺复兴文学作为早期现代社会生活的形象画卷，展示了今天文明秩序的重要方面在17世纪的萌芽状态。文化诗学通过发掘被压抑的非正统、非主流、非中心的边缘性文化因素，揭示历史与主体之间、历史与文学之间如何相互建构，可以进而追问现代文明秩序的起源、形成以及维系机制，反思由此而建立起来的价值标准和思维原则，质疑已有的宏大历史叙事模式，重新审视今日一切的合法性。选择以莎士比亚为代表的历史文本，阅读研究这些文本，追踪这些文本与历史如何互动，本身就具有现实的镜鉴意义。“如果文艺复兴是资

---

① 《“文化诗学”与“文化唯物主义”：文艺复兴研究中的两种新历史主义》，第200—201页。

② 转引自王岳川：《后殖民主义与新历史主义文论》，济南：山东教育出版社，1999年，第170页。

③ 《“文化诗学”与“文化唯物主义”：文艺复兴研究中的两种新历史主义》，第201页。

本主义和现代性的开始，那么，任何对文艺复兴的批评阅读就也是一种对当下的批判（和认同）”①。

文化诗学如何批判或认同资本主义与现代性，其中体现何种政治意识与政治倾向，需要从文化诗学的整体，主要通过对权力主题和权力话语分析方法，以及由此演绎而来的文学的政治功能论的阐发，才能得到较为清楚的说明。

二、文学政治功能论及其权力主导

文化诗学的权力观及权力话语分析方法来源于福柯。福柯反对传统的权力即禁止人们做某事的支配性力量的说法，认为权力并非仅仅表征为权力主体对他人的支配现象，也并非仅仅表征为权力主体与被支配对象之间的力量差异。本质上说，不存在行使权力的主体，个人只是运载权力的介质，并为权力所规约和塑造。如果说有主体存在，那么权力本身即是主体。权力是力量的一种网络关系，并通过网络组织运行和实施。从其运作的方向看，它并非一定从最高统治者发出，而是弥散于整个社会生活的各个向度和各个层面，也就是说，在权力关系上，基于支配与被支配关系的二元对立的普遍模式是不存在的。权力在各领域、各层面之间穿行，渗透到整个社会文化机体，特别是话语领域，使话语成为权力的话语实践。话语于是不再是思想的自由表达，而只体现权力关系。权力按照某些程序对话语进行控制、筛选、组织，作为一种看不见的力量，支配着话语的实践活动。

权力不仅存在于法院、教会、家庭、殖民扩张等体制化的社会领域，也“散漫地存在于意识形态的意义系统、特定的表述方式、反复使用的叙述结构之中”②。文学话语作为审美类型的话语，也必然成为权力的运作场所。文学话语实践的表达对象与表达形式，展示出权力在其中运作的踪迹。意见纷争、正统观念和颠覆冲动的较量，甚至利益争斗等等矛盾冲突，裹挟于艺术形式，构成文学话语的基本内容。例如，格林布拉特分析奥赛罗的心理与语言，认为奥赛罗的这一切“与基督教正统没有产生任何公开的‘抵触’，但是每个词所透露出的强烈情欲却

① Claire Colebrook, *New Literary Histories*, Manchester University Press, 1997. p. 200. 原文为英文，笔者译。下同。

② Stephen Greenblatt, *Renaissance Self-Fashioning: from More to Shakespear*, University of Chicago Press, 1980. p. 6.

使人感到与正统之间的张力。这种张力……表明基督教教义在性欲问题上的殖民权力,这种权力此时恰好通过其固有的局限性显现出来。也就是说,我们在这个短暂的瞬间瞥见了基督教正统的'权力界限',其控制能力达到极度的紧张状态,以及其霸权被激情瓦解的潜在可能性"①。而其实特定时代占统治地位的话语,作为权力的话语实践,在文学文本中总是能够有效地控制、同化和消解非主流话语对它的侵蚀、威胁、抗争,并利用非主流话语来加固自己的统治地位与它所维护的社会秩序。只是因为权力的话语实践并不是以强制的形式进行压迫,而是以愉悦的方式暗度陈仓,所以权力的这种操控往往不但无迹可求,而且让人乐见其成。它既显示了权力运作的高超艺术,也显示了权力在文学话语实践中的主导地位。

格林布拉特正是运用这种权力观念,结合趣闻逸事的文献资料,分析了文艺复兴时期的文学文本,特别是莎士比亚的戏剧,诸如《亨利四世》、《亨利五世》等历史剧,而从中提炼出文学的政治功能论,即颠覆与抑制的理论的。

关于文学的政治功能,格林布拉特提出了颠覆与抑制的理论。颠覆是指对代表统治秩序的意识形态提出质疑与否定,而抑制则是对这种颠覆力量的控制与含纳,它们是莎士比亚的剧作《亨利四世》中哈尔王的统治手段。格林布拉特认为:"莎士比亚戏剧主要地,而且反复地涉及颠覆和无序的产生以及对它们的抑制。"②统治权力为了长治久安而编造了意识形态,大众对该统治权力的意识形态进行颠覆,统治权力又对那些明显颠覆的力量实行抑制,这是统治权力运作的公认法则,也是权力统治得以维持的秘密所在。不过主导权力与其对立的明显的颠覆力量的关系,并非直截了当的对抗,而是表现得更为复杂。主导权力不仅设法抑制反抗力量,而且实际上为达到自己的目的有意制造颠覆因素,并积极地把这种颠覆力量作为自身权力建构的基础。不但如此,权力可以令对立面为我所用,使颠覆与抑制呈现出多向度的关系。多利莫尔给格林布拉特补充了"征用"的概念,以强调颠覆与对颠覆的抑制的关系的复杂性。权力可以出于自己的目的征用颠覆力量,以便为权力的使用提供正当的理由,反过来,颠覆力量也可以征用占统治地位的话语并在此过程中使之变得面目全非。③

---

① 格林布拉特:《权力的即兴运作》,朱刚编著:《二十世纪西方文论》,北京:北京大学出版社,2006 年,第 406 页。

② Stephen Greenblatt, *Shakespearean Negotiation*, University of California Press, 1988, p. 40.

③ 《莎士比亚,文化唯物主义与新历史主义》,第 241—242 页。

颠覆与抑制发生于文学文本内部不同话语之间，也发生于文学话语与非文学话语，特别是社会秩序之间。文学文本作为权力的审美话语实践，是颠覆与抑制的竞技场，各种力量在其中胶着对抗。但总的来说，统治权力使这种复杂关系趋于简单，颠覆与抑制的此消彼长最后变成抑制的一股独大。抑制主导颠覆的程度与范围，并尽力收编颠覆因素于主流意识形态，以避免危及统治秩序。抑制是权力的目的，颠覆则成了权力掌控下实现抑制的手段。“颠覆性的声音产生于对秩序的确保，并被后者有力地表达出来。但这种颠覆性的声音并不侵蚀秩序的根基”①。颠覆正是权力的产物，而权力贯穿了文学。文学用颠覆性的声音向历史挑战，反抗现有秩序和准则，但恰恰正是这种挑战和反抗，使现有秩序和准则变得更为稳固。文学在与历史话语形成共振的同时，它终于成了共谋。这是格林布拉特不愿看到的，但理论的逻辑就是如此。显而易见，这一切都是由于权力主导引起的。

颠覆与抑制的文学功能论在形式主义片面强调审美功能半个多世纪的情况下，给文学批评理论确实带来了清新之风，让人耳目一新。文化诗学也十分宽泛地使用权力、颠覆、抑制等概念，不但把它们从传统的政治学内涵泛化为文化学、社会学意义的内涵，而且充分考虑到权力运作、颠覆与抑制关系的复杂性，特别是注意到对立的政治功能可以相互渗透和相互转化，但将文学的政治功能归结为颠覆与抑制，仍然是简单化、片面化的。

在文化诗学内部，蒙特罗斯就不认同颠覆与抑制论，他认为：“抑制和颠覆的对立是如此简单化、极端化和非动态性，以至很少具有或根本不具有概念价值。”多利莫尔认为，格林布拉特过于强调抑制，而事实上颠覆是比抑制更重要的一种功能。不过多利莫尔的思维方式仍是格林布拉特式的，只是由格林布拉特的抑制主导转向颠覆主导。国内较早介绍、研究文化诗学的杨正润先生指出：“它并没有给文学的审美和娱乐功能等留下多少余地。而发展到颠覆—抑制论，政治功能似乎就成了唯一的功能而淹没了其余的一切。”②值得注意的是还有另外一个问题：颠覆与抑制的功能淹没了其余的政治功能。

将颠覆与抑制界定为文学的主要政治功能，是由文化诗学的权力主题和权力话语分析决定的，也是由文化诗学的政治意识与政治倾向决定的。同时，它们

---

① Stephen Greenblatt, *Shakespearean Negotiation*, University of California Press, 1988, p. 52.

② 转引自杨正润：《文学的“颠覆”和“抑制”——新历史主义的文学功能论和意识形态论述评》，《外国文学评论》1994 年第 3 期。

也显示出文化诗学的政治意识与政治倾向。

三、权力话语分析方法的政治问题

文化诗学运用权力理论所作的审美话语分析应该说有其合理独到之处，它揭示了审美文化并非是现实的艺术自治的飞地，而是艺术性与政治性互相渗透结合的产物，揭示了不同的社会力量在审美话语领域的对抗，以及这种对抗是“极复杂的支持、破坏和利用化解过程的不断交错和演化”①。这都是值得肯定的。但是文化诗学也带来了严重后果。且不说由于“它坚持一个凌驾于一切之上的权力的无所不在和不可避免，致使它很少能注意到历史的具体性和复杂性”②，因而忽视文学的生动与形象问题，单就其运用权力话语分析方法于审美话语，致使无所不在和不可避免的权力凌驾于一切之上本身而言，可以发现文化诗学在批评实践的展开和批评理论的建构中，其预设的政治意识与政治倾向是值得关注的。

权力概念对于文化诗学是必要的，权力话语分析方法使这种必要得以实现。将文化诗学与被文化诗学激烈批评的蒂利亚德的著作《伊莉莎白时代的世界图景》(1943)作一比较，可以清楚看出文化诗学对独白性的权力话语的偏爱，和权力概念对文化诗学的必要性、必然性。蒂利亚德广征博引各种文献，勾画出当时的社会文化结构，证明伊莉莎白时代普遍存在一种秩序的观念。他的旁证性文本、社会文化结构和秩序观念，是用来解释文学文本的含义的。也就是说，历史在蒂利亚德的观念中，只是知人论世、理解文学文本的必要的背景知识。而文化诗学则强烈反对蒂利亚德的做法。在文化诗学看来，蒂利亚德出于解释文本含义的需要，而将自己所揭示的，贯串他笔下伊莉莎白时代和谐社会的秩序观念，误认为是全社会的共识，而其实那只是统治者为掩盖混乱动荡的社会现实，维护社会文化秩序并使之合法化的手段。因此，这种秩序观念不能作为解释文本含义的依据，而只能作为意识形态，被视作暗中有力地制约文本形成过程，并再通过文本回流社会，强化现有社会文化秩序的力量。文化诗学将非文学文本、通过非文学文本所复活的历史事件，与文学文本置于互相作用的同一话语平面，使用

---

① 徐贲：《新历史主义批评和文艺复兴文学研究》，《文艺研究》1993年第3期。

② John Bronnigan, *New Historicism and Cultural Materialism*, Macmillan Press Ltd., 1998. p. 9.

协商、交换、社会能量流通等术语，强调历史与文学的互动，强调文学文本形成过程的历史制约与文学文本对历史过程的参与，进而强调意识形态对文学的塑造及文学对历史中的意识形态塑造过程的参与。由于互动必定出于"力"的互相作用，且这种互动是通过话语的中介，并以话语实践的形式展开的，因而福柯的权力理论，成为文化诗学的最合适的理论资源。

说到权力概念及其来源，肯定应该提一提意识形态问题。文化诗学的权力话语分析是与意识形态观念紧密联系在一起的，可以看出阿尔都塞在其中的影响。在阿尔都塞看来，意识形态不仅仅是马克思所说的上层建筑中通过掩盖真相、歪曲和颠倒事实，为统治合法化辩护的一种思想体系。意识形态作为真实地存在的"虚假意识"，更是一种基本的社会力量。后期阿尔都塞提出"意识形态国家机器"理论，认为意识形态是一种特殊的国家机器，这种国家机器与"暴力的"镇压性国家机器相比，主要"以意识形态方式"起作用，无孔不入地侵入教育、家庭等"私人领域"执行其国家职能。阿尔都塞的"意识形态国家机器"理论揭示了意识形态与统治权力之间的内在联系，揭示了意识形态作为一种实践其隐蔽的运作机制。对于文学而言，统治权力借助意识形态以劝说操纵而非强制的审美方式实现其控制，因而权力在文学中让人感觉到熟悉的和可以接受的。受阿尔都塞意识形态理论影响，文化诗学视意识形态为一种真实的社会存在，是社会秩序的辩护者并作为社会秩序的一部分而存在，视文学为意识形态的审美反映，也是意识形态的审美创造，并以此作为文学的政治功能论的理论基础。由此，统治与被统治、秩序与个人、权力与服从等二元对立出现了，文学的政治功能也不得不只是颠覆与抑制，而不可能再有别的了。

因此，格林布拉特在《莎士比亚式的协商》一书中说出这样的话，也就不奇怪了："戏剧按统治者的意图不断固定我们个人的生活体验模式，而且在我们不自觉的愉悦中不断促动我们去加固这种体验模式。"[①]在前现代的或称早期现代的文艺复兴时期，统治者与被统治者的二元对立划分，似乎是可以接受的，甚至认为戏剧加固我们的体验模式也未尝不可，但认为戏剧不断加固被统治者个人的生活体验模式是按统治者的意图进行的，那未免太夸大其词了。更成问题的是，格林布拉特是要将文艺复兴文学研究这个特殊，提升到文化诗学这样一个普适的理论高度的，他通过文学话语领域的早期资本主义及其现代性的研究，来审视现代文化的构成及其秩序起源，从而来展开文化批评与政治批评。但他那种从

---

① Stephen Greenblatt, *Shakespearean Negotiation*, University of California Press, 1988. p. 17.

阿尔都塞那里来的，甚至从福柯那里来的思维模式与政治意识，使他忽视现代、后现代文学话语实践与现代、后现代社会最基本的事实，那就是非等级、非对立的平面世界。在这样一个平面世界，矛盾冲突当然是存在的，但要说文学在发挥颠覆与抑制的功能，或者说文学的政治功能只是颠覆与抑制，那纯属无稽之谈。他在此无非是想说明颠覆与抑制的文学政治功能能够深入骨髓，而其实个人的生活体验是最具私人性质的领域，其体验模式如能为统治者所操控，那只是二十世纪极权主义才有的现象，也只有极权主义文学以暴力做后盾反复清洗被统治者的精神世界才能做到。从根本上说，权力话语分析及其连带的意识形态问题和文学政治功能论，涉及格林布拉特文化诗学对于资本主义与现代性的认识与评价，体现着格林布拉特文化诗学的政治意识与政治倾向。

格林布拉特在其介绍文化诗学概要的《通向一种文化诗学》的著名演讲中，阐述了他与詹姆森和利奥塔对于资本主义认识的不同。这一看似无关紧要的不同，实则关系到文化诗学的根本。詹姆森认为资本主义话语的“功能性的区分”都是虚伪的，话语领域诸如“历史”与“个人”、“政治”与“诗学”等的这种划分完全应予取消，如此方能揭露资本主义艺术独立的欺骗性；而利奥塔则立足于后结构主义立场，认为资本主义追求一种垄断式的独白话语，因此他要拆解独白话语的统一，戳穿独白话语统一的欺骗性。格林布拉特指出：“詹姆森为了揭露一个独立的艺术领域的欺骗性，为了提倡一切话语的真实结合，从话语领域划分的虚伪性这一根本问题上发现了资本主义；而利奥塔为了提倡将一切话语进行区分，为了揭露独白话语统一性中的欺骗性，从话语领域的结合的虚伪性这一根本问题上发现了资本主义。”而格林布拉特的认识居于两者之间：“资本主义既不会产生那种一切话语都能共处其中、也不会产生那种一切话语都截然孤立或断断续续的政治制度，而只会产生一些趋于区分的冲动与趋于独白话语组织的冲动在其中同时发生作用，或至少是急速振摆，使人以为在同时作用的政治制度。”①

急速振摆，或区分与独白话语组织的同时作用，就是在权力规制之下不同话语实践既彼此相对独立，又相互交通叠合，就是格林布拉特反复所说的社会能量的“流通”。如此，政治与诗学，个人与历史，意识形态与文学审美等等，凭借“协商”和“交换”的话语实践策略，建构起折中于詹姆森和利奥塔的资本主义的话语实践体系。格林布拉特认为从 16 世纪起一直到现在，“资本主义已经在确立不同话语领域与消解这些话语领域之间成功有效地振摆”，并且认为“这才形成资

---

① 格林布拉特：《通向一种文化诗学》，张京媛主编：《新历史主义与文学批评》，北京：北京大学出版社，1993 年，第 6—7 页。

本主义所独有的力量”①。

姑不论三种说法正确与否，单就观点的鲜明而言，詹姆森和利奥塔都有自己明确的批判态度。要说两人正因为态度鲜明而陷入非此即彼的绝对化境地，陷入理论对历史的削足适履，那么，强调“振摆”与“流通”的格林布拉特，看资本主义的早期文学，其政治功能何以只是颠覆与抑制呢？是的，格林布拉特的上述说法是针对不同话语领域的关系而言的，但它从根本上牵涉到话语的不同性质，及其背后的权力问题，更深一层次，还牵涉到资本主义的本质。如果文学的政治功能真的只是权力操纵下的颠覆与抑制，那么这样一种资本主义，肯定像利奥塔所说的，本质上、总体上是“统一性”的，其话语必定是一种垄断式的独白话语。“振摆”与“流通”发生在垄断式的独白话语的不同话语领域之间，这是什么意思呢？这样的说法有什么意义呢？如果承认资本主义在本质上、总体上不是“统一性”的，不同话语具有不同性质，“振摆”与“流通”发生在不同性质的话语之间，而不同性质的话语之间存在一种讨价还价式的“协商”，那么，文学的政治功能何以只是颠覆与抑制呢？在这里，我们看到了我们似曾相识的东西，以及这东西背后“旧”的历史观、前现代的政治意识及政治倾向的残余。

四、文化诗学留下的教训与启示

对资本主义和现代性的批判，如果只是把人们引导到资本主义的权力的狡计和对文学的控制，引导到现代性就如商业贸易那样只不过是一种无休无止的谈判、交换、流通之类的运动，而不能给出符合现代价值立场的价值评判，那么，这样的批判从方向上看就是有问题的。

文化诗学只看重权力，无视超越权力、基于无论是自然法则还是政治法则的个体权利，和由这权利呼喊出来的个体声音，因而不能看到文学超越意识形态的独立性，不能看到文学在改良社会秩序、参与历史的塑造过程中所起的积极作用，不能看到政治文明和文明发展的实质是权利不断遏制权力最终达到动态平衡。文化诗学把文学视作一种意识形态，视作权力话语的产物及其审美化呈现，并以此为前提将文学的政治功能概括为颠覆与抑制，从根本上看是将文学界定为屈从权力，维护现有社会秩序的消极保守力量。这样的诗学姑且不论其是否尊重现代文明秩序中的文学事实，就批评的价值关怀而言，那也是一种不可忽视

① 《通向一种文化诗学》，第 9 页。

的缺陷。

由此而来的问题是，文学的知识体系，广而言之，人文科学的知识体系，其合法性何在？客观的立场，科学主义的态度，难道就是它的全部？不涉及价值立场，甚至在貌似客观中立的知识系统中蕴含着反人文主义立场和陈旧的政治意识与政治倾向，那么其人文性和人文理想何在？在文学批评理论中，在人文科学的领域里，权力话语充斥，人的声音在哪里？权力操控一切，人的权利在哪里？文化诗学的问题或许可以部分归因于福柯的不幸，因为福柯的一生为"对控制表现出的偏执狂倾向"①所控制，而福柯的人之死的说法与权力话语分析广为传播和应用，应该归因于什么呢？

文化诗学崛起的初期，正是福柯临近死亡的最后几年。由于人生的变故，福柯的思想大变。他试图告别过去，另起炉灶建立主观主义的伦理学，"该伦理学的内容是：为了表达主体的自由，人们要选择自己的不可替代的生活方式。福柯经历了蜕变，最终回归到他在思考之初反对的东西：即人和自由，人要自己设计生命，去对抗权力结构，去对抗作为不定代词的匿名的'人'"②。

福柯的蜕变与回归，对文化诗学、对人文科学应该有所启示。

---

① 福柯的朋友塞内特评福柯语。引自《通往生活艺术的伦理学——福柯的话语、权力和存在》，英格博格·布劳耶尔等：《法意哲学家圆桌》，北京：华夏出版社，2004 年，第 102 页。

② 《通往生活艺术的伦理学——福柯的话语、权力和存在》，英格博格·布劳耶尔等：《法意哲学家圆桌》，北京：华夏出版社，2004 年，第 112—113 页。

民国桑弧电影的调和美学论略

包　燕

[摘要] 置身于当下中国的都市文化和泛大众文化生产语境，民国导演桑弧及其都市电影作为历史的对照性文本重获关注。其电影一方面承传旧海派的鸳蝴传统，自觉聚焦市民题材，迎合市民趣味，呈现出显在的商业形态和俗文化特征；另一方面，电影的浮世关怀和日常现代性书写从市民文化内部参与建构了俗文化的人文精神，从而提升了大众文化的品格。桑弧电影呈现的商业与人文的调和与当代台湾导演李安的制片路线异曲同工，它们在不同时代的市场成功为当下华语都市电影生产提供启示。

[关键词] 桑弧　都市电影　入文精神　调和美学　李安

作为对当下中国的都市文化和泛大众文化语境的回应，民国时期以上海为核心向外辐射的都市文化获得了近年来学界的持续研究。其间，作为专注于市民生活书写与海派文化播撒的大众文本，民国导演桑弧的诸多电影因其良好的商业业绩和舆论口碑，成为彼时大众文化生产的成功案例，也因其历史对照价值重获当下关注。

有论者把中国民族电影大致划分为“社会派电影、人文派电影、浪漫派电影、商业派电影等四种电影话语类型”①。这一划分对于民族电影的基本类型作了大致勾勒，但对于各种类型的兼容未有涉及。事实上，除了先锋派实验电影，作为大众文化产品，商业性构成电影的基本属性。这种商业性可以在“浪漫派电影”中获得，可以与“社会派电影”结盟，也可以与“人文派电影”联姻。而站在商业与人文的调和视阈，民国导演桑弧的电影创作获得了进一步研究的价值。

---

① 丁亚平：《老电影时代》，郑州：大象出版社，2002年，第2页。

考察桑弧不同时期的影像写作，一方面我们能轻易地从其文本中发现市民文化、消费文化等俗文化层面的海派文化承传，同时，其都市电影在大量的民国海派电影中脱颖而出，自成格调，其背后则是独特的都市人文精神的呈现，这种人文精神有别于精英视角下的人性拷问与哲学思辨，而更倾向于在市民文化内部建构日常现代性和理性人生观。而正是这种俗文化内部生发的人文精神，构成了海派文化的新维度，同时提升了电影的大众文化品格。

本论文以桑弧在20世纪40年代为文华影片公司创作的成熟期作品《不了情》、《太太万岁》、《哀乐中年》、《假凤虚凰》等四部为核心文本，重在考察桑弧的都市电影在商业性与人文性的调和之路上呈现的特征，以及这种调和美学的意义。在针对桑弧电影个案的症候分析基础上，本论文立足当下的大众文化背景，试图为华语主流商业电影的生产与传播提供启示。在论述过程中，也将桑弧的早年电影创作纳入视线，以作辅助考察。

一、鸳蝴传统与市民文艺：桑弧电影的商业形态

桑弧的都市电影创作之成熟期是在20世纪40年代。其时的文华影片公司所拍共11部影片中，有4部是桑弧或编或导或编导合一，占三分之一强。文华出品的首部影片即桑弧导演、张爱玲编剧的都市言情剧《不了情》。之后，桑弧编剧的《假凤虚凰》、桑弧导演的《太太万岁》和桑弧编导的《哀乐中年》为文华公司赢得了良好的商业业绩和舆论口碑，尤以“都市趣剧”成为有较大影响的成功类型。

而在此之前的“孤岛”时期，桑弧以编剧身份初展才华。1939年左右，在启蒙老师朱石麟的鼓励下，桑弧为朱石麟、陆洁、吴邦藩共同主持的大成影片公司编写了三个剧本《灵与肉》、《洞房花烛夜》、《人约黄昏后》。上海沦陷时期，在朱石麟先生担任艺术顾问的支持下，桑弧于1944年和1945年编而优则导，编导了两部影片《教师万岁》与《人海双珠》。

考察民国桑弧的都市电影创作，一个潜在的文艺传统——表征早期海派文

化的“鸳鸯蝴蝶派”[①]浮出水面。当然，这里的海派概念呈现历史的流动性。较早出现的海派称谓是对晚清“海上画派”和“南派京剧”的贬称，剑指上海画界和京剧界出现的迎合市民趣味的商业气息和不循旧格的非正统性；20世纪30年代的文坛“京海”论争中，海派作为与京派相对的概念出现，尤以京派作家沈从文对海派“名士才情与商业竞卖相结合”及“投机取巧、见风转舵、附庸风雅”[②]等特征概括为最著名。后鲁迅以“‘京派’是官的帮闲，‘海派’则是商的帮忙”[③]对海派的商业文化本质作了概括。而后随着海派文化作为商业通俗文化越来越呈现出精英文化所不及的面向大众的生命活力，对海派文化的价值判断也逐步从贬义走向中性或正面。从中性立场看，海派文化被视为以开埠以来的近代上海为中心并向外辐射的，以趋时求新、包容开放、务实理性、融会变通的商业意识和市民意识为核心精神的新型都市文化，它承传了近代吴越文化的市民精神与传统伦理，更直接从西方现代文明中汲取价值观念与生活方式。虽然海派文化呈现出不同阶段的驳杂形态，但大体而言，有别于中国传统的士人文化，以市民大众为本位、以消费文化为主导的都市俗文化始终是其突出特征。

而作为早期播撒海派文化的重要媒介，鸳鸯蝴蝶派通常“指的是清末民初专写才子佳人题材的文学派别”。[④] “清末废科举之后一批苏州、常州、扬州的落魄才子在上海洋场写鸳鸯蝴蝶派小说，被称为‘老海派’”[⑤]。但事实上，这一流派不仅写言情小说，也兼善社会小说、武侠小说、侦探小说、黑幕小说等都市通俗文

---

① 参见吴福辉：《海派的文化位置及与中国现代通俗文学之关系》，《苏州科技学院学报》(社会科学版)，2003年第1期。在此文中，学者吴福辉曾深入探讨文学领域中鸳鸯蝴蝶派和海派的关系，认为“在全部或部分地走向‘通俗’这一方面，海派和鸳鸯蝴蝶派倒是最有接近点的，但两派的思想意识仍不在一个层次上”，“鸳鸯蝴蝶派对都市的看法远远落后，海派的都市意识具某种超前性质”，“海派自产生之日起便是‘现代性’文学的一部分，鸳鸯蝴蝶派则有一个较长的获得‘现代性’的演变过程”，显然，这里的海派取狭义概念，主要指上世纪30年代以来上海出现的与西方文化对接、具有较强“现代”文化眼光的文学。在这一视野下，鸳鸯蝴蝶派被逐出海派的范畴。本文则倾向于取宽泛的海派概念，即于近代上海出现的、体现上海文化精神的文艺流派和生活方式。海派内部有通约性，如都市性、商业性等，也有不同阶段和不同文化眼光的驳杂性。以此视角观之，鸳鸯蝴蝶派可谓经典的老海派，其作为都市俗文化对上海文艺乃至上海人的生活方式影响甚巨。

② 沈从文：《论“海派”》，《大公报·文艺副刊》1934年1月7日。

③ 鲁迅：《“京派”与“海派”》，《申报·自由谈》1934年2月3日。

④ 钱理群等：《中国现代文学三十年》(修订本)，北京：北京大学出版社，2005年，第71页。

⑤ 杨义：《京派和海派的文化因缘及审美形态》，《海南师范学院学报》(人文社会科学版)1996年第1期。

学类型，有人以其代表刊物《礼拜六》称之为“鸳鸯蝴蝶——礼拜六派”。这批通俗文学作者瞄准旧海派市民的审美趣味与消费诉求，或直接以主笔、出版人等身份供职于上海的报馆、杂志、出版社，或以投稿卖文获取稿酬为谋生手段，遂渐成近代海派文艺气候。上世纪20、30年代始，随着电影这一新兴大众文化产品在上海的着陆，鸳蝴文人陆续进入电影领域，同样引领了面向都市市民的海派电影浪潮。

据统计，“从1921年到1931年这一时期中，中国各影片公司拍摄了共约650部故事片，其中绝大多数都是由鸳鸯蝴蝶派文人参加制作的，影片的内容也多为鸳鸯蝴蝶派文学的翻版”①。

对于稍后进入电影圈的桑弧而言，这一传统非但不陌生，甚至内化于其民国时期所有的创作中。桑弧在文华公司的首部编剧就是后来获得极大商业成功的《假凤虚凰》。值得注意的是，这一剧本原先被桑弧定名为《鸳鸯蝴蝶》，虽有调侃与噱头之意，也道出了他与鸳蝴传统的微妙联系。据桑弧自己回忆，早年“看了不少国产电影，如《人心》、《可怜的闺女》、《最后之良心》、《空谷兰》等，并记住了张织云、杨耐梅、殷明珠、宣景琳、黎明晖、王元龙、朱飞、王献斋等电影明星的名字……进中国银行后，我和许多同事都爱看好莱坞影片。对卓别林、玛丽·碧克馥、范朋克、瑙玛希拉、葛丽泰·嘉宝、琴逑·罗吉丝、克拉克·盖博、克劳黛·考尔白等明星十分欣赏，凡是他们出演的电影，几乎逢片必看。”②从桑弧的自述中，我们看到，他接受最多的中国电影是和鸳蝴传统深度关联的明星影片公司及其制片，而其所关注的早期好莱坞电影，也和鸳蝴传统有内在的文化同构关系。具体考察桑弧作品，鸳蝴传统的内在传承主要体现于以下两个层面：

(一)市民题材与言情路线

和鸳鸯蝴蝶派文艺以市民、言情为主打产品或基本题材类似，民国时期桑弧的都市电影也基本可归为都市言情电影或都市通俗情节剧电影。其最初的创作是作为编剧为大成公司所写的《灵与肉》、《洞房花烛夜》、《人约黄昏后》三部。风格各异，大体涵盖了悲剧、正剧与喜剧，但基本上不脱封闭空间下的男女言情叙事。《灵与肉》描述的是婢女和公子的爱情悲剧。婢女被主人奸污后辞退。几年后，已成著名交际花的她被主人儿子所爱。但后来发现真相，视其为卑劣无耻。女子在忧愤中死去。影片《洞房花烛夜》中，同样关涉市民题材与情感命题。只

① 程季华主编：《中国电影发展史》(第一卷)，北京：中国电影出版社，1963年，第56页。

② 桑弧：《回顾我的从影道路》，《桑弧导演文存》，北京：北京大学出版社，2007年，第4页。

是不同于悲情的《灵与肉》，影片安排了一个清新的结局：遭土匪蹂躏的“不贞”女子林继芬与表哥完婚，在洞房花烛夜，表哥获知真相。初始愤怒，随即觉悟，并与顽固保守的家庭抗争，最后毅然离家。

早年的题材取向和编剧路线如此，40 年代进入文华影片公司后，经由和鸳蝴传人张爱玲的合作，桑弧的创作更加自觉地走在“市民＋言情”的道路上。当然，和前期影像以旧派市民为主不同，此期的电影如《不了情》与《太太万岁》，其市民已悄然置换为都市小资产阶级或中产阶级的新派市民，而影片则醉心于这一新市民阶层的爱情、家庭、婚姻的描绘。有论者指出，“张爱玲的作品，放在新文学传统里很突出、很独特，其中有一部分理由是她根本不属于那个传统，带进鸳鸯蝴蝶派的脉络之后，我们发现很多现象变得容易解释多了”①。事实上，在对“鸳鸯蝴蝶派”传统的分享上，桑弧和他的搭档张爱玲是走得最近的。

《不了情》是桑弧和张爱玲合作的首部影片，也是文华公司成立后投拍的首部影片。一个从阴郁、残缺的家庭环境中走出的年轻女教师，在做家教的过程中，与孩子父亲发生恋情。出于对女性弱势命运的悲悯体认，矛盾挣扎的女教师既不忍破坏孩子母亲的幸福，也无法走出自己母亲的悲剧阴影，最终选择远走异地，痛苦离开。从此部影片的基本情节中，我们不难发现众多鸳蝴派悲情故事的影子，最经典的如根据徐枕亚小说改编的明星公司出品的电影《玉梨魂》，同样讲述情理冲突，家庭教师与孩子寡母之间产生恋情，最终发情止理，只是后者的家庭教师身份安置在男主人公身上。桑弧稍后的影片《太太万岁》中，一个中产家庭的太太陈思珍，周旋于双方的家庭成员中。为了在大家庭中左右逢源，不断地制造善意的谎言，上演了一幕幕啼笑皆非的都市市民戏剧。仍然是不大的格局，传达着编导对市民伦理与言情题材的执着，而这一题材的自觉则使桑弧电影打上了鸳蝴传统的显在印记。

（二）市民趣味与商业自觉

桑弧曾自白：“我是一个受传统的戏剧观、电影观影响较深的人”，“如果导演的作风也有所谓京海之分的话，那么我得承认我所走的是海派的路子……我是一个‘顾客永远是对的’的市侩信条的奉行者，他们花了钱来看戏，我总希望能供给他们一点欣赏的趣味。”②桑弧说这段话是针对当时部分评论对其电影《教师

---

① 杨照：《在惘惘的威胁中》，陈子善编：《作别张爱玲》，上海：文汇出版社，1996 年，第 46 页。

② 桑弧：《回顾我的从影道路》，《桑弧导演文存》，第 31 页。

万岁》"避重就轻"风格的质疑——"用了如此冠冕堂皇的题目，做的却是纤巧轻松的文章"①。而事实上，这种针对桑弧的批评和桑弧的回应恰恰展示了其电影与海派鸳蝴传统在美学观念上的同构。鸳蝴派创作从一开始就与都市消费文化相捆绑。面向都市市民，注重戏剧性和传奇性，注重热闹美学和趣味写作是其本能的选择。而桑弧对自己"海派"身份的高调标示则意味着其以自觉的商业意识对海派文化的认同。

观其经典电影剧本，《假凤虚凰》的趣味很大程度上来自对通俗情节剧的戏剧性与巧合误会法的运用。电影是常见的征婚题材，一个穷寡妇冒充富海归登征婚广告，一个濒临破产的企业经理为利益所驱，怂恿其理发师以经理身份应征，由此引发彼此欺骗的都市市民喜剧，而"本片运用误会法的奥妙，在于一开始就让观众洞悉男、女主人公的真实身份及其隐秘动机，让观众处于一种优越位置。换句话说，剧情演变中的一切'误会'，都明明白白地在观众眼前展开，唯有男女主人公隔着面具蒙在鼓里，将观众的注意力引向剧中人如何滑稽地在自己造成的困境中挣扎"②，在影片对戏剧性手法的自觉运用中，观众的欣赏趣味得到释放。

这里，一个有意思的对照文本是桑弧的合作伙伴张爱玲的剧本《情场如战场》。这一剧本系张爱玲于 1957 年在香港电懋公司时期所写，是关于都市青年的爱情追逐题材。写字间工作者陶文炳追求美艳的富家小姐叶纬芳。虚荣的陶文炳向朋友借了别墅钥匙，周末带叶纬芳去玩。不想由于对房子的陌生，闹出种种笑话。更尴尬的是，别墅的主人正是富家小姐叶纬芳。如果我们熟悉桑弧在《假凤虚凰》里的虚荣市民形象及种种因"欺骗与掩饰"而生的巧合误会段落，我们是很容易在《情场如战场》中嗅到熟悉的气息。两部作品相隔 10 年，未必是张爱玲对桑弧的有意模仿，但至少我们看到所谓的"桑张对"是具有美学趣味上的共同基础。而这种对市民趣味的关注，对戏剧性手法的娴熟运用，使他们 40 年代合作的两部电影《不了情》和《太太万岁》带上了明显的鸳蝴气息和旧海派风情。

电影《不了情》总体上走的是哀婉言情路线，但其情节推动却充满趣味化场景和戏剧性段落。电影院这一都市标志性景观成为主人公的"偶遇"空间，在买票退票之间，人物发生了轻松勾连。共买生日礼物的巧合，两人再度"偶遇"，而生日礼物的传送则让两人戏剧性地走进同一户人家。抛弃了凝重叙事，室内剧

① 桑弧：《关于〈教师万岁〉》，《桑弧导演文存》，第 36—37 页。

② 李亦中：《〈假凤虚凰〉赏析》，《桑弧导演文存》，第 329 页。

和佳构剧的手法让观众无障碍地进入言情故事的消费中。影片《太太万岁》中，信手拈来的误会和巧合情境更直接促成了影片的叙事节奏和美学风格。一个中产家庭太太，为了左右逢源，不断地制造善意的谎言。太太陈思珍与婆婆、陈思珍与丈夫、陈思珍的弟弟与小姑、陈思珍与丈夫的情人咪咪、陈思珍的父亲与咪咪等等，上演了一幕幕趣味横生的都市市民戏剧。

张爱玲曾指出：《太太万岁》的情节是平淡的、日常的，但是，鉴于中国观众太习惯于传奇，因此影片采取的策略是"用技巧来代替传奇"，"例如《太太万岁》就必须弄上许多情节，把几个演员忙得团团转……我喜欢它像我喜欢街头卖的鞋样，白纸剪出的镂空花样，托在玫瑰红的纸上，那些浅显的图案"[①]。这也是所谓的日常性与戏剧性的调和。事实上，要在《不了情》和《太太万岁》两部电影中厘清桑弧和张爱玲的各自风格是很难的。就文化趣味和商业自觉而言，他们的合拍程度是相当高的。总体上，他们承传了隶属市民文化范畴的海派鸳蝴传统，立足市民生态，迎合市民趣味，从而使影片呈现出显在的商业形态和俗文化特征。

二、浮世关怀与日常现代性：大众文化的人文精神

桑弧以"海派导演"自称，表达了对海派文化的市民精神与商业意识的认同，体现在其作品中，则是对海派鸳蝴文艺传统的承传。但事实上，桑弧都市电影之质地与旧派鸳蝴电影构成了明显的区分，尤以其商业文本中弥漫的浮世关怀和人文自觉为多数旧海派电影所缺失。而从日常现代性的认同和建构维度，其电影甚至与京派文化达成了部分契合。

这里，一个有意思的现象是：1946 年 8 月，"文华成立当时，即商得沈君的同意和合作，由桑弧改编《边城》上银幕"[②]。后因外景的困难与公司的商业考虑，遂暂时搁下。此处的沈君即掀起"京海之争"的京派作家沈从文，而海派导演桑弧对京派小说《边城》的电影改编是否也释放出这样的信息：古典、中和、平实的人文气质始终在桑弧的内心占据一席之地？而正是这种海派文化中的人文自觉，使桑弧作品超越了鸳蝴电影等旧海派大众文本，并以影像的形式提升了大众文化的品格。

---

① 张爱玲：《〈太太万岁〉题记》，《张爱玲文集》第 4 卷，合肥：安徽文艺出版社，1992 年，第 262 页。

② 陆弘石：《中国电影：描述与阐释》，北京：中国电影出版社，2002 年，第 245—246 页。

(一)浮世关怀和人生况味

桑弧在“孤岛”时期创作的最早三个剧本都是言情剧和佳构剧的路子,但与某些同类影片的“轻”不同,这些电影从底色中无不渗透出对传统伦理的关注情怀。而其在沦陷时期编导的《教师万岁》和《人海双珠》则在浮世关怀和现实质感的表达上更进一层。

以电影《人海双珠》为例,影片择取的是都市贫寒子弟的平凡人生,从表象上,它有着传统苦戏的情节元素:贫寒家庭、父亲的缺席、无力的母亲、自尊的姐妹,但事实上,电影的情调是日常的、平实的,是因为“懂得”而产生的“悲悯”。对此,桑弧在《人海双珠》题记中有所阐述。他认为,自己写《灵与肉》、《洞房花烛夜》时,倾力于排场的花哨和结构的绵密,曾经博取一些观众的赞美。但在沾沾自喜之余,却生出一种厌倦和烦腻。“我想,我应该老老实实地描叙一些平凡的人生。《教师万岁》和《人海双珠》便是在这种自期下产生的东西。但《教师万岁》在处理上仍应用了一些‘偏锋’,《人海双珠》则比较来得朴素,虽然有一两处也还不能摆脱‘纤巧’的弊病”[①]。

关于影片《人海双珠》,作家柯灵的评论文章《浮世的悲哀》被广泛引用——“我喜欢的是这片名的前两个字。把‘人’和‘海’联在一起,有一种人生的浩瀚和渺小交织起来的深邃感。……艺术的色相是繁复的,正如人世的色相。……而从平凡中捕捉隽永,琐碎中摄取深长,正是一切艺术制作的本色。大多数的人生是琐琐的哀乐,细小的爱憎,善恶相摩擦,发着磷磷的光。……多平凡的‘浮世的悲哀’啊!”[②]而正是由于文化底色中的浮世关怀,让桑弧的都市电影越出了商业机制的机械操控,而获得独特的人文气质。

如果说,孤岛和沦陷时期的桑弧更多的是在海派电影中进行或商业性或人文化的探索,那么,在20世纪40年代的文华时期,桑弧已自觉地在影像中探索海派文化的“商业维度和人文维度”的调和。以《太太万岁》为例,影片的整体风格是市民化和通俗化的,环环相扣的戏剧性情节使影片成功地摆脱了文艺电影的枯和涩,体现出海派商业电影的世俗性和灵活性。同时,影片的海派特质来自从市民文化内部生发的人文内涵。它不似精英文化的高蹈,却自有大众文化的平实况味。用张爱玲的话来说:“《太太万岁》里的太太没有一个曲折离奇可歌可泣的身世”,“出现在《太太万岁》的一些人物,他们所经历的都是些注定要被遗忘

---

① 桑弧:《〈人海双珠〉题记》,《桑弧导演文存》,第45页。

② 柯灵:《柯灵电影文存》,北京:中国电影出版社,1992年,第46—47页。

的泪与笑，连自己都要忘怀的”。“陈思珍就已经有中年人的气质了。……所谓‘哀乐中年’，大概那意思就是他们的欢乐里面永远夹杂着一丝辛酸，他们的悲哀也不是完全没有安慰的。我非常喜欢‘浮世的悲哀’这几个字，但如果是‘浮世的悲欢’，那比‘浮世的悲哀’其实更可悲，因而有一种苍茫变幻的感觉”[①]。这番对影片《太太万岁》的文化解读几乎和柯灵对桑弧电影《人海双珠》的评论走到一块了。而从《人海双珠》时期的“浮世的悲哀”走到《太太万岁》里的“浮世的悲欢”，正是桑弧海派电影的人文内涵获得深化的过程。

（二）现世意识和日常现代性

如果说，在《太太万岁》和《不了情》这两部影片中，导演桑弧和编剧张爱玲的人文视野彼此渗透，很难加以清晰界分，那么，考察桑弧占据创作核心的影片，我们则看到其更具个人性的海派文化诠释。与带有张爱玲印记的“苍凉的手势”相区分，桑弧的海派文化内涵中，更将素朴乐观的现世意识和日常现代性纳入其中。这种偏向积极的人文精神直接从海派市民文化的务实理性生发，它淡化了海派文化的摩登气、洋场气、市侩气，而参与建构了海派文化现代性的另一面——日常生活的现代性。

早在拍摄《人海双珠》时期，桑弧就明确了对日常的“浮世绘”艺术美学的偏好。他非常推崇爱得门戈亭导演的《人海冤魂》和山伍德导演的《花好月圆》，并称“他们所传写的全是一些日常的琐事，故事里没有传奇式的英雄或美人，但通过他们的精湛的手腕，观众却尝到了一种人生的隽永的情趣”[②]。桑弧的这一现世情怀在其独立编导的影片《哀乐中年》中得到集中体现。与《太太万岁》的“浮世悲欢”不同，电影《哀乐中年》传达了海派文化中更为积极的“现世承担”意识。

关于《哀乐中年》的编剧，说法各异。有说是桑弧独立编剧，有说编剧是张爱玲，也有说是“桑弧的构思，却由张爱玲执笔”（郑树森教授语）。当时就有不同版本，事隔多年，连当事人也日渐模糊。我们倒是从 1990 年 11 月 6 日张爱玲本人写给台湾《联合报》编辑苏伟贞的信中大体获知署名的原委：“伟贞小姐：今年春天您来信说要刊载我的电影剧本《哀乐中年》。这部四十年前的影片我记不清楚了，见信以为您手中的剧本封面上标明作者是我。我对它特别印象模糊，就也归之于故事题材来自导演桑弧，而且始终是我的成分最少的一部片子。‘联副’刊出后您寄给我看，又值贱忙，搁到今天刚拆阅，看到首篇郑树森教授的评介，这才

---

① 张爱玲：《〈太太万岁〉题记》，第 261—262 页。

② 桑弧：《〈人海双珠〉题记》，《桑弧导演文存》，第 45 页。

想起来这片子是桑弧编导，我虽然参与写作过程，不过是顾问，拿了些剧本费，不具名。事隔多年完全忘了，以致有过误会。稿费谨辞，如已发下也当璧还。希望这封信能在贵刊发表，好让我向读者道歉。"[①]这封信也算以当事人的回答为《哀乐中年》的编剧公案作了定论。虽然，撇清了编剧的名分，但参与并未否定。当然，从当事人的记忆模糊而见，张爱玲对此剧本的参与程度应该不深。因此，具名编导桑弧应该对此电影拥有更多的"作者"身份。

作为以都市中年人为主人公的故事，电影《哀乐中年》讲述的是：早年丧妻的小学校长陈绍常，将三个孩子拉扯成人。在 50 岁生日那天，银行襄理的大儿子建中送给他一个寿穴模型作为生日礼物。建中认为以他的身份，父亲还在小学工作，有失体面。因此，他力劝父亲退休享清福。父亲不习惯于老太爷生活，经常跑去原先小学，并向接替他工作的敏华诉苦。敏华是他看着长大并提携的晚辈姑娘，她也赞成 50 岁应该有所为。最后，心曲相通的父亲和敏华结成老少对。他将儿子送的墓园改建成新学校，开始了新生活。

与《太太万岁》相似，电影《哀乐中年》同样走都市市民路线，但不同于《太太万岁》底色里的无奈与苍凉，在这部更具作者意识的影片中，桑弧从正面积极的角度，对日常生活的现代性及生命的价值意义进行探讨与思考。不同于爱情剧中普遍的以年轻人主体，以及剧中普遍表现青年在冲破世俗家庭藩篱中的积极与浪漫，电影《哀乐中年》则大胆地起用中年人的爱情题材，以一种中年人对世俗藩篱的冲破，给这部海派电影以明亮的调子和现代的文化观、人生观。这种现代性既不同于左翼视野下的激进革命，也不同于精英文化的高蹈理想，而是在平实的市民文化底色中，生发出同样平实的日常生活的现代观念。

桑弧后来在采访中谈道："当时自己从思想上来说，受着错综复杂的影响。一方面是受中国的传统教育思想影响，但是也受进步的思想影响。在影片里，我特别是想提出关于'老'的标准的问题。中国人的观念是一个人到了 50 岁时，特别好似儿子在事业上有所成就，好像就应该享清福，做老太爷，再工作便有失尊严。我不同意那种看法。……人活着就是要工作。"[②]从桑弧对影片的自我阐述以及电影《哀乐中年》本身的文化内涵看，这部电影虽然也有"浮世的悲欢"的张氏影子，更有"现世的担当"这种积极乐观的"桑弧格调"——"生总是要比死重要，生活着并工作着总是美丽的"[③]。而这种源自市民生活的平实与现代的文化

---

① 苏伟贞：《张爱玲书信选读》，陈子善编：《作别张爱玲》，第 6—7 页。

② 舒琪：《桑弧访问记》，《香港电影双周刊》1979 年第 10 期。

③ 陆弘石、赵梅：《桑弧访谈录》，《当代电影》1999 年第 6 期。

立场，既促成了海派电影与世俗大众的情感打通，也从美学上提升了大众文化产品的人文品格。

结语：桑弧电影的调和美学及当下启示

如前所论，民国导演桑弧及其创作一方面呈现其与鸳鸯蝴蝶派的渊源关系，以自觉的商业意识对新旧市民的日常生态与美学趣味进行呼应；另一方面，其都市电影之价值更在于自觉寻求基于俗文化的人文精神建构。作为海派文化的重要播撒者，虽然鉴于电影媒介的大众文化性质，桑弧的都市电影并未像海派文学里的新感觉派小说、现代派小说在都市现代性问题上深入探究，但它毕竟并未长久地在鸳蝴传统的市民趣味与传统道德里停滞不前，并最终在市民文化、大众文化内部生发出理性而平实的人文建构。从这一意义上，桑弧电影以影像形式确立了海派文化的商业地位，同时探索了海派文化的人文维度，从而以调和的方式提升了大众文化的品格。

事实上，民国桑弧的调和电影美学在当代不乏回声，台湾导演李安可谓其隔代的同道者。两者电影至少在以下几方面是具有路线上的同构性。其一，他们都是戏剧式电影的忠实实践者。其电影均取材市民日常、饮食男女与家庭伦理，且都自觉运用佳构剧或通俗情节剧的模式与手法加以演绎。在对主流商业电影美学的熟谙上、在对主流中产大众口味的把握上，两者有着惊人的一致。李安的电影作品无论是早期的"父亲三部曲"如《推手》、《喜宴》、《饮食男女》，还是中后期的《理智与情感》、《卧虎藏龙》、《断背山》、《色戒》等，大多不脱家庭或言情的题材，也不脱"冲突与解决"的戏剧模式，从深层上说，桑弧和李安的电影根柢之一是对鸳蝴文学传统与好莱坞电影美学的自觉认同与借重。其二，相比于媚俗或低俗的大众商业电影，两者都有着不多不少的人文自觉。适时地在商业里加点人文，无关批判或挖掘，却有着举重若轻的文化理解与表达，也正符合都市中产观众对人生、对文化冲突的感慨之需。或者可以说，文化上的保守主义为两者的最终旨归，而两者电影中人文精神的生发也正是非精英、非另类的，它最终被调和成市民大众与缺陷人生的协商与交流。以桑弧的《哀乐中年》与李安的《饮食男女》为例，相似的老少恋题材与悲喜剧处理同时满足了快感审美与人生感悟的双重之需。其三，就业界口碑与市场成就而言，桑弧以"都市悲喜剧"为主要类型的电影创作成为20世纪40年代老上海电影商业与人文双赢的经典个案。而李安的电影更是在更广阔的地域赢得了跨文化传播的胜利。其在大陆与台湾，东方与西方之间的游刃有余，很大程度上归功于商业与人文、西方式人文与东方式人文的中间路线与调和美学，而这种“鸡尾酒式”的电影美学实践恰是大众文化利益最大化的深层所需。限于篇幅，关于两者的深度比较有待另一专文详细论述，此处先抛出对这一现象的关注。

回到民国桑弧的海派都市电影，从历史观照当下，随着全球化和城市化进程的深入，尤其是网络时代带来的文化空间共享，当下的中国正处于泛都市文化时代。海派文化作为历史名词可能不再突出地具有地域性的表征，而海派电影也在很大程度上为新都市电影所覆盖。而都市大众文化经历了前期的喧嚣、混乱与失范，正在进入对“娱乐至死”的反思。“大众文化的人文精神”借助各种媒介，正在被唤醒和召唤。在这一语境下，作为大众文化的新都市电影如何在保持它的市民本位和商业传统的同时，着力于建构大众文化的人文精神，成为当下文艺理论所关注的前沿问题。而对民国桑弧都市电影的文化肌理进行深入解读，并兼及和当代同道者李安之电影路线的比较，也许能为当下华语主流商业电影的生产与传播提供启示。

秋风春雨俱崇高

——重释现代汉语诗学中的“崇高”观念

颜炼军

[摘　要] 关于崇高(Sublime)和秀美(Grace),从王国维、蔡元培、朱光潜、宗白华、蔡仪等美学家延续至当代的汉语美学话语中,都采取了相近的定义和划分逻辑。今天,梳理这一理论话语的延续脉络及其西方渊源固然重要,但也有必要对那些与他们不同的定义和划分逻辑进行反观。本文认为,诗人梁宗岱对“崇高”的理解,与上述诸家迥然不同。他汲取了浪漫主义和象征主义诗家对崇高的理解,在崇高与秀美之间建立了一种统一性,显示了崇高理论在中国被接受的过程中另一种稀缺的本土化努力。他对这对美学范畴的理解,对当下的汉语诗学建设有着更鲜活的意义。

[关键词] 崇高　秀美　朗吉努斯　梁宗岱

一

以探究滑稽著称的英国作家让·波尔(Jean Paul)曾幽默地说出了理论的尴尬:虽然每个作者都希望自己有效的定义,能够像鹰一样让附近的鸟类都消亡,但不管如何努力,他都不能预防所有敌对的定义①。这个的描绘,可用来形容20世纪中国对崇高(英文通译Sublime,为表述方便,笔者正文皆取“崇高”的译法)的定义的起伏和变迁。

现代中国最具影响力的美学家朱光潜在1932年写就的名著《文艺心理学》

① 让·波尔(Jean Paul):《美学入门》,刘小枫选编:《德语美学文选》上卷,上海:华东师范大学出版社,2000年,第52页。

中，形象地描绘了刚性美与柔性美的异同：

> 从前人有两句六言诗说："骏马秋风冀北，杏花春雨江南。"这两句诗都只举出三个殊相，然而它们可以象征一切美。……比如说峻崖，悬瀑，狂风，暴雨，沉寂的夜或是无垠的沙漠，垓下哀歌的项羽或是横槊赋诗的曹操，你可以说这都是"骏马秋风冀北"式的美；比如说清风，皓月，暗香，疏影，青螺似的山光，媚眼似的湖水，葬花的林黛玉或是"侧帽饮水"的纳兰成德，你可以说这都是"杏花春雨江南"式的美。……前者是刚性美，后者是柔性美。①

他博采西方艺术中经典的例子，来论证两者之间的区别。比如，动的美和静的美，狄奥尼索斯和阿波罗，米开朗基罗《摩西》、《大卫》与达·芬奇《蒙娜·丽莎》等。然后，他开始像许多现代中国文学家一样，在中国的美学经典中寻找与这种美学结构观念对接的资源：阴与阳、李杜与孟韦、苏辛与温李、北派与南派、太极与少林等中国古典艺术门类中对立统一体。由此，他引出西方文艺批评中的一对观念：Sublime 和 Grace。对于前者，他在汉语中找到了"雄浑"、"劲健"、"伟大"、"崇高"、"庄严"等意义勉强对应的词语，最后以"雄伟"译之。后者则以"幽美""秀美"译之。如博雅的朱光潜指出的那样，"雄伟"与"秀美"之间的对立，源于英国的埃德蒙·柏克，康德和席勒继承和发扬了这种区分，使之成为德国古典美学中一个不断的传统。因此，朱光潜引证的西方诸家，皆是就如何区分和定义 Sublime 和 Grace 做文章。

迄今为止，熟悉中国现代美学观念演变和西学东渐的人大概都知道，从此前的王国维、蔡元培两位先生开始，就注意到了西方美学中 Sublime 和 Grace 这对概念。研读过康德、叔本华的王国维在《〈红楼梦〉评论》中，就提到了壮美和优美这两种不同的风格②。蔡元培先生也有过"妙美"与"刚大、至大"等区分③。中国后来的美学诸家，虽历史变幻，却大多延续了类似的分法：把阴柔之美视为崇高美之外的另一种美。比如，蔡仪在 1947 年出版的《新美学》中专辟一节论述了"雄伟的美和秀婉的美"：

> 秀婉的美感，是美的对象既引起我们的美感的愉快，又引起我们感性的

---

① 朱光潜：《文艺心理学》，《朱光潜美学文集》，上海：上海文艺出版社，1982 年，第 227—228 页。

② 金雅主编：《中国现代美学名家文丛·王国维卷》，杭州：浙江大学出版社，2009 年，第 117 页。

③ 蔡元培：《蔡元培学术文化随笔》，北京：中国青年出版社，1996 年，第 71—72 页。

快感和其他精神的愉快，于是全体说来，都是愉快的、一致的、调和的。而雄伟的美感，是美的对象一方面引起我们的美感的愉快，另一方面又引起我们感性的不快或其他精神的不快，于是全体说来，虽然是美感的愉快强烈，超过了那种不快，但在接受这刺激的时候，是拒抗的、混乱的、矛盾的。①

宗白华在20世纪60年代初关于康德思想的评述中，把Sublime译为崇高，他也认同上述分法：

人类在生活里常常会遭遇到惊心动魄、震撼胸怀的对象，或在大自然里，或在人生形象、社会形象里，它们所引起的美感是和"纯粹的美感"有共同之处——因同是在审美态度里所接受的对象——却更有大大不同之处。这就是它们往往突破了形势的美学结构，甚至恢恑谲怪。自然界里的狂风暴雨、飞沙走石，文学艺术里面如莎士比亚伟大悲剧里的场面、人物和剧情，是不能纳入纯美范畴的。这种我们大致可以列出的壮美（崇高）的现象，事实上在人生和文艺里比纯美的境界更多，对人生也更有意义。② ……壮美的现象对于我们的想象力显示来得强暴，使我们震惊、失措、彷徨。然而，越是这样，越使我们感到壮美、崇高。③

因翻译习惯的不同，他把Grace译释为纯美的境界。李泽厚在20世纪七八十年代之交写就的《关于崇高与滑稽》一文中，也对崇高与优美进行了区分，并将崇高分为两类：

……事物有相对静止和绝对运动的两种不同状态，美的本质作为真与善的统一，也有着两种不同的状态。优美只是其中的一种，它在形式上表现为统一的成果。与此相反，崇高、滑稽作为美学范畴却表现为另一种状态，

① 蔡仪：《蔡仪文集》第一卷，北京：中国文联出版社，2002年，第358页。

② 宗白华：《康德美学思想评述》，《新建设》1960年第5期。后收入《宗白华全集》第三卷，合肥：安徽教育出版社，1994年，第369页。

③ 宗白华：《宗白华全集》第三卷，第370页。

它们表现为形式上的矛盾、冲突、对抗、斗争。①

当你面对崔巍的高山,无际的海洋;当你看到一场雷电交加的暴风雨或者是一片广漠无垠的沙漠……常常引起的是一种奋发兴起的情绪。同样,生活中的英雄事迹,无论是惊天动地的丰功伟绩,或者是无声无息的平凡中的伟大,也能引起人们的高山仰止、力求奋发的崇高感受。在艺术中,一出动人心魄的悲剧,一曲慷慨激昂的乐章,常常令你热泪盈眶而又不生喜悦,这种崇高的美感与一般观花、赏月、忆弟、看云、与读一首抒情短诗、看几幅山水小画那种宁静平和的美感,显然大不相同。②

蒋孔阳 20 世纪 80 年代初期写的《论崇高》中,也有类似的分法:

当春风拂拂、柳絮轻飘的时候,我们来到野外,阳光灿烂,绿草如茵,碧波凝翠,我们完全被陶醉了,我们全身心都感到美。这种美是恬静的,舒适的,充满了愉快的。可是我们来到黄山的天都峰,或者泰山的南天门,那巍峨的山峰,陡峭的石级,压得人喘不过气来。我们要费好大的力气,才能赞美山势的雄伟,惊叹造化的神功。这也是一种美,但它美得那样特别,那样充满了惊奇和痛苦,那样叫人骚动不安,那样令人激起心灵的震荡和慑服。为了区别与前面那种愉悦的美,一般把后者称为崇高。③

相较此前诸家的论述,蒋文更为详细地梳理了崇高性理论在西方的发展脉络,并特别指出,"对于崇高的理解,不像对于其他审美范畴的理解歧义那么多,而基本上是一致的"④。蒋还将郎吉弩斯以崇高论批评世风的情怀,转化到对 80 年代初期中国改革开放带来的社会乱象批评上来,这与李泽厚把"英雄事迹"、"丰功伟绩"、"平凡中的伟大"等充满时代色彩的观念引入"崇高"一样,都显示出一种与时俱进的努力。但是,他们的观点也因此受到了"时"的羁绊。

---

① 李泽厚:《美学论集》,上海:上海文艺出版社,1980 年,第 199—200 页。李先生这种论述显然受到车尔尼雪夫斯基等苏联理论家的影响。车氏也有《论崇高与滑稽》一文,见辛未艾译:《车尔尼雪夫斯基论文学》,上海:上海译文出版社,1979 年。在一本苏联美学家编的美学词典中,有如下关于崇高的论述:"如果说美是自由的领域,那么崇高则是人相对不自由的领域。在这一意义上,崇高表现了客体对于认识客体的主体的优势地位。壮丽的自然现象,世界历史性的变革,人在社会发展和个人生活的转折时刻所表现出来的充满崇高精神的活动,成为崇高的客观源泉。"A. 别尔亚耶夫等主编,汤侠生等译:《美学辞典》,北京:东方出版社,1993 年,第 55 页。

② 李泽厚:《美学论集》,第 202—203 页。

③ 蒋孔阳:《蒋孔阳学术文化随笔》,北京:中国青年出版社,2000 年,第 155 页。

④ 蒋孔阳:《蒋孔阳学术文化随笔》,第 167 页。

上述崇高性观念的变迁和延续，治西方美学史和中国现代美学史的学者已经充分注意到①。接受和消化了不同西方学统的中国美学家，虽身处不同语境，论述亦有具体的区别，但如蒋孔阳所洞察到的那样，他们对于崇高的定义有内在的一致性。

二

有趣的是，如果我们回溯到崇高论的源头上，便会发现，在朗吉弩斯那里，没有对崇高和秀美作明确的区分。如许多研究者注意到的那样，真正进行类似划分的是古罗马的西塞罗。他在《论责任》一文中说："美有两种，一种主要是娇柔，另一种主要是庄严，我们应当把娇柔看作是女人的属性，庄严看作是男人的属性。"②为了达到正本清源的目的，我们有必要重新端详朗吉弩斯对崇高的定义：

> 所谓崇高，不论它在何处出现，总是体现于一种措辞的高妙之中，而最伟大的诗人和散文家之得以高出侪辈并获取不朽盛誉总是因为有这一点，而且也只因为有这一点。崇高的语言对听众的效果不是说服，而是狂喜。一切使人惊叹的东西无往而不使仅仅讲得有理、说得悦耳的东西黯然失色，相信或不相信，惯常可以自己做主，而崇高却起着横扫千军、不可抗拒的作用；他会操纵一切读者，不论其愿从与否。③
>
> 如果这个作品，是不同凡响，无懈可击，难于忽视，或者简直不容忽视，如果它又顽强而持久地占住我们的记忆，这时候我们就可以断定，我们确是已经碰上了真正的崇高了。一般来讲，大家永远喜爱的东西，就是崇高的真正好榜样。④

在他这里，诗文操纵一切读者，让不同时代的读者狂喜和兴奋的特质，顽强地占领我们的记忆并让大家永远喜爱的东西，就是崇高的榜样。中国的美学史

---

① 当代美学研究者朱立元主编的《西方美学范畴史》第三卷中，就把优美和崇高作为西方美学的两个重要范畴来论述。太原：山西教育出版社，2006 年，第 62—119 页。

② [古罗马]西塞罗：《西塞罗三论》，北京：商务印书馆，1998 年，第 149 页。

③ [古希腊]郎加纳斯：《论崇高》（节选），见伍蠡甫主编：《西方文论选》，北京：人民文学出版社，1964 年，第 122 页；据董强的论述，西方学界对《论崇高》的作者仍然有争议。参阅《梁宗岱：穿越象征主义》，北京：文津出版社，2005 年，第 62 页注释。

④ 《西方文论选》，第 124 页。

家每每将崇高论追溯到他这里,却不太在意他的一些独到之处。比如,他特别强调诗人作家达到崇高的方式:“摹仿过去伟大的诗人和作家,并且同他们竞赛。”[①]疯子和同性恋诗人王尔德的妙论,可以作为这句话的注脚:艺术不遵守生活,而遵守自身纯正的谱系,它只向伟大的艺术学习[②]。朗吉弩斯强调了一个作家或雄辩家如何在已有才华的基础上,通过学习伟大的作品来创造崇高性,以闪电般的光彩照彻一切问题,进而征服读者或观众,他说:“真正崇高的文章自然能使我们扬举,襟怀磊落,慷慨激昂,充满了快乐的自豪感,仿佛是我们自己创作了那篇文章。”“一般地说,凡是古往今来人人爱读的诗文,你可以认为它是真正美的、真正崇高的。”[③]

的确,许多后来的作家是把朗吉弩斯这篇作品当成创作指导来接受的,这一脉络没有得到国内美学研究者的足够重视。在笔者有限的视野里,除上述美学家之外,较早地以创作论的视角注意到朗吉弩斯之“Sublime”的现代作家是梁实秋。在 1927 年出版的《浪漫的与古典的》一书中,梁实秋把《论崇高》翻译为《论超美》,他沿用了德莱顿的说法,认为它“在希腊批评里除了亚里士多德的诗学外,可谓最有独创性的一部批评”[④]。在 1928 年写的《论散文》中,他再次谈及朗吉弩斯,并引其观念为创作的圭臬:

> ……该记得那个“高超的朗吉弩斯”(The sublime longinus),这一位古远的批评家说过……怎样才能得到文学的高超性,这完全要看在文调上有没有艺术的纪律。先有高超的思想,然后再配上高超的文调。有上帝开天辟地的创造,又有圣经那样庄严简练的文字,所以我们才有空前绝后的圣经文学。[⑤]

另外,在 1934 年出版的《文艺批评论》中,他如此转述朗吉弩斯对“Sublime”的定义:“一种文字的高超性与优美性。”[⑥]这与差不多同时在关注朗吉弩斯的朱光潜大为不同。

以上引述的朗吉弩斯的论述和梁实秋对他的推崇,可以引出崇高论在中国

---

① 《西方文论选》,第 127 页。

② [英]奥斯卡·王尔德:《谎言的衰落》,南京:江苏教育出版社,2004 年,第 40 页。

③ 章安祺编订:《缪灵珠美学译文集》第一卷,北京:中国人民大学出版社,1998 年,第 82 页。

④ 梁实秋:《浪漫的与古典的》,上海:新月出版社,1927 年,第 150 页。

⑤ 梁实秋:《论散文》,《新月》1928 年 1 卷第 8 期。

⑥ 梁实秋:《文艺批评论》,上海:中华书局,1934 年,第 25 页。

乃至西方文学史上的另一种影响。这就需要我们回顾20世纪30年代诗人梁宗岱就此问题与朱光潜之间展开的那场著名对话。据梁文交代：朱光潜把自己谈论刚性美与柔性美的文章给他看后，两人发生争论。朱便敦促梁把不同意见写出来。1934年底，梁便应邀以《论崇高》一文回应朱光潜。梁在文中以同样的例子反驳朱将幽美或秀美排除在崇高之外，并为"崇高"下了一个"本土化"的定义：

> 所以，我以为"崇高"只是美底绝境，相当于我国文艺批评所用的"神"字或"绝"字；而这"绝"字，与其说指对象本身底限制，不如说我们内心所起的感觉。"高山仰止，景行行止。虽不能至，心向往之"，太史公这几句诗便是崇高境界底恰当描写。所以，我认为崇高底一个特征与其说是"不可测量的(immeasurable)"或未经测量的，不如说是"不能至"或"不可企及的"。[①]

对比朱梁对于崇高的论述，可发现三点差异：首先，梁某种意义把重心回到了朗吉弩斯那里：高妙的措辞(神或绝)或文本自身的魔力对于读者或欣赏者的征服，而朱文则主要依据德国古典美学传统以及此前西塞罗的观念结构；其次，梁所言的"不能至"或"不可企及的"，则显然是从创作者出发而言，而朱则多从欣赏者或批评者出发；最后，梁在中国古典美学中为崇高寻找对应的概念时，所获与朱截然不同。

前两个差异，涉及西方美学史中复杂的分歧，也涉及朱和梁不同的知识源头；第三个差异，则显示了两人不同的诗学见解，尤其是批评家与诗人之间的差异，借海德格尔的说法，就是思与诗之间的差异。值得一提的是，梁宗岱甚至一开始就指出康德的不足之处，这在现代中国康德接受史上，恐怕也是异数。

概言之，梁宗岱对朱光潜的诘问，其主旨是反对刚性美与柔性美之间基于崇高性的对立，他认为两种类型(而非只是前者)都可以达到"崇高"的境界："神"或"绝"。事实上，朗吉弩斯《论崇高》一文中，也表达了类似的看法，比如，在谈论萨福的爱情诗的精妙时，朗吉弩斯在不同的地方说到相近的意思：萨福描写恋爱的疯狂和痴迷的笔法，有如荷马所写的暴风巨浪的惊险[②]；又说，柏拉图的作品虽如无声的潜流，但依然能抵达"雄伟"的境界[③]；他还主张，婉曲之词亦有助于崇高的风格[④]。尤其要指出的是，在朗吉弩斯看来，与崇高对应的，是平庸，而不是什么"优美"或"秀美"——他说："是哪样更好些呢？带有小瑕疵的崇高的作品，

---

① 梁宗岱：《论崇高》，《梁宗岱选集》，北京：中央编译出版社，2006年，第130页。

② 《缪灵珠美学译文集》，第88—89页。

③ 《缪灵珠美学译文集》，第92页。

④ 《缪灵珠美学译文集》，第107页。

还是才情中庸但是四平八稳无瑕可指的作品?”[1]

三

在现代文学研究中,朱梁之间的微妙对立,似乎多被视为美学家与诗人之间的趣味之争。比如,即便到当代,法国文学研究家董强依然认为,梁在论崇高一文中“经验主义式的推论是值得商榷的”。梁的观点似乎也没有得到美学研究者的重视[2],相反,朱整饬严密的理论和灵动的文辞,以及他与梁不同的客观际遇和写作性情,使得他对崇高的论述长时间内影响更大,众多美学史论著作中都直接或间接引朱氏的崇高观念为经典。对梁氏崇高论,即使到20世纪80年代开始有所阐发,亦多局限于现代文学研究领域,尤其是新诗研究领域,稍后才得到比较文学研究者的重视。比如,董强颇有见识地指出:梁将崇高归结为一种内在的智慧,也与一向重感官形式的象征主义矛盾。并由此归纳出梁宗岱崇高论的古典主义倾向:他试图将中国美学运用到西方美学上,结果却与西方古典美学传统中的崇高论相差甚远[3]。

旅美现代文学学者王斑最近在国内出版的一本著作中,比较细致地谈论了这次朱梁之争,并力图在20世纪中国的政治和美学纠结的背景下,来透视其的美学史意义。王斑令人惊喜地指出,该分歧背后,隐藏着特定的性别美学话语结构:在朱光潜及其继承的西方,尤其是德国美学传统中对雄伟(崇高)与秀美之间的区分,是以男性话语为主宰的美学话语方式。在王斑看来,在20世纪的中国,崇高性是“变化的实践而非概念”[4]。这一结论的依据,是20世纪它在中国美学历程的变化。比如,他最有洞见的看法,是认为朱光潜把“阴柔的美”从崇高性里清除出去,这一方面延续了西方和中国的传统美学隐喻话语中潜在的性别歧视,同时也与从40年代开始进入“宏大”话语状态的中国社会形成呼应,这一直延续到“文革”结束。而80年代的美学热,则显示了被阳性化的崇高话语压抑的“阴柔之美”的复苏。由此引出了梁宗岱反驳朱光潜所具有的美学史意义,他认为梁

---

① 《缪灵珠美学译文集》,第112页。

② 在笔者所见的有限的关于崇高的美学史论作品中,没有人提及梁这篇文章。

③ 董强:《梁宗岱:穿越象征主义》,北京:文津出版社,2005年,第59—61页。

④ [美]王斑:《历史的崇高形象:二十世纪中国的美学与政治》,上海:上海三联书店,2008年,第11页。

宗岱所持守的，恰好是对于阴柔之美的支持[①]。这种方式勾勒出的现代美学史，似乎很清晰了。

当然，王斑没有论及梁宗岱的崇高论与法国象征主义之间的关系（大概是因为梁宗岱与法国象征主义诗人瓦雷里之间的友谊，以及梁译法文版陶潜诗歌的成功，已是现代中西文学交流史上的常识，不必多论），象征主义与西方崇高论谱系之间的关系，以及梁作为诗人对崇高的论述对新诗理论建设的意义：在创作和欣赏中化解二元美学对立的方式和理想。

为了有效重释上述问题，我们可以稍微把话题展开。事实上，古希腊的“崇高”理论，在后来的西方文艺进程中有着不同的分支和后裔。仿照王斑的话说，崇高性在西方艺术史上也是一个变化的实践。比如，根据艾布拉姆斯的梳理，郎吉努斯16世纪才开始被慢慢发现，17世纪末才开始成为古典批评的重要部分。从这个时期开始，一些浪漫主义诗人和理论家开始把他作为浪漫主义的先祖，成为“郎吉努斯的信仰者”：因为他强调杰出文学中的“炽热情感”的重要性，而且把文艺批评的重心从欣赏者转移到作者。[②] 前者与梁实秋20年代对朗吉努斯《论崇高》后世影响的描述颇为一致：“朗占诺斯最值得注意者，即其对于情感与文调之重视，盖实乃启后世浪漫思想之源也。”[③]美国学者保罗·纽曼研究西方恐惧文化的源流时，细致地论述了浪漫主义艺术与恐惧之间的关系：

> ……对于拜伦、济慈、雪莱这样的人，恐惧意味着什么，那是一种与中世纪的人体会到得完全不同的情感。对于后者，恐惧就是纯粹的恐惧，也许是对自然的真切感受。但是，对于浪漫主义者来说，恐惧还带有一种让人震颤的力量。机器、工业和众多发明成果包围着人们，促使人们像驮马般工作。同时，人们也试图逃离这令人压抑的重围，去一个能让他们体会包括恐惧、警卫、极端麻木以及对宗教的虔诚的地方。[④]

而我们已经知道，激情与恐怖，是崇高性范畴中两个非常重要的关键词。那么象征主义传统与“崇高”理论又有什么联系？事实上，在早期的象征主义与哥特艺术之间，有着密切的关系。比如，被波德莱尔推为象征主义文学的鼻祖之一的爱伦坡，其小说和诗歌观念就较多地受到哥特文学的影响，甚至常常被归类到

---

① 《历史的崇高形象：二十世纪中国的美学与政治》，第106—115页。

② [美]艾布拉姆斯：《镜与灯——浪漫主义文论及批评传统》，北京：北京大学出版社，2004年，第86—91页。

③ 《浪漫的与古典的》，第154页。

④ [美]保罗·纽曼：《恐惧：起源、发展和演变》，上海：上海人民出版社，2005年，第145页。

哥特风格的作家序列。他对于恐怖、惊悚、病态、晦暗、神秘、暗夜、梦魇——这些都曾是贯穿象征主义的重要理念——等的隐喻性运用,多得自哥特文学的传承。而现在西方诗学研究界对此的共识是,哥特小说与崇高性理论之间,有相当的渊源。哥特小说对于恐怖、激情等的实践和呈现,正是从当时开始流传开的崇高性理论,比如十八九世纪的伯克、爱迪生这样的理论家对崇高的论述中得到启发和依据[①]。在象征主义绘画和诗歌中,我们也常常看到类似的场景。不说波德莱尔,就是在梁宗岱师从的瓦雷里的诗中,我们可以常感到这种气息:

> 涌上来吧,我的热血,来染红这苍白的境遇,
> 它正被具有神圣距离的苍穹
> 和我所赞赏的光阴难以觉察的皱纹崇高化了![②]

当代法国学者让·利奥塔言简意赅地归纳了崇高性命名与浪漫主义、现代主义文艺之间的关系,让我们更为清楚地理解"崇高"美学的这一脉被中国美学研究家遮蔽的回响:

> 这种矛盾的感觉:如乐趣、痛苦、喜悦、焦虑、激奋、消沉,在十七世纪到十八世纪的欧洲被命名或重新命名为崇高;古典诗学的命运正是在这个名词上成功或失败;正是在这个名词的范围内,美学使其对艺术的批评权有了价值,浪漫主义,也就是说现代主义,取得了胜利。[③]

四

在回顾和勾勒出崇高性理论流传的两条线索后,我们回到梁宗岱的崇高论。他关于崇高的论述,虽如董强所说的,最后归结于一种内在的智慧,充满了东方玄学色彩,但参照他对于新诗的看法,他把崇高美的核心视为一种"不可企及"的"神""绝"的境界,一定程度上涉及了汉语新诗的核心问题:如何不依附于艺术之外的力量地建立自我崇拜的形式?以便能够把一切都容纳到这种崇拜之中?西方象征主义文学在其文学传统中,建立了一套言说"不可言说"的事物的悖论诗

---

① 李伟昉:《黑色经典:英国哥特小说论》,北京:中国社会科学出版社,2005 年,第 112—130 页

② [法]瓦雷里:《年轻的命运女神》,《瓦雷里诗歌全集》,北京:中国文学出版社,1996 年,第 53 页。

③ [法]让·利奥塔:《非人——时间漫谈》,北京:商务印书馆,2000 年,第 102 页。

学方式，将现代世界的消极性本质熔炼为艺术展示自己的枝叶和果实，这与朗吉弩斯的一些珠玑之论是相互呼应的：

> 一个朴素不文的思想，即使不形之于言，也往往仅凭它本身固有的崇高精神而使人赞叹。试看在“招魂”一章中埃阿斯的沉默是多么的悲壮，比任何的谈吐还要崇高。①

那么，汉语文学亦如何能够发明自己新的形式，即经营出表达“不可企及”的诗意形态，以保证艺术地容纳广阔而激烈的世界，却保持自身的风骨？关于象征主义的感官形式特征，在梁关于崇高的论述中，没被提及，但梁的诗学观念也默默地变化。在他后来的文章和晚年零星的口述中，我们可以看出他对此的想法。

当代著名诗人柏桦 80 年代初曾慕名拜访晚年的梁宗岱。他动人的回忆，呈现了诗人之间、诗歌之间的一种自外于文学史逻辑的传递：

> 那一夜，我回到宿舍独自一个狂热地捧读老人的《试论直觉与表现》。我不是在读，也不是被吸引，而是晕眩、颤栗、震惊！……他在文章中回忆了他为什么写诗的原因，“那是一个秋天的下午，我 6 岁，母亲在那天去世了。送葬回来那天，我痛不欲生，只想寻死……我第一次朦胧地体会到强烈的诗歌激情，那是唯一可以抗拒死亡的神圣的东西……”……万籁俱寂，我听见了我的心在激烈地跳动，我听见了老人一滴 6 岁的血滴进了我迎接着的 25 岁的心。就在那一夜形成了我的第一句诗观：“人生来就抱有一个单纯的抗拒死亡的愿望，也许正因为这种强烈的愿望才诞生了诗歌。”

引文中提到的《试论直觉与表现》是梁 1944 年写就的一篇长文。在 1981 年 5 月一个凉快的夜晚，其中关于死亡与诗歌激情的妙论，流淌进一个当代诗人的写作生命中。我们继续看梁晚年对波德莱尔的看法：

> 我心里一怔，赶紧把话岔开：“我非常喜欢波德尔的诗……”说着说着我开始用中文背诵他的《烦忧》，并说：“我喜欢他的‘恶’之美。”
>
> 老人愉快地笑着说：“不是‘恶’之美，是美本身。”②

“美本身”的回答，与梁宗岱论崇高中的诸多论述，以及对诗歌激情与死亡的关系的妙论，形成了诗人生命履历之内的遥远回环的呼应。梁宗岱的写作观念

---

① 《缪灵珠美学译文集》，第 84 页。

② 柏桦：《左边：毛泽东时代的抒情诗人》，南京：江苏文艺出版社，2009 年，参阅书中《去见梁宗岱》一节。

和后来近乎沉默的艺术人生，恰好呈现了他的“不可企及的”崇高理念，也实践了他对于“一切的峰顶”的崇高向往。海德格尔谈论德语诗人特拉克尔时，有一段妙论，似可助我们理解梁“不可企及”的深意：

> 每个伟大的诗人都只有出于一首独一的诗来作诗。……诗人的这首独一的诗始终未被说出。无论是他的哪一首具体的诗，还是具体诗作的总和，都没有完全把它道说出来。尽管如此，任何一首诗都出于这独一的诗的整体来说话，并且每每都道说了它。[①]

在梁看来，“不可企及”的实现，需要不断地取消事物之间的对立，正如将“恶”化为美本身。梁在《论崇高》中反驳朱光潜的逻辑，就是以自己的审美体验为依据，来打破朱对于“美”的对立性“划分”，最后还原了它们貌似对立的面孔中蕴含着的转化为对方的可能性。这让我们想起艺术阐释中许多类似的论述：在《会饮》结尾，苏格拉底与喜剧诗人阿里斯托芬和悲剧诗人阿加通对饮谈诗，苏格拉底迫使他俩承认，喜剧中的天才与悲剧相同，真正的悲剧艺术家也会是喜剧艺术家；[②]俄国宗教哲学家弗兰克说：“任何审美体验，即使是在感受严酷的、悲惨的、忧郁的、不协调的情景时，也会给我们带来享受，……包含着快乐、愉悦的成分”；[③]王夫之论诗经时说：“以乐景写哀，以哀景写乐，一倍增其哀乐”；王尔德谈论莎士比亚戏剧时说：一个艺术真理的矛盾命题也是真的。[④] 这些，都在不同的时空和文本中揭示了高妙的艺术是如何通过化解对立面，破中求立，将“光阴的皱纹崇高化”的。它们可以作为我们理解梁宗岱论崇高的旁证。

上述种种，大抵就是梁文迄今仍不断地在幽暗的心灵和写作困境中，为人追忆的缘由。概言之，倘若说朱光潜的崇高论及其追随者依靠他们的知识资源，为我们提供了一种清晰的结构，那么，梁实秋，尤其是梁宗岱就创造了一种警惕和对抗这种清晰结构的可能性。在亟须重构汉语诗意的现代中国，甚至在文学艺术永恒的创造渴望中，后者更加符合需要。因为，创作的现代困境大抵不出于此：于存在的困境中写出难言之隐，以言路打开那闭锁的一切；把与诗意对立的生活、历史乃至世界的一切，熔炼、内化为诗的崇高和赞美。梁宗岱在他的时代和生命里切身地意识到的这些，足以诱惑后人不断重温他的文字之光和践行的足迹。

---

① [德]海德格尔：《在通向语言的途中》，北京：商务印书馆，1997 年，第 25 页。

② [古希腊]柏拉图：《会饮》，北京：华夏出版社，2003 年，第 118 页。

③ [俄]弗兰克：《人与世界的割裂》，济南：山东友谊出版社，2005 年，第 23 页。

④ [英]奥斯卡·王尔德：《谎言的衰落》，第 222 页。

论约瑟夫·海勒对大卫故事的改写

褚蓓娟　李琛琛

[摘　要] 约瑟夫·海勒在美国小说面临极度困境的文坛上，以其令人耳目一新的“黑色幽默”创作技巧给当时“枯竭的文学”带来了转机。他在长篇小说《上帝知道》中用西方文化经典《圣经·萨母耳记》的故事敷设情节，并在两个文本之间确立了一种否定的互文关系。在后现代主义作家中，海勒不是高产的作家，但他寥寥几部作品之间的相互指涉、自身与传统的互文特色，使得他的作品形成了巨大的张力。

[关键词] 海勒　大卫　《上帝知道》

布鲁姆在《影响的焦虑》一书中认为，作家总有一种迟到的感觉：重要的事物已被人命名，重要的话早已有了表达。因此面对前辈的伟大传统，作家只有通过对前文本修正、位移、重构等，才能为自己的创造和想象力开辟空间。布鲁姆探讨的正是文本与传统的互文性特征。互文性这一术语产生于20世纪60年代，由朱丽娅·克里斯蒂娃最先提出。克里斯蒂娃从巴赫金提出的复调和狂欢化理论中得到启示，在其专著《符号学，语意分析研究》中阐述了互文性的定义：“任何文本都是其他文本之吸收与转化，构成文本的每个语言符号都与文本以外的其他符号相关联，任何一个文学文本都不是独立的创造，而是对过去文本的改写、复制、模仿、转换或拼接。”[①]然后，罗兰·巴特进行了更简洁的阐释：“任何文本都是互文本。”[②]很快，互文性成为后现代主义理论的一个重要的批评概念。它强调文本之间不断进行的相互渗透和影响、对话和解构，无疑为人们解读文本带

① 董小英：《再登巴比伦塔——巴赫金与对话理论》，北京：生活·读书·新知三联书店，1994年，第103页。

② 王瑾：《互文性》，桂林：广西师范大学出版社，2005年，第5页。

来了新的视角和方法。

借用这种方法，让我们解读约瑟夫·海勒在1984年出版的长篇小说《上帝知道》。

一、《上帝知道》与《圣经·萨母耳记》的对话

《上帝知道》问世时，也许是它新的艺术形式同传统艺术和生活领域内的陈规陋习所做的令人耳目一新的决裂还不被人所认同，批评界的最初反映是"这是一本垃圾"、"俏皮话和时代错置"的拼凑。可是两年后，人们对它的认识产生了巨大变化，1986年，《上帝知道》获得了"美第奇"最佳小说奖（medici prize）。

《圣经·旧约·萨母耳记》和《列王记》分别记载的是上帝膏立扫罗、大卫、所罗门为以色利的王，在他们的相继统治之下，以色列如何歼灭敌人、维护稳定，以色列和犹大的统一过程及其兴衰史。需要指出的是，《萨母耳记》记载的是以色列人由士师时代进入统一王国时代的历史，撒母耳是这一历史阶段的关键人物，他既是最末一位士师，又以先知的身份代表上帝为以色列人膏立了两位开国君王——扫罗和大卫，所以称为《撒母耳记》。这段内容大约指公元前1095—公元前970年间的以色列历史。它的主要神学思想是：通过历史事实来阐述上帝的旨意，使以色列人知道上帝已开始实践他昔日对圣祖们的许诺，赐给他们一个君王——大卫，大卫王朝要永世不替[①]。《圣经》编纂者再三推崇大卫为理想的君王，《圣经》中的大卫王不仅是以色列的英雄，建立了统一的以色列王国，执政40年；而且对上帝顺从、诚实、正直，谨守上帝的律例和典章，经常以上帝的仆人自居，听从先知的指教。备受上帝恩宠。在希伯来《圣经》的文集部分，大卫王已经被记载成是个完美无缺的国王，甚至他的通奸和谋杀行为也被一笔勾销。

海勒自称其情节以《撒母耳记》上、下两章和《列王记》开篇为基础[②]，《上帝知道》对应《圣经》大卫王的故事，敷设了大卫从英勇的投石少年到膏立为王，从为扫罗服役到七年遭罪的漫漫一生，小说写晚年的大卫王形容枯槁全身发抖。尽管有少女亚比煞暖身也无济于事，不过少女亚比煞的抚慰却唤起大卫一系列亢奋的回忆。小说穿梭于凡夫俗子的大卫和英雄的大卫之间，两个文本语境随

① 文庸等编：《圣经蠡测》，北京：今日中国出版社，1992年。

② ［美］查尔斯·鲁亚斯：《美国作家访谈录》，北京：中国对外翻译出版公司，1995年，第151页。

意切换，古今时代错置、世界各地空间交替；建构了一种神圣与不恭交织；严肃与滑稽并置；原文和戏仿融合；圣洁和通俗同在；人物语言啰嗦、重复；叙述语言幽默、荒诞的后现代新文本。

二、《上帝知道》对《圣经》的解构

海勒与前文本的沟通和对话，是一种策略，海勒以《圣经》情节为指涉，那是因为《圣经》是经典、权威、神圣的象征。可见，以《圣经》情节和人物为元叙事，使得现文本的意义成网状辐射。

《上帝知道》以《圣经》中经典人物——大卫为主人公，但与前文本寓意不同的是，它无意再去讴歌英雄的大卫，小说中的大卫是从《圣经》中来的当代人，长生不死却已形同朽木，气息奄奄。以大卫为基点，小说建立了大卫与上帝、大卫与扫罗、大卫与押沙龙、大卫与所罗门、大卫与暗嫩、大卫与他玛、大卫与拔示巴、大卫与亚比煞、大卫与亚比该等一系列人物关系的网络。这个人物关系网络隐喻了上帝/选民、国王/臣民、父/子、夫/妻、男/女、权威/顺从、力量/衰弱、正义/邪恶、理性/非理性、主动/被动、中心/边缘等二元对立的统治秩序，小说通过大卫对这一等级秩序的质疑和反思，解构了经典树立的既定模式和等级秩序，传达出后现代人们反叛传统、颠覆秩序后的精神焦虑。本文试从以下几方面阐释小说对《圣经》的解构。

(一)去经典

小说嘲笑了一切权威和经典。《圣经》作为宗教经典，一直以来具有不可颠覆、毋庸置疑的绝对权威性和律章合法性，它建构了一种伟大、神圣、不可亵渎的绝对真理的标准。圣经对人类的启示甚至已逐渐演变成了某种现代性的标志：理性、自由、劳动力的解放，通过技术进步使整个人类富有，让灵魂皈依爱的基督导致人们的得救等。它以绝对真理的标准建构了统一所有话语的“元叙事”。

然而《圣经》能提供绝对真理吗？《圣经》是公正的范本吗？为什么如此伟大的以色列王大卫在圣经中没有专门设立一章？连以大卫名字命名的标题都没有呢？[①]（38 页、177 页）大卫对此多次表示困惑和不满。表面看来好像是大卫斤

① [美]约瑟夫·海勒：《上帝知道》，沈阳：春风文艺出版社，1988 年。下文所引不再另作说明。

斤计较或是滑稽搞笑，实际上小说用一种几乎繁复的叙述方式对这个神圣的经典提出了诘问。小说对圣经开篇就来了全盘颠覆："《创世记》吗？那种宇宙论不过是哄小孩儿的玩艺儿，是摇头晃脑的老奶奶编造的离奇古怪的幻想故事，而这位老奶奶也在排解了无聊之后打起瞌睡。"（4 页）从文艺复兴直至 20 世纪初的人们都非常崇敬的《钦定本圣经》，"数百年其卓越地位仍无可动摇"[①]，但这个版本却遭到小说毫不留情的否定。大卫认为《钦定本圣经》的编写者"对希伯来语不甚了了，对英语也不怎么擅长"，下令编写《钦定本圣经》的英格兰詹姆士王一世只不过"是个搞同性恋的男人"（115—116 页），既然经典在其形成之时，就如同游戏，它岂能承载既定的规范和意识形态合法性的经典使命呢？小说对这种一体化"元叙事"的经典用一种轻松嘲讽、玩世不恭的方式彻底加以消解。如同利奥塔分析的那样：在后现代主义语境中，自由解放和追求真理的"两大合法性神话"或"或两套堂皇叙事"已被瓦解。[②]

历代文学经典也一一遭到了大卫的戏弄和批判。文学史上作为资产阶级坚强斗士的参孙在小说中是个毫无是非敌友观念，贪恋非利士妓女的傻瓜，"参孙这个呆子，这个软体动物四肢发达、目不识丁的乡巴佬，刚愎自用，像傻子一样一次又一次地惹起非利士人的愤怒。……弥尔顿《力士参孙》的描述远不够准确"（37 页）。世界文豪莎士比亚在大卫眼中只不过是个"窃贼莎士比亚"（176 页）、"名不符实的劣等文人"，大卫断言如果没有大卫与押沙龙的故事和扫罗的故事，莎士比亚这个"无耻的剽窃者"是写不出《李尔王》和《麦克白》的（82 页）。一代杰出浪漫主义诗人的代表雪莱为约翰·济慈写的挽歌，被斥之为"纯粹是拙劣之作，伤感的劣等品"（114 页）。这些人们世代传诵的文学经典，在小说中遭到了猛力抨击，而对经典的批驳，实际上是对传统经典阐释的否定，对经典既定价值的否定，它意味着对树立经典背后的规范、标准，确立经典背后的秩序、权力的嘲笑和批判。

（二）反权威

海勒借用《圣经》故事解构传统观念中的权威主义、中心主义，正是因为这个文本为我们树立了以上帝为中心的绝对权威和等级秩序。

尽管释经的意义千千万，但人对上帝的信仰从没有动摇过。在《圣经》里，上

---

① ［美］J. B. 加百尔、C. B. 威勒：《圣经中的犹太行迹——圣经文学概论》，上海：上海三联书店，1991 年，第 250 页。

② 王岳川：《后现代主义文化研究》，北京：北京大学出版社，1992 年，第 185—186 页。

帝是至高无上的权威、正义的象征。万能的上帝之于他的子民，国王之于臣民，扫罗之于大卫，大卫之于押沙龙，父亲之于儿子，丈夫之于妻室……都是不可逾越的绝对权威。比如上帝要求亚伯拉罕把他的儿子拿来祭祀，亚伯拉罕便毫无怨言地向上帝献出自己的亲生儿子；儿子也毫无疑义地跟随父亲亚伯拉罕来到祭祀地点。《圣经》中的神学旨意就是子民对于上帝的旨意，要无条件顺从。儿子对于父亲要绝对服从，父亲之于儿子是绝对权威。因为上帝/父亲的言说最真。《圣经·约翰福音》中说："太初有道，道与神同在，道就是神。这道太初与神同在。万物是藉着他造的；凡被他造的，没有一样不是藉着他造的。生命在他里头，这生命就是人的光。"这里"道"(word)即上帝言说和词语之意，也就是说是上帝的声音。象征最终的真实。"道"在希腊语中即"逻各斯"(logos)，意即"语言"、"定义"，引申为"圣言"、统一性、本质等。德里达的逻各斯中心主义(logocentrism)来源于此词。德里达的逻各斯中心主义也贯穿在神学对上帝无限性的理解中。

可是小说中上帝的所言所为已不再公正，那么他说的话如何能体现真理性？被剥去神圣外衣的上帝，还有点无赖的嘴脸："'谁说我是公平的？'如果我向上帝发问，我预先就知道他会这样回答的，'哪里说的我必须公平？'"(39 页)"喋喋不休地闲扯了 40 年"(29—30 页)的上帝因为不公平又与大卫吵架了，"谁需要这样的上帝？我是瞎子吗？50 多年前我自己就悟出了这样一个道理，赛跑的优胜者并不总是跑的快的人，战斗的胜利也并不总是属于强者，而是要看我们每个人的时间和机遇。太阳东升又西落，这些法则对善者恶者都一视同仁。面包不总是属于聪明的人，财富不总是属于智者，恩宠不总是属于乖巧的人，但是我们的结局却都一样。聪明的人不会比傻瓜结局更好或死得更聪明些。那么聪明人的聪明在哪里呢？因此，我开始憎恨生活，并得出这样的结论，对人来说，在地球上最好的事情就是吃呀、喝呀、玩乐呀。"显然大卫对象征着"公正"、"真理"的上帝已经失望(39—40 页)。上帝言而无信，"上帝赐给加利福尼亚人一条壮观的海岸线、电影工业和贝弗莉山，却只给了我们沙石"(52 页)。小说中的上帝不再是宇宙的主宰，统领万物的神，绝对正确的权威。相反，上帝自私、专横、不负责任。"上帝确实有这种自私自利的习性，因为自己的过错，就把责难发泄到别人头上。他选择人时刚愎武断，不管你是否愿意，也就是说，他给你来个猝不及防，把困难重重的使命强加在你头上。而对我们来说，每项任务几乎都难以胜任，于是他就因为自己择人不当而指控我们。"(54 页)小说从上帝所言所为入手，让其自我否定，自我毁灭，自行裂变，最终拆解上帝充当世界中心，扮演正义、真理的假面具，颠覆逻各斯中心主义。小说用"上帝死了"(211 页)来彻底打破真理存在的虚妄。正如解构主义者德里达所说，逻各斯中心主义者所孜孜追求的深藏于世界中的先天的一成不变的“逻格斯”、统一性根本就不存在，是一种理论幻想。既然上帝压根儿就不是什么真理和正义，而是像我们普通人一样，“我想上帝自己也愿意处处像个国王，否则他为什么要创造世界呢？”“上帝是个暗杀凶手，他迟早要把我们大家都暗算了，使我们复归于泥土之中。所以我再也不怕蔑视他了，他大不了把我给杀了”(303 页)。

大卫对上帝的蔑视体现了反抗一切权威、反对一切中心、本质、真理的后现代特征。从哈贝马斯和利奥塔的批判理论来看，小说对上帝的怀疑可以理解成是对当代资本主义社会中占支配地位的合法化原则提出的批判，是对父权制和资产阶级家庭的批判①。这也是小说对经典解构的时代意义。

(三)非英雄

小说中的大卫原型来自《圣经》，读者却很难从海勒的小说中辨认他的真实身份，所处时代，大致年龄，相貌特点，性格特征。他有时优柔寡断、儿女情长；有时刚正不阿、威武果断。大卫有时自诩“是个比上帝好得多的人”(7 页)，有时又自卑地叹息自己的遭遇“形同灰姑娘辛德拉”(41 页)。小说中到处呈现的是大卫那零乱的、没有逻辑、不能指向稳定统一性的语言，它最终聚合给读者的也只能是不确定的、零散的、含混的、模糊的大卫，英雄和反英雄色彩混合涂抹的、滑稽的非英雄。在后现代作家看来，这正是他们所追求的效果。

大卫是上帝赐予以色列的君王，大卫是伟大英雄的代名词，被历代艺术家讴歌。直到 16 世纪米开朗基罗的雕塑艺术品——《大卫》，仍然表现了大卫的英雄精神。他用全裸体来塑造大卫：大卫左手紧握投石器，双目怒视前方，准备迎接战斗。这是把形象英雄化的最有力的艺术手段之一。“米开朗基罗所创造的大卫不是一般的人，而是人类英雄的象征。”②“雕塑充分体现出了一种顽强、坚定和正义的精神气质……后来人们把这尊历史名作视为保卫祖国，不放松警惕的象征。”③

然而小说中的大卫已经没有了圣经中的威风和气概。“头发稀疏，胡须花白，在反复发作的寒冷控制下，我的手指不住地颤抖；寒冷常常使我下颚打战。”

---

① [美]道格拉斯·凯尔纳、斯蒂文·贝斯特：《后现代理论：批判性的质疑》，北京：中央编译出版社，2004 年，第 318 页。

② 左庄伟：《西方裸体艺术鉴赏》，长沙：湖南美术出版社，1988 年，第 7 页。

③ 朱伯雄编：《外国美术名作欣赏》，上海：上海人民出版社，1984 年，第 57—58 页。

(56 页)小说中的大卫不再是圣经中的英雄,他像一个饱经沧桑的哲人,更像一个超越时代的巨人,出身于《圣经》,却不屑于它的神圣;思维发散,无边无极;穿越《圣经》内外,评论时事古今,上至古希腊神话,下至巴勒斯坦解放组织;从讥笑摩西和亚伯拉罕的顺从到慨叹工业革命、资本主义甚至共产主义的民主(325页);从荷马史诗到弥尔顿的诗歌到莎士比亚的悲剧直至米开朗基罗的裸体雕塑;前半生因为争当王权被岳父扫罗穷追猛打,弄得焦头烂额;后半辈子因为王位继承被儿子们暗算、谋反,折磨得心力交瘁。因之,大卫对上帝不再是盲目顺从,戎马一生的大卫更多的是对上帝的困惑:"我们需要上帝,而他却给了我一群女人"。"上帝知道"? 其实上帝什么也不知道!

与《圣经》中的亚伯拉罕和摩西的顺从、愚忠不同,大卫有自己的思想和见解;与历代人心目中的"英雄大卫"比,大卫是一个非英雄。海勒笔下的大卫,既是一个巨人,又是一个侏儒;既是宇宙的中心,又是边缘人物;既是成功者,又是失败者。海勒用多重叙事角度重构了大卫的过去和现在,使他成为一个具有多重性格和多重自我的人物。美国约瑟夫·海勒研究专家 Judith Ruderman 这样评价作家笔下的大卫:"在同一本书中,读者同时看到了年轻的大卫和年迈的大卫,公开的大卫和私下的大卫,军界的大卫和艺术界的大卫,政界的大卫和作为家庭成员的大卫,勇敢的大卫和胆怯的大卫,以及邪恶的大卫和善良的大卫。"[①] 海勒用"多重性格和多重自我"熔铸了大卫的多元品性,与此同时大卫身份的确定性被模糊和消解。大卫究竟是什么样的人? 以色列王? 英雄? 非英雄? 现代人? 当代人? 犹太人? 大卫陷入失去身份的焦虑和困惑中。小说中三次重复大卫对米开朗基罗的雕塑"产生厌恶之情,"其中主要原因是米开朗基罗让裸体的大卫没受割礼就站在大庭广众之下,"如果那个米开朗基罗对我们犹太人当时对赤身裸体有一点点了解的话,他也决不会让我身上垂着那个东西,也不会让我带着自尊的犹太人宁死不远要的那个亲切有趣的包皮,立在露天的像基上"(226)。割礼在犹太人意识中意味民族身份的确定,"割礼之俗是镶嵌在犹太民族心理深层的一个种族和身份的密码,它以独特的方式体现了犹太人的身份意识和身份感"[②]。居然这种民族身份的重大标记被米开朗基罗所忽视,造成大卫对自己身份不明和无我状态的惊恐和焦虑。大卫的焦虑更是人类的精神焦虑,在小说中可以有多种释义,它似乎还隐喻了海勒解构之后该往何处去的焦虑? 毕竟,追问

---

① Judith Ruderman, *Joseph Heller* ,New York:Continuum,1991. p.107.

② 刘洪一:《走向文化诗学——美国犹太小说研究》,北京:北京大学出版社,2002 年,第 72 页。

自我归属，寻求身份的认同，是很多现代人共同的愿望和隐痛。

三、《上帝知道》：众声喧哗的互文空间

与《圣经》圣洁的语言相悖，海勒在小说中采用多种语言的混合、拼贴运用，构成相互指涉、互文的话语空间。

从高雅的詹姆斯国王版的圣经语言、牛津英语、意第绪语等到世俗语言、粗话、俚语。熔滑稽于严肃之中。如“肥肉对我们的胆囊没有好处”(32页)，“我是大卫王，不是奥斯卡·王尔德”。就这样海勒把《圣经》圣洁的语言与当代的大众语言，以及下流的脏话拼贴起来，小说使这些毫不相干的片段构成一个似乎有内在关联的整体，组成一个杂烩式的“互文本”，来颠覆和破坏既成的文学形式和规范。小说还运用电影蒙太奇手法，从巴赫的音乐到莎士比亚的悲剧再到多那太罗、米开朗基罗的雕塑，由扫罗之死联想到《裘力斯凯撒》里的勃鲁托斯，联想到《安东尼与克莉奥佩特拉》的安东尼(176页)，从诗人莎士比亚、柯勒律治、勃朗宁到哲人马基雅维利、尼采，从古老的以色列和犹大国联想到今天美国的佛蒙特和缅因州(324页)；把一些在内容形式上并无联系、处在不同时空层次的叙述衔接起来，以增强对读者的感官刺激。小说是在对经典戏仿的过程中对经典解构的。小说中的大卫是对《圣经》中大卫出色的戏仿，此外小说中还对大量文学名著的题材、内容、形式和风格进行夸张的、扭曲变形的、嘲弄的模仿，使其变得荒唐和滑稽可笑，从而颠覆固有的等级关系。不过碎片般的语言戏仿虽然使小说达到了局部的精彩，但是《上帝知道》中的碎片倾向忽视了整体的有机联系，局部的精彩便成了飘浮不定的“碎片”。

整部小说就是由《圣经》内容、大卫回忆、现实处境、精神焦虑黏合成的一个大拼贴，读者阅读小说时就像是在快速地切换电视频道，那些转瞬即逝的画面留给读者最直观的感受是强烈的不连贯性和随意性。

海勒建构的众声喧哗的互文空间启示人们：文本不再是封闭、同质、统一的；它是开放、异质、破碎、多声部的，犹如马赛克一样的拼贴。这种混合建构的效果不在于和谐，而在于冲突。

四、解构与建构

从经典《圣经》到万能的上帝到英雄大卫，从宗教信仰到文学经典，海勒以《圣经》为元故事与前文本互涉、与传统互涉，摧毁了所有神圣的事物。

和海勒的其他长篇小说的主题基本一致，《上帝知道》所真正关注的焦点仍然是权威和正义的问题。《圣经》告诉我们：上帝是权威和正义的形象化体现，服从权威、相信正义能造福人类。小说还通过一连串的父子关系：上帝与扫罗、扫罗与大卫、大卫与押沙龙、大卫与所罗门等来阐释权威/父亲问题，上帝对扫罗的权威；扫罗对大卫的权威；大卫对押沙龙、所罗门的权威，……上帝对所有选民的权威。可是大卫王国的建立，暗嫩的乱伦，押沙龙的叛逆，所罗门为王……小说形象化地呈现了对权威（父亲）的质疑和否定，也是对西方文化之权力原型提出的根本解构。《上帝知道》用戏仿经典的形式向读者展现了一幅幅后现代世界令人忧虑的图景：一方面，掌管权力的权威人士为了维护自身的权利，不惜血肉相残：扫罗对女婿大卫疯狂追杀，是因他担心大卫有朝一日会取代他成为以色列国王；大卫的元帅约押杀死扫罗元帅押尼珥，是因约押担心押尼珥会受到重用排挤自己；大卫伺机欲杀外甥约押是因约押有僭越权位之嫌；所罗门王元帅比拿雅为了牢固稳坐元帅之位杀死约押。另一方面，行使权力的人不能真正地行使公正：暗嫩奸污自己的妹妹，大卫身为父亲和国王，对暗嫩的邪恶保持了沉默，沉默意味着对恶行的默许，大卫在恶行和正道面前并未明断是非、主持正义。就像上帝是我们需要信仰而虚构来的，正义和权威也是我们理想的需要而建构出来的，这也许就是海勒解构经典给我们的启示。

海勒小说的意义就在于他强调了后现代文化不再盲目地、不加怀疑地相信权威、正义、理性是创造福祉的力量和人性化的力量，因而导致了伦理的绝对性和确定性的丧失。那么创造人类福祉的力量是什么呢？大卫的焦虑也正是海勒的焦虑。

附录一:作者简介

赖升宏

赖升宏,男,台湾基隆人,台湾"中国文化大学"中国文学研究所博士、中国文学系助理教授,主要研究领域为《礼记》、《论》、《孟》、宋明理学,出版专著《湛甘泉理学思想之研究》(台北:花木兰文化出版社,2011 年)、《〈礼记〉气论思想研究(上下)》(台北:花木兰文化出版社,2011 年),发表论文《论吕氏春秋〈十二纪〉之公义》、《〈礼记·礼运〉论人之气性义》、《论〈大戴礼记·曾子·天圆〉篇的思想与著作年代》、《合"简本"与"今本"论〈礼记·缁衣〉的德治思想》、《论〈礼记·缁衣〉的君德修养》等。

施顺生

施顺生(1967—),男,台湾台东人,台湾"中国文化大学"中国文学研究所博士,现任"中国文化大学"中国文学系专任副教授、中国文学系硕士在职专班副教授、华语文教学硕士学位学程副教授。曾任台湾地区"中国文字学会"第 27、28 届秘书长,现任台湾地区"中国文字学会"第 30 届理事、《中华诗学》(季刊)执行编辑。学术专长和主要研究课题为甲骨文、文字字形演变、汉字教学、敬字亭文化、电影《大红灯笼高高挂》等。主要著作:《甲骨文字形体演变规律之研究》。

方坚铭

方坚铭(1972—),男,浙江温州人,浙江大学文学博士,浙江工业大学人文学院教授。研究先秦、唐、明文史和温州地域文化。出版专著《牛李党争与中晚唐文学》、《明代永嘉场地域文化研究》等。主持过浙江省"文化研究工程"社科规划项目等。

沈小仙

沈小仙，江西上饶人，浙江大学古籍研究所博士后，副教授。主要研究领域是古代职官词汇和现代汉语修辞学。主持2012年教育部社科规划项目《中国古代职官术语训释》，参加黄金贵教授主持的教育部人文社科重大项目“古汉语同义词辨释词典”，负责政法类条目。参加商务印书馆《辞源》第三次修订，承担典章制度部分条目。在《古汉语研究》、《辞书研究》、《历史研究》、《修辞学习》等刊物发表文章数篇。

郑慈宏

郑慈宏（1958—　），男，福建林森人，台湾“中国文化大学”中国文学研究所博士，现任“中国文化大学”中国文学系文艺创作组副教授。曾任“中国口传文学学会”常务理事，现任“中国口传文学学会”理事。于1987年起参与金荣华教授带领的田野调查小组，先后采访过台东卑南族、鲁凯族、花莲阿美族、乌来泰雅族、苗栗赛夏族及澎湖、桃园、新竹等地区。学术专长和主要研究课题为民间文学、民间故事、民间传说、古代天文历法、敦煌天文历法。主要著作有《元代授时历算解》、《汉历研究》等。

刘成国

刘成国（1977—　），男，山东高密人，古代文学博士、教授、硕士生导师。1994年至1997年于烟台大学中文系学习，大三时提前一年毕业，获本科学士学位。1997年至2002年于浙江大学中文系硕博连读，获古代文学博士学位。2002年至2004年于四川大学中文系博士后流动站工作，晋升副教授。2004年至今，于浙江工业大学人文学院中文系任教。2008年破格1年晋升教授。2009年9月至2010年9月为哈佛大学东亚系访问学者。2010年入选浙江省“151人才”第二层次。2011年入选浙江省“之江社科青年学者”。2013年入选浙江工业大学首批杰出青年资助。出版专著《荆公新学研究》。在《文学评论》、《文学遗产》、《文献》、《中华文史论丛》等刊物上发表学术论文若干篇。曾获浙江省社科优秀成果三等奖。主要从事唐宋文学史、宋代思想史研究，现为宋代文学学会理事。

马晓坤

马晓坤（1973—　），女，教授，文学博士。2000年7月毕业于复旦大学中文系中国古代文学专业，同年到浙江工业大学人文学院任教至今。近几年以魏晋南北朝文学和唐代文学为主要研究方向。比较关注思想文化背景之下的文学研究,有专著《文化视野中的陶、谢诗境研究》、《王、谢家庭比较研究》、《俞樾传》等,另在学术刊物上发表相关论文数十篇。

何玲华

何玲华,女,籍贯广东,文学博士,史学博士后,浙江工业大学人文学院教授,长期从事中国现当代文学教学与科研,主要研究领域为中国现代文学与现代文化思潮、女性文化与女性文学。近年,出版专著两部:《新教育——新女性:北京女高师研究(1919—1924)》(北京:中国社会科学出版社,2007年)、《在历史语境中审视——〈新青年〉同人反传统问题研究》(北京:中国社会科学出版社,2009年),并参著《文学的消解与反消解——中国现代文学派别论争史论》(上海:复旦大学出版社,2004年)。

孙力平

孙力平,江西南昌人,博士、教授,中国语言学会理事、中国语文现代化学会常务理事、浙江省语言学会副会长。主要研究汉语语言学和中国古代诗学,独著、主编《杜诗句法艺术阐释》、《中国古典诗歌句法流变史略》、《重现与转换——当代文化建设中的古代文学》、《古代汉语语法研究论文索引》、《语言研究论丛》、《中国文化要览》、《经典诗文讲解与诵读》等,在《中国语言学报》、《文学评论》等刊物发表论文60余篇。评为浙江省优秀教师、浙江省教学名师。

黄水云

黄水云(1964—),女,台湾云林人,现为台湾"中国文化大学"中国文学系教授,主要研究辞赋学与六朝诗,兼擅中国词曲。已出版著作有《颜延之及其诗文研究》、《六朝骈赋研究》、《历代辞赋通论》、《中国辞赋论丛》和《传承与拓新:唐代游艺赋书写》,并发表论文30余篇。

肖瑞峰

肖瑞峰,江苏南通人。1984年毕业于吉林大学研究生院。现任浙江工业大学党委副书记、浙江大学中文系博士生导师。先后获评为国家级教学名师、浙江省特级专家。学术兼职有中国韵文学会副会长、中国宋代文学学会副会长等。已出版《日本汉诗发展史》、《刘禹锡诗论》、《刘禹锡诗传》、《中国古典文学中的别离主题研究》、《晚唐政治与文学》、《中国古典诗歌在海外的衍生与流变研究》等多种学术专著，并在《文学评论》、《文学遗产》、《文艺理论研究》等刊发表专题研究论文100余篇。

高祯霙

高祯霙，女，台湾台北人，台湾“中国文化大学”中文研究所博士，现任“中国文化大学”中文系副教授。出版专书《史汉论赞之研究》、《鱼篮观音研究》，并以《史记》与唐代小说为主要研究方向，发表相关学术论文16篇。

子　张

子张（1961—　），本名张欣，男，山东莱芜人，先后就读于山东省泰安师专中文系、山东师范大学中文系、南京大学中文系，获南京大学文学硕士学位。现为浙江工业大学人文学院教授，从事中国现当代文学专业教学与研究工作，学术兼职有浙江省中国当代文学研究会副会长、浙江省中国现代文学研究会常务理事等。著有《冷雨与热风——现代诗思问录》、《近百年中国文学体式流变史·诗歌体式卷》、《新诗与新诗学》、《一些书一些人》、《清谷书荫》、《子张世纪诗选》等。

李　李

李李，女，广东阳山人，台湾“中国文化大学”文学研究所博士，“中国文化大学”中国文学系文艺创作组副教授，主要研究领域为古典小说、历代散文、晚明小品。主要学术著述有《古典名篇赏析》（台北：秀威资讯出版社，2006年）、《袁小修小品文论集》（台北：秀威资讯出版社，2008年）、《三苏散文研究及其他》（台北：秀威资讯出版社，2008年）、《〈台湾陈办歌〉研究》（《台湾历史与文化研究辑刊》二编第二十册，新北：花木兰文化出版社2013年）、《〈清平山堂话本〉研究——以日本内阁文库藏本为主》（台北：里仁书局，2014年）。

万晴川

万晴川，原名万润保，男，江西南昌人，浙江工业大学人文学院教授、博士。主要从事中国古代小说戏曲研究，曾出版《中国古代小说与方术文化》、《中国古代小说与民间秘密宗教及帮会之关系研究》、《宗教信仰与中国古代小说叙事》等著作12部，发表学术论文90余篇。主持并完成国家、教育部、省、厅级社科规划课题8项，获省、厅级科研奖励4次。

李剑亮

李剑亮,男,博士,教授。现为浙江工业大学人文学院院长。研究领域为词学。曾出版《唐宋词与唐宋歌妓制度》等 6 部专著。在《文学遗产》等刊物发表学术论文 50 余篇。

方爱武

方爱武,女,汉族,安徽青阳人,浙江工业大学人文学院副教授,浙江大学中国现当代文学博士生。主要从事中国现当代文学及比较文学的研究,先后在《新华文摘》(第二作者)、《外国文学研究》、《浙江大学学报》、《浙江学刊》、《当代电影》、《新闻界》等杂志发表论文 30 余篇。出版《浙籍文人与中国散文的现代化》、《世界文学与浙江散文诗歌戏剧创作》著作两部。参与编写教材多部,主持并参加了国家社科基金、省规划重点、省社联重点等各项课题 20 余项。

左怀建

左怀建(1964—),男,河南夏邑县人。文学硕士,浙江工业大学人文学院教授,主讲中国现当代文学、都市文化与中国现当代都市文学等课程,曾获浙江省高校"三育人"先进个人称号。曾主持和参与国家级、省厅级人文社科项目多项,在《文学评论》、《中国现代文学研究丛刊》、《文艺理论与批评》等刊物发表论文 40 多篇,出版个人专著《边缘游走:中国现代文学分析》,与人合作编著《中国现代文学史基础教程》、《大学人文语文》等。

张晓玥

张晓玥(1976—),男,祖籍辽宁沈阳,生于甘肃徽县,文学博士,中国社科院文学研究所博士后,现任浙江工业大学人文学院中文系主任,副教授。著有《复调诗学与中国当代文学》、《戏剧影视艺术二十讲》等书,并在《文学评论》、《中国现代文学研究丛刊》、《学术月刊》等刊物发表论文数十篇。近年来主持教育部人文社科基金、中国博士后科学基金、浙江省社科基金等科研项目多项。

严纪华

严纪华,女,台湾台中人。台湾师范大学国文系学士、政治大学中文所硕士、台湾"中国文化大学"中文所博士,"中国文化大学"中文系文艺组教授。研究领域为现代文学、唐代文学等。著有专书《唐人题壁诗之研究》(2008)、《看张、张看——参差对照张爱玲》(2007)、《当古典遇到现代》(2007)、《碧玉红笺写自随——综论唐代妇女诗歌》(2004)、《孟浩然诗选》“大唐诗歌宝库——大唐诗逸”(2000)等。

程　勇

程勇，男，山东人，文学博士，教授。主要从事中国古典美学、文论研究，完成中国博士后科学基金特别资助项目、山东省社科规划研究项目、山东省教育厅高校人文社科研究项目及研究生教育研究项目多个。出版专著1部，合撰3部，并在《文学评论》、《文艺理论研究》等刊物发表学术论文40余篇，其中9篇被《新华文摘》、《中国社会科学文摘》等杂志全文转载，曾获山东省“刘勰文艺评论奖”、省高等学校优秀科研成果奖。

朱雅琪

朱雅琪，女，江苏涟水人（出生于台湾台中），台湾师范大学国文研究所博士，现为台湾“中国文化大学”中文系文艺组副教授。主要研究领域为六朝文学、美学，亦兼及现当代文学，著有《大小谢诗之比较》、《魏晋诗歌中的审美意识》等专书，及《六朝游仙诗之时空美学研究》、《论东晋山水诗的色感表征》、《“儒玄揉合”精神下的“文学”理论——陆机〈文赋〉中的审美意识》、《点燃一盏人生爱的灯火——论王祯和的“香格里拉”》等论文。

岑雪苇

岑雪苇，男，浙江慈溪人，文学硕士，浙江工业大学人文学院副教授，专业方向为美学、文艺学。

包　燕

包燕，女，浙江象山人，文学博士，浙江工业大学人文学院副教授，硕士研究生导师。研究领域为中国现当代文学与影视文化。近年重点关注文化地理学视阈下的民国电影场域构成与文化脉络、新时期中国社会转型与影视文化变迁。主持完成相关省部级以上课题多项，撰写的学术论文有多篇被人大报刊复印资料《中国现代当代文学研究》、《影视艺术》全文转载。

颜炼军

颜炼军（1980—　），男，云南大理人，博士，现为浙江工业大学人文学院讲师。做过记者、编辑,目前主要从事中国现当代文学教学与研究,兼事文学写作。已有各类作品数十篇见诸刊物和报纸。

褚蓓娟

褚蓓娟,女,安徽巢湖人。毕业于北京师范大学比较文学与世界文学专业,获文学博士学位。人文学院教授,硕士生导师,浙江文澜讲坛客座教授。研究方向为中西文学比较研究。在《外国文学》、《外国文学研究》、《清华大学学报》等核心期刊发表学术论文60余篇,学术观点多次被《新华文摘》、《人大复印资料》等刊物摘录或全文转载。出版专著《海勒和余华长篇小说研究》、《多维视域中的西方文学》2部。编写《新编外国文学》等高校教材6部,承担科研项目多项。

附录二:“传承与创新:中国语言文学学术研讨会”综述

张　欣

为推进中国语言文学研究,加强两岸学术交流,由台湾“中国文化大学”中国文学系和浙江工业大学人文学院共同发起,浙工大人文学院承办的“传承与创新:中国语言文学学术研讨会”,于2013年11月12日至15日在杭州如期举办。

本次会议,共收到双方院系学者提交的学术论文27篇,其中有关中国古代文化与文学的论文12篇,有关中国现代文化与文学的论文8篇,有关文艺理论方面的论文4篇,外国文学研究的论文1篇,语言学方面的论文2篇。论文数量较多,质量较高,涉及的论题广泛而重要。

涉及中国古代文化的论文中,赖升洪先生的《孔子德治思想发微》论证了孔子德治思想的构成和现代意义;施顺生先生的《台湾的文笔亭及其所展现的尊古圣贤、敬字惜纸文化》通过对南部台湾四座文笔亭的考察,表达了对尊古圣贤、敬字惜纸文化的尊重;黄水云先生的《盂兰盆法会:以杨炯〈盂兰盆赋〉为主的考察》考察了初唐诗人杨炯盂兰盆法会的赋体书写,探讨了作者在文学、宗教与政治上的创作内涵,以彰显《盂兰盆赋》之特殊审美风貌与文学价值;沈小仙女士的《唐宋常朝仪制及相关术语训释》以唐宋常朝仪制术语为中心,从朝参称谓、班朝仪制以及朝参礼仪、朝臣称谓等方面,对相关术语进行了考释,进而对这一仪制的相关内容及演变历程做出解析;刘成国先生的《宋代字说考论》对宋代字说的文体渊源、流变、社会基础、创作模式、文体功能等问题,进行了深入的研讨;马晓坤女士的《明〈道藏〉神仙传记类典籍叙论》整理了明《道藏》中神仙传记类典籍的名称、卷帙、目次,论述了这些传记资料研究的价值意义、现状及未来发展空间。

在涉及中国古代文学的论文中,肖瑞峰先生的《刘禹锡与洛阳文酒之会》考察了中唐诗人刘禹锡在洛阳“文酒诗会”时期的雄豪诗风与达观的生命意识;孙力平先生的《略论〈古诗十九首〉之句法特点及其诗史意义》从语言角度考察了《古诗十九首》的文学史意义;高祯霙先生的《梦境与现实的交织——谈唐代写梦小说的虚实空间特色》将唐代写梦小说对虚实空间处理的特色，分为五种模式，每一部分都对重要典型的代表作进行了讨论；方坚铭先生的《李德裕贬死崖州事件对晚唐文士心态的影响》考察了李德裕贬死崖州对晚唐政治文化和士人心态的影响；郑慈宏先生的《试论白蛇传中的法海形象》考察了法海这个角色在民间流传过程中，逐渐讹传而扭曲的过程；万晴川先生的《古代小说中天书叙事的道教文化渊源》通过对古代小说中天书的性质、出世、内容、功能、获取方式及传授等方面的讨论，指出其与道教的关系；子张先生的《白居易：杭苏宦情与江南诗意》通过对中唐诗人白居易任职杭苏的考察，探讨了作者隐秘的内心世界；李李女士的《"魂从知己，竟忘死耶"——试探〈聊斋・叶生〉》一文，巧借离魂，考察蒲松龄《聊斋・叶生》一文的深意。

在有关中国现代文化与文学的论文中，李剑亮先生的《以科学定律为词的创作——周厚复〈浣溪沙〉（牛顿三定律）词论析》讨论了民国时期浙江大学化学系教授周厚复关于牛顿三定律的三首词；何玲华女士的《苏雪林与清末浙地县署上房生活》考察了五四知识女性苏雪林幼年"浙地经历"的特殊意义；方爱武女士的《惊艳的初啼：论徐志摩康桥时期诗作的外来影响》考察了诗人徐志摩留英期间对英国文学的审美与"接受"；左怀建先生的《现代情怀与古典操守——施济美小说〈凤仪园〉再读》讨论了海派女作家施济美小说中的女性形象和艺术风格；包燕女士的《民国桑弧电影的调和美学论略》从艺术美学角度探讨了现代电影导演桑弧的电影美学特征与价值；张晓玥先生的《情感与形式：〈茶馆〉的悲剧性》考察了老舍著名剧作《茶馆》与时代的关系；严纪华女士的《话语模式的建立——从铁凝〈玫瑰门〉中的女性谈起》以铁凝长篇小说《玫瑰门》为考察对象，观察其如何运用话语模式呈现受虐／自虐／虐人的"女性们"在一个动荡的环境、失序的时代里建立其主体性、寻找出路的历程；黄亚清女士的《当代民间与"地下"文学研究中的若干史料问题》讨论了大陆当代文学史料中显在与潜在、地上与地下的复杂共生问题。

文艺理论方面，程勇先生的《审美乌托邦：孔孟荀的制度美学思想及其内在困结》一文，正如其论题所示，讨论的是"孔孟荀的制度美学思想及其内在困结"之问题；朱雅琪先生的《〈文心雕龙・养气〉篇探析》通过对《文心雕龙・养气》篇的讨论，分析了其与刘勰创作理论的关系以及在文学创作方面的意义；岑雪苇先生的《权力话语分析与文化诗学的政治》以格林布拉特为例，通过对其权力话语分析方法的考察，阐述了文化诗学所蕴含的政治问题；颜炼军先生的《秋风春雨俱崇高——重释现代汉语诗学中的"崇高"观念》重点考察了现代诗人梁宗岱对"崇高"的理解，认为其"在崇高与秀美之间建立了一种统一性，显示了崇高理论在中国被接受的过程中另一种稀缺的本土化努力”。

外国文学、语言文字学方面，褚蓓娟女士的《论约瑟夫·海勒对大卫故事的改写》考察了美国作家约瑟夫·海勒长篇小说《上帝知道》与《圣经·萨母耳记》中的大卫故事的关系；黄晓雪女士的《南北官话中“了 2”的来源及语法化路径》考察了事态助词“了 2”在南北官话里发育成熟的时间与演变路径。

会议期间，肖瑞峰先生与王俊彦先生分别代表浙江工业大学中国语言文学学科和台湾“中国文化大学”中国文学系致辞；25 位学者宣读论文或发言，并展开热烈和深入的讨论；李剑亮先生、王俊彦先生、左怀建先生、黄水云先生、朱雅琪先生、马晓坤女士、褚蓓娟女士分别主持，左怀建先生、万晴川先生、严纪华女士、刘成国先生、程勇先生、施顺生先生、朱雅琪先生分别作了精彩的评议；子张先生作大会学术总结。此外，王俊彦先生还以《孔子的思想》为题，为人文学院师生作了一场精彩的学术报告。